新时代"三农"问题研究书系

劳务输出大省
农民工回流与农村养老资源配置研究

胡俊波 ○ 著

西南财经大学出版社
Southwestern University of Finance & Economics Press

中国·成都

图书在版编目(CIP)数据

劳务输出大省农民工回流与农村养老资源配置研究/
胡俊波著.--成都:西南财经大学出版社,2024.11
ISBN 978-7-5504-6150-5

Ⅰ.①劳…　Ⅱ.①胡…　Ⅲ.①民工—人口流动—研究—中国
②农村—养老—资源配置—研究—中国　Ⅳ.①D422.64②F323.89

中国国家版本馆 CIP 数据核字(2024)第 073928 号

劳务输出大省农民工回流与农村养老资源配置研究
LAOWU SHUCHU DASHENG NONGMINGONG HUILIU YU NONGCUN YANGLAO ZIYUAN PEIZHI YANJIU

胡俊波　著

策划编辑:李　琼
责任编辑:李　琼
责任校对:李思嘉
封面设计:何东琳设计工作室
责任印制:朱曼丽

出版发行	西南财经大学出版社(四川省成都市光华村街55号)
网　　址	http://cbs.swufe.edu.cn
电子邮件	bookcj@swufe.edu.cn
邮政编码	610074
电　　话	028-87353785
照　　排	四川胜翔数码印务设计有限公司
印　　刷	四川五洲彩印有限责任公司
成品尺寸	170 mm×240 mm
印　　张	25.75
字　　数	436 千字
版　　次	2024 年 11 月第 1 版
印　　次	2024 年 11 月第 1 次印刷
书　　号	ISBN 978-7-5504-6150-5
定　　价	88.00 元

序

  《礼记·王制》记载："凡养老，有虞氏以燕礼。"表明早在上古虞舜时期华夏先民就已经开始重视养老问题了。而"夏后氏以飨礼，殷人以食礼，周人修而兼用之"则进一步表明养老是一项非常重要的社会事业，是社会发展的核心命题，并且随时代的变迁以及生产力的变革而发生制度演进。

  1999 年年末我国 60 岁及以上人口占比超过 10%，我国开始进入老龄化社会。2023 年年末我国 60 岁及以上人口占总人口的 21.06%，我国进入了中度老龄化社会。《国务院关于加强和推进老龄工作进展情况的报告》指出"2035 年，60 岁及以上老年人口将增加到 4.2 亿左右，占比将超过 30%"。快速的人口老龄化，给经济运行、社会保障、公共服务供给带来了巨大的挑战。

  这种挑战不仅来自老龄化水平的不断提高，同时也来自结构上的不平衡。第七次全国人口普查数据显示，乡村 60 岁及以上、65 岁及以上老人的比重分别为 23.81%、17.72%，比城镇分别高出约 7.99、6.61 个百分点。普查结果说明，农村地区的老龄化形势比城镇更加严峻。从地区之间的对比来看，第七次全国人口普查数据显示，重庆、四川、湖北、湖南等劳务输出大省（市）的人口老龄化相比全国而言更为严重。其中，重庆市 60 岁及以上老人的比重为 21.87%，比全国平均水平高 3.17%；四川省 60 岁及以上老人的比重为 21.71%，比全国平均水平高 3.01%。结构上的不平衡，对养老资源的合理配置提出了新的要求。

  在老龄化程度不断加深、养老资源相对短缺、农民工回流速度逐渐加快三种趋势叠加的影响下，可以预计，未来很长一段时间内，养老资源相对短缺将是劳务输出大省农村经济社会发展过程中亟待解决的突出问题。也应看到，大量农民工回流带来严峻挑战的同时，也会带来新的机遇。比如，回流农民工的经济能力相对更强，部分人仍具有劳动能力，愿意"积极养老"而非"消极养老"，如果能够合理利用这部分资金、人力资源，建立社会化的养老机构和养老服务队伍，则可大大缓解农村养老资源短缺的矛盾。因此，以劳务输出大省为重点，在老龄农民工即将大规模回流之际，未雨绸缪，研究和发现农民工回流对农村养老资源配置带来的挑战，尤其是新的机遇，研究和探索如何前瞻性地制定相应的养老制度以适应时代的变化，也就成为既内涵经济、政治、社会、文化多层面理论深意，又具有历史、现实及未来连续性意义的新的时代课题。

《劳务输出大省农民工回流与农村养老资源配置研究》一书正是在这样的时代背景下，对上述问题展开研究的一项重要成果。该书由四川省社会科学院胡俊波副研究员主持的国家社会科学基金项目转化而成。该书沿着"理论框架—实证分析—对策研究"的思路，对老龄化背景下劳务输出大省农民工回流及其对农村养老资源配置所产生的冲击及影响展开了深入的研究。

第一，从一个全新的视角揭示了农民工回流对农村养老资源配置所产生的深刻影响。该书从农民工"出村—入城—回乡"过程中其社会网络的变迁入手，以经济学的供需理论为基础架构，综合新经济社会学的社会网络理论，创新性地构建了"嵌入社会网络的供需均衡分析框架"，用以分析农村养老资源配置机制。该书从人的社会嵌入性出发，揭示了回流农民工与居乡老人相比在养老资源消费上的"偏好效应"与"收入效应"，也揭示了回流农民工对居乡老人养老资源消费所产生的"示范效应"，以及居乡老人对新的养老方式产生的"从众效应"，从而将农民工个体养老需求的动态变化推导至群体养老需求的动态变化，并进一步扩展至整个农村养老需求的动态变化，解释了农民工回流对农村养老资源配置产生冲击的内在机理。在此基础上，本书运用经济学的供需理论，系统分析了在"嵌入社会网络"的情况下农村养老资源配置达到动态均衡的相关机制。

第二，深入地分析了劳务输出大省农村老龄化特征与养老资源供给状况。比较分析发现，老龄化水平城乡倒置、老龄化速度快于全国平均水平、老龄化速度快于人口增速、老龄化水平超前于经济发展水平，是劳务输出大省老龄化的基本特征。劳务输出大省农村在财力、人力、物力等养老资源方面发展较慢，积累相对不足，同时也面临着城乡养老资源差距大、相关专业技术人员储备不足、养老保障体系有待完善等共性问题。

第三，科学地预测了农民工回流的重要时间节点及阶段压力变化，并对劳务输出大省农村居民养老需求展开了细致的社会调查。研究表明，2029 年与 2035 年是两个关键的时间节点。2029 年以后，平均每年回流的农民工占意愿回流人员的比例将急速地由之前的 1.00% 左右上升到 8.00% 左右，并在 2035 年达到峰值，此后增速逐渐放缓。由此形成的三个阶段中农民工回流的压力也明显不同。2029 年以前，回流压力相对较小，是进行农村养老制度改革的关键时期。2030—2035 年，回流势头很猛，将对农村既有的养老资源配置形成很大压力。2036—2040年，回流的速度将下降，但是因历史累积，对农村养老资源配置将持续保持"高压"。

进一步地，本书通过对回流农民工群体与居乡群体的微观调查，发现目前农村居民养老观念已经开始分化，有部分人的养老期望开始与城市接轨。农村居民需求最强烈的养老产品与服务主要集中在安全、社交（情感）层面，如照料护理、帮助购物、陪同就医、陪伴聊天等。不同群体、不同年龄阶段的农村居民对养老产品与服务的需求也存在显著的差异。

第四，对建立农村"五支柱"社会养老保险制度体系进行了新的思考，首次提出了农村养老资源动态优化配置的"三阶段"模式。本书在研究国内外社会养老保险制度演变的基础上，从理论逻辑与实践需求出发提出了符合中国国情的农村"五支柱"社会养老保险制度构想。作者建议建立强制性、普惠制、非缴费型的"零支柱"养老保险；在保障公平的基础上，为提高效率，建立强制性、缴费型、与个人收入水平挂钩的"第一支柱"养老保险；把资本化的农村产权资源作为"第二支柱"的主要内容；推动商业保险在农村地区的发展，将符合农村市场需求的商业保险作为"第三支柱"；世界银行建议将家庭代际向老年人群提供资金或非资金的支持作为多支柱养老保险体系中的"第四支柱"，该书结合中国传统的"孝文化"探讨了在未来社会养老保险体系逐步完善的基础上家庭养老模式的发展方向。

值得一提的是，作者首次提出了农村养老资源动态优化配置的"三阶段"模式。本书结合人口结构演变、养老资源供需匹配、社会发展及转型、经济转轨等宏观因素，提出农村养老资源动态优化配置在战略上应该采取"三阶段"模式。第一阶段为 2020—2029 年，养老模式为以家庭养老为主，社区养老与社会化养老服务为辅。第二阶段为 2030—2035 年，养老模式为家庭养老、社区养老、社会化养老服务并重。第三阶段为 2036—2040 年，养老模式为以社区养老与社会化养老服务为主，家庭养老为辅。针对每个阶段农村养老资源的需求重点，本书分别从制度框架的改革、组织体系的完善、资源要素的配置三个方面提出了具体的方案设想与政策建议。

初览全书，细细品味，我体会到作者以劳务输出大省为切口对农民工回流与农村养老资源配置这一"时代之问"的研究，无不与其内心深处涌动着的农家子弟某种使命或价值的引导与支撑有关，展现出其注重中国化叙事和现实观照的特点。这是一本以严谨的学理分析和丰富的思想内涵见长、不乏独到见解且具深刻的逻辑力量、理论与实践意蕴深邃的学术研究著作。

欣闻该书即将付梓出版，本书对于理解农民工回流如何影响农村养老资源配置的作用机制，掌握农村老龄化特征，农民工回流的规模、结构、速度、峰值、时间节点，不同年龄段农民工养老的预期去向、养老需求，测算回流人口对农村养老资源供给产生的压力水平，促进农村养老资源的优化配置，无疑有着重要的理论与实践的启示和参考价值。

是为序。

2024 年 7 月仲夏于光华园

目录

1 导论

1.1 研究背景与研究意义

1.1.1 研究背景

2021 年 5 月 11 日国家统计局发布的第七次全国人口普查系列公报显示，我国人口年龄结构正持续地发生着深刻的变化，人口的"老龄化"就是一个重要特点。2000 年全国 60 岁及以上老人约 1.3 亿，占总人口比例约为 10.4%；2010 年全国 60 岁及以上老人约 1.8 亿，占总人口比例约为 13.3%①；到了 2020 年全国 60 岁及以上老人约 2.6 亿，占总人口比例约为 18.7%。我国人口的老龄化进程不断加快表现在两个方面：一是老龄人口数量增长很快，从 2000 年的约 1.3 亿人到 2020 年的约 2.6 亿，翻了一番。二是老龄化程度在持续加深，2000 年到 2020 年 60 岁及以上老人占比增加了 8.30 个百分点，其中前 10 年增加了 2.90 个百分点，后 10 年增加了 5.40 个百分点，说明老龄化进程还在继续加快。

从城乡之间的对比来看，第七次全国人口普查数据显示，乡村 60 岁及以上、65 岁及以上老人的比重分别为 23.81%、17.72%，比城镇分别高出 7.99、6.61 个百分点。普查结果说明，全国农村地区的老龄化问题比城镇更加严峻。从地区之间的对比来看，第七次全国人口普查结果表明，重庆、四川、湖北、湖南等劳务输出大省（自治区、直辖市）的人口老龄化程度相比全国而言更为严重。其中，重庆市 60 岁及以上老人的比重为 21.87%，比全国平均水平高 3.17%；四川省 60 岁及以上老人的比重为

---

① 根据第五次、第六次全国人口普查数据计算。

21.71%，比全国平均水平高 3.01%。

导致城乡及地区之间老龄化程度差异的一个重要原因便是，自 20 世纪 80 年代以来大量的农村劳动力外出务工，导致农村地区，特别是中西部劳务输出大省的农村老龄化水平远远超过城市及全国平均水平。由于农村以家庭养老为主，在农村青壮年大量外出务工之后，许多留守农村的"空巢"老人的生活照料、疾病护理等养老问题目前已经成为困扰农村家庭的一个突出问题，并成为一个社会问题。

从人口变动趋势看，老龄化程度还将继续加深。中华人民共和国成立以后，我国有三次生育高峰，分别是 1950—1957 年的第一次生育高峰，1962—1971 年的第二次生育高峰，1981—1990 年的第三次生育高峰[①]。2010 年开始，1950 年出生的人口开始进入老龄阶段，体现在宏观人口数据上就是 2010 年到 2020 年老龄人口增加了 0.8 亿。第二个生育高峰从 1962 年开始，这意味着从 2022 年开始，老龄人口迎来第二次快速增长，并将持续至 2031 年。这也意味着将来很长一段时间内，第二个生育高峰出生的农村老一代农民工将逐渐进入退休年龄，在城市务工的难度更大。因而，未来可能会有大量的老龄农民工退出城市劳动力市场回流农村，这部分数量逐年加大的回流农民工又将加剧本已严重的农村养老问题。经测算，到 2040 年农村老年抚养比将由 2010 年的 22.75% 攀升至 67.6%（穆怀中，2015）。这表明届时每个农村家庭将会从 2015 年的约 4 个劳动人口赡养 1 位老人，降低为约 1.50 个劳动人口赡养 1 位老人，在每个劳动力负担能力保持不变的情况下，家庭养老的功能将面临严峻的挑战。

马斯洛认为人的需求分为五个层次，包括生理的需要、安全的需要、感情的需要、尊重的需要、自我实现的需要[②]。所以，老年人的养老需求除了包括衣、食、住、行、医等基本日常生活所需之外，也包括安全、情感等多个方面的需求。要满足这些需求，则必须有相应的养老资源的供给与之在数量和质量上相匹配。

从目前农村老人养老的供给主体来看，农户家庭依然承担着农村老人养老的最重要的供给主体的责任，家庭在经济、物质和情感等多方面为农村老人提供着养老所需的各种资源。但从第七次全国人口普查的数据来

---

① 吴增基，吴鹏森，苏振芳. 现代社会学 [M]. 6 版. 上海：上海人民出版社，2018：70.
② 周三多，陈传明，刘子馨，等. 管理学：原理与方法 [M]. 7 版. 上海：复旦大学出版社，2018：53-54.

看，我国的户均人口已经从 2010 年的 3.10 人降低为 2020 年的 2.62 人。户均人口数量急剧减少，削弱了传统农村家庭养老所依靠的规模优势。

一方面是农村老龄化程度的不断加深，另一方面是家庭规模优势的减少甚至消失，这种双向"挤压"会给农村家庭养老方式带来很大的压力。在这种持续的压力之下，农村家庭养老功能逐步退化也是一种必然的趋势。如果农户家庭难以承担起农村老人养老的主要功能，将来农村老人靠谁来养老呢？

中西部的劳务输出大省还会面临另一种双向"挤压"——在青壮年人口外流的同时老龄人口不断回流，其老龄化问题将会更加严重，农村老人从家庭获得的养老支持比全国平均水平更低，劳务输出大省的农村老人如何养老将是一个更为紧迫的问题。

1.1.2 研究意义

从国际经验看，当工业化、城市化发展到一定的程度后，老龄人口的养老方式将由以家庭养老为主转向以社会养老为主。发达国家社会养老保险制度的演变历程还表明，由于市场机制本身存在诸多缺陷并难以自我调整，所以社会养老保险制度的完善需要从市场主导转向政府主导。

在自由竞争的资本主义时期，社会贫富差距有不断扩大的趋势，一些老年人、残障人士等社会弱势群体的基本生活难以得到保障，大量的贫困人口流离失所，社会矛盾不断加剧。为了缓和激烈的社会矛盾，发达国家开始逐步建立起社会保障制度来缩小贫富差距以及保障弱势群体的基本生活水平。1881 年德国颁布了《疾病保险法》，这是世界上第一部真正意义上有关社会保障的法律。1889 年德国又颁布了《老年、死亡、残疾保险法》并开始建立覆盖全社会的、强制型的社会养老保险制度。之后，社会养老保险制度在欧洲国家得到普遍推广。

19 世纪 90 年代末，社会养老保险制度逐渐从欧洲发展至美洲、大洋洲。一些发展中国家也开始对养老保险制度进行了积极的探索，特别是原属于欧洲国家殖民地的智利、乌拉圭、巴西、秘鲁等南美洲国家，在欧洲国家的影响下，相继建立起了社会养老保险制度。社会养老保险制度的建立，将原本由个人和家庭承担的养老风险转移为由全体社会成员来共同承担。由于社会养老保险制度具备互助互济的功能，个人和家庭能够在很大程度上规避由于年老丧失劳动能力所面临的贫困风险。

中华人民共和国成立以后，为了解决农村特殊贫困人群的基本生活问题，我国于1956年建立了"五保"供养制度，主要针对无人赡养、没有生活来源和丧失劳动能力的孤寡老人、残疾人及孤儿，由集体为他们提供吃、穿、住、医、葬等方面的生活照料和物质帮助。1958年建立人民公社制度以后，土地等生产资料归集体所有，并在生产队范围内统一核算、统一分配、统负盈亏。集体采取产品分配与现金分配结合的方式对社员进行经营成果分配。从1958年到1978年，"三级所有，队为基础"的经营方式决定了这一时期农村老人的养老方式是基于集体经济组织的集体养老。1978年以后，随着家庭联产责任制改革的推进，在土地集体所有的制度不变的情况下，农户家庭拥有了土地承包经营权。产权制度的改革同时也改变了经营成果的分配方式，在"交够国家""留足集体"之后，农户家庭获得了经营成果的剩余分配权，农户家庭的生产积极性空前高涨，农业生产效率得到极大的提高。由于集体不再具备"统一分配"的功能，集体养老功能也随之消失。1978年后，除了"五保"供养的老人之外，农村老人的养老主要由家庭承担。

1986年，国家"七五"计划提出在全国开展社会养老保险的试点工作，并在经济发达地区先行试点。1992年，民政部颁布了《县级农村社会养老保险基本方案》①，规定在全国有条件的地方循序推广。2009年，国务院出台了《关于开展新型农村社会养老保险试点的指导意见》。此后，我国开始在老农保基础上探索建立个人缴费、集体补助、政府补贴相结合的新的农村社会养老保险制度。2014年2月7日国务院举行了常务委员会，会议决定，在听取2013年全国人大代表的建议及全国政协委员的工作汇报后，将新型农村社会养老保险和城镇居民社会养老保险两种制度并轨，建立起全国统一的城乡居民基本养老保险制度。经过多年的努力，目前这一制度已经基本对农村应保人员实现了全覆盖。农村社会养老保险（及城乡居民基本养老保险）制度的建立是制度建设上的飞跃，解决了很长一段时间来农村居民只能通过家庭养老而被排斥在社会养老保险制度之外的历史问题。

但是，从养老资源配置的角度看，仅仅建立社会养老保险制度是难以完全满足农村老人的养老需求的，这主要是因为目前农村老龄人口养老还

---

① 也被称为"老农保"。

面临着诸多问题：

一是农村社会养老保险个人账户的积累较少。由于农村社会养老保险制度建立的时间比较短，目前才基本实现全覆盖。农村居民个人账户上积累的养老金数额还很低，由于养老金积累不够，所以整体的保障水平不高。

二是农村社会养老保险制度体系尚需进一步完善。从制度体系上看，农村居民参加的城乡居民基本养老保险其待遇由基础养老金和个人账户养老金构成。与城镇职工基本养老保险相比，还缺乏类似于企业年金之类的补充养老保险。另外，也缺乏针对农村居民专门设计的商业养老保险作为补充养老保险。

三是农村老龄人口养老所需的物质资源和人力资源还很匮乏。由于养老真正所需要的是衣、食、住、行、医等物质资源，以及安全感、社交、情感交流等精神安慰。目前农村地区的养老基础设施还很不完善，医疗卫生条件相对城市还比较落后，各类养老产品和服务还比较稀缺，所以即便有了养老金，而没有相应的养老资源的供给，也是无法满足农村老龄人口真正的养老需求的。

除了这些普遍存在的问题之外，中西部地区的劳务输出大省因为劳动力输出所以农村地区的养老问题又有其特殊性。农村劳动力转移具有明显的周期性。农民工年轻力壮的时候外出务工，经过一段时间的务工之后，如果能够在城市扎根立足则会逐渐实现城市化；如果不能在城市立足，在无法继续务工之后则会回流农村养老。这种劳动力转移的周期性，一方面导致劳务输出大省农村的老龄化程度高于全国平均水平；另一方面也导致劳务输出大省的农村地区对养老资源的需求会因为劳动力的回流表现出波动性，而这种需求的波动性又进一步对本已紧张的养老资源供给产生额外的压力。

简而言之，随着经济、社会、人口结构的变化，农村老龄化程度加深，并叠加大量农民工回流农村养老，"养老资源短缺"将是未来很长一段时间内，全国特别是中西部劳务输出大省的农村面临的主要社会矛盾之一。

从其他国家的经验来看，建立社会养老保险制度来帮助单个个体规避因年老而丧失收入的风险是实现社会成员养老保障的最重要的方式。然而，解决农村养老问题并不是仅仅建立社会养老保险制度就可以实现的，还需要筹措必需的资金，要有相应的服务机构、服务队伍、基础设施等人力资源、物质资源和组织资源的支撑，这就意味着必须解决好农村养老资源的配置问题。

由于人口结构的演变及农民工回流都是长时期、动态变化的，故而对农村养老资源的需求在不同时期可能并不相同，而需求的变化则意味着养老资源的供给也必须随之做出调整。如果养老资源的供给小于需求就会出现养老资源短缺的现象，很多农村老人的养老需求将无法得到满足；如果养老资源的供给大于需求就会出现养老资源的闲置、浪费，利用效率低下。因此，解决好农村养老资源的配置问题，首先，需要从宏观层面掌握未来一段时期内人口结构的演变趋势，以及农民工回流养老的趋势；其次，需要从微观层面掌握不同年龄阶段的个体的养老需求；最后，根据不同时期、不同群体的养老需求，以需求为导向制定相应的政策，引导各类养老资源的供给主体提供相应的养老资源。

故本书的主要意义在于以下三个方面：

第一，抓住未来农村社会发展的主要矛盾，以劳务输出大省为主体展开农村养老资源配置问题的研究。从宏观经济、社会的发展背景来看，2010 年我国就已经进入了老龄化社会，预计在将来很长一段时间内老龄化程度还将持续加深，因此，农村地区的老龄化问题必定是将来农村社会发展面临的主要矛盾之一。相对于全国其他地区而言，"劳务输出大省"因为农民工回流的绝对数量大，农村经济社会发展相对落后，这一问题将更加突出。从矛盾涉及的区域范围看，劳务输出大省的矛盾是矛盾的主要方面，所以，非常有必要针对劳务输出大省的农村养老问题展开专门研究。从 2022 年开始，大量的老年农民工退休返乡，且这个过程预计将持续 20 年左右，并对农村养老资源的供给产生持续不断的冲击。时代背景的巨大变化需要理论研究做出新的突破，本书拟抓住农民工回流这一主线，将其与农村养老问题结合起来，从理论上厘清农民工回流的趋势及规律，剖析农民工返乡以后农村养老资源需求与供给的变化态势及其发生机制。

第二，基于社会学的"社会网络理论"构建了一个新的分析框架用以分析农村养老资源供需匹配机制。资源配置问题是经济学的主要研究领域，供需均衡分析是用以分析该问题的经典工具，这种分析工具的理论原点来自经济学理论最核心的"经济人"假设——"经济人"是理性的、自利的。他（它）们在各种经济活动中都具有完全理性，并凭借完全理性进行经济选择和决策，以使经济行为的结果满足自身的最大化目标（效用或利润)。这种严格的假设,遭到了来自经济学内部与外部的质疑。经济学家西蒙提出了"有限理性",他认为要用一种符合实际的理性行为来取代"经济人"那种全知全能的理性行为。而在社会学领域的新经济社会学家格兰诺维特看来,"古典经济学和新古典经济学持有一种原子化的、社会化程度较低的人类行为概念,并延续了功利主义的传统。其理论观点通过假设否定了社会结构和社会关系对生产、分配或消费的任何影响"[①]。本书认为,农民工在"外出—务工—回流"的迁移周期中是符合新经济社会学关于"个体经济行为是嵌入到社会网络之中的,并受到社会网络的影响"的观点的。因此,本书基于"社会网络理论"对经济学的供需均衡分析进行了拓展,构建了一个"嵌入社会网络的农村养老资源供需均衡分析框架",用以对农民工回流条件下的农村养老资源的配置机制进行理论上的解析及阐释。

第三,为实际工作部门提供亟须的信息以及决策参考。日益紧迫的农村养老问题,需要实际工作部门尽快科学地制定相关经济、社会政策,以促进农村养老资源的合理配置,这就要求实际工作部门必须掌握有关农村养老资源需求及供给的信息。本书利用宏观统计数据以及微观调查数据,可以为实际工作部门提供三类信息。一是全国以及劳务输出大省两个层面的人口老龄化现状、农村养老资源现状,以及2020—2040年的农村人口老龄化趋势数据。二是与农民工迁移有关的数据,包括农民工外出与居乡的对比数据,农民工留城与返乡的对比数据,农民工回流的规模、结构、速度、峰值水平、时间节点等预测数据。三是农村养老资源的需求及供给预测数据,包括居乡群体与回流群体各自的养老需求预测、农村养老资源的供给预测[②],以及2020—2040年回流人口对农村养老资源供给产生的冲击水平预测。这些数据及信息可以为实际工作部门制定相关的养老政策、规划,提供比较坚实的基础性参考。另外,本书还针对我国的实际情况,结合其他国家的经验以及世界银行的报告,提出了在我国农村地区建立"五支柱"社会养老保险制度体系的建议;并将2020—2040年划分为三个阶段,提出了我国农村养老资源配置的战略方向、步骤与具体的内容,以供实际工作部门决策参考。

---

① GRANOVETTER M. Economic action and social structure: the problem of embeddednes [J]. American journal of sociology, 1985, 91 (3): 481-510.

② 本书以劳务输出大省四川为例进行了定量化的预测。

1.2 相关概念的界定与国内外研究概述

1.2.1 相关概念的界定

1. 劳务输出大省

"劳务输出大省"一词源于"劳务输出"。20世纪70年代后，由于石油价格上涨，中东产油国的收入增加带动了投资增长，但是由于宗教、习俗等原因，中东国家的劳动力短缺，于是形成了规模庞大的劳务市场，并吸引了大量的亚洲国家向中东输出劳务，从而产生了"劳务输出"[①]。在这种背景下，发展劳务输出成为当时中国发展对外经济关系的重要举措[②]。1984年4月《经济工作通讯》发表文章《劳务输出大有可为》，对浙江省的能工巧匠向国内其他省市输出的情况进行了报道，首次将"劳务输出"用于国内劳动力的转移。到2003年3月19日《中国社会报》刊登《劳务输出大省为何富裕》一文，"劳务输出大省"一词便明确见于报端。2005年3月11日《光明日报》发表《变劳务输出大省为劳务收入大省》，此后"劳务输出大省"出现的词频便开始逐渐增多。从文献检索的结果看，"劳务输出大省"出现在新闻媒体上的频率最高，但是新闻媒体对"劳务输出大省"的内涵并没有作出解释。

学术界目前对"劳务输出大省"的概念与范畴进行过初步讨论，但并没有达成统一。梁志民（2011）认为劳务输出大省是指"经济不发达，劳动力剩余较多，人均占有土地面积较少的省份"[③]。邹玉友（2014）以输出劳动力超过500万人为标准界定劳务输出大省[④]。胡俊波（2015）以输出劳动力最多的11个省份为标准来界定劳务输出大省[⑤]。

---

① 徐裕荣. 中东劳务市场与亚洲劳务输出 [J]. 世界知识, 1982 (12): 9-10.

② 潘祖永. 论我国劳务输出问题及其前景 [J]. 世界经济研究, 1983 (3): 30-32.

③ 梁志民. 改革开放以来劳务输出大省农村劳动力流向变化研究 [D]. 南昌: 江西农业大学, 2011: 8.

④ 邹玉友. 劳务输出大省农民工返乡创业影响因素研究 [D]. 哈尔滨: 东北农业大学, 2014.

⑤ 胡俊波. 劳务输出大省扶持农民工返乡创业研究: 制度困境与政策选择 [M]. 北京: 科技出版社, 2015: 12.

参考已有的研究成果，本书将劳务输出大省界定为，农村存在较多剩余劳动力，这些剩余劳动力需要通过向本省（自治区、直辖市）以外转移就业，且转移劳动力人数超过一定规模的前 10 个省（自治区、直辖市）①。

2. 农民工

"农民工"是时代背景下的称谓。在改革开放前，由于城乡二元体制的制约，农村劳动力向城市转移受到严格的限制。改革开放以后，国家对农村劳动力向城市转移开始由限制到放开，但是由于城市资源有限、承载能力不够，当时对农村劳动力向城市转移的控制仍然较严，主要希望农村劳动力最好在农村内部实现转移。为此，在很长一段时期，农村劳动力在向城市转移的过程中一直受到比较严重的歧视。

从目前能够检索到的文献看，"农民工"一词最早出现于 1982 年。庄启东等（1982）撰写的《关于贵州省盘江、水城矿务局使用农民工的调查报告》中的农民工是指煤矿与公社签订合同招用的、参与井下采掘的农村社员——临时到矿上工作的农民②。可见"农民工"最初其实就是参与到非农工作中的农村社员。只不过在当时"离土不离乡"的大背景下，这些农村社员要进入厂矿、企业需要经过严格的审批。

1992 年以后，情况发生了比较大的变化，邓小平同志南方谈话进一步推动了改革向前发展。中国开始建立市场经济体制，市场经济的发展要求各种生产要素自由流动，从 20 世纪 90 年代开始，大量的农民离开农村，进入城市就业。王春光（2005）认为"农民工"是从农业中转移出来并成为新的工人的农村劳动力，并根据他们的职业地位、经济地位、社会地位、认同意识以及群体行动将其界定为新的工人阶层③。

如果说 1992 年以前"农民工"称谓的重点在于"农民"的话，那么之后，特别是进入 21 世纪以来，"农民工"称谓的重点就在于"工"。从农民工的称谓上看，尽管社会已经开始逐渐接受他们是新型的产业工人的观点了，但是他们并没有摆脱"农民"这一城乡二元制度下形成的身份烙印，意味着他们仍然生存在城市与农村之间的夹缝中。因此，本书所研究的"农民工"指：户籍在农村，但是却在户籍地之外的地方务工经商的农

---

① 由于经济社会的发展，具体的转移人数随时代的不同会有不同的标准。

② 庄启东，张晓川，李建立. 关于贵州省盘江、水城矿务局使用农民工的调查报告 [J]. 计划经济研究，1982（1）：22-27.

③ 王春光. 农民工：一个正在崛起的新工人阶层 [J]. 学习与探索，2005（1）：38-43.

村劳动力。

3. 回流、留城与居乡

回流与留城是农民工迁移过程中出现的两种相对的现象。李红卫（1990）认为，回流包括农村劳动力由农村非农产业向农业逆转的产业回流和由城市向农村的地域"回流"[①]。黄余国（1999）认为回流是指"到沿海打了较长时间的工（至少四年），因种种原因，不再继续在外打工而返回原籍"[②]。本书主要针对农民工由于难以实现市民化而回到农村养老的相关问题展开研究，所以本书所研究的农民工"回流"是指：在户籍地外务工经商的农村劳动力从城市返回农村的行为。

"留城"则是与"回流"相对应的一种行为方式。李强和龙文进（2009）认为，留城是留在打工地，在城市定居下来，转换为城市人口，是农民工跨区域迁移过程结束之后的状态[③]。本书认同这一看法，采用相同的界定方式。

"居乡"这一概念目前并没有在社会学、经济学等有关"三农"领域的研究文献中出现。从文献检索的结果看，这一词汇主要出现在历史、文化领域的研究文献中。比如，张剑（2019）对晚清显宦何汝霖居乡生活的研究[④]，王健对清道光前期嘉兴乡村社会矛盾的研究中反映的"居乡之苦"[⑤]。鉴于本书的研究目的，本书所研究的"居乡"是指：相对于外出务工的农民工群体而言，那些从未外出务工的农村居民在农村务农、生活的状态。

4. 养老资源

养老资源出现在理论文献中的时间并不长，从文献检索的结果看，学界在 20 世纪末才开始对"养老资源"进行研究。陈赛权（1999）认为养老资源不仅包括物质资源，也包括健康资源和生活照料及精神慰藉资源[⑥]。柴效武（2005）认为其"不仅是指传统概念的养老资金，还包括国家、社会、家庭个人等养老主体，所拥有的能够对养老事业开展带来实际效用，并有助于养老事业开办的一切资源。即养老生活中需要具备并运用消费的

---

① 李红卫. 农村劳动力"回流"：中国农村发展的沉重包袱 [J]. 农村经济, 1990 (3)：11.
② 黄余国. 关于回流农民工问题的研究 [J]. 华东交通大学学报, 1999 (12)：94-97.
③ 李强，龙文进. 农民工留城与返乡意愿的影响因素分析 [J]. 中国农村经济, 2009 (2)：46-66.
④ 张剑. 居乡诚不易 [J]. 清华大学学报（哲学社会科学版）, 2019 (4)：166-183.
⑤ 王健. 居乡之苦 [J]. 江海学刊, 2013 (6)：156-161.
⑥ 陈赛权. 养老资源自我积累制初探 [J]. 人口学刊, 1999 (5)：17-23.

各种资源，包括货币资源、房产资源、环境资源等多项内容"①。黄乾（2005）认为"养老资源是指可以用来进行养老保障并能产生保障效果的东西"②。刘春梅（2013）认为"养老资源是指一切现有和有待开发的可以实现全体公民养老需求保障的物质和精神的资源"③。

借鉴已有的研究成果，结合本书的研究目标，本书所研究的养老资源是指：用来满足老人老年生活所需的各种资源，既包括物质资源、人力资源、财力资源，也包括组织资源。后文在论述过程中，特别是在涉及通过市场配置资源的论述时，有时也用各种"产品（商品）或服务"来指代。

5. 社会保障与社会保险

本书在后续研究过程中会在不同的语境下，使用到"社会保障"和"社会保险"。为了更好地展开后续研究，在此对这两个概念作一个说明。

社会保障与社会保险既有联系也有区别。社会保险（social insurance）是"由投保者及其雇主以及国家定期供款的，帮助投保者及其亲属预防收入中断、减少或丧失，或者应付额外经济负担的"④ 社会保障制度。社会保障（social security）则因为时代的变化其内涵经常发生变化。在 20 世纪40 年代，这两个概念基本没有区别。二战后随着西方国家社会、经济的发展，社会保障作为"社会安全网"的作用越来越大，社会保障的外延超出了社会保险的范畴，涵盖了社会救助、社会津贴，以及雇主责任制和储蓄基金制。到了 80 年代，社会保障的外延进一步扩大，包括了社会保险计划、保健、福利事业和各种维护收入的计划。我国制定"七五"计划时，将社会保障外延定为社会保险、社会救济、社会福利和优抚保障。

据此，后文在论述养老金的积累、筹集时，采用的概念为"社会保险"，但在展开分析的过程中，有时会超出养老金的范畴，涉及其他的物质资源、人力资源等养老资源保障，在这种语境下会使用社会保障来延展养老保障范围。

1.2.2 国内外研究概述

本书涉及两个领域，一是农民工回流问题，二是农村养老问题，属于两个领域的交叉区域，因而对相关研究的文献梳理也从这两个方面展开。

---

① 柴效武. 养老资源探析 [J]. 人口学刊，2005（2）：26-29.
② 黄乾. 农村养老资源供给变化及其政策含义 [J]. 人口与经济，2005（6）：55-60.
③ 刘春梅. 农村养老资源供给及模式研究 [D]. 咸阳：西北农林科技大学，2013：15.
④ 唐均. 社会保障、社会保险释义及相互关系 [J]. 人口学刊，1993（8）：41-44.

1. 国外相关研究的理论发展脉络

农民工回流这种农村劳动力转移的逆向流动，仍然属于劳动力的转移范畴。关于农村劳动力转移的研究可以追溯到古典经济学时期，此后西方不同学派的学者从不同的角度对这一现象展开了持续的研究。①人口学理论的研究。19世纪末，人口学家雷文斯坦系统地提出了人口迁移的7条法则。唐纳德·博格于20世纪50年代末提出人口迁移的"推—拉"理论。李在雷文斯坦和博格的基础上建立了一个完整的分析框架，用以解释人口从迁出地到迁入地的过程中所遇到的吸力和阻力，以及不同人群对此的反应。②发展经济学派的研究。以刘易斯、费景汉、兰尼斯、托达罗为代表的发展经济学派，从"二元经济理论"出发解释了在一定条件下农村劳动力转移的诱因。③人力资本理论的研究。人力资本理论将"迁移"视为人力资本投资的方式之一，该理论认为：除了收入差异以外，很多因素都可以影响人力资本投资的净现值，从而影响人们的迁移决策，比如年龄、家庭、教育背景、迁移距离、失业率甚至社区网络等因素①。

农村养老问题在学术领域上属于社会保障理论。社会保障理论的研究发源于17世纪西方国家的社会援助问题。19世纪欧洲的工业化发展为建立社会保障制度提供了基础条件，由此推动西方不同学派对社会保障问题展开了大量研究。①德国新历史学派的研究。19世纪下半叶，德国学者施穆勒、布伦坦诺等人提出，政府应该对劳动者实施强制性的社会保险制度，以缓和阶级矛盾，为德国社会保障制度的建立和发展提供了必要的理论基础。②福利经济学派的研究。20世纪初，以庇古为代表的福利经济学派证明了通过转移支付、使收入均等就能增加整个社会的福利，其主张建立一种能更好地提高人们福利的制度，尤其是提高和保障低收入人口群体的福利，认为国家应该承担起提高公民福利的责任②。③新自由主义的批判。20世纪70年代中后期的经济停滞引发了理论界对福利国家制度的批判，以哈耶克、弗里德曼为代表的新自由主义认为福利国家不仅威胁到人类自由，而且破坏了经济、政治、文化的发展③。④福利多元主义理论的兴起。20世纪80年代，以罗斯为代表的福利多元主义对福利的提供者进

---

① SCHLOTTMANN A M, HERZOG JR A M. Employment status and the decision to migrate [J]. The review of economics and statistics, 1981, 63 (4): 590-598.

② 张茂松. 社会保险 [M]. 郑州: 河南大学出版社, 2013: 25.

③ 彭华民, 黄叶青. 福利多元主义: 福利提供从国家到多元部门的转型 [J]. 南开学报, 2006 (6): 40-48.

行了反思，认为国家是最主要的福利生产者，但并非唯一的来源，市场、雇员、家庭也要提供福利。

2. 国内研究动态

通过对中国期刊全文数据库的检索可以发现（见表1-1），从1980年至2023年6月涉及农村劳动力或农民工"回流/回乡/返乡"等主题词的学术论文共计22 309篇，涉及"农村养老"主题词的文献共计18 741篇。从表1-1可以看出，自2000年以后，对这两类问题的关注度大幅提高，最高年发文量从之前的几篇增长至数千篇。

表1-1 国内相关文献检索情况   单位：篇

主题词	论文数	1980—1989	1990—1999	2000—2009	2010—2019	2020—2023.5
农民工回流/回乡/返乡	发表论文总数	80	355	9 284	8 500	4 090
	最高年发文数	14（1989年）	62（1997年）	5 349（2009年）	1 673（2010年）	1 390（2022年）
农村养老	发表论文总数	22	433	5 100	10 163	2 854
	最高年发文数	8（1989年）	81（1998年）	1 322（2009年）	1 487（2010年）	905（2022年）
农民工回流/回乡/返乡+农村养老	发表论文总数			9	32	9
	最高年发文数			8（2009年）	8（2018年）	5（2020年）

经过对文献的梳理，发现国内理论界对这两类问题的研究呈现以下动态：

1978年以后，随着农村改革的推进，农村富余劳动力开始不断向外转移，相应地也就出现了农民工回流现象。从20世纪80年代初，学界便开始了对这一现象的研究，归纳起来看，主要集中在这三个方面：一是对农民工回流原因的分析（崔传义和孙普希，1994；白南生和何宇鹏，2002·李强，2003；刘铮，2006；张宗益 等，2007；张欢和吴方卫，2022）；二是关于农民工回流以后的效应分析（陈如，1996；韩长赋，2006；刘铮，2006；盛来运和侯锐，2009；朱纪广，2023）；三是对农民工回流以后的就业、创业等去向的研究（邓祖善，1996；白南生和何宇鹏，2002；王西玉 等，2003；朱红根 等，2010；胡俊波，2015；高更和 等，2021）。

1986年部分省份开始实行农村养老保险制度试点，对于农村养老问题的学术研究开始兴起，受实践变化的影响，国内对这一问题的研究重点呈现出阶段性变化的特征：一是 1999 年前后，面对试点过程中的乱象，当时理论界侧重于探讨在农村建立社会养老保障制度是否可行，并形成了两种相反的观点（杨翠迎和廉国柱，1997；卢海元，2004）；二是在 2002 年至 2010 年期间侧重于讨论建设农村社会养老保障制度过程中的政府责任问题（郑功成，2003；陆解芬，2004；邓大松和薛惠元，2010）；三是 20 世纪 90 年代中后期至 21 世纪初关于是否建立城乡统一的社会养老保障制度的讨论（何文炯 等，2001；刘洪波，2005）；四是 2009 年以后逐渐增多的关于新型农村社会养老保险实施过程中保障资金的来源、影响、出现的问题及绩效评价的研究（阮荣平和郑风田，2010；程令国 等，2013；李云峰和徐书林，2019；王修华和章豪，2021）。

学界在展开对农村社会养老保障制度研究的过程中，也在思考农村养老资源的配置问题。学者们认识到在人口老龄化、城镇化及制度变迁等条件下，应该推动农村养老资源的整合（黄乾，2005；庞亚威 等，2016）。经济学的供需理论成为学者们研究农村养老资源配置的基本分析工具。唐丽娜（2012）构建了养老资源配置的一般需求函数和一般供给函数，进而分析农村养老资源配置的具体问题。杨守宝（2010）对农村养老资源的需求层次进行了分析。刘春梅（2013）对农村养老资源的供给与模式展开了研究。在具体的养老资源配置方式上，王全美和张丽伟（2010）研究了不同类型农民养老资源的最优配置，焦若水和马治龙（2020）对农村公办养老资源的错配现象进行了研究并提出了适应性改进的政策建议，何威和汪静（2023）也对农村集中供养的资源配置方式及优化路径展开了研究。

尽管农民工回流和农村养老问题的研究成果相当丰富，但是当把研究视角置于农民工回流与农村养老问题的交叉区域时，文献检索的结果却出乎意料。同时以"农民工回流/回乡/返乡""农村养老"为主题词进行检索，发现只有 50 余篇相关论文。

其中，刘玉侠（2009）关注到土地流转、城乡养老保险不能转移接续导致回流农民工面临养老保障缺失的困境；王超和王志章（2009）关注到大龄返乡农民工面临四种养老困境；李朝晖（2010）针对"短暂返乡型"和"永久返乡型"农民工提出了相应的养老保险方案；余运江等（2014）以及石智雷和薛文玲（2015）则通过计量模型检验的方法，对农民工参加农村养老保险与其回流意愿之间的关系进行了检验，二者均发现参加农村养老保险对农民工的回流意愿有显著的正向影响；解永庆等（2014）和胡艳华（2014）则采用描述性统计方法，对农民工的回流意愿和参保比例进行了分析，他们发现 1980 年以前出生的老一代农民工有 50.93% 的人愿意回到农村养老，另外，超过一半的回流农民工没有参加农村养老保险，并比较关心国家有关养老保障方面的政策。

2016 年之后，学界对该问题的研究开始逐渐增多，年均发文量由 2010—2016 年的约 1.5 篇/年增长为约 3.8 篇/年。李放等（2018，2019）通过实证研究分析了农民工回流以后对农村老人在经济支持、生活照料以及精神慰藉方面的影响。陈光和杜辉（2018）以传统农区的第一代农民工为研究对象，研究了这些农民工返乡之后面临的养老困境。陈伟涛（2019）研究了农民工返乡之后对农村养老问题产生的积极和消极影响。贾鹏和庄晋财（2021）研究了返乡入乡人员的乡村创业活动对农村老人养老困境的影响及其作用机制。

3. 评述

通过文献梳理可以发现，国内理论界关于农民工回流和农村养老这两类问题的研究成果均十分丰富，但是却存在一定的局限性。

（1）理论研究存在相对"盲点"。

文献梳理的结果显示，目前将农民工回流与农村养老问题结合起来的研究，一方面数量还比较少，另一方面研究的系统性、整体性还不够。究其原因，本书认为这与时代背景有很大关系。从文献检索的结果可以看出，对于农民工回流与农村养老问题的交叉领域研究主要缘起于经济社会发展的大背景。2009 年学者们开始重点关注到此问题，是因为 2008 年国际金融危机爆发，导致当时大量的农民工失业返乡，造成了比较大的社会影响，以至于 2009 年当年发表的有关"农民工回流/回乡/返乡"的文献高达 5 349 篇。自此，农民工返乡所引起的养老问题才开始进入学者们的研究视野。

从人口结构来看，1962—1971 年第二次生育高峰期出生的农民工（男性）群体从 2022 年才开始进入退休年龄。在这之前，出现了多次农民工"回流潮"①，但是由于中国的人口结构比较"年轻"，农民工回流之后引发社会各界担心的最主要的问题是"如何解决返乡农民工的就业问题？"

---

① 分别是 20 世纪 80 年代末期，1997 年亚洲金融危机之后，以及 2008 年国际金融危机之后。

所以即便有少量老龄农民工回流农村，但是农民工回流农村之后所产生的养老问题并未在全社会大规模显性化。基于"现实问题是理论研究的起点"的认识，本书认为，在关于"农民工回流"与"农村养老"问题的研究分别有海量文献的情况下，对二者的交叉领域的研究却"屈指可数"的现象是可以理解的。在此问题没有显性化之前，学界对此关注度不够，因而成为理论研究的相对"盲点"。

（2）对新形势的研判和分析有待深化。

如果说，过去三次农民工"回流潮"都没有对农村养老资源的供给产生冲击是正常现象的话，那么今后这种判断将失去其合理性，因为经济社会背景已经发生了重大的变化，必须给予重点关注。

第七次全国人口普查系列公报显示，"老龄化"已经成为我国经济社会发展过程中面临的重要社会问题，并且中国的"老龄化"程度还将持续加深。中华人民共和国成立以后的三次生育高峰，分别对应着不同的退休高峰。1950—1957年的第一次生育高峰，对应着2010—2017年的退休高峰，在人口结构上体现出来的结果就是2010年全国60岁以上老人约1.8亿，占总人口比例为13.3%。第二次生育高峰是1962—1971年，对应着的退休高峰为2022—2031年。这意味着从2022年开始，随着我国的老龄人口快速增长，对养老资源的需求也迎来一个快速增长的时期。对于农村地区来说，特别是对于中西部的劳务输出大省的农村地区来说，从2022年开始农村养老压力不断加大，农村养老资源的配置问题成为一个重要的、必须直面的社会问题。一方面，经济发展相对落后，导致养老资源的供给本就不足；另一方面，农村人口"老龄化"水平比全国平均水平高，导致农村养老需求总量相对更大；如果再叠加大量的老龄农民工回流农村养老，这必将导致养老资源进一步短缺。

由于个体差异，不同的农民工个体在城市务工的状况也并不相同，有的人能够成功地融入城市之中并实现市民化，也有的人没有办法市民化而不得不回到农村养老。这必然给农村养老资源的配置带来巨大的影响，要实现农村养老资源的合理配置，必须对相关问题做出回答。比如，未来20年中不同年龄段的农民工的留城及返乡意愿如何？有多少人会回流农村养老？回流的规模、速度可能会达到什么样的水平？当这些农民工大量回流之后，会对农村地区（特别是中西部劳务输出大省的农村地区）的养老资源供给造成多大的冲击？随着经济社会的发展，以及农民工长期持续回流，不同年龄阶段的农村居民在养老需求上又会产生什么变化？针对需求的变化，农村养老资源配置要在总量、结构上做出哪些调整？为了满足农村居民不断增长的养老需求，需要在制度上、政策上做出哪些改进？从目前的文献梳理结果来看，关于这些迫在眉睫的问题的研究还很少，亟须理论界对其尽快做出回答。

（3）分析农村养老资源配置机制的理论框架尚需完善。

从既有研究所作的贡献中可以观察到，在研究养老资源配置问题时，经济学的供需理论是构建分析框架时所采用的最底层的理论分析架构。但是供需理论的基本假设前提是"经济人"假设，在此假设下经济活动的参与者具有完全理性，拥有完备的信息，可以在不受外部影响的情况下，独立做出"最大化"效用（或利润）的选择。在农民工回流农村养老的情况下，农村养老资源的供给与需求之间的有效配置必然受到回流农民工这个变量的影响。在这个变量的影响下，仅仅依靠经济学的供需理论作为底层架构来搭建分析框架不可避免地将会碰上诸多理论难题需要处理。比如：

在城市务工的农民工，他们的养老观念会受到他们所接触到的城市居民的影响吗？如果会受到城市居民的影响，经过务工经历洗礼的回流农民工群体其对养老资源的偏好会发生变化吗？如果偏好发生变化，那么还可以继续在供需理论的框架下分析吗？

有城市务工经历的农民工的养老需求与未外出务工的居乡群体的养老需求有差异吗？如果有差异，这种差异体现在哪些方面？产生这种差异的机理是什么？这种差异对农村养老资源的需求会产生什么影响？是仅仅影响需求总量吗？还是说不仅影响需求总量还要影响需求结构。在需求变化了的情况下，供给又该怎么调整？

当这些农民工回流农村养老以后，他们的养老理念是不是也会对农村社区的其他居民产生影响？如果会，这种影响是怎么产生的？当其他农村居民的养老理念受到回流农民工的影响之后，其养老需求会发生变化吗？当这种影响在农村社区持续传播的时候，农村养老资源的需求与供给又会呈现什么变化呢？

面对上面这些理论上的新问题，经济学的供需理论已经难以做出合理有效的解释，因为这已经超出了经济学的理论分析范畴了。针对这些新问题，亟须建立一个新的理论分析框架去加以解释。

1.3 研究思路、主要内容与研究方法

1.3.1 研究思路

本书按照"理论框架—实证分析—对策研究"的思路展开研究（如图1-1所示）。首先，综合新经济社会学与经济学的相关理论，构建了一个"嵌入社会网络的供需均衡分析框架"，用以从理论上阐释农民工回流条件下农村养老资源的配置机制。其次，分别利用宏观统计数据以及微观社会调查数据，从农村养老资源的供给与需求两个方面展开实证分析，考察了目前农村养老资源的供给状况，以及未来不同时期内、不同的农村居民群体的养老预期和养老资源需求。最后，根据理论与实证分析的结果，有针对性地从社会养老保险制度框架的构建、"三阶段"农村养老资源动态优化配置战略，以及养老产业体系的打造三个方面，展开了如何优化农村养老资源配置的对策研究。

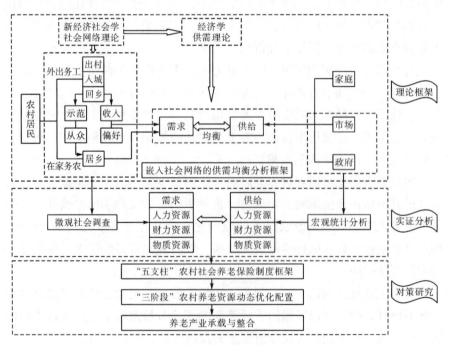

图1-1 研究思路

1. 理论框架

在人口老龄化程度不断加深的社会背景下，研究农村养老资源的配置问题具有非常重要的现实意义。但农村养老资源究竟应该如何配置？必须先从理论上对其配置机制进行阐释。从理论研究的范围来看，经济学是专门研究资源如何配置的学科，微观经济学的供需理论对于市场这只"看不见的手"是如何使资源有效地得到配置的内在机理进行了详细的论述。在社会主义市场经济条件下，市场无疑在各类资源的有效配置过程中发挥着决定性作用。因此，对于农村养老资源的配置问题而言，在理论直觉上，经济学的供需理论似乎是用来阐释该问题的"理所当然"的选择。

但是，经济学的"经济人"假设前提过于严格，原子化的"经济人"在做出经济行为决策时被认为是完全理性的。这种假定与大多数事实并不吻合，经济学理论由此受到很多质疑。新经济社会学的社会网络理论认为，经济主体的经济行为会受到他所"嵌入"的社会网络的影响。但是，新经济社会学并未否定经济学的理性假定。这一点从新经济社会学的代表人物格兰诺维特的论述中可以看出："我认为，虽然理性行动的假设总是有问题的，但这是一个很好的假设，不应轻易放弃。当情境约束，特别是嵌入性约束被充分理解时，对于分析人员来说那些非理性行为或许本是很合理的。"[①] 可见新经济社会学对经济学理论的挑战主要针对经济学的"原子化"假设，即经济学剥离了那些本应该纳入分析框架之中的"情境约束，特别是嵌入性约束"。

从农民工"出村—入城—回乡"的整个过程看，农民工先是脱离原农村社区中的社会网络，再在城市中建立新的社会网络，最后回到已经因为经济社会发展而发生了变化的农村社会网络之中。农民工在城市建立并融入新的社会网络的过程中，不可避免地会被打上城市社会网络的"烙印"。因为，人既有自然的属性，也有社会的属性，人的社会属性就是在社会化的过程中建立的。而社会化过程就是个体人在行为方式、思想意识上与社会规范、标准统一然后内化的过程。所以，一个长期在城市务工的农民工，其养老观念与思想意识不可能不受到城市社会网络的影响，并进而影响其养老行为。

既然农民工的养老观念及养老行为会受到城市社会网络的影响而改

① Granovetter M. Economic action and social structure: the problem of embeddednes [J]. American journal of sociology, 1985, 91 (3): 506.

变，那么这种改变必然会导致回流农民工与那些在家务农的居乡老人相比，对某些养老产品或服务的消费需求存在差异——"偏好效应"。此外，农民工群体的收入水平普遍比务农的居乡群体更高，所以即便是消费同类养老资源，农民工群体由于其预算约束相对更宽松，其消费能力也会更强——"收入效应"。同时，养老需求受到城市网络影响的农民工回到农村养老之后，他将再次构建起农村社会网络，他的养老观念及行为将通过"示范效应"与"从众效应"在农村社会网络中持续传播，从而导致整个农村社会网络对养老资源的需求的持续调整。

可见，当把回流农民工和农村居民嵌入他们所处的社会网络之中，并把这种嵌入性约束条件纳入他们的行为方程之后，得出的结论将更加符合社会现实。故本书在构建分析农村养老资源配置机制的理论框架时，综合了经济学的供需理论以及新经济社会学的社会网络理论，以供需理论为基本分析框架，然后分步骤不断地放松约束条件，对基本框架进行拓展。

第一步，在不考虑农民工回流而只考虑在家务农的居乡群体的条件下，以农村居民作为养老资源的需求方，家庭、市场和政府作为养老资源的供给方，对农村养老资源市场均衡作静态分析。

第二步，将回流农民工纳入市场需求方，但是只考虑"收入效应"和"偏好效应"，不考虑农民工对农村社会网络的激励作用，在这种条件下，对农村养老资源市场均衡作静态分析。

第三步，把回流农民工的养老观念与行为对农村社会网络中的居乡群体所产生的"示范效应"以及居乡群体对这种新观念、新模式所产生的"从众效应"纳入市场需求影响因素之中，并对农村养老资源市场均衡作动态分析。

2. 实证分析

在理论框架构建完成之后，便是利用实证分析对理论框架进行检验，并通过实证分析掌握有关农村养老资源需求及供给的相关信息，以便更好地制定相关制度、政策及规划，科学合理地配置农村养老资源。

首先，通过宏观统计数据对农村养老资源的供给状况进行分析。这部分内容主要根据各类统计年鉴、统计公报等统计资料，对涉及农村老人养老的经济保障、生活服务保障、医疗保障、精神慰藉、文化、权益保障等方面的内容，按照各种资源的基本属性，将其归纳为人力资源、财力资源、物质资源三个方面进行分析。

其次，通过微观社会调查对劳务输出大省的农民工流动情况进行研究。在理论分析部分得到了一系列关于农民工流动的结论，比如，为什么有的农民工会脱离农村社会网络而选择外出务工？为什么同是外出务工群体，有的人能够在城市立足，有的人却没办法融入城市只能回流农村？这些理论分析结论，需要在实证分析部分作进一步的检验。故在微观社会调查分析时，第一，从居乡群体与务工群体比较的角度出发对农民工外出情况进行调查分析。第二，从意愿回流农村养老的群体与不准备回流农村养老的群体比较的角度出发对农民工回流意愿及趋势进行调查分析。第三，对农民工回流农村养老的趋势、规模、时间节点以及阶段压力进行研究分析，为后面的对策研究部分提供基础支撑。

最后，本书通过"嵌入社会网络的供需均衡分析框架"得出了回流农村养老的农民工对养老产品与服务的需求与居乡未外出的农村居民群体相比存在差异的结论。为检验该结论以及为后文的对策研究奠定基础，故在微观社会调查分析时，对回流群体与居乡群体在养老期望、养老保障政策需求等方面进行了比较分析研究。并进一步分群体、分阶段对不同农村居民的养老保障政策需求进行了重要性评估。

3. 对策研究

对于农村养老资源的需求与供给状况，以及农民工的回流趋势有了清晰的了解之后，接下来便是在此基础上对未来一段时期内如何科学合理地配置农村养老资源展开研究。

随着经济社会的发展，人们对于养老资源的数量、种类、质量的要求也会不断提高，有效的需求必须是有支付能力的需求。因此，收入水平的不断提高是农村老人养老需求得到满足的重要前提。在传统的农业社会，家庭承担着农村老人的养老功能，家庭规模的大小、子女收入水平的高低影响着老人的老年生活质量。但是，在工业化、城镇化持续发展，人口老龄化程度不断深化的背景下，在家庭规模不断缩小并趋于"原子化"的条件下，家庭养老功能逐渐弱化、社会养老逐渐成为主导将是一个必然的趋势。而建立起完善的社会养老保险体系是实现社会养老的先决条件与基础。

因此，对策研究部分把如何构建农村社会养老保险制度框架放在最前面进行研究。尽管目前城乡居民基本养老保险已经统一，但是这并不妨碍在统一的制度框架里根据农村的实际情况建立有针对性的制度细则。本书根据其他国家的实践经验、世界银行的建议，结合我国农村的实际情况，对如何构建我国农村社会养老保险体系的"五支柱"进行了研究。

在解决了农村居民养老"是否消费得起？"的问题之后，有没有足够的养老产品、服务人员、养老机构、组织力量等资源确保农村老人"能够消费得上"便是逻辑上需要着重解决的问题。故对策研究的第二部分便是对农村养老资源具体如何配置进行研究。根据对农民工回流意愿的调查，2020—2040 年农民工回流可能呈现三个明显不同的阶段，因此本书根据农村居民养老需求的调查结果、劳务输出大省的老龄人口预测、农村养老资源的供给状况，分"三个阶段"对农村养老资源的动态优化配置问题展开了研究，并以劳务输出大省四川为例，对其农村养老资源的优化配置进行了定量化的研究。

在现实生活中，与养老有关的产品与服务数不胜数，只有依靠市场这只"看不见的手"来有效配置。但是，市场并不是万能的，需要政府进行宏观管理与调控。"养老产业"就是政府宏观调控的重要抓手，因为不管是什么样的养老产品或服务，它都归属于养老产业，都可以通过养老产业来承载和整合。政府要扩大养老产业的规模、提升养老产品与服务的质量，只需要针对养老产业制定相关的配套政策即可，而不需要事无巨细地涉入每一样产品或服务之中。故对策研究的最后一个部分主要围绕如何做大做强养老产业展开研究，并提出了相关的政策建议。

1.3.2 主要内容

从主要内容看，除第 1 章导论外，本书还包括以下六章内容：

第 2 章 "农民工回流条件下农村养老资源配置机制：嵌入社会网络的供需均衡"。农民工回流现象是农村劳动力转移大周期"走出农村—进入城市—返回农村"中的一个环节，在这个过程中，农民工的社会网络也在发生着巨大的变化："走出农村"意味着脱离原来所处的社会网络；"进入城市"意味着在一个新的区域范围内建立新的社会网络；"返回农村"意味着已经发生了某种变化的他返回到同样已经发生变化的农村社区，也必须重新建立一种不同于原来的社会网络。也就是说，回流农村的农民工其社会网络也需要先后经历"脱构—重构—再构"的一个过程。按照新经济社会学的理论，农民工在不同的社会网络之间的"迁徙"，必然导致其经济行为发生改变。经济行为的改变会影响到农村养老资源的需求，而需求的变化又会传递到养老资源的供给侧，进而引起供给的改变。

但是，这种连锁反应并不是一蹴而就的。农民工个体从离乡到进城务工、再到返乡养老，是一个漫长的过程，时间跨度长达几十年。即便考察他们回流居乡养老的生活，其时间跨度也有 20 年左右。要研究在农民工回流条件下如何配置农村养老资源以达到供需之间的均衡，就方法论而言，非常有必要首先建立一个静态的"参照系"。在这个静态的参照系下，去分析既有的农村养老资源供给与农村老人养老需求之间的均衡匹配。然后，再以这个静态的参照系为基础，逐步放松研究前提和假设，并从动态的角度来加以研究。

本章依据微观经济学的理论，从经济学视角出发建立了一个农村养老资源供给与需求均衡分析的基本框架，作为后续分析的起点。站在社会学的理论立场上看，微观经济学的"经济人"假设前提过于严格，这种"原子化"个人的分析范式忽略了社会关系、社会结构和社会网络对个人行为的影响。因此，在建立起基本分析框架之后，本章从农民工个体在不同的社会网络之间"迁徙"对其所产生的影响入手，依据新经济社会学的相关理论对该基本框架进行了扩展，构建了一个农民工回流条件下的农村养老资源供需匹配机制的静态分析框架。

对于有进城务工经历的农民工而言，将其"嵌入"城市社会网络之后，理论分析表明，这种社会网络至少从收入与偏好两个方面对其的消费者均衡产生了影响，改变了其对某种养老产品或服务的需求。当这些农民工回到农村养老之后，由于消费者数量的增加，必然导致农村养老资源的短缺，从而在短期内推动相关产品或服务的价格上涨。从社会"公平"的角度出发，政府需要采取积极的干预措施，推动养老资源的供给增加，以便让更多的农村老人能够消费得起相关养老产品与服务。

农民工回流农村，不仅会因面对一个与当初外出务工时所不同的社会网络而"重构"自己的农村社会网络，而且回流农村的农民工也会对自己所"嵌入"的农村社会网络产生影响。回流农民工的养老观念及行为模式会从"示范效应"和"从众效应"两个方面对当地农村社区居民的养老方式产生影响，导致农村社区对某些养老资源产生额外的需求，进而导致供给的持续变化。本章最后一节将农村养老资源供需均衡的静态分析拓展至了动态分析，以满足这种需求与供给动态持续变化情况下的理论分析需要。

第 3 章 "劳务输出大省人口老龄化特征及农村养老资源现状"。要科学合理地配置农村养老资源，必须要先摸清农村老龄人口的状况，以及目前农村各类养老资源的供给状况，同时也必须掌握未来一段时间内农村老龄人口的变化趋势。劳务输出大省作为农村老龄化最为严重的地区，其养老资源的配置问题更为迫切。因此，本章以劳务输出大省为重点研究对象，对其人口老龄化及农村养老资源现状进行分析。

本章首先根据农村劳务输出人数和已有的研究，界定河南省、四川省、安徽省等 10 个省（自治区、直辖市）为劳务输出大省。其次通过城乡对比、局部与总体对比等维度分析了劳务输出大省人口老龄化特征。劳务输出大省的农村由于青壮年劳动力常年流出，无论是老龄化人口增加速度，还是老龄人口数量都表现出了较城镇、全国更为严峻的形势。且由于劳务输出大省均是位于中西部地区的农业大省，经济发展水平较低，"未富先老"的现象也更为突出。本章还以 2010 年第六次人口普查数据为基期数据，采用年龄移算法，以五年为一个预测期，从全国、劳务输出大省，以及四川省三个层面，对 2020—2040 年的 60 岁以上老年人口数据进行了预测。

受限于经济发展水平，劳务输出大省的农村在财力、人力、物力等养老资源方面总量较城市及全国平均水平少。不过在某些资源方面虽然总量水平较低，但是发展速度较快，也侧面说明了劳务输出大省正在加大对这些农村养老资源的投入。一些新型养老模式开始在农村兴起，为满足多元化养老需求，提供居家养老、社区（互助）养老等新型养老模式的组织机构也开始在农村发展起来。然而，诸如城乡养老资源差距大、专业技术人员储备不足、养老保障体系有待完善等全国绝大多数农村面临的共性问题，在劳务输出大省中均存在。劳务输出大省的特殊性在于，作为主要的劳务输出地，面对第一代农民工退休返乡潮的到来，所有的资源短缺或发展不足等问题都会在现有的基础上进一步被放大。这也是本书要研究的核心问题，第一代农民工退休返乡会给农村老年人数量带来多大的影响？会给现有的养老资源形成多大的冲击？如何配置养老资源？这些问题均会在后续章节展开论述。

第 4 章 "农民工流动与农村居民养老需求的社会调查"。本章以劳务输出大省四川省为主［还包括湖南、重庆、河南、贵州、广西等省（自治区、直辖市）］对 16~65 岁的农村居民随机发放调查问卷，以掌握劳务输出大省农民工的流动情况以及农村居民的养老需求状况。根据第 2 章的理论分析，农民工的迁移经历可以分为"出村—入城—回乡"，故本章在作微观社会调查分析时，也据此分为三个部分。

一是从居乡群体与外出务工群体比较的角度对农民工外出务工情况进行分析。比较了两个群体之间性别、年龄、婚姻、文化程度、政治面貌、证书拥有情况、职业技能、健康等个人基本情况，并从人口、耕地、收入等方面对两个群体的家庭情况进行了比较分析。

二是对已经在外务工的农民工群体中的愿意留在城市养老和愿意回到农村养老的两个子群体进行比较分析。除了比较性别、年龄等个人基本情况之外，重点考察了两个群体就业信息获取渠道、工作单位性质、行业等就业状况，从事第一项非农工作的年龄、初次务工的原因、初次务工时的职业技能等职业经历信息，以及人口、耕地、收入等家庭情况。在此基础上，对 2020 年至 2040 年农民工回流农村养老的速度及趋势、回流人群的年龄结构及峰值、回流的时间节点与阶段压力进行预测。

三是从居乡群体与意愿回流农民工群体比较的角度对农村居民的养老需求进行分析。从第 2 章的理论分析知道，有的农民工在城市能够站稳脚跟并市民化，但也有的农民工无法融入城市，到老年的时候仍会回到农村养老。这些回流（及准备回流）农村养老的农民工由于接受了城市生活的"洗礼"，在养老需求上可能与未外出务工的农村居民存在差异。那么，两类群体的养老需求在整体上究竟有多大的差别？更进一步地，不同年龄阶段的回流农民工以及居乡农村居民对不同的养老产品与服务又会在需求结构上表现出何种不同的偏好？农村居民对养老的财力保障、物质资源保障、人力资源保障、组织资源保障有些什么需求？哪些重要？哪些相对不重要？这些信息对于精准地制定相关制度、政策及规划，均具有非常重要的现实意义。本章的这部分内容将对这些问题展开详尽的研究。

第 5 章"农村多支柱社会养老保险制度框架建构"。自 19 世纪 80 年代开始，西方各国就开始对社会保险制度进行探索，养老保险制度最先在欧美国家逐渐建立和完善，并不断向全世界其他国家延伸和扩展。回顾世界各国养老保险制度的发展历程，可以发现国外的养老保险制度的演进大致经历了三个阶段：第一个阶段是 19 世纪 80 年代到 20 世纪 40 年代中期，西方各国开始逐步探索社会养老保险制度。第二个阶段是 20 世纪 40 年代中期到 20 世纪 70 年代中期福利国家的出现，政府开始加大对社会养老保障的干预和投入，社会养老保险体系逐步形成。第三个阶段是 20 世纪 70 年代中期至今，世界社会经济环境急剧变化，各国开始逐渐探索养老保险的市场化运作，养老保险体系不断完善和发展。通过不断发展与改革，世界上许多国家都在本国建立起了较为完善的多支柱养老保险体系。

中华人民共和国成立以来，我国农村养老保险制度也历经了从无到有再到逐步完善的发展历程，大致可以划分为"以集体保障为主的人民公社集体养老""农村社会养老保险制度初步建立""老农保建设时期""新型农村社会养老保险制度推行""城乡居民养老保险统一"五个阶段。通过不断发展与完善，我国农村地区的养老保障水平不断提高，保障对象基本实现了全员覆盖，养老保障的提供主体逐渐向多元化转变，城乡之间的养老保障水平差距不断缩小。但是，我国农村养老保障制度体系的建设仍然面临着养老保障水平较低、政府财政压力过大、参保人员积极性不够等问题，再加上我国老龄化现象进一步加剧以及我国正处于国家战略转型时期，基于这些现实层面的考虑，以及结合经济学、社会学相关理论分析，本书认为，我国必须尽快建立起多支柱的农村社会养老保险体系。本章分别从理论认识和现实需求出发，提出了构建五支柱的农村社会养老保险体系的设想，并分别对每个支柱的实践与改革方向进行了研究。五个支柱的具体内容包括：以社会救助、普享型基础养老金、家计调查式社会保险相结合的非缴费型的"零支柱"；强制性的、缴费型的、与个人收入水平挂钩的"第一支柱"；以资本化的农村产权资源为基础形成类似企业年金计划的"第二支柱"；以自愿参加商业保险为基础形成的自愿型的补充养老金为"第三支柱"；以家庭成员、亲属、社区互助为基础形成的非正规保障形式的"第四支柱"。

第 6 章"农村养老资源动态优化配置战略：三阶段模式选择"。理论分析表明，在农民工回流的条件下，未来农村养老资源的配置必须采取动态优化的方式。另外，由于人口结构的变化、老龄化程度的深化、农民工回流趋势均表现出明显的阶段性，因此，本书认为将来一段时期内，农村养老资源动态优化配置在战略上应该采取"三阶段模式"。

本章首先从人口学、经济学、社会学的相关理论出发，论证了未来农村养老资源的配置为什么必须采取动态优化的方式。无论是从人口年龄结构的变化、价值规律的作用机制，还是社会转型与发展的角度看，都必须坚持政府主导，分阶段、分重点地进行农村养老资源动态优化配置，才能实现未来广大农村群众相对公平的社会福利。另外，无论是回流人数不断增加的趋势、家庭养老功能的退化，还是国家总体战略的方向调整等微观与宏观现实条件的变化，都要求农村养老资源配置做出相应的调整与改变。

根据第3章的老龄化趋势预测，以及第4章对农民工回流趋势的时间节点、阶段压力的判断，本章提出了农村养老资源动态优化配置的三阶段设想。第一阶段为2020—2029年，农村居民人口结构变化相对较小，家庭可负担的养老水平层次较低，对养老的需求比较单一，故本阶段主要是延续传统家庭养老模式，"以家庭养老为主、社区养老与社会化养老服务为辅"。第二阶段为2030—2035年，老龄化程度日益加深、农村居民生活水平大幅提升，对养老保障要求更高、养老需求更加多元，基础养老服务不能有效满足更高层次的养老服务需要，故本阶段社区养老与社会化养老服务占比明显提高，养老模式为"家庭养老、社区养老、社会化养老服务并重"。第三阶段为2036—2040年，社会化资本的深度参与推动农村养老服务配置更加专业化、多元化，城乡进一步融合加速养老资源优化流动，社区养老以及社会化养老服务将部分替代家庭养老功能，故养老模式为"以社区养老与社会化养老服务为主，家庭养老为辅"。针对每一个阶段的条件与基础，本章分别从制度框架、组织及实施、要素配置三个方面进行了细化分析。

在此基础上，本章还以四川省为例，通过抽样调查获取农民工回流信息，结合前面的宏观预测数据，根据2010—2019年四川省各类养老资源的实际供给状况与2020—2040年四川省农村居民对各类养老资源的政策需求强弱调查，对2020—2040年四川省农村养老资源的配置数量进行了预测，并结合农民工回流趋势，定量分析了农民工回流对既有农村养老资源所产生的冲击效应，以期为未来四川省农村养老资源的配置提供依据，同时也为其他劳务输出大省预测相关数据提供借鉴。

第7章"配置农村养老资源的政策建议：理念、主体与措施"。由于农村人口老龄化是一个长期过程，农民工回流也是一个长期的过程，本章从农民工的回流特征、家庭人口结构和规模、社会保障体系建设等现实因素出发，提出在配置农村养老资源的长期过程中，必须坚持四个基本理念，即坚持动态调整的理念、坚持市场化的理念、坚持政府宏观干预的理念、坚持弘扬优秀传统文化的理念。

由于每个阶段的经济社会背景不同，每个阶段的战略目标、战略重点也不同，所以在农村养老资源配置过程中各相关主体的关系与作用是不断变化的。在传统的农业经济时期，家庭养老是主要的模式，老年人主要依靠家庭中子女等年轻成员的代际支持来度过老年生活。进入工业经济时期，随着工业化与城镇化的发展，家庭结构及规模也发生了变化，传统的家庭养老模式已不足以有效应对日渐增长的养老压力。在这种情况下，家庭养老必须向社会养老转变，市场的作用开始不断上升，家庭的养老功能则逐渐弱化。政府作为养老资源供给主体之一，在农村养老资源配置过程中应当始终如一地发挥宏观干预作用。因为养老资源在一定程度上具备公共产品的性质，以及我国社会主义制度的本质要求，政府的作用强度、方式和领域应随农村社会经济的发展情况不断做出调整。政府应该定位于规则的制定者、公共产品的提供者、市场运行的监管者。

另外，尽管养老资源配置所涉及的人、财、物等要素非常庞杂繁复，但是在社会主义市场经济的大背景下，这些养老资源最终大多将会进入市场并以养老产业为载体加以整合配置。要加大力度培育和扶持养老产业，建立健全养老产业体系，则需要加强农村养老基础设施建设、充分利用多种人力资本、强化农村养老产业的资金保障、构建良好的产业发展环境。

1.3.3 研究方法

本书综合运用了社会学、经济学、人口学、保险学、统计学等学科的相关理论，采用了理论研究与实证分析相结合、定性分析与定量分析相结合、静态分析与动态分析相结合的方法进行研究。

1. 理论研究与实证分析相结合的方法

（1）理论研究。

本书的第 2 章属于理论研究部分。在这部分内容中，本书主要综合运用了微观经济学的供需理论与新经济社会学的社会网络理论，以建立"嵌入社会网络的养老资源供需均衡分析框架"。

在搭建基本分析框架时采用的是微观经济学的供需理论。首先，分别建立了养老产品消费者的效用最大化模型与生产者的利润最大化模型，再运用对偶性原理得到养老产品的需求函数与供给函数。最后，根据需求方程和供给方程，建立供需均衡模型。

在构建起基本分析框架之后，纳入新经济社会学的社会网络理论，用以拓展理论框架的分析边界，以使分析框架尽量地贴近现实情况。首先，放松消费者偏好不变及收入不变的约束，通过消费者均衡模型最优解的变化推导出"偏好效应"与"总效应"，进而分析新的供需均衡。然后，将回流农民工对居乡群体的影响纳入分析框架，并作进一步的供需均衡分析。

在理论框架的构建过程中，采用了先建立数理模型，再对数理模型进行解析（或者将数理模型转换为曲线的形式加以推导），从理论逻辑层面进行推导的研究方法。

（2）实证分析。

第3章主要运用统计学、人口学的相关理论与方法对老龄化趋势及养老资源供给进行实证分析。首先，根据各类统计文献资料，对全国、劳务输出大省的人口老龄化特征，以及农村人均可支配收入、农村最低生活保障、养老基金、乡村医生和卫生人员、农村养老机构、社区服务中心、社区服务站、社区养老照料机构和设施、村卫生室、农村养老床位数、农村医疗机构床位数、社区互助型养老设施等养老资源进行了统计分析。然后，基于人口学的人口平衡方程，采用年龄移算法，以2010年第六次人口普查数据为基期数据，五年为一个预测期，对全国、其他劳务输出大省以及四川省2020—2040年农村60岁以上老人的数据进行了预测。

第4章主要运用了统计学方法对微观社会调查得到的数据进行实证分析。一是对相关数据进行描述性统计分析，主要对相关调查项的频数、均值、占比等统计指标进行分析。二是采用熵权法对农村居民关于各项养老保障政策的重要性进行评估。三是采用统计学上的非参数检验，分别对回流农民工群体与居乡群体之间关于养老资源需求的差异性，以及40~44岁、45~50岁、大于50岁三个年龄阶段的农村居民养老需求的差异性，进行了秩和检验。

理论研究与实证分析相结合的目的在于，依靠核心理论架构来保障研究的逻辑性和规范性，通过实证分析来检验理论分析结论的正确性与合理性。本书所采用的核心理论架构（社会网络理论和供需理论）是社会学和经济学的经典理论。这种经典理论在逻辑上是严密的、自洽的，在其基础上搭建的分析框架会因为核心理论的逻辑结构使然而相应具有很强的逻辑性。但理论研究的真正意义在于创新，核心理论是最为"抽象"的一般意义上的理论，所以在不同的应用场景中需要对核心理论的约束条件、假设前提进行放松或修正,即所谓的理论的"边际上的改进",这种边际上的改进就是创新。有效的创新会推动理论的发展,但怎么保证创新成果的有效性呢?这就需要通过实证研究来对理论层面的创新加以检验。所以,本书采取理论研究与实证分析相结合的方法来展开后文的研究工作。

2. 定性分析与定量分析相结合的方法

(1)定性分析。

本书提出的"五支柱"农村社会养老保险体系框架的有关制度设计、改革方向,"三阶段"农村养老资源动态优化配置战略,以及有关发展农村养老产业的政策建议,均属于定性分析。比如,通过对国内外养老保险制度演变历程的分析归纳出各自的演变特征;对未来农村社会养老保险体系的发展和改革方向的阐释与设想;农村养老资源在各个阶段的配置重点的分析;家庭、市场、社会等养老资源供给主体的定位与作用分析。

(2)定量分析。

除了第3、4章所进行的定量分析之外,本书在第6章以劳务输出大省四川省为例展开了定量化的分析。这部分内容结合宏观数据和微观调查数据,对劳务输出大省农民工回流作了估算和预测,并综合了各类养老资源的发展基础和历史状况以及不同群体对各类养老资源的政策评价、社会经济发展趋势等因素,进一步制定了分居乡和回流的养老资源配置方案。

定性分析对农民工回流条件下的农村养老资源配置的理论逻辑、内在机理,以及发展方向进行了阐释、分析,解释了之所以要优化配置农村养老资源的原因,为定量化分析奠定了基础。而定量化分析,则不仅可以提供与农民工流动、农村养老资源供给状况有关的数据,还可以使得各类农村养老资源的最优配置方案直观地呈现出来。

3. 静态分析与动态分析相结合的方法

(1)静态分析。

本书根据微观经济学的供需理论建立了农村养老资源的需求函数与供给函数之后,对养老资源市场供需均衡所作的分析,在相同时点下对全国、劳务输出大省的农村养老资源现状所作的差异性比较分析,以及在微观社会调查结束之后对不同群体的农民工或农村居民所作的比较分析,均属于从静态的角度展开的分析。

(2)动态分析。

在建立起基本分析框架之后,把回流农民工对农村社区居民养老理念与行为的影响纳入供需模型后，由于影响传播的持续性使得对农村养老资源供需平衡的分析也需要从动态的角度进行。第6章分阶段对农村养老资源配置的分析也坚持了动态分析的原则，根据不同年龄阶段的回流农民工以及农村居民的需求变化，结合经济社会的发展趋势，来动态调整每个阶段的配置重点。

静态分析是动态分析的逻辑起点，只有在取得静态分析结论的情况下，才能合理有效地展开动态分析。动态分析则是静态分析的进一步演化，是静态分析条件发生变化的情况下所产生的结果。通过静态分析可以把握农村养老资源的配置现状，而动态分析则可以把握农村养老资源配置的变化规律。

1.4 主要的研究发现与创新

1.4.1 主要的研究发现

1. 农民工社会网络分析结论

（1）城市经济网络重构。

①初次外出务工就业信息与岗位获取。

对于初次外出务工者而言，有三分之二的农民工在初次外出务工时的就业信息主要来源于其原生社会网络，比如亲戚、同学、朋友和老乡。农民工获得就业信息后，有约65.6%的人继续通过信息发布者来获取工作岗位，其中有65.5%的人依靠强关系获得就业岗位。但是也有约34.4%的人是通过其他社会关系人来落实岗位，其中有约三分之一的人再次利用其他强关系获得工作岗位。

②非初次外出务工者就业信息与岗位获取。

第一，非初次外出务工者的就业信息与岗位的获得均主要依靠其原生社会网络。通过原生社会网络获得就业信息的占到52.4%，通过原生社会网络获得就业岗位的占到46.8%。

第二，原生社会网络对多次外出务工者的作用下降。那些多次外出务工者，因为在城市重构了各种社会网络，所以利用原生社会网络获得就业信息与岗位的比重均大幅下降，前者相对下降了14.1%，后者相对下降了15.4%。

第三，在务工过程中重构的社会网络对农民工具有重要作用。以前务工单位的同事、工友等新的社会网络是农民工外出务工获得就业信息与落实就业岗位的重要渠道。对获取就业信息的贡献达到7.8%，对获得就业岗位的贡献达到7.7%。

第四，无论是否是初次外出务工，强关系都对农民工获取就业信息与落实就业岗位发挥着重要的作用，贡献均为54.7%。

（2）城市社会关系网络重构。

进城务工的农民工在新的社会关系网络构建上存在以下特点：

第一，约59.5%的进城务工农民工愿意在城市社会中通过交朋友的方式建立新的社会关系网络，但在实际生活中，他们构建的社会关系网络并不能达到期望的规模水平，仅有30.2%的人成功地交到较多的朋友。

第二，在建立新的城市社会关系网络时，农民工群体更喜欢采取比较传统的、个体与个体之间交往的方式，而非个人与组织交流的方式，仅有2.9%的农民工经常参加各类城市社会活动（如社区活动、公益活动等）。

（3）城市文化网络重构。

尽管目前城市市民对农民工的社会排斥并不十分严重，仅有24.1%的农民工感受到了排斥。有部分农民工已经具备了融入城市文化网络的前提条件（有32.0%的农民工熟悉当地风俗习惯），但是绝大部分农民工并未有效建立起与务工地相适应的文化网络。在以文化融入为标志的深层次的城市社会融入进程中，农民工还有很长的路要走。

（4）农民工的城市融入。

第一，农民工在融入城市的过程中出现了两极分化。在城市里面发展前景比较好的农民工群体占比约为21.0%，同时有约26.0%的农民工在城市里面处于勉强维持甚至难以维持的境地。

第二，绝大部分农民工尚未完全融入城市。仅有约1.0%的农民工实现了市民化[1]，还有5.9%的农民工很好地融入了城市，但是有高达53.2%的农民工基本无法融入城市之中。

（5）回流农民工的农村社会网络重构。

家庭联产承包责任制改革改变了农村的生产方式，生产方式的改变促使农村交换、分配及消费形式也随之发生渐变。随着农村生产生活方式、

---

[1] 指从经济网络、社会关系网络、文化网络多维度的完全融入。

农村社会结构的变迁，在农村社会"空心化"加剧的情况下，大量农村青壮年劳动力外出务工导致农村传统文化"共识"群体规模持续萎缩。传统文化的传承受到影响，传统文化在原有的农村社会也面临着约束力持续下降的尴尬局面。在此背景下，村庄人口结构、行政边界、社会边界、信息边界的调整均要求回流农村的农民工重构其在农村的社会网络。

2. 嵌入社会网络的供需均衡分析结论

(1) 农村老人的养老需求具有多层次性。

对于老年人口来说，在安度晚年的时候，其所需的养老资源可能包括：能够保障自己日常生活的衣、食、住、行等所需的物资；在自己生病的时候能够为自己提供医疗保障的各类服务；生活要安定、要有一定的财产为自己的老年生活提供经济层面的保障；要有亲情、友情等情感层面的抚慰；能够得到别人的尊重，而不是受到嫌弃；对有的老人来说，能够为社会多做贡献、发挥自己的余热也是一种非常重要的需求。作为农村老人个体，在面对上述各种养老资源需求的时候，由于需求的多层次性，不同个体对养老资源存在不同的偏好。

(2) 城市务工经历会从偏好与收入两个方面改变回流农民工的消费者均衡。

对于一个具有外出务工经历的农民工而言，无论他是否真正地融入了城市，他在城市务工的过程中都会重构其社会网络。这种"嵌入"城市社会网络中的生活经历会改变回流农民工的养老认知，同时也会提高他们的收入水平。一方面，回流农民工养老认知的变化将引起养老需求层次的变化，并通过改变回流农民工的偏好而影响其对养老产品或服务的消费量，这种效应为"偏好效应"；另一方面，回流农民工的平均收入水平高于居乡人群，其预算约束更加宽松，面对同样的养老产品或服务能够消费更多，这种效应为"收入效应"。

(3) 农民工回流农村养老将导致农村养老资源总量与结构的供需失衡。

由于部分养老资源的供给调整周期比较长，在某个时点上，如果农村社区外出务工的农民工中有部分人员回流养老，那么这部分回流农民工将对既有的农村养老资源的供求关系产生冲击。一是导致同一种养老资源的需求大于供给，二是导致不同种类的养老资源的需求比例发生变化。在市场价格机制的作用下，农村养老资源会在一定时期内出现价格上涨，并对部分农村老人产生"挤出效应"。

（4）农村养老资源的供需均衡是一种动态均衡。

农民工回流农村养老也会对他所"嵌入"的农村社会网络产生影响。一方面，这种影响来自回流农民工养老认知与养老行为对其他农村居民发出的"示范效应"。回流农民工的养老方式会对与他直接接触的邻里、同辈产生"经济示范、角色示范和潮流示范"，这种示范效应是其养老方式对农村社区产生的直接效应。另一方面，回流农民工的养老认知和行为还可以通过农村社区居民之间的"从众效应"间接地在农村社会传播。在示范效应与从众效应的推动下，农村未外出务工居民会对回流农民工的养老认知与行为做出"跟随"决策。这种"跟随"过程会随着传播范围的逐渐扩展而表现出持续动态调整的特点。在需求不断发生变化的同时，供给也必须做出相应的变化，才能达成供需之间的新的均衡。新的均衡价格可能上升，但也可能下降。

（5）政府的干预与调控是保障农村养老资源合理配置的重要条件。

为保障养老资源市场的供需均衡，需要政府加强干预与调控，推动养老资源供给持续、健康地增长。从养老资源的性质上看，有的养老资源既具有排他性，也具有竞争性，这类产品与服务可以完全通过市场来调节。但有的养老资源并不具有排他性，或者竞争性。对于这类产品，一方面竞争性的市场主体并不愿意提供，另一方面家庭可能也没有能力提供，这部分产品与服务就需要政府提供。

对于市场可以提供的产品，随着农村经济社会的发展以及外出务工的农民工不断回流农村养老，在一段时期内可能会出现"短缺"，在供求关系的作用下价格会上涨，并将部分没有支付能力的老人挤出养老资源市场。为了维护社会的公平、正义，政府必须采取必要的干预与调控措施来维持养老资源市场的健康运行。一是采取相应的激励机制，比如通过降低企业承担的税负、费用等形式降低各类企业、机构等经营主体的成本，鼓励这些市场主体在技术、管理上创新，推动养老市场总供给不断扩大；二是采取严格的监管机制，保障市场健康运行。农村养老市场的健康发展，直接关系到农村老人的生活幸福，不能任由具有市场强势力量的经营主体通过不正当的竞争手段危害消费者以及其他合法经营的市场主体的合法权益。

对于市场不愿提供的公共类养老产品与服务，政府应该承担起相应的供给责任。一是加大社会救助、救济的力度，为农村无人赡养、没有生活来源和丧失劳动能力的孤寡老人、残疾老人直接提供养老保障，守住社会公平底线；二是建立和完善普享型的养老金制度，保障农村老人最基本的生存所需；三是加大农村养老基础设施、医疗设施等公共产品的政府投资力度，为家庭及市场扩大养老资源的供给提供基础性的支撑。

3. 劳务输出大省农村人口老龄化特征及农村养老现状

（1）劳务输出大省农村常住人口老龄化发展趋势。

劳务输出大省农村地区青壮年劳动力大量外出，对农村地区的人口年龄结构产生了较大的影响。从对历史数据的分析来看，无论是老年人口的增长速度还是老龄化程度的发展状况，劳务输出大省的农村相比城镇以及全国农村整体均更为严峻。而劳务输出大省经济发展还相对落后，农村人口老龄化无疑成为劳务输出大省需要重视的问题之一。

（2）劳务输出大省农村养老方式开始趋向多元化发展。

虽然根据历史数据分析，劳务输出大省养老设施发展相对滞后，但是从养老设施的发展情况可以看出，劳务输出大省农村养老方式逐渐开始趋向多元化发展，居家养老、社区（互助）养老设施逐渐增加，而传统的24小时全托管养老机构却逐渐减少，人们开始跳脱出原有的家庭养老模式，追求使自身更加独立和自由发展的养老模式。

4. 农民工回流的时间节点与阶段压力

（1）时间节点。

2029年是第一个关键节点。在2029年以前，回流农村养老的农民工占外出务工人员的比例并不高，平均每年回流的人员占意愿回流人员的比例在1.0%左右。但是2029年以后，年均回流人员占外出务工人员的比例将大大提升，平均每年回流的人员占意愿回流人员的比例将急速地由1.0%左右上升到8.0%左右。

2035年是第二个关键节点。在2035年之前，回到农村养老的农民工的回流速度基本呈现逐年加速上升的趋势，并在2035年达到最高峰值速度，当年回流的人员占到意愿回流人员的15.0%。2035年之后，回流的速度开始逐渐放缓，但是由于历史累积原因，2035年之后，回到农村养老的农民工总数将达到最高峰。

（2）阶段压力。

第一阶段：2020—2029 年。这个阶段持续时间约 10 年，由于人员回流速度慢、回流人数总量低，因此这个阶段的农村养老资源配置受回流人员的影响相对较小，该时期主要的服务对象是农村既有的老人。这个时期的压力相对较小，但这个时期也恰恰是进行农村养老制度改革的关键时期。必须抓住这个关键期，加快相关制度、体制、机制的构建和完善，以迎接即将到来的压力增长期。

第二阶段：2030—2035 年。这个阶段持续时间约 6 年，由于这个阶段的人员回流速度不断快速增长，因此这个阶段的回流人员也将快速增加。同时回流人员增多，对农村养老资源的需求也将呈现多样化的趋势。回流势头很猛，对农村既有的养老资源将快速形成很大的压力，如果前期改革不到位，这个时期的农村养老资源可能会出现比较严重的短缺，不仅导致农村养老资源的短期价格快速上涨，同时也有可能会产生一些较为严重的与农村老人有关的社会问题。所以，在第一阶段必须尽快做好制度层面的改革准备，然后在这个基础上，于第二阶段加快形成相对完整的养老产业体系，以应对农村养老压力的提高。

第三阶段：2036—2040 年。这个阶段持续时间约 5 年，这个阶段人员回流的速度将下降，但是总体回流的人员因历史累积，将达到高峰。因此，这个阶段对农村养老资源的配置来说，将持续保持"高压"。因为经济社会经过长足发展，以及前两个阶段的改革实践，这个时期的农村养老制度将趋于完善，农村养老产业的发展也会进入更高的发展水平，所以尽管压力仍然较大，但是这个阶段的一些养老产品或服务的价格将保持稳定，甚至出现局部下降的可能。

5. 农村居民养老需求调查

（1）农村居民养老期望。

从养老打算来看，虽然目前农村居民养老观念已经开始分化，但是大部分人的意识还是比较传统，愿意在进入老年之后继续帮助子代以减轻其生活压力，也有部分人愿意在老年继续从事"种地"及"务工"等劳动。但同时也有约 40.5% 的人不愿再从事农业劳动、务工等高强度工作，还有 19.8% 的农村居民选择在退休后"经常出去旅游"这样一种现代城市退休老人的养老生活。

从马斯洛需求层次来看，在安全层面，居乡人群的需求显著大于回流人群；在尊严和自我实现的层面，回流人群的需求显著大于居乡人群；在生理和社交层面，两类人群的需求比较相近。

受访人群在"行动不方便"的情况下愿意选择机构养老、社区养老和居家养老方式的合计仅占 15.2%，说明目前市场化养老的意愿还很弱，依靠家庭的养老方式仍然占据主流，在儿女无法照顾自己的情况下，农村居民主要依靠自己照顾自己。那些愿意花钱进行社会养老的农村居民，他们愿意支付的每月平均费用为 1 508 元/人，回流群体愿意支付的每月费用均值为 1 583 元/人，居乡群体愿意支付的每月费用均值为 1 288 元/人。对于那些不愿意选择社会化养老的农村居民而言，思想观念上接受不了是主要原因，养老机构收费较高也是重要原因。

（2）农村居民养老需求情况。

按照重要程度将政策分为三类：重点强化类、加强类和改善类。

第一类，政策上需要重点强化的内容：室外健身场地和器械、社区多功能活动中心、居家养老服务大院、日间照料室、老年学校、文化活动室、家政服务机构、提供照料护理、帮助购物、陪同就医、上门送医送药、护理服务、陪伴聊天、社区或自发组织文艺娱乐活动、发挥老人调解邻里矛盾的作用 15 项产品或服务是农村居民需求最强烈的。表明农村居民需求最强烈的政策主要集中在安全、社交（情感）两个方面。就人、财、物要素，以及组织与实施的保障需要来看，主要集中在物质资源、人力资源上。

第二类，政策上需要加强的内容：最低生活保障（低保），养老服务中心（站），老年人服务热线、呼叫系统，村卫生所，配备公益性养老服务人员，提供志愿者服务组织，建立老年人协会，鼓励老人多参加乡村事务，发挥老人的民主监督作用，发挥老人的榜样作用 10 项内容需要在政策上进一步加强。这些政策需求主要集中在与生理需求、安全以及社交（情感）有关的政策上。就人、财、物要素，以及组织与实施保障需要来看，主要集中在资金、设施，以及部分公益性服务上。

第三类，政策上需要改善的内容：农村社会养老保险、新型农村合作医疗保险、营造尊老敬老的氛围、加大对老人的法律援助力度、提高农村老人自我维权的能力 5 项内容需要在政策上加以改善。这些政策需求主要集中在与安全、尊重以及权益保护有关的政策上。从要素性质以及组织与实施保障来看，主要集中在资金与组织实施上。

（3）政策重要程度的差异性评估：分群体分阶段的比较。

①居乡与回流群体之间的差异性判断。

统计检验显示，居乡群体与回流群体对养老保障政策重要程度的认识存在显著的偏差。

相较于居乡群体，回流群体在"室外健身场地和器械""社区多功能活动中心""提供志愿者服务组织""建立老年人协会"四个方面存在显著更高的政策需求。"室外健身场地和器械"表明回流群体更加注重老年生活中的日常身体锻炼；"社区多功能活动中心"反映出回流群体非常注重老年生活中能够有一定的场所与他人进行交流；"志愿者服务组织与老年人协会"是目前城市居民养老接触得比较多的事务，回流群体因其务工经历故而对于这两类组织的认识比居乡群体更深刻，也因此更加认可。

这种显著的需求差异主要体现在安全、社交上面，说明回流群体具有比居乡群体相对更高层次的养老资源需求，但在五个层次的需求中尚未上升到尊严、自我价值的层面。

②不同年龄阶段之间的差异性判断。

微观调查部分将未来农民工回流的过程划分为三个阶段，分别对应了受访群体的三个年龄段：>50岁、45～50岁、40～44岁[①]。统计检验的结果显示，这三个群体对养老保障政策重要程度的认识同样也存在显著的偏差。这从统计学意义上表明本书的"三阶段"划分是合理的，可以把不同阶段的政策重点识别出来。

相较于大于50岁的人群，45～50岁的人群在"提供照料护理""陪同就医""上门送医送药"等方面存在显著更高的政策需求。这种显著的需求主要体现在生理、安全层面，说明45～50岁的人群具有比大于50岁的人群相对更高层次的养老资源需求，但在五个层次的需求中尚未上升到尊严、自我价值的实现层面。这意味着2030—2035年要多为农村老人提供这三方面的养老资源。

相较于45～50岁的人群，40～44岁的人群在"室外健身场地和器械""社区多功能活动中心""提供志愿者服务组织"上有显著更高的政策需求。这种显著的需求主要体现在安全、社交以及自我价值的实现层面，表明40～44岁的人群的养老需求已经上升到了对自我价值的实现上了。同样

---

① 截至调查结束日期——2020年1月。

地，这意味着 2036—2040 年需要更加注重为农村老人提供上述三个方面的养老资源。

6. 农村多支柱社会养老保险制度框架构建

（1）构建农村多支柱社会养老保险制度的必要性与意义。

通过理论层面的分析，以及对我国当下所面临的国内外现实情况的梳理，可以看出农村的养老保障仅仅依靠家庭、政府或市场某个单一主体来提供均难以满足农村老年人的全方位、多样化的养老保障需要，因此必须要建立起以"政府、市场、家庭"为基础的多支柱的农村养老保险制度体系。其意义在于有利于进一步提高社会福利水平，有利于缓解政府财政压力，有利于调动参保人员的积极性，有利于积极应对"老龄化"步伐的加快，有利于国家战略转型的顺利实施。

（2）农村社会养老保险制度五个支柱的发展方向。

第一，"零支柱"发展方向。一是逐步完善社会救助的养老保障功能，二是根据经济社会发展情况提高基础养老金，三是将针对困难群体的家计调查式社会养老保险制度化。

第二，"第一支柱"发展方向。一是逐步提高缴费额度，二是做好新旧缴费档次的衔接，三是逐步提高统筹层次。

第三，"第二支柱"发展方向。首先，针对部分有经济实力的农村经济组织开展试点。其次，随着城乡经济社会一体化融合发展，需要在不同的社会保障体系之间进行衔接。最后，随着农村经济社会发展，鼓励更多的农村经济组织建立年金基金。

第四，"第三支柱"发展方向。一是给予税收优惠，二是完善农村商业养老保险组织体系，三是设计出符合农村实际情况的商业养老保险险种。

第五，"第四支柱"发展方向。开展孝道教育，开展"孝文化"实践活动，发展社区互助式养老，探索以房养老或以地养老模式。

7. 三阶段模式：农村养老资源配置战略方向

（1）第一阶段养老模式选择：家庭养老为主，社区养老与社会化养老服务为辅。

第一阶段（2020—2029 年）瞄准短时期内的养老模式制定，形成"以家庭养老为主，社区养老与社会化养老服务为辅"的模式。这段时期，新增的对养老有需求的人群出生时间分布于 1960—1970 年。从微观数据调查看，这段时间回流农民工的人数较少，农民工的回流对既有农村养老资源的冲击较轻。考虑到农村人口变化的趋势性特征以及农村养老设施建设的周期性，这10年中，家庭养老仍将延续基本保障功能。

（2）第二阶段养老模式选择：家庭养老、社区养老、社会化养老服务三者并重。

第二阶段（2030—2035年）瞄准中期养老模式的建立，形成"家庭、社区、社会三者并重"的养老模式。按照国家宏观战略规划，到2035年，乡村振兴将取得决定性进展，农业现代化基本实现，农村人均生活水平显著提高、生活质量明显改善。同时，依照《国家积极应对人口老龄化中长期规划》，这一阶段的养老制度设计将基本得到完善。该时期，农村社区适老化设施与配套服务基本构建完善，吃、住、行、医等服务所需场所将由社区供给，以减轻成员过少的家庭的养老负担。中国特色的养老服务体系逐渐成熟定型，全体老年人享有基本养老服务，除基本养老保障与医疗保险人人覆盖外，高水平的医疗、康养结合的社会化服务体系规范将建立并逐步完善，给予农村社会更多选择。

（3）第三阶段养老模式选择：社区养老与社会化养老服务为主，家庭养老为辅。

第三阶段（2036—2040年）瞄准长期养老模式的建立，形成"社区养老与社会化养老服务为主，家庭养老为辅"的模式。在长期，我国老龄人口数量不断上升，老龄化压力对养老服务的冲击明显。户均家庭人数缩减至较低水平，低生育率致使社会整体家庭供给养老服务的能力大幅减弱。按照国家宏观战略规划，在此阶段我国已实现教育现代化，劳动年龄人口的平均教育素养明显提高，在经济水平、教育水平相较于之前将会有较大程度提升的情况下，农村社会对于社会化养老服务的购买意愿将大大增强。在本阶段，应该形成以大型养老机构为基地，以综合养老服务中心为支柱，以社区养老服务设施（社区托老站或日间照料中心）为网点，以智慧养老服务网络平台为枢纽的农村社会化养老服务体系，来支撑新的养老模式的发展。

8. 劳务输出大省四川农民工回流及其对农村养老资源产生的冲击效应

（1）四川省农村老龄人口变化趋势。

不考虑农民工回流的情况下，本书的预测表明：2025年四川省农村常住人口中60岁及以上的老人约为1 037万人，2030年约为1 110万人，2035年约为1 114万人，2040年约为977万人。

农民工回流人数预测：在考虑死亡率的情况下，第一阶段（2020—2029 年）累计回流 60 岁及以上农民工约 106.53 万人，占农村 60 岁及以上人口的 8.87%；到 2035 年，累计回流约 664.87 万人，占农村 60 岁及以上人口的 37.38%；到 2040 年，累计回流约 1 079.29 万人，占农村 60 岁及以上人口的 52.49%。可见，农民工回流对农村老龄人口的构成形成了很强的冲击。

（2）农民工回流对农村养老资源所产生的冲击效应。

根据本书的测算，2020—2040 年由于回流人口规模存在阶段性差异，其对养老资源的冲击效应也表现出明显的阶段性差异。

在 2020—2029 年，回流群体对养老资源的冲击较小，到 2029 年回流群体对养老资源的需求量占全省农村总的养老资源需求量的比例为 8.87%〔其中对农村社区服务中心（站）的需求比例略高，约占 9.89%〕；到 2035 年，回流群体对各类养老资源需求量的占比达到 37.38% ~ 42.32%，约为 2029 年的 4.21 ~ 4.77 倍，农民工回流的冲击效应迅速增加。到 2040 年回流群体对各类养老资源需求量的占比达到 52.49% ~ 60.56%，农民工回流的冲击效应达到峰值，但冲击效应的增加速度逐渐放缓。

1.4.2 本书的创新之处

1. 本书构建的"嵌入社会网络的供需均衡分析框架"是一种新的理论尝试

文献梳理的结果表明，由于受时代背景的限制，学界在农民工回流与农村养老这两个问题的研究上还基本处于相互割裂的状态，而同时涉猎这两方面内容的研究则缺乏系统性，尚未揭示农民工回流对农村养老资源配置造成的深刻影响。

本书以经济学的供需理论为基础架构，综合新经济社会学的社会网络理论，构建了一个用以分析农村养老资源配置机制的新的理论框架。首先，该框架从农民工在不同的社会网络之间迁徙的现象入手，运用新经济社会学的社会网络理论，从人的社会属性角度出发解释了有城市务工经历的农民工，其养老观念与行为必然会受到城市社会网络的影响，揭示了回流农民工与居乡老人相比在养老资源消费上的"偏好效应"与"收入效应"。其次，也是基于社会网络理论，本书还从理论上揭示了回流农民工对居乡群体养老资源消费产生的"示范效应"以及居乡群体对新的养老方式产生的"从众效应"，从而将农民工个体养老需求的动态变化推导至群体养老需求的动态变化，并进一步扩展至整个农村社区养老需求的动态变化，解释了农民工回流对农村养老资源配置产生冲击的内在机理。最后，运用经济学的供需理论，分析了在"嵌入社会网络"的情况下农村养老资源是如何达到动态均衡的相关机制。

2. 提出了一套用以预测农民工回流及农村养老资源配置的新方法

一般地，分析养老资源的历史数据，并结合经济、社会的发展趋势与要求，通过设定相应的增长参数，可以对未来一定时期内的养老资源需求量进行预测。但是，对于劳务输出大省来说，由于有大量的回流农民工这样的"变量"，这给预测农村养老资源的需求变化带来了巨大的挑战。

这种挑战主要来自研究人员可能并不清楚农民工回流的规模、速度，自然就没有办法掌握农民工回流农村养老之后，对农村养老资源带来的额外冲击究竟有多大。这就要求研究人员必须先对农民工的回流情况进行预测。然而，目前的宏观统计数据并不支持这种预测。从目前发布的关于农民工的统计数据看，最权威的是国家统计局发布的《农民工监测调查报告》。该报告有每年外出务工的农民工的总数，但是未公布分省的数据及细分年龄的数据（有分段数据），也未公布回流农民工的数据。此外是各省的统计部门或农民工管理部门发布的统计公报中的有关农民工的外出情况统计数据。也就是说，单纯根据宏观管理部门发布的数据，很难挖掘出农民工回流的历史数据用以预测其未来的回流规模、速度、结构。

本书采用微观调查数据与宏观统计数据相结合的方式对农民工回流的趋势进行预测。以微观调查的农民工样本映射宏观统计数据的农民工总数，以样本中意愿回流的农民工占比映射宏观数据中的意愿回流农民工占比，在此基础上预测宏观层面农民工回流的规模、速度、结构，并预测农民工回流的关键时间节点和阶段压力。

在预测出农民工回流的规模、阶段之后，通过问卷调查的形式，对不同年龄阶段的农民工及居乡群体的养老资源需求进行调查。在此基础上，根据回流及居乡人口对养老资源的评价得分、经济发展水平的预测及历史发展速度等指标，分"高、中、低"三种方案，制定了分居乡与回流群体的养老资源配置方案，并在此基础上就农民工回流农村养老对农村养老资源配置所产生的冲击效应进行了预测。

3. 首次提出了农村养老资源动态优化配置的"三阶段"模式

本书在综合宏观统计数据与微观调查数据分析结果的基础上，发现农民工回流趋势呈现出明显的阶段性特征。结合人口结构演变、养老资源供需匹配、社会发展及转型、经济转轨等宏观因素，本书提出农村养老资源动态优化配置在战略上应该采取"三阶段模式"。

第一阶段为 2020—2029 年，养老模式为以家庭养老为主，社区养老与社会化养老服务为辅。第二阶段为 2030—2035 年，养老模式为家庭养老、社区养老、社会化养老服务并重。第三阶段为 2036—2040 年，养老模式为以社区养老与社会化养老服务为主，家庭养老为辅。针对每个阶段农村养老资源的需求重点，分别从制度框架的改革、组织体系的完善、资源要素的配置三个方面提出了具体的方案设想与政策建议。

1.5　存在的不足与后续研究方向

1.5.1　存在的不足

正如硬币有两面一样，本书的创新之处也恰恰蕴含着本书的不足之处。具体来讲，本书主要存在两个方面的不足。

1. 本书的理论分析框架尚待进一步完善

新经济社会学认为，在社会学和经济学研究的方法论上，二者存在两种方向截然不同的趋势。经济学的方法论表现出"低度社会化"倾向，认为经济行为个体是"原子化"的"经济人"，他们完全出于个体利益的算计进行行为决策，而不考虑其所处的社会关系、社会结构给其带来的影响。而新经济社会学出现之前的社会学在方法论上则表现出"过度社会化"的倾向，视社会结构为社会群体的集合，社会群体一旦确定则人只是被社会结构决定的傀儡，忽视了个人行动的自主意识[1]。

"低度社会化"倾向忽视了社会的影响，而"过度社会化"倾向则将个人完全社会标签化，二者走在了"个体—社会"的两个极端上。在新经济社会学看来，个体与社会之间不应该是相互隔离的，理论研究也不应是非此即彼的[2]，在个体与社会之间应该有一个桥梁来连接，那么能够承担

---

① 罗家德. 社会网分析讲义 [M]. 北京：清华大学出版社，2005：9.

② 比如，新经济社会学对新古典经济学的质疑之一就是微观经济学与宏观经济学在逻辑体系上的相互割裂。

起这种桥梁作用的就是社会网络，社会网络在结构上属于微观与宏观之间的"中间层"。因为个体处于社会网络之中，那么经济行为个体自然会受到他（它）所嵌入的"社会网络"的影响。

本书依据新经济社会学的上述视角，发现农民工在"出村—入城—回乡"的过程中，不管是入城也好，还是回乡也好，都会受到其之前所嵌入的社会网络的影响。故本书在理论层面进行了新的尝试，将新经济社会学的社会网络理论运用于农民工养老资源需求行为的分析与研究上。

社会网络的"嵌入性"是新经济社会学的最基本的理论内核，是新经济社会学研究范式的重要标志，但是从新经济社会学的研究方法来看，本书所作的"嵌入社会网络的供需均衡分析"尝试仅仅是"万里长征"的第一步，后面还有很长的路要走。

目前新经济社会学研究使用的主流分析工具是"社会网络分析法"（social network analysis）。该方法将行为个体以及个体之间的关系，采用节点、连线等形式加以表达，并将个体之间构成的社会网络用相应的节点和连线来表示。根据研究的视角可以把社会网络分为个体中心网络和整体社会网络。个体中心网络围绕某个特定的个体，产生各种社会关系。整体社会网络关注与某个特定的社会活动相关的网络的总体的、"全面"的特征[①]。社会网络分析法通过一系列的指标来反映各种社会网络的结构与特点，比如通过中心度来描述个体在社会网络中的地位，通过密度和中心势来描述一个网络的"紧凑性"等。

本书目前还只是尝试着把社会网络对个体的影响当作一个结果（比如城市社会网络对农民工的养老观念有影响这样的结果），来分析其对经济行为人的决策行为影响。但是，本书还未能利用"社会网络分析法"的分析工具，从经济行为人所处的社会网络中的地位，或者是其所在的社会网络的结构等变量出发，对"城市社会网络为什么会对农民工产生影响？不同的城市社会网络对不同的农民工会产生什么样的影响？城市社会网络对农民工的影响程度有多大？"等问题进行回答。这是目前本书在理论分析框架上需要进一步完善的地方。

2. 本书所作预测的精度尚需进一步提升

受到宏观统计数据结构的限制，本书采取了将微观调查数据映射到宏

---

① 斯科特. 社会网络分析法［M］. 刘军，译. 重庆：重庆大学出版社，2016：35.

观统计数据上来推断相应的宏观数据的方法。这种方法解决了由于缺乏历史宏观数据而不能进行宏观预测的难点。但是这种预测方法的精度受微观调查数据抽样的影响很大。一方面，抽样的代表性大小和抽样比例的高低决定着预测精度的高低。由于研究经费、研究力量有限，只能以某些代表性的劳务输出大省为问卷发放地，导致样本的区域代表性还不足；同时本书所进行的抽样调查样本数量还比较小①，在一定程度上也制约了预测数据的准确性。另一方面，本书针对的是未退休农民工回流及养老意愿的调查，是受访者对未来的预期。越接近退休年龄的个体的预期越能反映出其实际的行为，而年龄越小的个体，其预期与行为之间的偏差会越大，这也会影响到预测的精度。

1.5.2 后续研究方向

笔者认为后续的研究可以着重从以下几个方面展开：

一是从整体社会网出发研究农民工"出村—入城—回乡"这一网络迁移过程中的社会网络结构的特点。通过比较乡村与城市社会网络的结构，来分析农民工群体在迁移中的社会地位的变化情况。

二是从个人中心网出发研究不同的农民工个体之间的社会关系的强弱、社会资本的高低等因素对农民工经济、社会、文化层面的行为方式的影响。

三是利用网络动态学深入研究回流农民工的养老理念与行为模式对农村社区居民的影响作用。研究在社会网络动态变化的过程中，社会关系人之间的社会关系、社会结构的变化对相关养老资源需求的影响。

四是把社会网络分析从养老资源的需求方扩展到养老资源的供给方。研究家庭、市场、政府之间的社会网络对养老资源供给所产生的影响；研究养老产业链上下游企业之间的社会网络对产业链所带来的影响；研究养老需求方与供给方共同网络中的社会关系对养老资源配置所产生的影响。

另外，本书还建议后续研究扩大微观抽样调查的范围，提高抽样比例，采取定期调查的方式对农民工的回流情况、农村养老资源的需求情况作持续的调查，并根据调查分析结果不断调整养老资源的配置方案。

---

① 约 1 000 份问卷。

2 农民工回流条件下农村养老 资源配置机制： 嵌入社会网络的供需均衡

自 20 世纪 80 年代开始，农村劳动力大量向城市转移并在城市务工，这些农村转移劳动力被称为"农民工"。到 2021 年，这个过程已经持续了 40 年左右的时间。如果当初外出务工的农民工的年龄是 18 岁，那么这一代人目前已经 60 岁左右。假如经过多年的打拼，仍不能在城市扎根下来，那么回到农村养老则是一个必然的选择。随着一批批农民工陆续进入退休年龄，将会有越来越多的农民工回流农村养老。这种大规模的老龄人口回迁，必然会给既有的农村养老资源配置带来冲击和影响。这些农民工外出、留城、回乡的发生必然有其深刻的社会机制，本章将采用社会学的相关理论对农民工"外出—务工—回流"的转移过程进行分析。在此基础上，通过新经济社会学与微观经济学的理论综合，从"经济行为嵌入社会网络"的视角出发构建一个新的理论分析框架来分析农民工回流条件下农村养老资源的配置机制。

2.1 脱构、重构与再构：回流农民工社会网络分析

农民工回流现象是农村劳动力转移大周期"外出—务工—回流"中的一个环节。为了避免分析视角过多而产生逻辑混乱，本节在分析过程中多数情况下会以某个抽象的农民工为例，用"他"的行为来代表年轻时外出务工并在年老后回流农村的农民工群体。从转移行为看，农民工回流意味

着他必然已经外出务工，从务工地返回家乡就是回流。也就是说，该农民工经历了"走出农村—进入城市—返回农村"这样一个过程。在这个过程中，该农民工的社会网络也在发生着巨大的变化：

"走出农村"意味着他脱离原来所处的社会网络——脱构；"进入城市"意味着他将在一个新的区域范围内重新建立新的社会网络——重构；"返回农村"意味着已经发生了某种变化的他在离开一段时间后返回到同样已经发生变化的农村社区，他必须重新建立一种不同于原来的社会网络——再构。

2.1.1 脱构：走出农村的结果

"走出农村"意味着农民工与原来的农村社会网络发生割裂。在他的亲属、朋友、同学、熟人等社会关系人大多留在原地的情况下，他由于个人行为选择，而主动脱离他原来所紧紧嵌入的社会网络结构。

1. 农村社会的差序格局

在"走出农村"之前，农民工所处的社会网络是由血缘联结的传统差序格局网络。"这个网络像个蜘蛛的网，有一个中心，就是自己。"[①] 在这个网络中，按照血缘关系的远近结成了一圈一圈的中心放射网络，每个人在网络中的位置是固定的，社会地位也是稳定的。需要指出的是，中华人民共和国成立之后，由于农村经济社会制度发生了翻天覆地的变化，尽管农村社会仍然表现出明显的以血缘为纽带的差序格局，但相比旧中国农村的差序格局已经发生了很大的变化。

首先，在农村差序格局网络中，农户家庭之间的经济收益差距相对较小。由于家庭联产承包责任制要求土地承包经营权在集体经济组织成员之间公平分配，集体经济组织成员权的天然获得使得农户家庭及个人之间基于这种权利所产生的农业经营收入差距较小。即便少数农户家庭因为开展多种经营，能够在经营收入上超过其他农户家庭，但是总体而言，农村居民的收入差距并不明显。1978 年，农村居民收入差别基尼系数为 0.28，比当年全国居民总的收入差距基尼系数 0.343 低 0.063[②]。

其次，在农村差序格局网络中，农户家庭及成员之间的社会地位对

---

① 费孝通. 乡土中国 [M]. 修订本. 上海：上海世纪出版社，2013：25.
② 陈宗胜. 试论从普遍贫穷迈向共同富裕的中国道路与经验：改革开放以来分配激励体制改革与收入差别轨迹及分配格局变动 [J]. 南开经济研究，2020 (6)：3-22.

等。由于中华人民共和国成立后，推翻了封建宗族制度，再加上家庭联产承包责任制建立了农户家庭之间平等的经济地位，故而农户家庭之间的社会地位基本对等。农村社区的相对封闭性导致农村居民的同质化。社会职业的同质决定了农村社区居民之间并不会由于职业不同产生社会地位的不同，农村社区居民相互之间并不会产生社会地位高低形成的势差。

最后，在农村差序格局网络中，农户家庭之间具有相同的文化背景。由于同处于相同的空间地理区域中，农村社区居民在社会化过程中相互之间的教育经历、生活经历基本相同。在这样的文化背景之中，大家受共同社会规范的约束，对相互之间的行为方式能够做出基本稳定的预期。

2. 外出务工意味着脱离传统社会网络

一旦某个农村居民由于一定的原因做出外出务工的决定，那么他将不得不从这种传统的差序格局中脱离出来。从已有的文献研究看，吸引农民外出务工的主要因素是经济因素。发展经济学派在理论上已经论证过，城乡收入之间的差距，会产生促使农村劳动力向城市转移的推力和拉力。刘易斯认为，在农业边际收入为零的情况下，农业部门存在大量的剩余劳动力[①]。随着现代工业的发展，城市工业部门的平均收入会高于农业部门的平均收入，在这种差距大到扣除农村转移劳动力在城市务工的直接和间接成本之后仍然有盈余的情况下，农村劳动力将会由农村向城市工业部门转移。这种理论结论在中国改革开放至今的40余年时间里得到了强有力的验证。根据胡俊波（2007）的研究，有54.4%的农民工承认他外出务工的主要原因是农业收入太低[②]。"农业收入低"的对称面就是"城市务工收入高"，农民工要摆脱低收入的农业行业，则只有"走出农村"进入城市才能在城市工业部门获得相应的较高的"务工收入"。一旦"走出农村"，则意味着他将脱离原来他所熟悉的社会环境、文化环境。随着他的"外出"，他将不得不从原来的差序结构中脱构而进入一个结构截然不同的全新的社会结构之中。

当然，吸引农村劳动力外出务工的原因并不仅仅只有经济因素，社会因素也是驱动农村劳动力外出务工的重要原因。从上述研究的结论看，除了因为"农业收入过低"之外，"想要出去闯一闯""认为自己有这个能

---

① 刘易斯. 二元经济论 [M]. 施炜，等译. 北京：商务印书馆，1996：3-4.

② 胡俊波. 禀赋、不确定性与转型期农村劳动力转移 [D]. 成都：西南财经大学，2007：57.

力""看见别人去，自己也要去"也是农村劳动力外出务工的重要原因。这几个选项具有典型的社会学意义，它们从不同层面反映出农民工外出务工行为选择的社会学特征。

图 2-1 显示，有 14.5%的农村劳动力外出的原因是想出去"闯一闯"。这种外出原因反映出这部分农民工外出并没有具体的目标，同时他们对自己自身的能力大小也缺乏相应的认识，他们想通过"闯世界"这种方式去实现一种或多种概率上的目标。但是，究其根本原因，这种"闯一闯"的想法反映出了这部分农民工迫切地希望通过闯世界，闯出一个新天地的目的。而这种目的的社会学解释就是他们其实并不甘于现状，希望从根本上改变自己的社会地位。他们并不愿意锁定在农村传统的差序格局的社会网络之中，闯出新的天地其实质就是脱离原来的社会网络进入一个新的社会网络。

图 2-1　农民工外出务工原因

4.7%的农民工"认为自己有这个能力"外出务工，也是一种社会学现象。这种观念反映出这部分农民工对自己社会价值的自我认同与肯定。为了保持社区历史、文化的传承与稳定，传统的差序格局更加强调的是个人在这个社区里应该扮演好的社会角色，一旦个人行为与这种角色定位出现偏差，那么他就会受到社区长期以来的各种习俗、规范、规则的制约。但是，当今中国农村已经不再是传统意义上的农村了。在现代国家治理体系中，乡村治理必然受到各种现代理念的冲击。尽管在家庭之间、亲属之间、邻里之间，传统观念的影响仍在，特别是在以血缘为纽带建立的社会网络之中，这种影响甚至在某些情况下还具有非常强大的力量，但无论如何，这种传统观念的影响绝不是唯一的。在市场经济的冲击下，农村社区的居民的价值观也在不断的调适中，市场经济的价值取向必然会影响到他们。对部分认同市场经济价值观念的老一代农民工来说，不再延续父辈之路而是勇敢地投身于市场之中，正是对自己新的社会价值观念的肯定与认同。而对于新生代农民工来说，传统观念对他们的束缚已经非常少了，更多的是对自我社会价值的追求与肯定。对这部分农村劳动力来说，农村社区已经很难满足他们对自身社会价值的追求与肯定的愿望，所以"走出农村"到市场经济最活跃的地方去，是他们的必然选择。这也意味着他们将义无反顾地"抛弃"那个已经无法满足这种愿望的传统网络，相对而言这是一种更为主动的脱构。

7.0%的农民工是因为"看见别人去打工"，所以"自己也要去打工"。人除了有自然属性之外，社会属性也是人非常重要的一个属性。作为社会人，必然受到他所嵌入的社会网络的影响。但由于每个人认识世界的能力不同，家庭环境的差异等，尽管可能生活在一个共同的社区，不同的人对社会网络影响的反应也并不必然相同，他们受到社会网络影响的程度也各不相同。持"看见别人去，自己也要去"观点的农民工其从众心理特别明显，他所在的社会网络对他的影响很大。从社会学意义上看，相较于"认为自己有这个能力"的农民工而言，这部分农民工的自我价值的确认更多的是一种外源确认，即自我的价值确认由外部的评价决定，而非更多地来源于自我的认定。当农村社区大量劳动力外出务工之后，会在当地社区形成一种新的"潮流"，这种"潮流"背后体现出了一种价值比较。由于外出务工收益高于农业经营收益，经济收入的提高会相应提升社会地位，同时这种社会地位的提高也反映出行为人的能力。故而，外出务工"潮流"所隐含的价值比较表现出来就是，有本事的人才能外出务工。这种价值比较给留守在农村的劳动力带来压力，因为比较的结果无形中降低了留守人员的社会地位。在相对封闭的差序格局中，这种压力和价值落差会被社会网络进一步放大。于是，"看见别人去"之后为了摆脱这种额外承担的压力，"自己也去"无疑是一种很好的选择。而"自己也去"的结果同样也是与自己原来的社会网络脱构。

除了社会因素产生影响之外，文化因素也是导致农民工与原生社会网络脱构的重要原因之一。有11.1%的农民工表示，他们外出务工的原因是想出去"学本事"。"学本事"是社会人社会化的重要途径。文化是人类与自然界、人类之间互动时形成的知识积累，这种积累过程需要在代际继起。从自然人到社会人的过程，也是文化在代际传承的过程。"学本事"学的就是在社会上生存、发展的能力。在封闭的社区里，经过长期的积累沉淀下来的知识相对稳定，经过学习之后，社区共同的知识得以顺利由父代向子代传递。但是，在现代社会中，知识的深度和广度已远非"鸡犬相闻，老死不相往来"的时代可比。一个人需要学习的知识不仅仅是在社区内部通用的共识，他还要适应更加广阔的社会需要，因此"本事"的内涵已经大大扩展，涉及经济、技术、社会、文化、制度等多方面的知识。这些知识，在狭窄的农村社区里是难以得到有效供给的。在实施了9年制义务教育制度之后，我国农村居民的受教育程度普遍提高，对提升农村劳动力的文化素质起到了很大作用。然而，尽管在学校里可以学习到一定的基础知识，但是学校能够提供的知识大多是书本知识，能够直接为农民工提供生产、生活帮助的应用型知识不多①。为此，想要实现更大范围的社会化，个人必须"走出农村"，走出原生社区这个狭窄的圈子，才能获得更多的、适应现代社会发展的知识。

2.1.2　重构：立足城市的根本

当农民工或为了更高的收入，或为了自我价值实现，或为了理想，离开家乡、离开农村、离开土地，来到城市、来到陌生的地方，必然面临很多问题。尽管今天中国农村已经发生了翻天覆地的变化，现代社会生产生活的方方面面已经渗透到农村，但是城乡之间的差别仍然是显著的。在一定条件下，农村最基本的衣、食、住、行等仍然可以在一定程度上实现自给自足。但是一旦进入城市这个纯粹的商品经济社会之中，靠什么维持生计？住在哪里？日常起居怎么办？吃什么？如何出行？不一而足，即使是最基本的衣、食、住、行都必须要依靠市场交易才能得以实现。而所有的社会活动，均由各种具有不同功能的社会网络提供。

与传统的由血缘关系联结而成的差序格局的社会网络不同，市场经济的发展使得分工的广度和专业化的深度发展到了很高的水平，城市社会网络呈现出明显的"团体格局"。关于团体格局，费孝通认为："社会组织常常由若干人组成一个个的团体。团体是有一定界限的……团体里的人是一伙，对于团体的关系是相同的……一个人可以参加好几个团体。"②

当今城市社会网络的发展与《乡土中国》描述的"团体格局"相比，实际上又有了更大的变化。由于分工和专业化，城市社会网络形成了一种

---

① 外出农民工的平均受教育年限为9.74年，基本上为初中毕业水平。

② 费孝通.乡土中国［M］.修订本.上海：上海世纪出版社，2013：24.

多层次、多维度、立体的网络结构。这种立体网络以经济、社会、文化、情感、信息等为基本维度，在每个维度上有分工和专业化所结成的各类大"团体"，也就是各种组织形成基本的骨干网络，在骨干网络上，再由分工和专业化结成分支网络。每个维度之间并不截然分开，而是相互交叉、联结，甚至出现重合。

农民工从原生的农村社会网络中脱离出来，进入陌生的城市环境中，面临着各种经济、社会、文化上的困境。因为人在本质上是社会的，无论在什么样的环境下，建立与他人的沟通、联系是个体社会化的内在需求。因此，农民工到城市务工也必须从经济、社会、文化多个方面进行各类社会网络的重构。

1. 经济网络重构

根据上文的调查结果，有超过一半的农民工选择外出务工是因为农业收入低。到城市非农行业找到工作岗位，并顺利地工作下去是农民工获得工资性收入的必要条件。因此，在城市重新建立一个新的职业网络对于农民工而言具有非常重要的意义。

格兰诺维特认为，在求职的过程中，个人的社会网络起着重要的作用，特别是在那些具有弱相关关系的个体之间，是工作信息传递的桥梁[1]。但是，中国的社会调查结果却并不一定支持这种结论。李培林针对农民工在城市中的行为研究发现，"农民在'离土离乡'的社会流动中，其信息来源、找到工作的方式、进城工作的行为方式以及在城市中的交往方式，都更多地依赖以亲缘、地缘为纽结的社会关系网络"[2]。赵树凯等将农民工的流动分为初次流动和再流动两类，他们的研究表明，"对于初次流动的农民工来说，主要是由有亲缘关系的人带出去或介绍出去的，虽然同为一个地缘群体成员，但相互关系更为亲近，如嫡亲、表亲、姻亲之类"。而再流动的农民工则相对于前者出现新的发生机制，业缘关系网络、社会化信息渠道成为新的渠道，中介组织的作用发生弱化[3]。

借鉴既有文献的研究方法，本书也将农民工分为首次外出务工的农民

① GRANOVETTER M. Getting a job: a study of contacts and careers [M]. Cambridge, Mass.: Harvard University Press, 1974.

② 李培林. 流动民工的社会网络和社会地位 [J]. 社会学研究, 1996 (4): 42-52.

③ 农村劳动力流动的组织化特征课题组. 农村劳动力流动的组织化特征 [J]. 社会学研究, 1997 (1): 15-24.

工和非首次外出务工的农民工两类，考察他们在就业信息以及工作岗位的获取过程中的影响因素及相关机制。

（1）首次外出务工的农民工。

①就业信息的获取。

由于人生地不熟，他要成功地找到一个工作岗位，首先需要有相关工作岗位的信息。这种信息可以来自电视、报纸、街头广告、网络等公开信息渠道，也可以来自当地政府部门、劳务中介、用人单位等机构，还可以来自亲戚、朋友、老乡等熟人渠道，以及自己外出随机寻找等。

根据本书的调查，首次外出的农民工得到工作岗位信息的渠道分布如表2-1所示。从中可以看出，"亲戚""原来农村认识的同学、朋友和老乡""政府和本村组织的劳务输出"3种信息渠道是最主要的渠道，前面两种渠道的占比合计达到66.5%。

表 2-1　初次就业信息获取方式

	频数	比例/%
亲戚	220	38.1
原来农村认识的同学、朋友和老乡	164	28.4
在城市新结识的本地人	12	2.1
靠电视报纸和街头广告上的招聘信息	17	2.9
通过网络	15	2.6
通过劳务公司	8	1.4
用人单位直接到农村招工	1	0.2
政府和本村组织的劳务输出	120	20.8
自己到处找	2	0.3
自己创业	19	3.3
合计	578	100.0

同时，农民工群体与信息的发布者之间的熟悉程度的分布情况如表2-2所示。从中可以看出，向农民工群体传递就业信息的人与他们的关系"非常熟悉""熟悉"的占比分别为13.2%、42.3%，合计达到55.5%。从表2-1和表2-2的结果可以知道，决定农民工群体获取初次就业信息的主要是亲戚、同学、朋友、老乡等强关系，来自"不太熟悉"和"很不熟悉"的弱关系信息发布人的比例仅为14.4%。

表 2-2　农民工与初次就业信息发布者的熟悉程度

	频数	比例/%
非常熟悉	75	13.2
熟悉	241	42.3
一般	172	30.2
不太熟悉	48	8.4
很不熟悉	34	6.0
合计	570	100.0

②就业岗位的确定。

边燕杰与张文宏将关系资源分为"信息"与"人情":"人情"是"包括直接为求助者安排工作、解决求职中的具体问题、向有关部门打招呼、帮助报名和递交求职申请、帮助整理申请材料等",而"信息"则是"指提供有关职位的信息,包括一般信息和比较详细的信息"①。可以认为,"信息"只是为求职者提供工作搜寻的方向,告诉求职者"职位在哪里?职位是什么?"而"人情"则可以起到帮助求职者获取该职位的作用。

因此,对于能够获得岗位信息的首次外出农民工而言,知道就业信息并不一定能够得到相应的岗位。从表 2-3 可以看出,首次外出的农民工在通过强关系获得就业信息之后,并不一定必然通过这个信息发布人获得工作岗位。有 65.6% 的农民工通过信息发布者来获得就业岗位,还有 34.4% 的农民工通过其他渠道来获得就业岗位。在信息发布者与岗位确定者一致(信息与人情一致)的情况下,"亲戚"和"原来农村认识的同学、朋友和老乡"等原生社会网络在农民工初次就业岗位的获得过程中起到了绝对作用,二者的占比高达 80.1%。而信息与人情不一致的情况下,上述两种原生社会网络提供的机会仅占 27.9%,更多的是依靠劳务公司、招聘广告等职业媒介来获得工作岗位,其中劳务公司提供的帮助占到 40.4%。整体上看,通过"亲戚""原来农村认识的同学、朋友、老乡"落实就业岗位的占比约为 62.2%。

---

① 边燕杰,张文宏. 经济体制、社会网络与职业流动 [J]. 中国社会科学,2001 (2):77-89.

表 2-3 初次就业岗位获得的途径

		信息与人情一致	信息与人情不一致	合计
亲戚	频数	169	19	188
	比例/%	45.9	9.8	33.5
原来农村认识的同学、朋友和老乡	频数	126	35	161
	比例/%	34.2	18.1	28.7
在城市打工新结识的本地人	频数	5	5	10
	比例/%	1.4	2.6	1.8
靠电视报纸和街头广告上的招聘信息	频数	8	29	37
	比例/%	2.2	15.0	6.6
通过网络	频数	7	1	8
	比例/%	1.9	0.5	1.4
通过劳务公司	频数	4	78	82
	比例/%	1.1	40.4	14.6
用人单位直接到农村招工	频数	0	26	26
	比例/%	0	13.5	4.6
政府和本村组织的劳务输出	频数	39	0	39
	比例/%	10.6	0	7.0
自己创业	频数	10	0	10
	比例/%	2.7	0	1.8
合计	频数	368	193	561
	比例/%	100.0	100.0	100.0

同时，农民工群体与最终落实工作岗位者之间的熟悉程度的分布如表
2-4 所示。从中可以看出，整体上农民工与初次岗位落实者的熟悉程度中，
"非常熟悉""熟悉"的情况合计占到 54.7%。信息发布者与岗位落实者一
致的群体中，这一比例为 65.5%，而信息发布者与岗位落实者不一致的群
体中，这一比例仅为 33.0%。

表 2-4 农民工与初次岗位落实者的熟悉程度

		信息与人情一致	信息与人情不一致	合计
非常熟悉	频数	56	16	72
	比例/%	14.7	8.4	12.6

表2-4(续)

		信息与人情一致	信息与人情不一致	合计
熟悉	频数	194	47	241
	比例/%	50.8	24.6	42.1
一般	频数	100	79	179
	比例/%	26.2	41.4	31.2
不太熟悉	频数	24	32	56
	比例/%	6.3	16.8	9.8
很不熟悉	频数	8	17	25
	比例/%	2.1	8.9	4.4
合计	频数	382	191	573
	比例/%	100.0	100.0	100.0

③关于初次外出务工者就业信息与岗位获取的结论。

从上述调查可以得到以下结论:

有三分之二的农民工,初次外出务工时的就业信息主要来源于其原生社会网络,比如亲戚、同学、朋友和老乡。农民工获得就业信息后,有约65.6%的人继续通过信息发布者来获取工作岗位,其中有65.5%的人依靠强关系获得就业岗位。但是也有约34.4%的人是通过其他社会关系人来落实岗位,其中有约三分之一的人再次利用其他强关系获得工作岗位。

(2)非首次外出就业的农民工。

①就业信息的获取。

当农民工经过一定时间的务工,有了一定的基础之后,他再次寻找工作岗位信息与职位所依靠的渠道与他首次外出务工的情况相比会发生变化。本书的调查显示,多次外出务工的农民工获得就业岗位信息的渠道分布如表2-5所示。从中可以看出,"亲戚""原来农村认识的同学、朋友和老乡"仍然是农民工获取后续工作岗位的主要信息渠道,二者合计占比为52.4%。与初次就业信息获取渠道所不同的是,"以前单位的同事或工友"提供新的就业信息的占比达到了7.8%。三者合计为60.2%。

表 2-5　现岗位信息获取方式

	频数	比例/%
亲戚	143	29.5
原来农村认识的同学、朋友和老乡	111	22.9
以前单位的同事或工友	38	7.8
在城市打工后新结识的农民工	33	6.8
在城市打工新结识的本地人	18	3.7
靠电视报纸和街头广告上的招聘信息	1	0.2
通过网络	14	2.9
通过劳务公司	5	1.0
用人单位直接到农村招工	3	0.6
政府和本村组织的劳务输出	2	0.4
自己到处找	93	19.2
其他	24	4.9
合计	485	100.0

同时，这些农民工群体与信息的发布者之间的熟悉程度的分布如表 2-6 所示。从中可以看出，多次外出务工的农民工与信息发布者有"非常熟悉"和"熟悉"的关系占到了 59.0%。

表 2-6　农民工与现岗位信息发布者的熟悉程度

	频数	比例/%
非常熟悉	81	16.8
熟悉	203	42.2
一般	124	25.8
不太熟悉	39	8.1
很不熟悉	34	7.1
合计	481	100.0

比较表 2-1、表 2-2 与表 2-5、表 2-6，可以发现：

在就业信息的获取上，无论是初次外出就业的农民工，还是已经多次外出务工的农民工，均主要通过原生社会网络中的强关系渠道来获取就业信息。不同的是，原生社会网络对多次外出务工的农民工的作用不如首次外出务工的农民工，其比例减少了 14.1%。对于多次外出务工的农民工而言，表现出原生社会网络强关系（亲戚、同学、朋友、老乡）的作用减弱而新的社会网络（打工过程中认识的同事、工友）的作用增加的态势。由于社会网络规模扩大，多次外出务工的农民工通过强关系（非常熟悉及熟悉）来获得就业信息的比例比首次外出的农民工要高 3.5% 左右。

②就业岗位的确定。

决定非首次外出农民工获得最近一项工作的渠道分布如表 2-7 所示。从中可以看出，"亲戚""原来农村认识的同学、朋友和老乡"仍旧是农民工获取后续工作岗位的主要渠道，二者合计占到 46.8%。这其中，如果信息发布者与岗位落实者相同的话，则二者的占比会高达 64.1%，而信息发布者与岗位落实者不相同的话，则二者的占比仅为 22.3%。

表 2-7　现岗位获得的途径

		信息与人情 一致	信息与人情 不一致	合计
亲戚	频数	95	23	118
	比例/%	35.6	12.2	25.9
原来农村认识的同学、朋友和老乡	频数	76	19	95
	比例/%	28.5	10.1	20.9
以前单位的同事或工友	频数	22	13	35
	比例/%	8.2	6.9	7.7
在城市打工后新结识的农民工	频数	17	7	24
	比例/%	6.4	3.7	5.3
在城市打工新结识的本地人	频数	11	7	18
	比例/%	4.1	3.7	4.0
靠电视报纸和街头广告上的招聘信息	频数	0	3	3
	比例/%	0	1.6	0.7
通过网络	频数	6	22	28
	比例/%	2.2	11.7	6.2
通过劳务公司	频数	3	2	5
	比例/%	1.1	1.1	1.1
用人单位直接到农村招工	频数	2	71	73
	比例/%	0.7	37.8	16.0
政府和本村组织的劳务输出	频数	0	21	21
	比例/%	0	11.2	4.6
自己到处找	频数	25	0	25
	比例/%	9.4	0	5.5

表2-7(续)

		信息与人情一致	信息与人情不一致	合计
其他	频数	10	0	10
	比例/%	3.7	0	2.2
合计	频数	267	188	455
	比例/%	100.0	100.0	100.0

农民工与这些决定他们最终获得该项工作的社会关系之间的熟悉程度分布如表2-8所示。从中可以看出,"非常熟悉""熟悉"的占比合计为54.7%。其中信息与人情一致时,这一比例为65.4%;信息与人情不一致时,该比例为40.6%。

表2-8　农民工与现岗位落实者的熟悉程度

		信息与人情一致	信息与人情不一致	合计
非常熟悉	频数	40	12	52
	比例/%	16.9	6.7	12.5
熟悉	频数	115	61	176
	比例/%	48.5	33.9	42.2
一般	频数	62	65	127
	比例/%	26.2	36.1	30.5
不太熟悉	频数	14	24	38
	比例/%	5.9	13.3	9.1
很不熟悉	频数	6	18	24
	比例/%	2.5	10.0	5.8
合计	频数	237	180	417
	比例/%	100.0	100.0	100.0

进一步比较表2-3、表2-4和表2-7、表2-8可以发现:多次外出务工的农民工现工作岗位依靠亲戚、同学、朋友、老乡等原生社会网络落实就业岗位的比例比初次外出务工者要低15.4%,但是通过以前单位的同事、工友等新的社会网络提供就业岗位的比例达到7.7%。从依靠强关系提供就业岗位的情况来看,非首次外出务工的农民工与落实岗位的人之间"熟悉"和"非常熟悉"的占比与首次外出务工农民工的占比相同,均为54.7%。

③关于非首次外出务工者就业信息与岗位获取的结论。

第一，非首次外出务工者的就业信息与岗位的获得均主要依靠其原生社会网络。

第二，原生社会网络对多次外出务工者的作用下降。那些多次外出务工者，由于在城市重构了各种社会网络，利用原生社会网络获得就业信息与岗位的比重均大幅下降。

第三，务工过程中重构的社会网络对农民工具有重要作用。以前务工单位的同事、工友等新的社会网络是农民工外出务工获得就业信息与落实就业岗位的重要渠道。

第四，无论是否是首次外出务工，强关系都对农民工获取就业信息与落实就业岗位发挥着重要的作用。

2. 社会关系网络重构

相对农民工而言，城市是一个全新的社会。与农村社区一样，城市社区也有一系列的价值观念与社会规范来引导其社会成员的行为目标与行为方式。从农村社区"去社会化"之后的农民工来到城市之后，有必要通过学习新的价值观念与社会规范，承担新的社会角色，来发展自己新的城市社会性。

为此，农民工必须在务工城市构建新的社会关系，而参加各种社会活动是其在城市构建新的社会关系的重要途径。本书针对外出务工的农民工，以问卷调查的方式考察了受访者"在务工地是否经常参加当地的社会活动（例如党团组织活动、社区活动、慈善公益活动等）?"选项有"从不参加""偶尔参加"和"经常参加"，调查结果如表2-9所示。

从表2-9可以看出，在受访的农民工群体中，超过一半（占54.6%）的农民工从不参加城市的社会活动，而经常参加城市社会活动的人仅占2.9%，还有42.6%的农民工偶尔参加城市社会活动。该结果表明，积极主动融入城市社会的农民工的数量还很少。

表2-9　农民工在城市参加社会活动的情况

	频数	比例/%
从不参加	323	54.6
偶尔参加	252	42.6
经常参加	17	2.9
合计	592	100.0

作为社会属性的表达，结交朋友是农民工到城市务工之后必须面对的问题。情感交流是社会人社会化的重要途径。本书针对外出务工的农民工调查了他们"和当地市民交朋友的意愿"。调查结果显示，选择"比较愿意"和"很愿意"的受访者合计达到59.5%，说明从个体意愿上看，大部分农民工愿意与城市当地市民交朋友，如表2-10所示。

表 2-10　农民工与当地市民交朋友的意愿

	频数	比例/%
很不愿意	1	0.2
不太愿意	30	5.1
一般	208	35.2
比较愿意	272	46.0
很愿意	80	13.5
合计	591	100.0

尽管有59.5%的农民工愿意与城市市民交朋友，但是真正自我评价结交了"较多""很多"当地朋友的人占比仅为30.2%。这表明，农民工群体有部分人能够在城市中与当地市民建立新的比较好的社会关系网络，但是与他们的意愿相比还是存在一定的差距，如表2-11所示。

表 2-11　农民工与当地市民交朋友的数量多少的情况

	频数	比例/%
很少	21	3.4
较少	96	15.6
一般	312	50.7
较多	154	25.0
很多	32	5.2
合计	615	100.0

从调查结果来看，进城务工的农民工在新的社会关系网络构建上，存在以下特点：

第一，进城务工的农民工愿意在城市社会中建立新的社会关系网络，但在实际生活中，他们构建的社会关系网络并不能达到期望的规模水平。

第二，在建立新的城市社会关系网络时，农民工群体更喜欢采取比较传统的、个体与个体之间交往的方式，而非通过个人与组织交流的方式来进行。

3. 文化网络重构

农民工从农村来到城市，不仅仅要经历经济网络、社会网络的重构，同时也要经历文化网络的重构。能不能很好地适应城市文化环境？在离开农村之后，是继续生活在以往农村文化给自己塑造的文化意识之中呢，还是逐渐摆脱农村文化给自己带来的影响，逐渐吸收城市文化？本书通过考察农民工对务工地市民的排外感受，及其对务工地风俗习惯熟悉程度来双向比较城市市民对农民工的接纳程度以及农民工对城市文化的接受程度，通过农民工日常生活消费的最终比较对象来考察城市文化网络的建构情况。如果农民工在日常生活消费中与城市居民进行类比，那么可以表明他们已经比较好地融入了城市文化网络之中，否则他们还并未真正融入其中。

（1）城市市民的排外情况。

农民工进入城市务工，如果受到城市居民强烈的排斥，那么他们将会很难在城市里建构起相应的文化网络。表 2-12 反映了农民工对在城市里所受到的排斥的感受情况。从表中可以看出，城市的排外情况存在，但是并不十分严重。反映城市市民"相当排外"的比例仅占 2.4%，反映"有点排外"的比例为 21.7%，表明仅有四分之一左右的农民工在城市务工期间受到了比较严重的排斥。相反，认为城市市民"友好""比较友好"的农民工占比为 36.8%，超过认为受到了排斥的比例。

表 2-12　农民工对务工地市民的排外感受

	频数	比例/%
相当排外	14	2.4
有点排外	128	21.7
不好说	230	39.0
比较友好	178	30.2
友好	39	6.6
合计	589	100.0

（2）农民工对务工地风俗习惯的熟悉程度。

了解或熟悉一个地方的风俗习惯是真正成为当地社会成员的前提条件，如果对当地的风俗习惯不熟悉，那么绝不能说已经建构起了符合当地文化背景的文化网络。表 2-13 反映出农民工对务工当地的风俗习惯的熟悉程度，总体来说农民工的分化比较严重。有一部分农民工对当地风俗习惯并不熟悉，这一比例为 15.1%，而另一部分农民工则表示已经对当地风俗习惯比较熟悉了，这部分人占到受访者的 32.5%。

表 2-13 农民工对务工地的风俗习惯熟悉程度

	频数	比例/%
很不熟悉	13	2.2
较不熟悉	76	12.9
一般	310	52.5
较熟悉	133	22.5
很熟悉	59	10.0
合计	591	100.0

（3）生活消费的比较对象。

在生活消费上与谁进行比较，表明了个体对自身的一个定位。从社会学的阶层划分来看，一个人往往会与同社会阶层的人进行比较。这同时也进一步反映出个体把自己定位在哪个阶层。表 2-14 表明将自己的日常生活消费与城市居民进行比较的个体仅占受访群体的 1.8%。

表 2-14 农民工生活消费的比较对象

	频数	比例/%
身边的朋友或同事	151	26.6
亲戚	74	13.1
城市居民	10	1.8
自己以前的状况	270	47.6
电视上的情景	3	0.5
其他	59	10.4
合计	567	100.0

从上述的调查情况可以得出以下结论：

尽管目前城市市民对农民工的社会排斥并不十分严重，并且有部分农民工已经具备了融入城市文化网络的前提条件，但是绝大部分农民工并未有效建立起与务工地相适应的文化网络。在以文化融入为标志的深层次的城市社会融入进程中，还有很长的路要走。

2.1.3 再构：回到农村的必然

对农民工群体来说，外出务工最根本的目的就是解决经济收入问题，通过进城打工获得工资性收入是他们进入城市的最主要目的。至于能不能成功构建起城市社会关系网络，能不能通过文化融入实现在城市的深层次融入，这只能是顺势而为的事情。因为对于外出务工的农民工而言，要想真正融入城市，并最终成为城市的一员，面临着诸如经济、社会、文化等诸多方面的问题。

1. 城市生活的困境

城市现代社会网络体系与传统的差序格局网络存在明显的不同。传统的差序格局网络中心是每个个体自己，联结网络的主要因素是血缘，网络规模不大，是一种平面网络形态。一个长期处于这种网络中的农民工，一旦与之脱构，进入复杂的城市社会网络之中，必然陷入各种困境之中。

（1）经济困境。

①从生产方面看。

农民工在外出务工之前，所从事的农业生产近乎"全产业链"生产。农业生产可以分为产前、产中、产后环节。备种、育种、农药化肥的准备属于产前环节，耕地、栽种、育肥、病虫防治、田间管理属于产中环节，收割、晾晒、储存、加工、销售等属于产后环节。除了购买种子、农药、化肥，以及后期的产品销售需要通过市场交易之外，其余环节农户家庭基本可以自主地从头到尾走完全部生产流程。

农民工外出务工之后，往往只从事企业生产链条上一个环节的工作。现代产业是高度分工和专业化合作的产物，为了提高生产效率，企业把整个生产流程划分为众多的生产环节，不同的生产班组负责不同的生产环节。不同的生产环节按照生产计划与流程相互协作。这样，在同一个企业内，要完成一件商品的生产，需要按照生产流程结成不同的"团体"组织，这种"团体"组织是企业生产过程中的最小网络。最小网络组织又按照功能结成更大规模的网络，最后在企业层面形成一个"整体网络"。然而，这种"整体网络"的规模还可以按照产品的类别进一步扩大，直至将全社会的各类商品包括进来形成一个全国性的大的"整体网络"。在当今全球化发展的时代背景下，这个社会网络也并不仅仅局限于一城、一国的地域范围，甚至可以是一个全球性的网络。站在整体网络的视角上观察，农民工所处的生产环节仅仅是这张无比巨大的网络中的一个节点。这个网络并不以农民工自身为中心，相反该农民工的所有生产行为必须受到他所嵌入的生产网络的严格限制与约束。

在农村社区的传统差序格局社会网络里面，由于集体经济组织成员的天然性，农户无须担忧其被农业生产网络拒绝。但是，在现代社会的生产网络中，农民工被排斥、拒绝的可能性随时存在。在传统的农业生产网络中，除了极少数的环节必须与市场主体进行交易从而必须遵从市场法则之外，大多数的情况下，农户之间可以通过血缘网络实现资源的交换，比如在农忙时节，亲属邻里之间的互帮互助。但是，在现代生产网络体系中，各个网络节点、网络组织之间的相互联结、配合并不是依靠血缘而是通过市场法则来运行的。市场机制是整个现代生产网络运行的核心机制，包括劳动力在内的所有资源都要遵循供求规律。作为网络节点的农民工的生产技能必须符合该生产网络对他所处岗位的技术要求，如果他不具备这些技能，他将被这个生产网络无情地拒绝。

②从生活方面看。

农民工在外出务工之前，基本的衣、食、住、行开销相对较小。作为集体成员，村民享有拥有宅基地的权利，居住开销主要是最初的修建费用和后期的少量维护费用。饮食消费上，主食、蔬菜等以自产自销为主，需要通过市场购买的产品主要集中在副食上。交通通信上，由于生产生活的范围以农村为主，交通费用和通信费用并不高。

农民工外出务工之后，一切生活所需都需要通过市场交易。在居住上，部分农民工居住在务工单位提供的集体宿舍里，尽管不支出费用，但是生活环境质量却比不上在农村居家。还有部分农民工居住在出租屋里，条件比集体宿舍好但是却需要支付一定的费用。饮食消费上，在城市里所有的食品消费都需要从市场上购买。交通通信上，因为在城市务工，上班的通勤费、工作上的通信费相比农村而言会大大增加。

在城市生活与在农村生活相比，生活中的方方面面都必须依靠市场交易，这意味着农民工必须嵌入相应维度的社会网络之中，才能获得相应的资源。否则，他很难在城市立足。

（2）社会困境。

从农村来到城市，农民工的社会地位会发生改变。在相对狭小、封闭的农村社区，由于财富水平、受教育程度、职业状况等影响一个人的社会地位的变量值差距不大，大部分农村居民的社会地位基本相当。但是城市社会与农村社会明显不同，城市社会由很多异质性群体构成。

一是不同群体之间所拥有的财富差距十分巨大。根据国家统计局数据，2019 年城镇居民人均可支配收入为 42 358.80 元，其中高收入组家庭（20%）人均可支配收入为 91 682.60 元，而与之相对应的农村人均可支配收入为 16 020.70 元，其中高收入组家庭（20%）人均可支配收入为 36 049.40 元，二者的差距分别达到 26 338.10 元和 55 633.20 元①。

二是不同群体之间所拥有的社会权力也存在巨大差异。农民工群体在城市会面对拥有更多政治权力、经济权力的群体。在农村熟人社区里，邻里之间的社会地位差距不显著，但是一旦从农村进入城市，农民工个体的社会地位会发生明显的变化，在城市社区里处于整个人群的边缘地带。这种社会地位的相对下降，会使得农民工个体面对之前从未面对的"势能差"所带来的心理压力。

社会地位的相对变化会引起社会角色定位的相应变化。因为社会角色是由人的社会地位决定的，并且要符合一定的社会期望的行为模式。社会对处于特定地位的人，做出了权利、义务方面的规定，这种规定就是社会角色行为的"规范"。

就外出务工的农民工而言，在农村社区里作为当地居民，他对当地社会环境十分熟悉，与邻里之间并不存在社会地位上的"势能差"，社会地位相对平等。并且他在农村社区中的社会化是一个漫长的过程，从出生到成人他有足够的时间去学习、适应农村社区对他的角色扮演的各种期望。在这样的环境中，他的角色扮演相对轻松、自然与自在。

但是当农民工从农村来到城市之后，所处的社会环境、社会地位均发生了很大的变化。社会关系由原来的以情感联络为纽带的熟人关系演变为以利益交换为纽带的契约关系。在新的社会关系中，由于农民工个体在财富、权力、威信、职业等决定个人社会地位的各个方面均处于相对弱势，社会地位的相对"跌落"必然给他在城市中的角色扮演带来极强的张力。在农村务农与在城市务工之间，最大的变化就是生产方式的变化，从家庭经营的主导者、决策者到社会化大生产的参与者、被支配者，这两种不同的社会角色之间存在着巨大的"角色鸿沟"。要在非常短的时间内跨越"角色鸿沟"并且适应新的角色，对农民工的角色扮演能力提出了严峻的考验。在这样的过程中，农民工个体极可能面临角色紧张、角色冲突，甚至角色失败。

---

① 数据来源于《中国统计年鉴（2020）》。

（3）文化困境。

农民工群体在城市不仅面临经济困境、社会困境，同样也会面临文化困境。农村与城市之间存在巨大差异，使得农民工群体在城乡地域空间转换的同时也会面临着诸多矛盾，比如传统与现代、情感与契约、慢节奏与快节奏之间的文化冲突。

一是传统文化与现代文化冲突所导致的困境。自改革开放以来，随着计划经济藩篱的逐步取消，农村的面貌已经发生了很大的变化。特别是自党中央提出统筹城乡发展、乡村振兴战略以来，农村的经济、社会、文化都得到了长足的进步与发展。城乡之间在生活水平、基础设施、公共服务等方面的差距逐渐减小，各种现代元素纷纷进入农村。但相比较而言，城市现代文化元素的丰富程度仍远远超过农村地区，各种在城市社会里流行的时尚潮流，往往只有少数元素，并且要经过很长时间才能进入城市附近的农村社区。而那些远离城市的偏远农村地区，传统文化、习俗仍然具有很强的影响力量，发挥着引导当地村民行为规范的重要作用。传统文化和现代文化在理念、道德标准、行为规范上的差异与冲突，必然对从一个文化环境进入另一个文化环境的农民工个体产生冲击，并导致部分个体出现文化的不适应或者迷失的现象。

二是社会关系的构成基础不同导致的困境。农村社区居民之间社会关系的构成基础往往是以情感联络为纽带形成的一种熟人社会。在熟人社会里，从情感层面看，邻里之间的感情比较深厚，特别是在一些以血缘关系为基础形成的村、组，居民往往同宗同族聚居。在这种情况下，人们处理相互之间的关系时更多地从人情角度出发进行考量，经济考量居于次优考虑的层面。但是，在城市却存在着相反的情况。作为新来到城市的一位"陌生人"，农民工与其他成员之间建立的社会关系是一种以利益交换为纽带的契约关系。作为非稳定社会成员，这种利益交换往往是即时的，"一手交钱一手交货"式的关系，由于缺乏信任等感情因素的润滑，这种关系往往表现得很"市侩、势利"。对于从熟人社会关系中过来的人来说，这种契约关系会显得过于"冷漠"。

三是慢节奏与快节奏之间的冲突所导致的困境。由于农业生产所具有的特殊的自然性，日出而作、日落而息的农村生活相对而言是慢节奏的、怡然悠闲的。而城市生活则不同，在竞争机制的压力下，人们不得不保持快节奏的生活。在一些特殊的行业，比如流水生产线上，工人们需要按照生产计划实行"三班倒"的工作制，比如从事服务行业的某些服务人员需要工作至凌晨。社会化大生产过程就像一部庞大的机器，每个人则像"机器"上的"齿轮"一样常年都必须服从"机器"运转的需要，在需要的时间出现在需要的地点，并完成需要的任务。所以今天的城市人在繁忙的工作之余也会向往"采菊东篱下，悠然见南山"的乡村生活。快节奏的城市生活会给从农村来到城市的农民工带来巨大的压力，如果农民工个体习惯了闲散、自由的农村生活则很难快速融入城市生活。

（4）农民工城市融入情况的调查。

正因为存在着经济、社会、文化等各个方面的困境，对于大多数农民工来说，要想很好地融入城市是一件比较困难的事情。本书关于农民工对自己在城市的前景评估（见表2-15）和目前自己的身份评估均反映出这个现实状况。

①在城市的前景评估。

表2-15是农民工对自己在城市中的前景的评估，认为自己在城市的"前景很好"的人仅占到受访者的4.9%，"前景较好"的占16.9%。而与之相对的是，认为自己在城市里已经"难以维持"的人占到了6.8%，认为在城市只能"勉强维持"的人占19.8%。该结果表明，农民工群体在城市的生存状态出现了明显的分化，且前景不乐观，可能不得不回流农村的人的比例要超过那些生存状态比较好的人。

表2-15　农民工对自己在城市的前景评估

	频数	比例/%
前景很好	29	4.9
前景较好	100	16.9
一般	305	51.6
勉强维持	117	19.8
难以维持	40	6.8
合计	591	100.0

②农民工对自身身份的评估。

本书针对外出务工的农民工提出了如下的调查问题："您觉得您现在是城市人还是农村人？"选项有"①农村人　②像农村人多些　③一半对一半　④像城市人多些　⑤城市人"五项。通过农民工自我评估的方式来判断农民工城市融入的情况。

调查结果显示，仅有 1.0% 的农民工认为自己像城市人，还有 5.9% 的农民工认为自己像城市人更多一些。这个调查结果表明，即便站在农民工自身的立场上来看，能够完全融入城市，从心理上认为自己已经是城市人了的比例是非常小的。此外，还有 35.8% 的农民工认为自己还是农村人，以及 17.4% 的农民工认为自己目前像农村人更多些。这部分人在融入城市的过程中，是相对比较困难的人群。

表 2-16　农民工对自己的身份评估

	频数	比例/%
农村人	212	35.8
像农村人多些	103	17.4
一半对一半	236	39.9
像城市人多些	35	5.9
城市人	6	1.0
合计	592	100.0

从表 2-15 和表 2-16 可以得到如下结论：

第一，农民工在融入城市的过程中出现了两极分化。在城市里面发展前景比较好的农民工群体占比约为 21.8%，同时有约 26.6% 的农民工在城市里面处于勉强维持甚至难以维持的境地。

第二，绝大部分农民工尚未完全融入城市。仅有约 1.0% 的农民工实现了市民化[①]，还有 5.9% 的农民工很好地融入了城市，但是有高达 53.2% 的农民工基本无法融入城市。

正因为农民工在城市务工面临着上述经济、社会、文化等多方面的困境，一旦他们无法重构出与城市生产、生活相适应的网络，那么回到农村将成为他们老年时期的必然选择。

2. 回到农村的社会网络再构

在农民工"出村—入城—回乡"这个过程中，有一个关键的变量——时间。尽管相对于城市的快速变化而言，农村的变化是缓慢的，特别是站在文化、习俗等视角来考察的话，这种变化往往更为缓慢。但是这并不意味着农村社会是完全静止的。当拉长了时间轴线之后，可以发现自改革开放以来，中国农村社会的发展变化其实是非常显著的，农村的生产生活方

---

① 指从经济网络、社会关系网络、文化网络多维度完全融入。

式发生了巨大变化并推动着农村社会面貌不断更新发展。

就农民工个体而言，特别是第一代外出务工的农民工个体而言，从最初离开农村到重回农村，农村社会已经发生了很大的变化。正如他最初跳出农村网络时，农村网络仍然与他血脉相连，这种剥离是痛苦的，当他回到农村后，这个现实中的农村也不再是记忆中的农村，对这些回流农民工来说也面临着一个社会网络再建构的问题。

（1）变化的农村生产方式。

中华人民共和国成立以来，中国农村的生产方式经历了"家庭经营—集体经营—家庭经营"的变化。中华人民共和国成立初期的家庭经营属于生产资料私有的经营方式，经过社会主义改造，20 世纪 60 年代到 70 年代的集体经营模式建立在土地集体所有的基础之上。1978 年党的十一届三中全会的召开，从国家层面掀开了农村改革的大幕。农村基本经营制度由"三级所有，队为基础"的人民公社集体经营制度转变为"以家庭联产承包为基础，统分结合的双层经营制度"，建立在土地集体所有基础上的家庭经营取代集体统一经营，成为农村主要的生产方式。

生产方式的改变，促进了农村交换、分配及消费形式的渐变。由于家庭联产承包责任制适应了不断发展的农业生产力的要求，在提高农业生产效率的同时，也将过去禁锢在土地上的农业剩余劳动力释放了出来。进而出现了蔚为壮观的农村剩余劳动力转移大潮，由此产生了大量的农民工群体。大量外出务工的农民工为中国承接全球化过程中的产业转移奠定了基础。依靠成本优势，中国在融入世界经济的过程中，也成功地推动了工业化的发展。而工业化的快速发展则改变了农村家庭的收入结构，农业经营收入的占比不断下降，工资性收入逐渐成为农村家庭的主要收入来源。根据《中国统计年鉴（2020）》，农村人均可支配收入从 1978 年的 133.60元增长至 2019 年的 16 020.70 元，扣除物价因素以后，翻了 20.66 倍。在收入不断增长的同时，农村居民的消费能力不断上升，农村家庭人均消费支出从 1980 年的 195.52 元增长至 2019 年的 13 327.70 元。农村家庭每百户耐用品消费从 1978 年的 30.73 辆自行车、0 台洗衣机、0 台电冰箱（柜），增长为 2019 年的 24.70 辆汽车、91.60 台洗衣机、98.60 台电冰箱（柜）。

（2）逐渐淡化的传统文化。

传统文化是中国农村社会行为规范的基础和原则，是中国农村社会稳定的重要纽带。中国农村社会延续几千年，最重要的就在于中国的乡土社会是一种"反哺"式代际关系，是父母抚育子女，子女长大后再赡养父母的一种双向循环养老模式①。传统的双向家庭养老流程是：父母承担起子女的养育义务，并掌握家庭的经济主导权力；儿子成长之后，接过经济主导权力并承担对父母的赡养义务，同时承担起对孙代的养育义务，以维持家庭人口的再生产以及家族血脉的延续。

这种循环之所以能够持续的关键就在于它是建立在传统文化传承基础上的多重保障机制。具体而言，是以文化机制为脉络，通过强制性的经济激励约束机制、半强制性质的宗法约束机制，以及强制性的国家法律约束机制共同发挥社会稳定器的作用。

日常发生作用的是经济与文化机制。父母在有行动能力的时期通过经济主导权力控制尚未"独立"的子女，使其各种行为方式符合家庭及社会预期；父母由于年老将经济主导大权交由子代掌握时，则主要依靠文化机制对子代产生约束。文化机制不仅对子代的行为产生约束力，同时也会对子代的预期产生影响，子代为自己今后的老年生活考虑，必须遵守这种文化传统并给孙代做出良好的示范。

传统文化的约束除了经济约束、法律（宗法）约束等硬性的约束之外，还有整个社会认知层面的"软"约束。只有在一个社会群体中达成了"共识"的文化才能发挥其应有的作用。当个体行为发生失范时，社会群体对其失范行为的共同认定将会对失范个体产生极大的心理压力。这种"软"约束作用是否发生与"共识"群体规模的大小，特别是"共识"群体在整个社会网络中所占比例的大小有高度的相关性。随着"共识"群体规模或比例的减小，这种约束力将逐渐减弱。

随着农村生产生活方式、农村社会结构的变迁，在农村社会"空心化"加剧的情况下，大量农村青壮年劳动力外出务工导致农村传统文化"共识"群体规模持续萎缩。不仅传统文化的传承继续受到影响，传统文化在农村社会也面临着约束力持续下降的尴尬局面。这是因为个体发生失范行为时，传统"共识"群体仅仅是那些已经丧失了经济主导权的农村留守老人。不具备经济主导权力的留守老人无法对失范行为进行经济约束。同时，不涉及法律层面的道德失范行为也很难受到现代法律制度的约束。在经济、法律约束机制失效时，由于社会结构的变化，在农村人口以老

---

① 李升，方卓.农村社会结构变动下的孝文化失范与家庭养老支持困境探析［J］.社会建设，2018（1）：62-73.

人、妇女、儿童为主的情况下，传统文化由于缺乏外部的"文化共识"群体的集体行动所产生的压迫感也难以对个体的失范行为产生足够的约束力。

（3）变化之中的社会网络再构。

进入 21 世纪之后，随着农村经济社会的快速发展，中国农村的社会结构也进入了快速调整变化的进程之中。如果以第一代农民工为观察对象，从他们年轻时外出务工到老年返乡的这段时间内农村人口结构、家庭结构、村庄结构和社会阶层结构均发生着显著的变化。

①基于村庄人口结构调整的社会网络再构。

全国老龄办发布的《中国人口老龄化发展趋势预测报告》的数据显示，我国从 2004 年开始出现老龄化城乡倒置现象，农村的老龄化程度已经超过了城市。宏观层面，根据《中国人口统计年鉴》以及《中国人口与就业统计年鉴》，以 65 岁及以上老人占比计算，全国农村人口老年系数从 1999 年的 7.18% 快速增长为 2018 年的 14.69%。而微观层面的表现则更为直观，目前的传统农区中，经营农业的人群已经呈现典型的"老人化、妇女化"。在对四川省的一项调查中，实际从事农业生产的劳动力平均年龄高达 54 岁，88.4% 的 60 岁以上老人仍然在从事农业生产，而女性劳动力与男性劳动力的比例达到了 1.17∶1①。对于年轻时期外出、年老回流的农民工而言，现实中以老人、妇女、儿童等"留守"人群为主的乡村人口结构与他记忆中的当年外出务工时老、中、青、幼兼具且合理的人口结构相比已经发生了根本性的变化。他会发现，在他周围除了他自己或为数不多的同龄人以外，就只剩下比他更老的老人、一些中年妇女和部分儿童，达到城市退休年龄的他仍然是这个村庄中的"中坚"力量。而他则不得不与这样的人群在同一个村庄中长期相处，并与之建立起合适的社会关系网络。

②基于村庄行政边界调整的社会网络再构。

改革开放以来，农村的村庄行政结构持续调整，在"撤村并居"的行政命令下边界不断融合。一方面，由于人口外流严重，部分村庄常住人口减少；另一方面，为了精简机构，提高行政效率，2004 年中央 1 号文件提出"积极稳妥地调整乡镇建制，有条件的可实行并村"。根据党国英的研究，2006 年全国村民委员会由 1999 年的 737 429 个缩减至 637 011 个，

---

① 郭晓鸣，任永昌，廖祖君，等.农业大省农业劳动力老龄化的态势、影响及应对 [J]. 财经科学，2014（4）：128-140.

7 年时间约缩减了 10 万个①。多轮"撤村并居"在很多农村地区打破了传统的家族小聚居空间格局，将原来存在地理空间距离的村落逐渐转换成了农村社区。人口集聚有利于提高农村基础设施建设的效率，但同时也加大了农村社区居民之间，特别是原来本就存在氏族、家族矛盾的群体之间的社会矛盾的张力和压力。回流农民工不得不在已经发生了变化的村庄地理空间内与新的社区居民建立新的联系与网络。

③基于村庄社会边界调整的社会网络再构。

近 40 年来，农村社会阶层结构呈现出多层次发展的态势。在"市场经济的发展，生产方式和分配形式的变化以及城乡二元结构的松动"三种条件下，社会各阶层互通的渠道得以产生并促使农民快速发生分层，农民在职业上分化为农业劳动者、农民工、雇工、农村知识分子、个体工商户、私营企业主、乡村企业管理者、农村管理者等阶层②。进入 21 世纪以来，随着工业化、城镇化水平不断提高，在农村劳动力向城市转移寻求务工收入的同时，大量的工商资本开始进入农村、农业。特别是一些农业经营企业、农业生产大户、家庭农场主等新型农业经营主体进入农村流转土地、从事生产经营活动之后，农村居民成分发生了显著变化，村庄的社会边界不再与既有的行政边界重合，社会边界也从清晰趋于模糊。如果不从职业层面划分，在农地制度变革、人口流动、土地流转和农村社会结构变迁相互促进的过程中，农村社会结构则可划分为存量农民、农民工、农业规模经营者和下乡市民四类人群③。一方面是农村原住居民分化为多个阶层；另一方面是大量外来的新型农业经营主体、工商人员以及城市居民进一步改变了农村社会的阶层状况，增加了农村社会网络的复杂性。回流的农民工在这样复杂的社会阶层结构中需要重新识别、定位自身所处阶层并在其中建立自己的社会网络。

④基于村庄信息边界调整的社会网络再构。

随着信息技术的飞速发展，我国通信基础设施逐渐得到完善，2020 年全国行政村 4G 覆盖率超过 98.0%④。根据第 47 次《中国互联网络发展状

---

① 党国英. 我国乡村治理改革回顾与展望 [J]. 社会科学战线，2008（12）：1-17.

② 刘奇. 转型期农村社会形态与结构的变化特征 [J]. 中国发展观察，2007（2）：23-25.

③ 李新平，明亮，胡家琪. 土地制度强制性变迁背景下农村社会结构演化趋势研究 [J]. 社会科学研究，2020（6）：118-126.

④ 中共中央办公厅，国务院办公厅. 数字乡村发展战略纲要 [R/OL]. (2019-05-16) [2021-06-18]. http://www.gov.cn/zhengce/2019-05/16/content_5392269.htm.

况统计报告》，截至 2020 年 12 月我国农村网民规模达 3.09 亿，占网民整体的 31.3%，使用手机上网的网民占到 99.7%。通信基础设施的发展为农村社会信息的快速、及时传播提供了良好的物质基础。特别是微信、抖音等即时通信、自媒体传播平台的快速发展，打破了农村闭塞的信息边界，提高了农村居民的信息获知能力，确保了大量的农村居民不再处于信息孤岛，而是能够及时了解外界的各种信息。信息边界被打破使得各种资讯、观点、意识持续强力地向农村社会渗透，并不断驱动着整个社会网络发生分化、重组、演进。在这种情况下，回流农民工也不得不适应这种持续的调整，并在其中再构自己的社会网络。

2.2　农村养老资源供需均衡分析的基本框架：来自经济学视角

通过上节的分析可以知道，农民工个体从离乡到留城务工、再到返乡养老，是一个漫长的过程，时间跨度长达几十年。即便考察他们回流居乡养老的生活，其时间跨度也有约 20 年。在这种长时期的跨度中，各种经济的、社会的、制度的因素都会发生变化，这就给我们的分析带来了极大的困难。因此，要研究农民工回流条件下如何配置农村养老资源以达到供需之间的有效匹配，就方法论而言，非常有必要首先建立一个静态的"参照系"。在这个静态的参照系下，去分析既有的农村养老资源供给与农村老人养老需求之间的均衡匹配。然后，再以这个静态的参照系为基础，逐步放松研究前提和假设，综合社会学与经济学的研究方法并从动态的角度来加以研究。

本节将依据微观经济学的理论，从经济学视角出发建立一个农村养老资源供给与需求均衡分析的基本框架，作为后续分析的起点。站在社会学的理论立场上看，微观经济学的一些假设前提过于严格，比如在分析消费者行为的时候忽略了社会情境在消费者行为选择过程中的作用。因此，本节在建立起基本分析框架之后，将从农民工个体在不同的社会网络之间"迁徙"对其所产生的影响入手，依据新经济社会学的相关理论对该基本框架进行扩展，构建一个农民工回流条件下的农村养老资源供需匹配机制的静态分析框架。

从经济学关于稀缺资源如何有效配置的角度来看，养老资源是一系列的产品或服务，比如能够供老人集中养老的养老院、各种医疗卫生服务机构以及它们所提供的相关服务等。从养老产品及服务的类别来看，涉及老人的衣、食、住、行等日常生活，也包括医疗卫生等与健康有关的产品，还包括亲情、友情等情感层面的抚慰，甚至也包括老人们与社会的交流等多个方面。进入现代社会以后，特别是在社会分工不断细化的市场经济条件下，各种门类的养老产品或服务绝大部分只能由市场提供。即便是以最基础的食物来说，仅仅由家庭内部生产并提供给老人使用的产品也已经非常稀少。除了主食和少量副食能够通过自给自足的方式从田间地头获取供农村老人使用之外，其余产品均不得不从市场上购买。

也就是说，无论农村老人们采取的是"家庭养老"还是"社会养老"，从养老资源配置的角度出发，与之相关的养老产品及服务绝大多数需要从市场上采购。基于这种认识，本节将先从经济学视角出发，将需要养老的农村老人视为养老资源的消费者，将提供养老资源的个人、机构视为养老资源的生产者，建立一个最基本的分析框架，对农村养老资源的供需均衡进行分析。

2.2.1 农村养老资源的需求分析

微观经济学的理论表明，消费者的均衡由两个方面共同决定：一是取决于消费者的效用函数形式，二是取决于消费者的预算约束水平。即消费者要愿意消费，同时也要能够消费得起才行。

1. 养老资源需求方的偏好及选择

影响消费者对某种商品或服务的需求的因素有很多，除了价格以外，消费者的偏好、消费者的收入水平、相关商品的价格、消费者的预期以及政府的政策等多种因素均可对消费者的需求形成影响。在这个基本分析框架中，除了价格这个变量之外，我们将主要分析消费者偏好对消费者需求的影响。

根据马斯洛对人的需求层次的描述，人的需要分为五个层次：生理的需要、安全的需要、感情的需要、尊重的需要、自我实现的需要。其中：

生理的需要——衣、食、住、行、医疗等生存的基本条件；

安全的需要——工作、财产、安全的需要；

感情的需要——友谊、爱情、归属感等各方面的需要；

尊重的需要——自尊和受别人尊敬；

自我实现的需要——发挥自己的才能，取得力所能及的最大成就①。

从个人的需求来说，无论是年轻人还是老人，都有这五个层次的需求。按照马斯洛的观点，当人的某一个层次的需求得到满足之后，他便会产生别的层次的需求。就不同的个体而言，因为每个人的需求层次得到满足的情况并不一定相同，所以在不同的个体之间也就存在不同层次的需求。

对于老年人口来说，在安度晚年的时候，能够满足不同需求层次的养老资源可能包括：能够保障自己日常生活的衣、食、住、行等所需的物资；在自己生病的时候能够为自己提供医疗保障的各类服务；生活要安定、要有一定的财产为自己的老年生活提供经济层面的保障；要有亲情、友情等情感层面的抚慰；能够得到别人的尊重，而不是受到嫌弃；对有的老人来说，能够为社会多做贡献、发挥自己的余热也是一种非常重要的需求。作为农村老人个体，在面对上述各种养老资源的时候，需求的多层次性会导致不同个体对养老资源存在不同的偏好。

当单个的养老资源需求方——农村老人个体面对各种各样的养老商品和服务的时候，他对养老资源的选择取决于他在消费养老商品和服务的过程中所取得的效用水平。作为理性的"经济人"，在可支配的资源既定的条件下，他会尽可能多地获取商品，以便使自己的欲望得到最大程度的满足——让自己获得的效用最大化。

2. 预算约束下的养老资源需求方消费者均衡

尽管尽可能多地获取商品是养老资源需求方在消费养老资源过程中的目标，但是这种消费也并不是无限制的，这个过程受到消费者财富条件的限制②。即如果农村老人是通过市场交易的方式来获取养老资源的，那么

① 周三多，陈传明，刘子馨，等. 管理学：原理与方法［M］. 7版. 上海：复旦大学出版社，2018：53-54.

② 有的文献对预算约束的定义为收入，但也有的文献定义为财富的约束。Mas-Colell（2005）等指出，采用财富的原因在于消费者的商品购买过程可能是跨期消费的过程，这种约束甚至可能是生命周期的收入约束。就本书而言，因为养老这种行为正是发生在消费者的退休期间，消费者支付的实际上是他过去工作时间获取的收入，对于这种生命周期收入采用财富这个术语更加符合实际。

他可支配的财富的多少会影响他从市场上获取养老资源的数量。即使他依靠家庭内部儿女的赡养，由于机会成本的关系，儿女的时间、体力、精力、资金等都可以"等价"地看作为获取这种家庭内部养老资源而支付的成本。

也就是说，农村老人消费养老资源的过程其实是在预算约束的条件下，追求尽可能多地获取商品，以实现自己的效用最大化。如果在其他条件不变的情况下，农村老人在既定的预算约束条件下实现了效用最大化，那么就可以称这种状态为养老资源需求方均衡。

根据微观经济学理论，当消费者在面对一组给定了价格 $p \gg 0$ 的商品以及给定的财富水平 $w > 0$ 时，消费者的效用最大化问题可以表示为

$$\underset{x \geqslant 0}{\operatorname{Max}} u(x)$$
$$s.t. \ p \cdot x \leqslant w \tag{2-1}$$

其中，消费者选择的消费组合处在瓦尔拉斯预算集 $B_{p,w} = \{x \in R_+^L : p \cdot x \leqslant w\}$ 内。对于公式（2-1），如果效用函数 $u(\cdot)$ 是连续可微的函数，那么在商品集中一定可以求得最优的商品组合 $x^* \in x(p, w)$，x^* 满足：

$$\frac{\partial u(x^*)/\partial x_l}{\partial u(x^*)/\partial x_k} = \frac{p_l}{p_k} \tag{2-2}$$

公式（2-2）意味着：当消费者实现效用最大化时，两种不同商品的边际替代率等于这两种商品的价格之比。

比如消费者只消费两种商品：衣服（x_1）和食物（x_2），在财富条件和商品价格既定的条件下，消费者会通过选择不同的数量的商品组合来实现自身效用的最大化。通过反映消费者偏好程度的无差异曲线和消费者面临的预算约束线可以直观地观察到消费者在什么条件下达到均衡状态——实现效用最大化。

如图 2-2 所示，消费者面临的预算约束线为线段 AB，在商品价格不变（商品 x_1 的价格是 p_1，商品 x_2 的价格是 p_2），消费者财富水平不变（w）的条件下：

$$p_1 x_1 + p_2 x_2 = w \tag{2-3}$$

由上式可以得到

$$x_2 = -\frac{p_1}{p_2} x_1 + \frac{w}{p_2} \tag{2-4}$$

也就是说，消费者的预算约束线的斜率为 $-\dfrac{p_1}{p_2}$。

曲线 u_1、u_2、u_3 是消费者的无差异曲线，在每条无差异曲线上，消费者的效用水平都是一致的，三条无差异曲线之间的关系是：$u_1 < u_2 < u_3$。消费者在面临预算约束的条件下，只有在 E 点处才能获得最大化效用水平。因为在预算约束线下方的所有商品组合所能达到的效用水平均低于 u_2；在预算约束线上的所有商品组合中，除 E 点之外的所有商品组合的效用水平也低于 u_2；而 u_3 尽管效用水平高于 u_2，但是已经超出了消费者的预算。这说明消费者在 E 点达到了效用最大化，处于均衡状态。即

$$u(x_1,\ x_2) = u_2 \qquad (2-5)$$

两边取全微分：

$$\frac{\partial u}{\partial x_1}dx_1 + \frac{\partial u}{\partial x_2}dx_2 = 0 \qquad (2-6)$$

移项可得

$$\frac{\partial u/\partial x_1}{\partial u/\partial x_2} = -\frac{dx_2}{dx_1} = \frac{p_1}{p_2} \qquad (2-7)$$

或者：

$$\frac{\partial u/\partial x_1}{p_1} = \frac{\partial u/\partial x_2}{p_2} = \lambda \qquad (2-8)$$

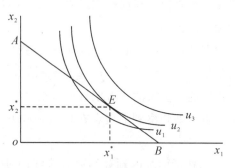

图2-2　养老资源的消费者均衡

式（2-7）意味着当农村老人作为养老商品的消费者在面临两种商品（比如衣服和食物）的消费集时，在财富水平一定、商品价格不变的条件下，他的最优消费组合一定处于这样一种状态——食物与衣服的边际替代率恰好等于两种商品的价格之比。此时，他的效用水平达到最大化，对食物和衣服的最优消费量分别为 x_1^* 和 x_2^*。

根据对偶性原理，消费者效用最大化问题可以转化为支出最小化问题，进而可以得到

$$\frac{\partial x_i(p, w)}{\partial p_i} = \frac{\partial x_i^h(p, u^*)}{\partial p_i} - x_i(p, w) \frac{\partial x_i(p, w)}{\partial w} \qquad (2\text{-}9)$$

可以证明[1]，在正常商品的条件下，式（2-9）是小于零的，这表明对于某个农村老人而言，在财富水平、偏好、其他商品（如衣服）价格均保持不变的条件下，当某种商品（如食物）的价格发生变化时，他一定会改变这种商品（食物）的消费量，以使自己的效用最大。一般而言，他对某种商品的消费量会随着该商品价格的下降而增加。即他对某种商品的需求曲线是一条向右下方倾斜的曲线（如图2-3所示）。

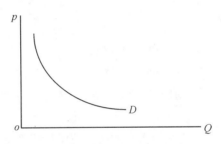

图 2-3　养老资源的消费者需求曲线

2.2.2　农村养老资源的供给分析

1. 供给主体的最大化问题

微观经济学认为，在理性假定的前提下，生产者（厂商）在生产商品或服务时会基于成本约束的条件做出生产什么、怎么生产的最优选择。而主导生产者行为选择的原因在于获取利润。利润是销售收入与成本之间的差值。即

利润＝总收益-总成本

对于一个理性的生产者来说，利润越大越好。但是从上面这个等式可以看出，在成本既定的条件下，要实现利润最大化，则需要总收益最大，在市场价格一定的条件，利润最大化问题转化为产量的最大化；与之相对应的是，在产量和产品价格既定的情况下，利润最大化问题转化为成本的

---

[1] 具体的证明过程可以参考：杰里，瑞尼. 高级微观经济理论 [M]. 王根蓓，译. 上海：上海财经大学出版社，2001.

最小化问题，两者互为对偶问题。

2. 成本约束下的最优养老资源供给

根据微观经济学理论，当生产者——养老资源的供给主体在一定的技术条件下利用生产要素 z 的投入来生产某项产品[1]，且其生产函数 $f(z)$ 可微的情况下，如果产品的价格为 p，则生产要素的价格向量为 w[2]。在这种情况下养老资源供给方的最优解可以由下式求得

$$\underset{z \geqslant 0}{\mathrm{Max}}\ pf(z) - w \cdot z \tag{2-10}$$

如果投入组合 z^* 是最优解，那么一定有

$$p\ \frac{\partial f(z^*)}{\partial z_l} \leqslant w_l,\quad \text{当 } z_l^* > 0 \text{ 时二者相等} \tag{2-11}$$

以及

$$\frac{\partial f(z^*)\,/\partial z_l}{\partial f(z^*)\,/\partial z_k} = \frac{w_l}{w_k} \tag{2-12}$$

或

$$\frac{\partial f(z^*)\,/\partial z_l}{w_l} = \frac{\partial f(z^*)\,/\partial z_k}{w_k} \tag{2-13}$$

式（2-12）表明当两种投入品的边际技术替代率等于它们的价格之比时，生产者达到利润最大化的目标，生产者达到均衡状态。式（2-13）则表明，当生产者达到均衡时，每单位成本购买任何生产要素所取得的边际产量都相等。

另外，式（2-11）也表明生产者的均衡产量 $f(z^*)$ 也与产出品的价格 p 有关，根据对偶性原理，利润最大化问题可以转化为成本最小化问题，进而可以得到

$$\frac{\partial y(p,\ w)}{\partial p} = \frac{\partial^2 \pi(p,\ w)}{\partial p^2} \geqslant 0 \tag{2-14}$$

上式意味着，在其他条件不变的情况下，随着产出品的价格变化，企业会沿着生产扩展线调整均衡产量。通常，当产出品的价格上升时，生产者提供的产品产量也会相应增加。如图 2-4 所示，养老资源供给方提供的养老产品或服务的供给曲线是一条向右上方倾斜的曲线。

---

① z 是一组生产要素的组合。

② w 是生产要素价格向量，意味着生产要素可能有多种，其价格分别为 $(w_1,\ w_2,\ \cdots,\ w_{L-1})$。

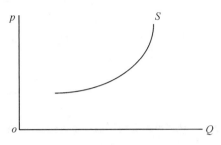

图 2-4 养老资源的生产者供给曲线

2.2.3 农村养老资源的供需均衡

从上文的分析可以知道，农村老人对养老产品及服务的需求是多层次的，包括生理需求、安全需求、情感需求、尊重需求、自我实现需求。即便是最基本的生理需求也包括衣、食、住、行、医疗健康等各种不同种类的产品与服务。为了分析的方便，本书从某一项养老产品或服务入手，切入农村养老资源供需均衡的基本分析，在此基础上其余养老产品及服务的供需均衡分析便可依此类推。

以"食物"为例，每一位农村老人都对食物有需求，只不过不同的老人对同样的食物有不同的偏好，因此表现出来就是不同的老人对某种特定"养老食物"的需求曲线是不同的。当把不同老人对这种"养老食物"的需求加总以后，就可以得到老人们对这种"养老食物"的市场需求。如图2-5所示，假如某特定的"养老食物"市场有两位老人，他们各自的需求曲线分别为 D_1 和 D_2，那么该"养老食物"的市场需求就是由每个价格水平下两位老人的需求量之和所组成的曲线 D。

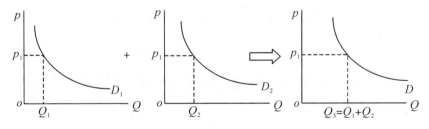

图 2-5 某"养老食物"的单个需求到市场需求

从供给方来说，假设某特定"养老食物"市场上有 2 个供给主体，两者的供给曲线如图2-6所示为 S_1、S_2，则该"养老食物"的市场供给就是由每个价格水平下两者的供给量之和所组成的曲线 S。

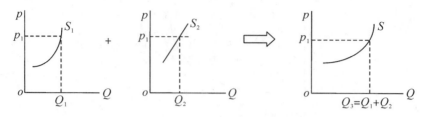

图 2-6 某"养老食物"的单个供给到市场供给

在价格信号的引导以及供给与需求的共同作用下,"养老食物"市场会趋于均衡状态。如图 2-7 所示,当市场的价格高于均衡价格 p_E 时,生产者愿意提供的产量大于 Q_E,而消费者因为产品的价格过高,则有部分消费者退出市场,从而导致市场的需求量小于 Q_E,进而导致市场上"养老食物"供大于求,这就意味着有部分生产者无法获取销售收入。为了将这部分超额的供给销售出去,部分生产者会选择降价销售,从而推动整个市场的价格下降,市场价格的下降则吸引了更多的消费者购买。这个互动的过程将不断持续下去,直到市场价格达到均衡价格 p_E,市场自动出清,市场的需求量与供给量相等为 Q_E。

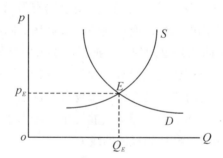

图 2-7 某"养老食物"市场的供求均衡

2.3 基于新经济社会学视角的农民工回流与养老资源需求方程扩展

上一节以微观经济学的理论为基础,建立了一个农村养老资源配置的供需均衡分析框架。但是,以新古典经济学为理论内核的微观经济学对于市场上的交易者行为的假设过于严格,与实际的经济社会现实存在较大差异。本节将在上一节建立的经济学静态分析框架的基础上，把新经济社会学的研究方法与视角综合到这个分析框架之中，并把农民工回流这个重要变量也加入其中。

2.3.1 新经济社会学视角与经济学视角的差异

1. 市场行为的新古典经济学视角

上面基于经济学视角建立的农村养老资源供给与需求均衡分析的基本框架中，对需求方及供给方的分析原点均来自经济学理论的最核心的"经济人"假设——"经济人"是理性的、自利的。他（它）们在各种经济活动中都具有完全理性，并凭借完全理性进行经济选择和决策，以使经济行为的结果满足自身的最大化目标（效用或利润）。

新古典经济学还认为，在完全竞争市场里，因竞争压力的存在，市场交易者之间没有讨价还价的余地。由于产品同质、有大量的买方与卖方存在于市场中，每个厂商都只是无数个厂商中的一个，因而对市场没有影响力，只能接受市场价格，而无力改变它。在这种条件下，如果某个厂商出现"暴力""欺骗"行为，那么消费者马上可以停止与该厂商的交易，并寻求下一个交易者。因此，市场各方没有必要建立经常性或者持续性的关系。

2. 社会学家及经济学家对新古典经济学视角的不同意见

对于经济学的基本假设，社会学家们持不同的意见。一类社会学家"含蓄地接受了经济学家的假设"，这些社会学家同时也接受了"社会关系在现代社会中只起摩擦和破坏作用，而不是中心作用"① 的观点，以至于社会学家在面对以市场为中心的问题时，他们通常采取回避的方式，未将其视为社会学的研究对象。这样导致了经济学与社会学的相互漠视，从20世纪的20年代到80年代，无论是在美国还是在欧洲，经济学与社会学越来越疏远，到后来甚至发展至"经济学家和社会学家不仅已经相互不了解对方的工作，而且还时常相互仇视"②。而另一类社会学家却对经济学的这种基本假设提出了质疑。以格兰诺维特为代表的新经济社会学家们认为新

---

① GRANOVETTER M. Economic action and social structure: the problem of embeddednes [J]. American journal of sociology, 1985, 91 (3): 481-510.

② 斯威德伯格. 经济学与社会学：研究范围的重新界定：与经济学家和社会学家的对话 [M]. 安佳, 译. 北京：商务印书馆, 2003: 15.

古典经济学的研究范式是一种"低度社会化的、原子化"的研究范式——"将经济领域视为在现代社会中是一个日益独立、分化的领域，经济交易的定义不再是出于交易方的社会或亲属义务，而是对个人收益的理性计算"①。

在格兰诺维特看来，"古典经济学和新古典经济学持有一种原子化的、社会化程度较低的人类行为概念，并延续了功利主义的传统。其理论观点通过假设否定了社会结构和社会关系对生产、分配或消费的任何影响"②。尽管经济学的"经济人"假设是一种不考虑社会关系与结构对经济行为产生影响的分析方法，但在以格兰诺维特为代表的新经济社会学家们看来，其在"原子化"经济主体的行为与决策上却与以帕森斯为代表的"旧"经济社会学所采用的方式表现出了"讽刺性"的趋同。这是因为，尽管"旧"经济社会学认为社会关系和结构会对人的行为产生影响，但是它所持的是一种"超社会化"概念——人们对他人意见极为敏感，并服从于通过社会化内化的、由双方协商一致所发展出的规范和价值体系的规定。

在低度社会化情况下，原子化是源于狭隘的功利主义对自我利益的追求；在过度社会化的社会中，由于行为模式已经内化，持续的社会关系因此对行为只有外围影响。内化的行为规则起源于社会，这一点与功利主义的观点没有决定性的区别。功利主义所持有的效用函数（最大化）决定着行为的选择的观点与过度社会化所认为的行为是由社会协商一致所确定的准则和价值观所引导的观点是一样的。这样，对秩序问题的低度社会化和过度社会化的两种不同解决途径，却在有关社会背景下行动者的原子化问题上趋向同一了（Granovetter，1985，P485）。

不仅社会学家们对经济学的"经济人"假设提出了质疑，在经济学家内部也有不同看法。西方决策理论学派的创始人西蒙提出了"有限理性"，他提出要用一种符合实际的理性行为来取代"经济人"那种全智全能的理性行为。而这种符合实际的理性行为，就是符合生物（包括个人）在其生存环境中所实际具有的信息存取能力和计算能力的一种理性行为。这种将生存环境因素纳入分析范围的做法已经突破了主流经济学中"原子化的"、

① GRANOVETTER M. Economic action and social structure: the problem of embeddednes [J]. American journal of sociology，1985，91（3）：481-510.

② GRANOVETTER M. Economic action and social structure: the problem of embeddednes [J]. American journal of sociology，1985，91（3）：481-510.

与社会环境无关的"经济人"假设。西蒙认为,他所进行的分析指出了描述理性行为的一条替代途径,它更接近于有关感知和认知的心理学理论,更接近于人们在实验室和野外观察到的真实行为。然而,新经济社会学家对这种"修正"并不认可,他们认为这些修正主义经济学家是通过将经济理论聚焦在幼稚的心理学上来改革经济理论的。他们指出真正的问题不在于这种心理学是否幼稚,真正的问题在于经济学的分析忽视了社会结构的重大影响。

随着资本主义社会从自由竞争的资本主义阶段发展到垄断资本主义阶段,新古典经济学的不考虑经济主体的社会关系和社会结构并"原子化"经济人的前提条件被瓦解。在不完全竞争市场中,原来运行良好的竞争市场准则并不能减弱欺骗行为产生的影响,故而市场主体之间的"不信任""渎职"等问题再次产生。面对不完全竞争市场中出现的问题,新制度经济学派应运而生。新制度经济学派认为通过良好的制度安排可以提高市场主体"渎职"行为的成本,并达到避免市场主体发生欺诈、渎职行为的目的。这样一来,之前被认为是法律、历史、社会或政治力量的偶然结果的社会制度和安排,却被视为解决某些经济问题的有效办法。

针对新制度经济学派对经济学理论做出的另一种"修正",新经济社会学仍然抱有怀疑的态度。新经济社会学认为,即使通过制度安排来代替信任,仍然会导致霍布斯式的社会秩序混乱,因为任何理性的个体都会被激励着去开发更巧妙的方法来逃避这些制度安排。据此,在新经济社会学看来,新制度经济学仍然是低度社会化的,因为它们不考虑那些完全脱离制度安排的具体的个人关系和其中固有的义务会在多大程度上阻止渎职行为。新经济社会学提出的解决办法,是将社会关系与结构的"嵌入"纳入经济分析之中。因为,持续的经济关系往往被社会内容所覆盖,这些社会内容承载着强烈的信任期望和对机会主义的戒备,在亲密的关系中行为人之间的行为会变得更加可预测。

3. 新经济社会学的主张

出于对"低度社会化"与"过度社会化"两种理论观点的反对,格兰诺维特提出了"新经济社会学"的两个基本纲领:

第一,新经济社会学之"新"体现于其对待正统经济学的"新"态度。"'新经济社会学'更愿意表明,社会学家对标准经济学的方法是有看法的。这些看法在某些条件下可以取代经济学的解释。今天的社会学家,部分是因为对标准经济学的观点少了几分尊敬，所以他们更愿意直接思考生产、分配和消费等经济学的核心命题，并且提出，在这些命题上增加一些社会学视角在某种程度上十分关键。"① 从这段檄文式的表述可以看出，新经济社会学已经不愿意再像"旧"经济社会学那样对经济问题采取回避的态度，而是希望从社会学的角度出发对原本属于经济学研究领域的问题展开研究。

第二，新经济社会学之"新"体现于其对待"嵌入性"问题的"新"态度。新经济社会学认为，因为经济行为嵌入在社会网络之中，从而社会关系及结构是经济结果的重要原因，而并不是微不足道的仅仅起到"社会摩擦"的作用。新经济社会学的研究成果，不论是否采用了社会网络分析方法，"都显露出了古典社会学的传统……所有的经济行为与任何行为一样，都有社会背景，正是这个社会背景才对经济行为产生根本性的影响"②。

尽管新经济社会学认为在分析经济问题时应该将经济行为嵌入经济主体之间形成的社会网络中去，但是新经济社会学并未否定经济学的理性假定。这一点从格兰诺维特的论述可以看出：

我认为，虽然理性行动的假设总是有问题的，但这是一个很好的假设，不应轻易放弃。当情境约束，特别是嵌入性约束被充分理解时，对于分析人员来说那些非理性行为或许本是很合理的。当对非专业劳动力市场中的人的社会状况进行充分分析时，他们的行为看起来不像是"文化"规则的自动应用，而更像是对他们现状的合理反应（例如，在 Liebow 1966 年的讨论中）。从企业利润最大化的角度来看，逃避审计和为调价而争斗的管理者在某种严格的经济意义上是不理性的，但是当分析他们在企业内部网络和政治联盟中的地位和野心时，这种行为就能够很容易被解释（Granovetter，1985，P506）。

简而言之，新经济社会学的基本前提如下：

第一，新经济社会学承认经济学的前提，即行动是有理性的。

第二，经济现象是嵌入于社会结构中的。

① 斯威德伯格. 经济学与社会学：研究范围的重新界定：与经济学家和社会学家的对话 [M]. 安佳，译. 北京：商务印书馆，2003：145.

② 斯威德伯格. 经济学与社会学：研究范围的重新界定：与经济学家和社会学家的对话 [M]. 安佳，译. 北京：商务印书馆，2003：146.

第三，经济行为不能仅用个人的动机加以解释，而是被社会地定位的，制度不能自动生成，而是被社会地构成的①。

2.3.2 回流农民工的消费者均衡：城市社会网络对经济行为的影响

在上面基于经济学视角建立的农村养老资源供给与需求均衡分析的基本框架中，采用的是新古典经济学的"经济人"假设。按照新经济社会学的观点，这个基本框架是一种低度社会化的分析框架，没有将经济主体置于社会关系与结构所构成的社会网络之中，忽略了社会网络对其经济行为的影响。故在此对农村养老资源需求方的需求行为方程按照新经济社会学的观点进行"嵌入"社会网络的修正。

1. 需求主体的扩展——"嵌入"城市社会网络的分析

从农村养老资源需求方的组成结构来看，农村居民既包括那些未外出务工的"居乡群体"，也包括那些年轻时期外出务工、老年时期回流农村养老的"回流农民工群体"②。把"居乡群体"视为对照组，把"回流农民工群体"视为实验组，那么从本章的第一节我们知道出村—入城—回乡的不同阶段中，农民工个体其实是"嵌入"在不同的社会网络之中的。

前文的分析表明，对于一个具有外出务工经历的农民工而言，无论他是否真正融入了城市，他在城市务工的过程中都会重构其社会网络。而城市中的社会网络必然与他外出务工之前原生的农村社会网络存在巨大的差异。城市网络中流动着各种各样的信息，有与经济有关的信息，比如就业岗位信息；也有各种社会行为规范、道德信息；同时也有各种日常生活信息。

新经济社会学的理论研究表明，实体间的关系会社会化地建构出大量的结构性机制，社会网络通过这些机制影响人们的观念、信仰及行为。比如，社会网络分析理论对社会影响（同侪压力、关系影响和传染性）的分析说明一个行动者的某一行动或态度将会影响与之直接或间接相关的行动

---

① 张其仔. 新经济社会学［M］. 北京：中国社会科学出版社，2001：11-12.

② 正如上文分析的那样，由于中国农村的面积非常广大，受人口流动的影响，部分农村地区（如城郊）有城市居民进入养老。尽管如此，在大部分的农村地区，养老人员还是本地农村居民。农村养老资源配置的主要矛盾还是在于如何解决由居乡群体和回流群体组成的农村老人的养老问题。因此，本书暂时没有将进入农村养老的城市居民纳入分析范围。

者①。因此，对于那些外出务工的农民工而言，在他们与城市居民近距离接触、观察的过程中，城市居民的行为方式、思想观念或多或少都会对这些外来的农民工产生影响，这其中自然也包含着城市养老方式、养老观念对他们的影响。即便他们回到农村养老，经历过长期城市生活的农民工对自己的老年生活方式也仍然会带有城市社会网络给他留下的各种"印记"——"嵌入"城市社会网络中的生活经历会改变回流农民工的养老认知。

这种养老认知的变化其实体现的是农民工需求层次的变化，根据马斯洛的心理需求层次分析可以知道，一个人的需求层次的变化必然会导致其偏好的变化。除此之外，农民工在城市务工所获得的平均经济收入相对于目前农村居民的平均经济收入会更高，其面临的预算收入约束相对更宽松。

也就是说：一方面，农民工养老认知的变化会导致其回流农村之后，对农村养老资源的偏好（与作为对照组的"居乡群体"对农村养老资源的偏好相比）发生变化；另一方面，作为收入更高的群体，"回流农民工群体"与"居乡群体"相比而言，在对农村养老资源进行选择的时候，能够选择的资源集合将会更大。

换言之，一旦当我们把"回流农民工群体"纳入农村养老资源的需求主体之中进行分析，从新经济社会学的理论视角出发，我们必须考虑到农民工"嵌入"城市社会网络以后，这种社会网络对他们的消费偏好、预算约束以及最终的经济行为所产生的影响。

2. 单纯的养老认知变化导致的消费者均衡差异：偏好效应

为了说明农民工个体嵌入城市社会网络使得其收入提高以及养老认知发生变化，并进而导致其回流农村之后的消费者均衡所发生的变化，在方法上采用比较分析的方式。先作一个假设——假设该农民工并未外出务工，将他作为一名典型的"居乡者"来考察他对某两种商品组合的消费者均衡。然后，再分析他作为一名从城市回流农村的农民工个体的实际消费者均衡。最后通过比较两种情况的差异，来考察回流农民工的消费者均衡状态的差异。图 2-8 显示了回流农民工个体在预算收入不变但养老认知变

---

① 杨松，凯勒，郑路. 社会网络分析：方法与应用 [M]. 曾立坤，曾丰又，译. 北京：社会科学文献出版社，2019：15-16.

化的情况下的消费者均衡差异。

假如该农民工个体面对的两种商品分别是"老人康养保健品"（x_1）和"平常食物"（x_2）①。u_1 假设为该农民工并未外出务工时的无差异效用曲线，u_2 代表该回流农民工实际的无差异效用曲线。曲线 u_2 之所以与曲线 u_1 的形状不同，其背后的实质在于该农民工有外出务工的经历，他在城市重构了一个城市社会网络，该城市社会网络中流动的各种信息对他的养老观念产生了影响，改变了他对不同养老资源的偏好与评价，进而引起他的效用函数发生了变化，比如他受到城市居民养老观念的影响，更加偏好消费"老人康养保健品"。

再假设两种情况的预算收入相同，约束线为线段 AB。按照上文求解消费者均衡点的方法，均衡点 E_1，E_2 分别是两种情况下的最大化效用均衡点。比较 E_1，E_2 两个点，E_2 是该回流农民工的真实均衡点，由于受到城市社会网络的影响，他在养老过程中更加偏好"老人康养保健品"。在相同的预算约束下他选择消费更多的"老人康养保健品"，即他对 x_1 的消费量大于假如他并未外出务工时的消费量 $x_{21}^* > x_{11}^*$。对于这种收入并未发生改变，但消费者的偏好发生改变引起商品消费量的变化，我们可以称之为"偏好效应"。

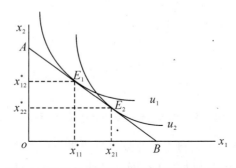

图 2-8　养老认知变化导致的消费者均衡差异

3. 单纯的收入变化导致的消费者均衡差异：收入效应

图 2-9 考察嵌入城市社会网络以后，在消费偏好不变的情况下，回流农民工的预算约束发生变化之后的消费者均衡变化情况。

同样地，该农民工个体面对的两种商品分别是"老人康养保健品"（x_1）和"平常食物"（x_2）。不同的是，假设农民工的养老认知并未因自

---

① 为简化分析，假设这两种商品都是正常商品，且商品的价格保持不变。

己外出务工而发生变化，则 u_1 和 u_2 是同一种效用函数，只是二者的效用水平不同而已，u_2 的效用水平高于 u_1，u_1 和 u_2 是一组平行的曲线。

另外，由于农民工在城市务工获得的是工资性收入，大于其在农村务农获得的经营性收入。即线段 AB 表示该农民工在家务农时的预算约束线，线段 CD 表示该农民工外出务工时的实际预算约束线，因为务工收入大于务农收入，所以线段 CD 高于线段 AB，表明外出务工收入能够购买的商品集大于在家务农的收入能够购买的商品集。另外，由于两种商品的价格并没有发生变化，所以线段 AB 与线段 CD 平行。

尽管效用函数的形式相同，但是由于面临的预算约束线不同，如果该农民工在家务农，那么他的消费者均衡点是 E_1 点，在该点处他能够获得的效用最大①，他的"老人康养保健品"消费量为 x_{11}^*，"平常食物"的消费量为 x_{12}^*。而该农民工真实的消费者均衡点在 E_2，由于收入更高，所以预算更多，他实际上消费的"老人康养保健品"为 x_{21}^*，且 $x_{21}^* > x_{11}^*$；他消费的"平常食物"为 x_{22}^*，且 $x_{22}^* > x_{12}^*$②。

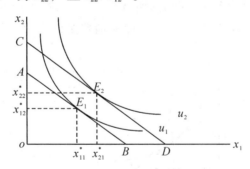

图 2-9　收入变化导致的消费者均衡差异

4. 收入与养老认知同时变化导致的消费者均衡差异：总效应

图 2-10 显示的是受城市社会网络的影响，回流农民工的收入和养老认知均发生变化的消费者均衡变化情况。

---

① 他没办法在点 E_2 实现均衡，因为他的预算约束线是线段 AB。

② 这里假设的两种食物都是正常商品，所以随着收入的增加消费量也在增加。但如果"平常食物"是一种低档的养老商品，那么随着收入的增加其消费量会减少。

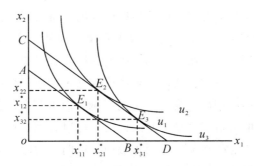

图 2-10 收入与养老认知同时变化的总效应

一方面，相对于假设该农民工未外出务工的情况而言，因该农民工实际的务工收入大于务农收入，其预算约束线由线段 *AB* 外移到线段 *CD*，导致其消费集由区域 *AOB* 扩大到区域 *COD*。

另一方面，受到城市社会网络中的市民养老观念、行为模式的影响，该农民工对自己的养老认知发生改变，表现在他对某些养老资源的偏好发生变化，以致该农民工的效用函数形式从 $u_1 \sim u_2$ 改变为 u_3。

在收入和养老认知同时发生变化的情况下，该农民工的消费者均衡从 E_1 最终调整为 E_3，比较 E_1，E_3 可以发现：该农民工对"老人康养保健品"的消费量大大增加。这种增加一部分来自"收入效应"，"收入效应"的大小为 $x_{21}^* - x_{11}^*$，收入效应反映了该农民工由于收入的增加而增加的对"老人康养保健品"消费量。同时，这种增加还来自"偏好效应"，即在收入并未改变的情况下，该农民工因为受到城市社会网络的影响改变自己对养老资源的偏好而改变的消费量，"偏好效应"的大小为 $x_{31}^* - x_{21}^*$。

因而，该农民工由于务工的关系嵌入城市社会网络之中，在收入和养老认知两个层面发生了改变，并通过他的理性选择，导致了他在不同的养老资源上做出了不同的选择。就"老人康养保健品"这种商品而言①，他受城市社会网络影响相对于他未受到城市社会网络影响的情况下的总效应可以表述为

总效应＝收入效应＋偏好效应

即

$$x_{31}^* - x_{11}^* = (x_{21}^* - x_{11}^*) + (x_{31}^* - x_{21}^*) \tag{2-15}$$

---

① 对于另一种商品"平常食物"，也会产生类似的总效应，只不过这种总效应有可能是增加的，也可能是不变或减小的。

上面的分析从理论逻辑层面清晰地反映出了新经济社会学关于"经济行为嵌入在社会网络之中，从而社会关系及结构是经济结果的重要原因"的论断。当我们把受到城市社会网络影响的回流农民工纳入农村养老资源的需求方进行经济分析时，我们必须考虑到这种城市社会网络对他们在收入、养老认知层面的理性行为所产生的影响。而事实上，当我们把这种社会影响和经济学的分析工具结合起来以后，可以看到这种影响至少产生了"收入效应"和"偏好效应"这两种效应。这两种效应共同作用，导致了一个重大的经济结果——对于某种商品而言，消费者对它的消费量产生了显著的变化。

2.4　农民工回流条件下农村养老资源供给与需求的静态均衡解析

接下来将从静态比较的角度出发，分析在有农民工回流的条件下，农村养老资源的需求与供给之间的市场均衡状态。首先分析在没有农民工回流时的农村养老资源市场均衡，然后把回流农民工导入市场需求方并对市场均衡状态作进一步的比较分析。值得注意的是，这里假设农民工的回流对市场的影响是"一次性"的。即当他们回到农村养老那一刻起，他们的需求就会导致农村养老资源的总需求"瞬时"发生变化，从这个角度看，这属于一种"静态"①。

2.4.1　不考虑农民工回流因素的农村养老资源市场均衡

根据 2.2.1 建立的市场需求模型，假设：

某养老食物为"老人康养保健品"，价格为 p；市场的范围是某个农村社区；市场的需求主体——未外出务工的农村老人有 n 个；市场的供给主体有 m 个。

---

① 后文将放宽这种假设。因为农民工回到农村之后，他的养老观念和行为将在农村社会形成示范效应，并推动农村其他居民产生从众效应，从而进一步导致农村其他居民对这些养老行为的模仿，这是一个连锁反应，呈现出时间上的动态性特点。后文将把这种动态的实际情况纳入分析之中。

1. 市场对"老人康养保健品"的需求

市场对"老人康养保健品"的需求为

$$Q^d = D(p) = \sum_{i=1}^{n} Q_i^d = \sum_{i=1}^{n} D_i(p) \tag{2-16}$$

其中：

$$Q_i^d = D_i(p), \quad i = 1, 2, \cdots, n \tag{2-17}$$

Q_i^d 表示第 i 个农村老人对这种"老人康养保健品"的需求，对这种商品的需求量随商品的价格上涨而下降。Q^d 表示该农村社区对这种"老人康养保健品"的总需求，在不同的价格水平上有不同的需求量。

2. 市场上"老人康养保健品"的供给

市场上"老人康养保健品"的供给为

$$Q^s = S(p) = \sum_{j=1}^{m} Q_j^s = \sum_{j=1}^{m} S_j(p) \tag{2-18}$$

其中：

$$Q_j^d = S_j(p), \quad j = 1, 2, \cdots, m \tag{2-19}$$

Q_j^s 表示第 j 个生产者对这种"老人康养保健品"的供给，其供给量随这种商品的价格上涨而上涨。Q^s 表示该农村社区中对这种"老人康养保健品"的总供给，在不同的价格水平上有不同的供给量。

3. 市场均衡

在市场规律的作用下，该农村社区市场对这种"老人康养保健品"的供给与需求在某个价格水平 p_E 上达到均衡，此时该社区对这种商品的总需求量与总供给量相等，为 Q_E（见图 2-11）。

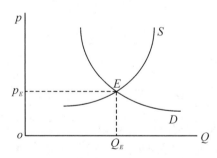

图 2-11　无回流农民工的"老人康养保健品"市场均衡

2.4.2　考虑农民工回流因素的农村养老资源市场均衡

当在外务工的农民工回到农村养老之后，农村养老资源市场的均衡将会被打破，产生供给与需求并不匹配的情况。

从资源的供给层面看：部分养老资源的供给调整周期比较长，比如医疗卫生资源，医院需要一定的建设周期，医疗设施需要相应的采购周期。不仅硬件设施需要一定的投资周期才能形成，软件方面也需要较长的建设周期，如医护人员的引进、培训，能力的提升等。因此，相对于需求的变化速度而言，在养老资源的静态分析中，我们可以认为在一定时期内农村养老资源的供给调整速度比需求的调整速度慢，包括我们上文提到的"老人康养保健品"也可以假设其供给调整的速度比需求的调整速度慢。

从资源的需求层面看：假设在某个时点上，该农村社区外出务工的农民工中有 k 人回流养老，那么这部分回流农民工将首先对既有的农村养老资源的需求产生冲击。具体地，这种冲击又来源于两个方面：一方面是市场中进入了大量的新的需求主体，导致市场需求总量增加；另一方面是这部分新增加的需求主体具有不同的商品需求偏好，会改变原来农村养老资源的需求结构。

1. 农民工回流导致农村养老资源的需求总量增加

由于市场的需求主体由原来的 n 个主体，增加到现在的 $(n+k)$ 个主体，那么对于"老人康养保健品"这种养老食物市场而言，市场的总需求必然会发生变化。

假设没有农民工回流的情况下，原来市场的总需求为

$$Q_1^d = \sum_{i=1}^{n} Q_i^d = \sum_{i=1}^{n} D_i(p) \qquad (2\text{-}20)$$

而当有 k 个农民工回流以后，市场的总需求变为

$$Q_2^d = \sum_{i=1}^{n+k} Q_i^d = \sum_{i=1}^{n+k} D_i(p) \qquad (2\text{-}21)$$

市场的总需求增加了

$$\Delta Q^d = \sum_{i=n+1}^{n+k} Q_i^d = \sum_{i=n+1}^{n+k} D_i(p) \qquad (2\text{-}22)$$

2. 农民工回流导致农村养老资源的需求结构发生变化

由于农民工受到城市社会网络的影响，这部分回流农民工在养老资源的选择上会体现出"收入效应"和"偏好效应"。比如，对于农村的养老食物市场而言，在大量农民工回流农村养老之后，这部分新增加的人对"老人康养保健品"的需求量更大。所以在市场需求主体发生变化后，一些养老商品或服务会较之前出现"超额"需求，从而会导致原来的市场结

构发生变化。

3. 农民工回流会在一定时期内导致农村养老资源的供需失衡

由于农村养老资源的供给调整需要一定的周期，因此可以认为在这个调整周期之内，农村养老资源的供给水平仍然保持原来的均衡供给水平 Q_E。但是，受到农民工回流农村养老的影响，市场的总需求相对原来的均衡需求量发生了变化，增加了

$$\Delta Q^d = \sum_{i=n+1}^{n+k} Q_i^d = \sum_{i=n+1}^{n+k} D_i(p) \tag{2-23}$$

这部分增加的需求在市场无法得到满足，导致市场的供给小于需求，从而打破了市场的均衡。市场均衡的打破从失衡到新的均衡有 2~3 个阶段。

（1）第一阶段：市场需求大于供给导致市场失衡。

如图 2-12 所示，在没有农民工回流的情况下，原来农村社区对"老人康养保健品"的均衡供给与需求量是 Q_{E1}，此时的市场价格为 p_{E1}。当有农民工回流之后，市场的需求曲线由 D_1 向右移动到 D_2，市场的总需求增加为

$$Q_2 = Q_{E1} + \sum_{i=n+1}^{n+k} D_i(p_{E1}) \tag{2-24}$$

也就是说，当市场价格维持原来的均衡价格 p_{E1} 不变，有农民工回流农村养老会导致市场对养老资源的需求大于供给，供需之间的缺口为 $Q_2 - Q_{E1}$，这意味着有一部分人愿意在目前的市场价格水平上消费养老资源，但却无法得到供给，市场处于失衡状态。

（2）第二阶段：市场在更高的价格水平上达到短期均衡①。

由于第一阶段出现了供小于求的市场失衡状态，在竞争机制的作用下，没有购买到"老人康养保健品"的部分老人愿意以更高的价格来购买这种养老资源；随着市场价格的上升，部分生产者会通过增加原材料、劳动力等可变要素的投入来扩大生产，于是市场的交易量从 Q_{E1} 逐渐扩大；当市场价格上升至 p_{E2} 时，市场在短期内达到新的均衡点 E_2，市场上的意愿需求与意愿供给相等为 Q_{E2}（如图 2-12 所示）。

在新的均衡状态下，一方面市场的价格比原来更高；另一方面，尽管市场达到了均衡，但是如果以之前的价格为 p_{E1} 时的意愿消费量 Q_2 为参考

---

① 这里的"短期"是指生产者固定成本（不变成本）不可调整，但可变成本可调整的时期。

的话，仍然有 $Q_2 - Q_{E2}$ 的消费量无法实现。但是，需要认识到的是，从市场自发调节的角度看，均衡点 E_2 才是合理的，它是市场机制发挥作用的结果。因为从图中的供给曲线看，要满足 Q_2 这样的市场消费量可能已经超出了生产者的生产能力了。

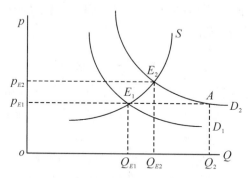

图 2-12　农民工回流条件下的市场均衡

（3）第三阶段：一种可能的市场均衡。

上面从"效率"的角度看，在需求增加的情况下，市场机制的作用，在一个更高的价格水平上使更多的老人能够享受到养老资源的供给是合理的。尽管其符合"效率"原则，但如果从"公平"的原则出发，还是有部分农村老人因为无法支付相应的费用而不能享受到这种养老资源。

从图 2-12 可以看出，市场能够有效发挥作用的范围是有限的（最多达到 Q_{E2}），为了能够让更多的老人以较为合理的价格享受到相应的养老资源，在市场"失灵"的情况下需要政府采取积极的干预措施。通过政府的各种调控手段，一方面可以增加进入养老产业的企业数量来增加市场的供给；另一方面可以降低企业的生产成本或推动企业创新来刺激企业扩大市场供给。

如图 2-13 所示，在政府干预的情况，市场的供给曲线 S 向右移动。在这个过程中，由于市场的供给增加，市场的价格从 p_{E2} 逐渐下降；同时，能够享受到养老资源的人也越来越多，消费量大于 Q_{E2}；当供给曲线移动至 S' 时，市场再次达到新的均衡，市场价格恢复到最初的均衡价格 p_{E1}，包括回流农民工在内的所有农村老人都能够在意愿价格 p_{E1} 的水平上，实现自己的意愿消费量，此时的市场均衡消费量为 Q_2。

进一步地，通过"政府干预+企业的技术创新"等行政干预与市场调控相结合的多种措施，还可以继续推动市场的供给曲线向右移动，以更低的市场价格来满足更多农村老人的养老资源需求。对于某些市场竞争主体不愿意供给的养老资源，政府甚至可以采取"配给"的方式直接提供给那些丧失了经济能力的农村老人，以实现社会的公平正义。

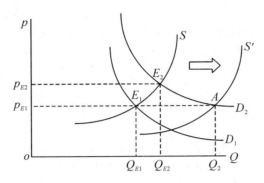

图 2-13　政府干预下的市场均衡

2.5　嵌入社会网络的农村养老资源动态供需均衡分析

上一节仅仅分析了农民工回流条件下，农村养老资源配置的静态供需均衡。本节将从农民工回流以后对农村社区居民产生的动态影响角度出发，建立一个完整的分析框架。

2.5.1　回流农民工养老方式对农村社区养老方式的激励效应

农民工回流农村养老，会因面对一个与他当初外出务工时所不同的社会网络而"重构"自己的社会网络，这种行为也会对他所"嵌入"的社会网络产生影响。这种影响可以从"示范效应"和"从众效应"两个方面产生作用。

1. 回流农民工的养老方式产生了"示范效应"

"示范效应"由美国经济学家 Duesenberry（1949）在其"相对收入"理论中提出①。他认为，一个人的消费支出不仅受到当期收入的影响，同时也受到来自过去及他人收入的相对水平的影响。这种相对收入的影响表现为"棘轮效应"和"示范效应"。"棘轮效应"主要是从消费者自身来

---

① DUESENBERRY J S. Income, saving and the theory of consumer behavior [M]. Cambridge, Mass: Harvard University Press, 1949.

说的，因为消费者的消费习惯具有"惯性"，所以即便消费者的收入下降，消费者过去形成的习惯会阻碍消费者短期消费的下降。"示范效应"则是从消费者外部影响来说的，在"相对收入"理论看来，人们在消费过程中有"模仿"他人和追求相对更高水平的倾向，因此消费者的消费支出会受到周围环境中其他人的消费行为的影响。从社会学角度看，"示范效应"恰恰是人的社会化表现。一个人生活的社会环境与社会条件对于个人的社会化会产生重要的影响。这种外部的影响主要来自邻里社会、同辈群体、工作场所、大众传播媒体等①。

当那些养老认知与养老行为已经发生了改变的农民工回到农村养老之后，这部分群体对农村的居乡群体必然会产生相应的"示范效应"，这种"示范效应"主要来自三个方面。

一是来自回流农民工的"经济示范"。有城市务工经历的农民工获取的是相对更高的"工资性收入"，在农村社区中这部分人的消费代表着一种高水平的消费模式。当他们回到故乡以后，那些未外出过的乡邻、同辈人看到他们这种相对更高品质的养老方式之后，出于对更高水平的养老生活的追求，这些人会做出相应的"模仿"行为。

二是来自回流农民工的"角色示范"。尽管农民工群体是农村社会中的"精英"群体，他们的受教育水平、个人技能水平相对未外出人群而言更高，但是从大的社会阶层分类来看他们仍然属于农村居民，特别是当他们回流农村之后的社会定位更是如此。因此，未外出务工的农村居民观察到这部分回流农民工的养老方式之后，会认为这是"农村老年居民"这种社会"角色"自然而然应该进行的选择。社会学认为"消费"是处于一定的社会阶层的消费者对代表其社会地位的消费标准的认同。既然同为"农村居民"，那么在那些未外出务工的农村老人看来，回流农民工群体对某种养老方式的选择就属于本阶层的标准养老方式。

三是来自回流农民工的"潮流示范"。"潮流"是指人们对他人行为、观念、技术以及大众创新的模仿（Nadeau et al.，1993）②。尽管由于现代通信技术的发展，传统农村社区的信息边界已经被打破，农村居民通过电视、网络、手机等各种现代媒体能够接触到许多新的生活方式，但是毕竟

---

① 吴增基，吴鹏森，苏振芳. 现代社会学［M］. 6版. 上海：上海人民出版社，2018：115.

② NADEAU R，CLOUTIER E，GUAY J H. New evidence about the existence of a Bandwagon effect in the opinion formation process［J］. International political science review，1993，14（2）：203-213.

这种媒体上的生活方式离现实还是有一定的差距的。而回流农民工的类城市居民的养老方式给未外出务工群体提供了一个近距离观察、模仿这种不同于传统的养老方式的机会。在社会心理学看来，社会行为本身就意味着当人们采取相同的理念或者行为模式的时候，某种行为发生的概率会大大增加，比如人们为了与他人相似而加入相同的社交媒体或者听相同类型的音乐（Nedra et al.，2020）①。因此，作为在城市里见过许多"大世面"的回流农民工，他们的养老方式就代表着一种农村养老方式的"潮流"，会受到他的邻里、同辈等人群的模仿。

2. 居乡群体面对新的养老方式的"从众效应"

如果说回流农民工的养老方式会对与他直接接触的邻里、同辈产生"经济示范""角色示范"和"潮流示范"，那么这种激励效应只是其养老方式对农村社区产生的直接效应。按照社会行动的传播过程，除了直接效应之外，还有间接效应，即受回流农民工影响的群体在其行为发生改变之后，会进一步影响与其直接接触的其他人。

"从众效应"是指人们在受到群体压力影响下表现出服从群体或被社会认同的行为方式②。从众是社会生活中的一个基本事实，人们在大多数的时间里都服从于群体或者社会规范。从新经济社会学的立场看，这种群体实际上就是人们结成的社会网络。至于为什么人们要服从这些社会规范，这是因为一方面人们渴望被他人喜欢，所以人们会表现出与所在社会网络中的其他人一致的行为；另一方面人们需要利用他人的意见和行为来判断自己的观点和行为的正确性。正是基于这两个主要的原因，人们会表现出"从众"行为。社会网络的规模越大，行为方式相同的人越多，人们的行为就会越表现出与其他人的一致性。

社会网络的结构也会对人们的"从众"行为产生影响。在各种网络结构中，无标度网络通常被证实为线上用户之间的社会网络的主要特征，小世界网络则被认为是线下用户之间的社会网络的主要特征③。无标度网络

---

① BAHRI-AMMARI N, DAOUDA C, MOHAMED S M. The bandwagon luxury consumption in Tunisian case: The roles of independent and interdependent self concept [J]. Journal of retailing and consumer services, 2020 (52): 101903.

② 巴隆，布兰斯科姆，伯恩. 社会心理学 [M]. 邹智敏，等译. 北京: 机械工业出版社，2011: 218.

③ 李锋，魏莹. 复杂网络对羊群效应现象影响的仿真研究 [J]. 系统仿真学报，2021 (3): 539-553.

是复杂社会网络的一种形态，这种网络结构的特点是"度"呈现幂律分布，即在这种社会网络中极少部分节点与其他节点存在大量的连结，大部分节点的联结却很少。而小世界网络也是复杂网络形态，只是它的节点大部分都不与其他节点邻接，但是却有大量的"捷径"存在。即它是局部"聚类"的，但在整体上是稀疏的①。李峰和魏莹的研究显示，无标度特征的社会网络能够显著地引起决策者群体的从众效应现象；而小世界网络由于网络平均聚类系数较大，网络容易出现分块或者社团在一定程度上会抑制"从众"效应。但是，该研究又发现，如果增加小世界网络内部节点的"重连概率"，那么小世界网络将会趋近于"E-R随机网络"，其"从众"效应将会表现得十分明显。

前文分析过，近年来随着经济社会的发展，农村社区的边界正在不断被打破与重组，这种重组也将引起新的农村居民的"从众效应"。首先，农村社区的行政边界被快速推进的城镇化进程所打破，"撤村并居"的大规模实施，使得原来规模相对较小的自然村落合并为更大规模的定居点。"撤村并居"工程的实施，也改变了农村社会的社会网络结构，增加了网络内部节点"重连概率"——大量散居的并不熟悉的农村居民在"并居"的过程中，经历了互不认识—认识—熟悉的过程。经过村民之间不断"重连"迭代演化，部分回流农民工的养老认知与行为由于整个社会网络的"从众效应"而逐渐扩散。其次，村庄信息边界的突破则为部分农村居民进入"线上无标度网络"创造了条件。随着农村移动互联网基础设施条件的完善，农村互联网用户不断扩大，有部分农村老人开始使用移动通信网络，这部分老人在"线上无标度网络"中也会产生"从众效应"，接受新的养老认知与行为。

2.5.2　农民工回流条件下农村养老资源动态供需均衡分析

从上文的分析知道，农民工在回流农村养老那一刻，就会导致某些养老商品或服务的需求增加。所以从数量上看，这种需求的增加是阶跃式的扩大而非连续增长。即对于市场来说，他们回流所产生的消费者数量增加是一次性的；在当前价格水平上，所增加的商品需求量也是一次性的。

---

① 斯科特，卡林顿.社会网络分析手册 [M].刘军，刘辉，等译.重庆：重庆大学出版社，2018：88.

但是，就受到回流农民工养老认知与行为影响的未外出农村居民群体来说，他们受到激励，然后做出"跟随"的决策却是一个连续不断的持续过程。也就是说，不停有未外出务工的农村居民产生与回流农民工相类似的对某种养老商品的偏好并产生相应的需求。在需求不断发生改变的情况下，市场的均衡也会不断地进行调整，这是一个持续进行的动态过程。该过程可以分解为如下的时段：

1. $t_0 \sim t_1$ 时段

这个时段为农民工回流之初到居乡群体尚未表现出对新的养老行为做出跟随决策的这段时间。在这个时间段内，对农村养老资源市场产生冲击的主要是农民工回流所导致的需求增加。从经济学上看，此期间属于"短期"。这种"短期"体现在两个方面：一是市场的供给方还不能调整商品生产的不变要素投入，只能通过调整短期的可变要素投入来提高产量；二是居乡群体还处于对回流农民工新的养老方式的观察期，由于人的意识的改变比较缓慢，从观察到新的养老方式到自己实际模仿这种方式需要一定的过程。

图 2-14 表示了这个时段中，某养老商品（仍以"老人康养保健品"为例）在某农村市场中从最初的均衡状态到新的均衡建立的过程。

t_0 时刻：左图表示 t_0 时刻该养老商品的初始均衡状态，此时该市场对这种养老商品的需求量与供给量在价格水平为 p_{E1} 的时候相等，均为 Q_{E1}。

$t_0 \sim t_1$ 时段：在 t_0 时刻有 k 个农民工从城市回流农村养老，市场的需求曲线由 D_1 向右上方移动为 D_2。在"收入效应"与"偏好效应"的共同作用下，在价格水平为 p_{E1} 时，该市场上对该商品的需求量由 Q_{E1} 增加为 Q_2。

由于需求大于供给，市场均衡状态被打破。在竞争机制的作用下，有支付能力的消费者会适当提高购买价格，而部分缺乏支付能力的消费者会选择退出；而供给方看到价格信号之后，将适当增加可变生产要素的投入以生产更多的这种商品。但是，因为价格水平并不足够高，所以仍然有部分有支付能力的消费者的需求无法得到满足，他们将进一步提高购买价格，价格上涨之后，又有部分生产者增加可变生产要素的投入，导致更多的商品进入市场……

这一过程将持续进行下去，直到 t_1 时刻，市场价格达到 p_{E2}。此时，有购买意愿且有支付能力的所有消费者的意愿购买量之和为 Q_{E2}，而在这个价格水平上，所有生产者愿意提供的商品量之和也是 Q_{E2}，市场达到新的均衡点 E_2。$t_0 \sim t_1$ 的整个过程，市场一直处于动态调整的过程之中，直到达到新的均衡点 E_2，这个过程中的均衡点只有 E_1 和 E_2。

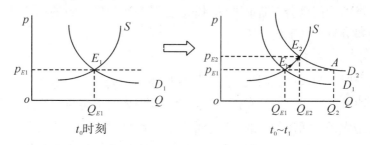

图 2-14　短期市场均衡的调整

2. $t_1 \sim t_2$ 时段

图 2-15 中的左图表示 t_1 时刻，农民工回流养老导致需求曲线向右上方移动，但是供给曲线因生产者无法调整不变投入要素而只能通过调整可变投入要素增加供给，并达到短期均衡点 E_2 时的情况。在 t_1 时刻之后，需求曲线和供给曲线均可以移动。

（1）假设只有需求曲线移动。

如果未外出务工的农村居民调整养老认知和行为的速度快于生产者调整不变投入要素的速度，那么就可以假设只有需求曲线移动。需求曲线移动是回流农民工对未外出务工的农村居民产生的"激励效应"所致。经过 $t_0 \sim t_1$ 时段的观察，未外出务工的农村居民开始模仿和"跟随"回流农民工的养老方式。由于消费者的偏好发生了改变，市场的总需求曲线继续向右上方移动至 D_3。假设此时生产者还是不能调整其不变投入要素，那么在市场机制的作用下，市场的均衡点将由 E_2 调整到 E_3，在更高的价格水平 p_{E3} 上达成均衡。

与 $t_0 \sim t_1$ 时段所不同的是，$t_1 \sim t_2$ 时段中需求曲线从 D_2 移动到新的需求曲线是一个连续的过程。即未外出务工的农村居民对该养老商品的偏好增加是可微的，是时间 t 的连续函数。在供给曲线的 E_2 点之上的任何位置都可以形成短期均衡。

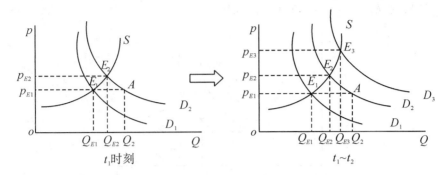

图 2-15 市场均衡的动态调整（只有需求曲线移动）

（2）假设只有供给曲线移动。

如果生产者调整不变投入要素的速度快于未外出务工居民调整养老认知和行为的速度，那么就可以假设只有供给曲线移动（见图 2-16）。供给曲线的移动是因为生产者可以调整其不变投入要素（除此之外，也可能是生产技术有了进步，或者生产成本下降等原因）。当供给曲线由 S 移动至 S' 时，由于供给增加，在市场机制的作用下，市场在低于 p_{E2} 的价格水平（p_{E4}）上达成均衡，市场的交易量为 Q_{E4}。

同样的道理，$t_1 \sim t_2$ 时段供给曲线从 S 移动至新的供给曲线也是一个连续的过程。因为新的供给函数也是时间 t 的连续函数，对于 t 来说是可微的。即需求曲线 D_2 上的 E_2 点之右的任何位置都可以形成短期均衡。

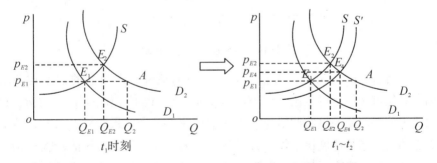

图 2-16 市场均衡的动态调整（只有供给曲线移动）

3. $t_2 \sim t_3$ 时段

经过了 $t_1 \sim t_2$ 时段的需求曲线或供给曲线的单方面移动之后，在 $t_2 \sim t_3$ 时段中无论是需求曲线还是供给曲线均可以发生移动。如图 2-17 所示，需求曲线可以进一步由 D_2 移动至 D_3，而供给曲线也可以由 S' 移动至 S''，

并在 E_5 或 E_6，甚至 A 点达到新的均衡。

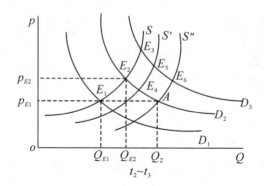

图 2-17　市场均衡的动态调整（需求与供给曲线均可移动）

实际上，由于需求曲线与供给曲线的动态调整，在均衡点 E_2 以及供给曲线 S 之右与需求曲线 D_2 之上所形成的阴影区域中的任何一个点上，都有可能达成均衡。如图 2-18 所示。

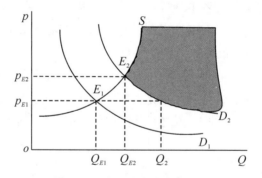

图 2-18　市场动态均衡的区域

在所有新的均衡点，为农村老人提供的该种养老商品的数量均会增加，只是市场价格可能比 t_0 时刻的价格 p_{E1} 高，也可能比 p_{E1} 低。均衡价格取决于养老商品的供给调整与需求调整的速度差。如果农村老人对该养老商品的需求增长速度快于供给方增加产能的速度，那么市场的均衡价格就会上涨。如果既要增加养老商品的供给数量，又要保障养老商品的价格处于一个合理的水平，那么就必须在需求增加的同时通过各种手段推动生产者也相应提高供给能力。

2.5.3　理论分析结论

1. 农村老人的养老需求具有多层次性

对于老年人口来说，在安度晚年的时候，能够满足不同需求层次的养老资源可能包括：能够保障自己日常生活的衣、食、住、行等所需的物资；在自己生病的时候能够为自己提供医疗保障的各类服务；生活要安定、要有一定的财产为自己的老年生活提供经济层面的保障；要有亲情、友情等情感层面的抚慰；能够得到别人的尊重，而不是受到嫌弃；对有的老人来说，能够为社会多做贡献、发挥自己的余热也是一种非常重要的需求。作为农村老人个体，在面对上述各种养老资源的时候，需求的多层次性会导致不同个体对养老资源存在不同的偏好。

2. 农村老人在预算约束下实现养老资源消费的效用最大化

农村老人消费养老资源的过程其实是在预算约束下，追求尽可能多地获取商品，以实现自己的效用最大化的过程。在财富水平一定、商品价格不变的条件下，他的最优消费组合一定处于这样一种状态——各种商品的边际替代率恰好等于各种商品的价格之比。在财富水平、偏好、其他商品价格均保持不变的条件下，当某种商品的价格发生变化时，他一定会改变这种商品的消费量，以使自己的效用最大。一般而言，他对某种商品的消费量会随着该商品价格的下降而增加。即他对某种商品的需求曲线是一条向右下方倾斜的曲线。

3. 农村养老资源市场供给方在利润最大化的目标下进行生产

对于农村养老资源的生产者来说，利润越大越好。在成本既定的条件下，要实现利润最大化，则需要总收益最大。在市场价格一定的条件，利润最大化问题转化为产量的最大化；在产量和产品价格既定的情况下，利润最大化问题转化为成本的最小化。当各种投入品的边际技术替代率等于各自的价格之比时，生产者达到利润最大化的目标，生产者达到均衡状态。在其他条件不变的情况下，随着产出品的价格变化，企业会沿着生产扩展线调整均衡产量。通常，当产出品的价格上升，生产者提供的产品产量也会相应增加。

4. 城市务工经历会从偏好与收入两个方面改变回流农民工的消费者均衡

对于一个具有外出务工经历的农民工而言，无论他是否真正地融入了城市，他在城市务工的过程中都会重构其社会网络。这种"嵌入"城市社会网络中的生活经历会改变回流农民工的养老认知，同时也会提高他们的收入水平。一方面，回流农民工养老认知的变化将引起养老需求层次的变化，并通过改变回流农民工的偏好而影响其对养老产品或服务的消费量，这种效应为"偏好效应"；另一方面，回流农民工的平均收入水平高于居乡人群，其预算约束更加宽松，面对同样的养老产品或服务能够消费更多，这种效应为"收入效应"。偏好效应与收入效应共同形成了"总效应"。

5. 农民工回流农村养老将导致农村养老资源总量与结构的供需失衡

由于部分养老资源的供给调整周期比较长，在某个时点上，如果农村社区外出务工的农民工中有部分人员回流养老，那么这部分回流农民工将对既有的农村养老资源的供求关系产生冲击。一是导致同一种养老资源的需求大于供给，二是导致不同种类的养老资源的需求比例发生变化。在市场价格机制的作用下，农村养老资源会在一定时期内出现价格上涨，并对部分农村老人产生"挤出效应"。

6. 农村养老资源的供需均衡是一种动态均衡

农民工回流农村养老也会对他所"嵌入"的农村社会网络产生影响。一方面，这种影响来自回流农民工养老认知与养老行为对其他农村居民发出的"示范效应"。回流农民工的养老方式会对与他直接接触的邻里、同辈产生"经济示范""角色示范"和"潮流示范"，这种示范效应是其养老方式对农村社区产生的直接效应。另一方面，回流农民工的养老认知和行为还可以通过农村社区居民之间的"从众效应"间接地在农村社会传播。在示范效应与从众效应的推动下，农村未外出务工的居民会对回流农民工的养老认知与行为做出"跟随"决策。这种"跟随"过程会随着传播范围的逐渐扩展而表现出持续动态调整的特点。在需求不断发生变化的同时，供给也必须做出相应的变化，才能达成供需之间的新的均衡。新的均衡价格可能上升，但也可能下降。

7. 政府的干预与调控是保障农村养老资源合理配置的重要条件

为保障养老资源市场的供需均衡，需要政府加强干预与调控，推动养老资源供给持续、健康增长。从养老资源的性质上看，有的养老资源既具有排他性，也具有竞争性，这类产品与服务可以完全通过市场来调节。但有的养老资源并不具有排他性，或者竞争性。对于这类产品，一方面，竞争性的市场主体并不愿意提供，另一方面家庭可能也没有能力提供，这部分产品与服务就需要政府提供。

对于市场可以提供的产品，随着农村经济社会的发展以及外出务工的农民工不断回流农村养老，在一段时期内可能会出现"短缺"，在供求关系的作用下价格会上涨，并将部分没有支付能力的老人挤出养老资源市场。为了维护社会的公平、正义，政府必须采取必要的干预与调控措施来维持养老资源市场的健康运行。一是采取相应的激励机制，比如通过降低企业承担的税负、费用等形式降低各类企业、机构等经营主体的成本，鼓励这些市场主体在技术、管理上创新，推动养老市场总供给不断扩大；二是采取严格的监管机制，保障市场健康运行。农村养老市场的健康发展，直接关系到农村老人的生活幸福，不能任由具有市场强势力量的经营主体通过不正当的竞争手段危害到消费者以及其他合法经营的市场主体的合法权益。

对于市场不愿提供的公共类养老产品与服务，政府应该承担起相应的供给责任。一是加大社会救助、救济的力度，为农村无人赡养、没有生活来源和丧失劳动能力的孤寡老人、残疾老人直接提供养老保障，守住社会公平底线；二是建立和完善普享型的养老金制度，保障农村老人最基本的生存所需；三是加大农村养老基础设施、医疗设施等公共产品的政府投资力度，为家庭及市场扩大养老资源的供给提供基础性的支撑。

3 劳务输出大省人口老龄化特征及农村养老资源现状

20世纪80年代左右,中国的第一代农民工离开家乡,进城从事非农生产,为改革开放事业做出了重大贡献。然而由于制度障碍,进城农民工并没有同等享受到城市居民享有的包括养老保障等在内的社会福利政策,很大一部分农民工在城市奉献了青春后并不能留在城市,只能选择回乡养老。劳务输出大省是主要的劳务输出地,长期处于大规模的劳务输出状态,青壮年的不断流出和即将到来的第一代农民工"返乡潮"的双重作用加剧了其农村老龄化程度,也对其农村养老资源的供给能力提出了挑战。

3.1 劳务输出大省的界定及人口老龄化特征

工业化速度较慢、经济发展较为落后的地区,往往是劳务输出的主要地区,而经济发展水平、人口迁移等又是影响人口老龄化的重要因素,因此劳务输出大省在人口老龄化上存在着某些比较明显的特征。劳务输出大省由于经济发展水平均较低、人口变迁特点类似,故而在讨论人口老龄化特征时可以将其看作一个整体进行研究。本节在界定了劳务输出大省后,还结合历史数据,通过城乡对比、个体与总体对比等维度梳理了劳务输出大省人口老龄化特征。

3.1.1 劳务输出大省的界定

受数据统计口径以及发布情况的限制,本书以2021年为时间节点,根据国家及各省（自治区、直辖市）统计年鉴、《国民经济和社会发展公报》、《人力资源和社会保障事业发展统计公报》、《农民工监测调查报告》等相关公开数据，并参考已有的研究[①]，将劳务输出数量较多的河南省、四川省、安徽省、湖南省、广西壮族自治区、湖北省、江西省、贵州省、重庆市、陕西省10个省（自治区、直辖市）界定为劳务输出大省（见表3-1）。

表3-1　2021年主要劳务输出大省劳务输出情况　　单位：万人

省份	农村劳动力转移就业人数	外出务工人数[②]
河南	3 134.33	1 878.36
四川	2 613.08	1 137.6
安徽	1 981.3	1 311.1
湖南[③]	1 874.09	1 068.23
广西	1 302.0	886.0
湖北	1 075.19	—
江西	1 027.85	635.89
贵州	897.63	588.38
重庆	756.3	513.6
陕西[④]	702.3	—

---

①　胡俊波. 劳务输出大省扶持农民工返乡创业研究：制度困境与政策选择 [M]. 北京：科学出版社，2015：84.

梁志民，朱再昱，谢春明. 劳务输出大省农村劳动力流向变动国内外研究文献综述及评价 [J]. 新疆财经大学学报，2011 (3)：26-30.

邹玉友. 劳务输出大省农民工返乡创业影响因素研究 [D/OL]. 哈尔滨：东北农业大学，2014 [2020-12-27]. https://nxgp.cnki.net/kcms/detail? v = 3uoqIhG8C475KOm _ zrgu4lQARvep2SAkbl4wwVeJ9RmnJRGnwiiNVvRpIkwq6Lv0FpD1CowCUQpRp4QE4hxhhQtplUZqIg0R&uniplatform = NZKPT.

最高辉，蔡琪. 适应中国老龄化现状的产业结构调整研究：基于动态面板数据模型与面板数据联立方程模型 [J]. 调研世界，2017 (6)：10.

②　对此处的外出务工人数的数据说明：受限于各省市统计口径的不同，河南、四川、湖北、江西、贵州的外出务工人数为省外输出人数，安徽、湖南、广西、重庆、陕西的外出务工人数指在户籍所在乡镇地域外从业的农民工人数。

③　以第三季度增幅和省内省外占比估算。参见：湖南省人力资源和社会保障厅. 2021年农民工工作有关情况分析 [EB/OL]. [2023-04-23]. http://rst.hunan.gov.cn/ztzl/c100919/c100923/202111/t20211130_21181543.html.

④　2021年陕西人社交出靓丽成绩单 全年城镇新增就业44.56万人 [EB/OL]. [2023-04-23]. https://www.xiancn.com/content/2022-02/21/content_6489572.htm.

不难发现，劳务输出大省均位于中、西部地区①。根据国家统计局公布的《2021年农民工监测报告》，2021年我国农民工总量为29 251万人，其中到乡镇外就业的外出农民工17 172万人。在外出农民工中跨省流动7 130万人，省内就业10 042万人，省外输出占比约41.52%，省内流动占比58.48%。

根据表3-2，按照输出地进行划分，中、西部地区是主要的劳务输出地，中、西部劳务输出人数占总的外出务工人数的69.31%，其中中、西部跨省输出的务工人数占总的跨省输出人数的87.62%，中西部省内流动人数占总的省内流动人数的56.31%，这也与我们前面界定的劳务输出大省的分布区域相吻合。具体来说，外出农民工中跨省流动占比最高的是中部地区（56.61%），其次是西部地区（47.81%），之后为东北地区（28.86%）和东部地区（15.1%）。而外出农民工中省内流动占比最高的是东部地区（84.9%），其次为东北地区（71.14%），然后是西部地区（52.19%）和中部地区（43.39%）。

表3-2　2021年外出农民工地区分布情况

地区	外出农民工总量及构成			
	跨省流动人数/万人	跨省流动占比/%	省内流动人数/万人	省内流动占比/%
东部地区	700	15.1	3 936	84.9
中部地区	3 578	56.61	2 742	43.39
西部地区	2 669	47.81	2 913	52.19
东北地区	183	28.86	451	71.14
全国	7 130	41.52	10 042	58.48

数据来源：《2021年农民工监测调查报告》。

①　东部地区包括北京、天津、河北、上海、江苏、浙江、福建、山东、广东、海南10个省（市）。
中部地区包括山西、安徽、江西、河南、湖北、湖南6个省。
西部地区包括内蒙古、广西、重庆、四川、贵州、云南、西藏、陕西、甘肃、青海、宁夏、新疆12个省（自治区、直辖市）。
东北地区包括辽宁、吉林、黑龙江3个省。

3.1.2　劳务输出大省人口老龄化特征[①]

1. 老龄化的城乡倒置现象突出

发达国家人口老龄化的发展历程表明，城市人口老龄化水平一般高于农村；而我国与之相反，在农村经济发展水平还远低于城镇的情况下，农村的人口老龄化水平却高于城镇。全国老龄办发布的《中国人口老龄化发展趋势预测报告》的数据显示，我国的人口老龄化城乡倒置现象显著，这种现象将一直持续到2040年[②]。而劳务输出大省因常年向外输出青壮年劳动力，这一现象将表现得更为明显。

首先，从绝对数量上来看（见图3-1），劳务输出大省的农村老年人口[③]多于城镇老年人口且两者之间的差距大于全国水平。从2000—2021年的数据来看，无论是全国还是劳务输出大省，虽然老年人口中，在农村的老年人口数量逐渐减少，但仍旧大于在城市的老年人口。在图3-1中表现为农村老年人口占比曲线向右下倾斜，但仍旧位于城市老年人口占比曲线的上方。在2010年之前劳务输出大省与全国水平未表现出明显差别，2010年之后，劳务输出大省老年人口中生活在农村的老年人口占总的老年人口的比例开始高于全国水平。从全国层面来看，2016年开始，城镇老年人口数量开始超过农村老年人口。而劳务输出大省农村老年人口仍旧多于城镇老年人口。到2021年，劳务输出大省农村老年人口达到4 449万，占劳务输出大省老年人口的52.33%，仍旧超过一半。

其次，从老龄化程度来看，劳务输出大省农村人口老年系数[④]（65岁及以上人口占农村总人口的比例）大于城镇，表现出城乡倒置的现象。根据图3-2，劳务输出大省2000—2021年城镇人口老年系数从5.97%增加到11.87%，每年平均增加约0.28个百分点，农村人口老年系数从7.23%增

---

① 本节涉及的人口数据均为常住人口。

② 全国老龄工作委员会办公室. 中国人口老龄化发展趋势预测研究报告 [N]. 中国社会报，2006-02-27 (6).

③ 本节根据历史发布数据（包括《中国人口统计年鉴》《中国人口和就业统计年鉴》《人口普查数据》）梳理劳务输出大省的人口老龄化特征，受统计口径的限制，分省数据只能得到65岁及以上人口的相关数据。

④ 老年系数又称老年人口比重，即60岁或65岁以上人口占总人口比重，通常表示某区域人口老龄化程度，本书以65岁及以上人口占总人口比重来计算该指数。

加到 19.95%，每年平均增加约 0.61 个百分点，农村人口老龄化程度年平均增速约是城镇的 2.18 倍。

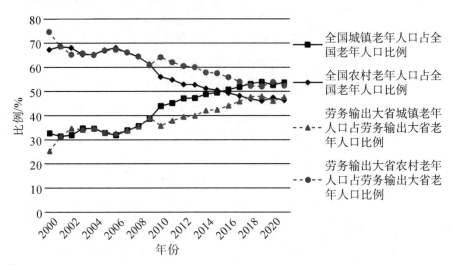

图 3-1　全国（劳务输出大省）老年人口在城镇（农村）的分布①

　　从图 3-2 还可以直观地发现，与全国水平相比，自 2005 年开始，劳务输出大省农村人口老年系数开始超过全国农村人口老年系数，2005 年全国农村人口老年系数为 9.06%，劳务输出大省农村人口老年系数为 9.77%，比全国水平高 0.71%，这一趋势一直持续到 2017 年。到 2018 年，全国农村人口老年系数（14.42%）略高于劳务输出大省农村人口老年系数（14.37%）。2019 年劳务输出大省农村人口老年系数为 15.53%，全国农村人口老年系数为 15.41%，劳务输出大省农村人口老年系数又开始高于全国农村水平。从总体视角分析，2000—2021 年劳务输出大省人口老年系数也高于全国人口老年系数，老龄化程度更高。

　　总之，无论是从总体、城镇，还是乡村老龄化情况来看，劳务输出大省的老龄化问题均表现出更为严峻的趋势，且城乡倒置现象突出。

---

　　① 数据说明：2000—2005 年数据来自 2001—2006 年《中国人口统计年鉴》，其中 2000 年人口数据为第五次人口普查推算数，其余年份人口数据为年度人口抽样调查推算数据。2006—2018 年数据来自 2007—2021 年《中国人口和就业统计年鉴》，其中 2010、2020 年人口数据分别为第六、第七次人口普查数据推算，其余年份人口数据为年度人口抽样调查推算数据。

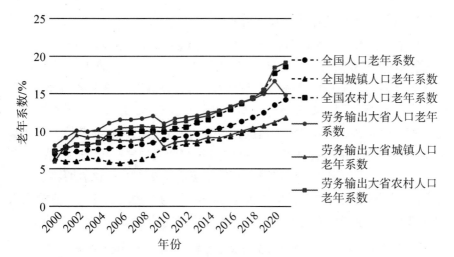

图 3-2　全国（劳务输出大省）老年系数变化情况

数据来源：《中国人口统计年鉴》、《中国人口和就业统计年鉴》、《中国统计年鉴》、相关省（自治区、直辖市）统计年鉴。

2. 老龄化速度快于全国平均水平

根据图 3-2 的数据，劳务输出大省 2000—2010 年人口老年系数从 8.08% 增加到 11.02%，每年平均增加 0.29 个百分点。2011—2021 年人口老年系数从 11.67% 增加到 14.81%，每年平均增加 0.31 个百分点。随着时间的推移，人口老龄化速度越来越快。

取 2000 年和 2020 年的两次人口普查数据来分析（见表 3-3），劳务输出大省 2000—2020 年总体、城镇、农村三个层面人口老龄化程度的增加速度均比全国快。就农村老龄化程度来说 2000—2020 年全国农村老年系数从 7.35% 增加到 17.72%，每年平均增加 1.04 个百分点，而劳务输出大省 2000—2020 年农村老年系数从 7.23% 增加到 18.49%，每年平均增加 1.13 个百分点，老年系数每年平均比全国多增加 0.9 个百分点。

表 3-3　2000—2020 年全国（劳务输出大省）老年系数年平均增长速度

单位：%

年份	全国			劳务输出大省		
	总体	城镇	农村	总体	城镇	农村
2000	6.96	6.28	7.35	8.08	5.97	7.23
2020	13.50	11.12	17.72	16.67	11.22	18.49
每年平均增长	0.65	0.48	1.04	0.98	0.52	1.13

3. 人口老龄化速度高于人口增速

根据相关人口普查数据和抽样人口调查数据推算（见表 3-4），上文界定的 10 个劳务输出大省 2000 年人口合计 46 938 万人，2021 年人口合计 57 392 万人，年平均增长率为 0.96%①。而劳务输出大省 2000 年 65 岁及以上人口 3 794 万人，2021 年 65 岁及以上人口 8 503 万人，年平均增长率为 3.92%，远远高于人口增长速度，这表明劳务输出大省的老龄人口增长会不断加快。此外在农村人口年平均增长率为负（-2.46%）的情况下，劳务输出大省农村老年人口年平均增长率仍高达 2.17%，这表明将来一段时期内劳务输出大省农村人口老龄化问题将更为严峻。此外，劳务输出大省城镇人口中也同样明显表现出人口老龄化速度高于人口增速的特点。

表 3-4　2000—2021 年劳务输出大省（老年）人口增长情况

年份	劳务输出大省人口数量/万人			劳务输出大省老年人口数量/万人		
	总体	城镇	农村	总体	城镇	农村
2000	46 938	16 092	39 175	3 794	961	2 833
2021	57 392	34 159	23 233	8 503	4 053	4 449
年平均增长率/%	0.96	3.65	-2.46	3.92	7.09	2.17

4. 老龄化水平超前于经济发展水平

发达国家是在国民生产总值达到相当高水平的情况下出现的人口老龄化问题，其社会养老体系已经发展得相当完善了。在 65 岁及以上老年人口比重达到 7.0% 时，这些国家人均国内生产总值已经达到了 5 000~10 000 美元，是"先富后老"或"富老同步"。而我国 2001 年 65 岁及以上人口超过 7.0%，进入老龄化社会，当时人均国内生产总值仅为 800 美元②，远低于发达国家进入人口老龄化阶段时的经济发展水平，属于"未富先老"。劳务输出大省的情况则更甚。如前文所述，10 个劳务输出大省均位于中、西部地区，经济发展水平较低。根据表 3-5，2021 年除湖北省和重庆市以外，其余省份人均地区生产总值在 31 个省份（除港、澳、台）中的排名均排在 10 位之后，且低于全国人均地区生产总值（81 370 元）。

---

① 年平均增长率 =（$\sqrt[N]{\text{末年老年人口} / \text{首年老年人口}} - 1$）× 100%。

② 霍志刚. 吉林省农村人口老龄化和养老保障研究 [D/OL]. 长春：吉林大学，2012：31 [2021-01-01]. https://kns. cnki. net/KCMS/detail/detail. aspx? dbcode = CDFD&dbname = CD-FD1214&filename = 1013118174. nh&v = Mjk2MjllZHRGaURoVTcvQVZGjZIYks1RnRETHE1RWJQSVI4ZVgxTHV4WVM3RGgxVDNxVDFRXTTFGckVNVUjd1Zlk=.

受此影响，一方面，劳务输出大省将面临更为严峻的人口老龄化问题，尤其是这些省份的农村发展更为落后，农村养老保障体系不健全，应对人口老龄化能力更弱；另一方面，由于农村青壮年人口外出务工，代际居住分离动摇了家庭照料的基础，外出子女价值观变化淡化了"养儿防老"观念，家庭养老的功能呈现出弱化趋势①。此外，劳务输出大省同样面临着城乡养老保障体系"二元"结构所导致的城乡养老保障统筹"转轨"成本高、农村养老保障产品长期供给不足、市场化参与力量相对缺失、农村养老保障多元主体供给体系难以有效构建等多方面的困境②。因此，劳务输出大省特别是其农村地区在经济发展还较为落后的阶段要应对提前到来的人口老龄化问题将会面临更大的挑战。

表 3-5　31 个省份及全国 2021 年人均生产总值　　　单位：元

序号	省份	人均地区生产总值	序号	省份	人均地区生产总值
1	北京市	183 980	17	山西省	64 821
2	上海市	173 630	18	四川省	64 326
3	江苏省	137 039	19	海南省	63 707
4	福建省	116 939	20	宁夏回族自治区	62 549
5	天津市	113 732	21	新疆维吾尔自治区	61 725
6	浙江省	113 032	22	河南省	59 410
7	广东省	98 285	23	云南省	57 686
8	重庆市	86 879	24	西藏自治区	56 831
9	湖北省	86 416	25	青海省	56 398
10	内蒙古自治区	85 422	26	吉林省	55 450
11	山东省	81 727	27	河北省	54 172
12	陕西省	75 360	28	贵州省	50 808
13	安徽省	70 321	29	广西壮族自治区	49 206
14	湖南省	69 440	30	黑龙江省	47 266
15	江西省	65 560	31	甘肃省	41 046
16	辽宁省	65 026		全国	81 370

数据来源：国家统计局网站。

---

① 陈书伟，王智新. 农村居家养老创新发展研究：基于传统家庭养老功能弱化的背景 [J]. 石家庄学院学报，2020 (12)：87-91.

常亚轻，黄健元. 农村"养儿防老"模式何以陷入窘境？[J]. 理论月刊，2019 (3)：138-144.

② 牛文涛，姜润鸽. 新中国 70 年的农村养老保障：历史演进与现实困境 [J]. 农业经济问题，2020 (2)：61-62.

3.2 劳务输出大省农村养老资源现状

我国城乡发展不平衡，农村经济发展落后，支撑养老保障的各类资源积累微薄，位于中、西部的劳务输出大省更是如此。20 世纪 60 年代出生的第一代农民工当前年龄在 60 岁左右，劳动能力下降，即将面临退休，除了少部分较高层次人才留在城市外，大部分都要返乡养老①。而劳务输出大省作为主要的劳务输出地将承担较为严峻的回流农民工养老资源供给压力。

一般来说，养老保障包括经济保障，生活服务保障，医疗保障，精神慰藉，文化、权益保障等方面的内容②，按照各种保障资源的基本属性，本书将其归纳为财力资源、人力资源、物质资源三个方面。秉承系统性、可操作性和代表性原则，结合数据的可获得性以及养老保障各个方面的内容，本书选取以下指标来描述劳务输出大省的农村养老资源现状：财力资源、人力资源、物质资源。财力资源是养老保障的经济基础，是维持老人基本生存的重要来源保障。本书选取农村人均可支配收入、农村最低生活保障和养老基金来代表农村老年人主要的经济来源。本书所指的养老保障的人力资源是指能够为老年人提供生活照料、医疗等基本服务的人员或组织机构。本书选取了乡村医生和卫生人员、农村养老机构、社区服务中心、社区服务站、社区养老照料机构和设施③等指标来反映人力资源的情况。物质资源是指满足老年人基本生活和医疗等服务需求的硬件设施。本书选取了村卫生室、农村养老床位数、农村医疗机构床位数、社区互助型养老设施④等指标来反映物质资源保障情况（见表 3-6）。

---

① 唐瑕苓，郑菊，杨颖，等. 第一代农民工返乡养老问题研究综述 [J]. 南方农业，2020，14 (3)：104.

② 张东红. 中国农村养老保障体系研究 [J]. 财经理论研究，2014 (3)：41.

③ 社区养老照料机构和设施是指在社区建立的、为社区老年人提供日间或留宿照料服务的小型养老机构或者设施，也归属于养老组织，因而本书将其放在人力资源指标一栏中。

④ 社区互助型养老设施是给老人提供互助养老的场所和设施，不配备专职人员，因此归到物质资源更为合理。

表 3-6　劳务输出大省农村养老资源现状描述指标体系

类别	变量	单位
财力资源	农村人均可支配收入	元/(年·人)
	农村最低生活保障	元/(年·人)
	养老基金	元/(年·人)
人力资源	乡村医生和卫生人员	人/千人
	农村养老机构	个
	社区服务中心	个
	社区服务站	个
	社区养老照料机构和设施	个
物质资源	村卫生室	个
	农村养老床位数	张
	农村医疗机构床位数	张
	社区互助型养老设施	个

3.2.1　财力资源现状

1. 农村居民人均可支配收入增长较快但水平较低

居民可支配收入指居民可用于最终消费支出和储蓄的总和，是居民可以用于自由支配的收入，在一定程度上反映了某个区域的居民生活水平。如图 3-3 所示，柱形为劳务输出大省总体、城镇、农村的人均可支配收入，曲线为全国总体、城镇、农村的人均可支配收入，可以很直观地看出，全国的人均可支配收入曲线均在劳务输出大省对应指标的上方。表明劳务输出大省总体、城镇、农村的人均可支配收入均低于全国对应的平均水平。根据表 3-7，2021 年全国农村居民人均可支配收入为 18 931 元，劳务输出大省农村居民人均可支配收入为 17 078.2 元，比全国低 1 852.8 元。

但也应该看到，就人均可支配收入的平均增长速度而言，劳务输出大省的总体、城镇以及农村居民人均可支配收入的年平均增长率均高于全国平均水平。2013—2021 年劳务输出大省农村居民人均可支配收入年平均增长率为 9.39%，比全国（9.10%）高 0.29 个百分点。这表明位于中、西部地区的劳务输出大省居民生活水平虽较低，但具备一定的后发优势。

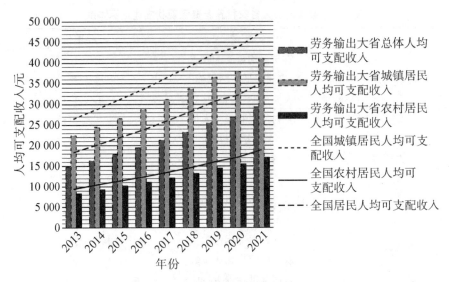

图3-3 全国（劳务输出大省）分城乡人均可支配收入（2013—2021年）①

数据来源：国家统计局网站。

表3-7 劳务输出大省与全国人均可支配收入对比

年份	全国人均可支配收入/元			劳务输出大省人均可支配收入/元		
	总体	城镇	农村	总体	城镇	农村
2013	18 310.76	26 467	9 429.59	14 727.16	22 455.56	8 328.45
2021	35 128	47 412	18 931	29 332.1	41 033.3	17 078.2
年平均增长率/%	8.48	7.56	9.10	8.99	7.83	9.39

2. 农村居民最低生活保障制度亟须向老人倾斜

农村居民最低生活保障制度（以下简称"农村低保"）是指地方政府为家庭人均纯收入低于当地最低生活保障标准的农村贫困群众，按照最低生活保障标准，提供维持其基本生活的物质帮助。农村低保是解决我国农村贫困人口生存问题的基础性机制，虽然2020年我国已经取得了全面脱贫的胜利，基本解决了绝对贫困问题，农村贫困发生率不断降低，但是老年人的相对贫困问题却逐渐凸显。

一般来说，农村老年贫困发生率明显比其他人群的贫困发生率高。

---

① 从2013年起，国家统计局开展了城乡一体化住户收支与生活状况调查，2013年及以后数据来源于此项调查，与2013年前的分城镇和农村住户调查的调查范围、调查方法、指标口径有所不同。

2013 年全国贫困发生率约 7.0%，农村老年人口的贫困发生率约 10.0%，如果按照世界银行 3.10 美元/天的标准测量，2013 年中国农村老年贫困发生率接近 20.0%①。此外，中、西部地区的农村老年贫困发生率也高于东部地区，2013 年西部地区农村老年贫困发生率为 13.76%，中部为 10.45%，东部为 4.5%②。而如前文所述，位于中、西部的劳务输出大省农村老龄化程度高于全国平均水平，且即将面临第一代农民工大规模返乡养老带来的压力，降低农村老年群体贫困发生率的任务将更为繁重。农村最低生活保障制度作为兜底性政策，对于解决无力自给养老群体的养老问题，降低贫困发生率具有重要意义。

四川省的数据反映了这一问题。四川省作为典型的劳务输出大省，农村低保覆盖人口中老年人口所占的比例逐年升高，2009 年为 37.11%，2021 年为 41.32%，增长了 4.21 个百分点。从绝对数量看，2009—2014 年农村低保覆盖人群中老年群体的数量逐年增加，但在 2015—2019 年却逐年减少，2020 年相对 2019 年增加了 6.07 万人，2021 年相对 2020 年又减少了 4.12 万人。从相对数量看，2009—2016 年农村低保覆盖的老年人数占农村低保覆盖人数的比例逐年增加，2017—2020 年这一比例逐年递减（见表 3-8），2021 年又有所增加。因此，面对越来越严峻的老龄化趋势，农村低保还需进一步向老年人口倾斜，以保障老年人口的基本生活，降低老年人口贫困发生率。

表 3-8 劳务输出大省四川省农村低保覆盖人群中老年人口数量

年份	低保覆盖人数/万人	低保覆盖老年人数/万人	占比/%
2009	396.54	147.14	37.11
2010	394.47	160.93	40.80
2011	425.10	173.77	40.88
2012	434.48	182.59	42.03
2013	439.46	187.85	42.75
2014	425.33	186.18	43.77
2015	405.47	183.21	45.18

① 白增博，汪三贵，周园翔. 相对贫困视域下农村老年贫困治理 [J]. 南京农业大学学报（社会科学版），2020，20（4）：69.
李实. 中国农村老年贫困：挑战与机遇 [J]. 社会治理，2019（6）：17.
② 李实. 中国农村老年贫困：挑战与机遇 [J]. 社会治理，2019（6）：19.

表3-8(续)

年份	低保覆盖人数/万人	低保覆盖老年人数/万人	占比/%
2016	356.68	164.63	46.16
2017	366.31	160.84	43.91
2018	339.92	146.74	43.17
2019	353.75	146.64	41.45
2020	373.28	152.71	40.91
2021	359.56	148.59	41.32

数据来源：2022年《四川统计年鉴》。

3. 农村居民养老基金积累不足

改革开放以来，我国农村养老保险制度经历了老农保、新农保、城乡居民保等发展阶段，农村养老体系从单一主导转向多元并用，养老保障体系趋于完善。2014年开始，新农保和城居保两项制度合并实施，建立了统一的城乡居民基本养老保险制度，将"年满16周岁（不含在校学生），非国家机关和事业单位工作人员及不属于职工基本养老保险制度覆盖范围的城乡居民"纳入参保范围，参保人在户籍所在地缴纳养老保险。但是与机关事业单位养老保险、城镇职工基本养老保险等其他保险制度相比，农村养老保障水平依旧处于较低的水平。2021年，城镇离退休职工领取的基本养老金为3 577.4元/月，而同期农村老年人领取的基本养老金为人均190.94元/月，不及城镇离退休职工养老金的1/18①。

根据表3-9，除实际领取人数、基金支出、人均支出外，劳务输出大省城乡居民基本养老保险基金的参保人数、基金收入、累计结余等指标的年平均增长率均略高于全国平均水平，养老保险制度发展态势良好。然而养老保险积累不足的问题仍旧存在，人均支出仍低于全国平均水平，2021年劳务输出大省养老保险基金人均支出1 796.58元，比全国水平低494.75元。且按照当前的收支标准，劳务输出大省农村居民养老保险收入不能覆盖老龄人口基本生存需要，表现为农村居民人均养老保险收入远远低于农村居民人均食品消费支出（见图3-4）。

---

① 参照何文炯（2019）的计算方法用2019年的数据计算所得，具体见：何文炯. 中国社会保障：从快速扩展到高质量发展 [J]. 中国人口科学，2019（1）：6.

表 3-9 劳务输出大省与全国城乡居民基本养老保险基金情况

年份	全国						劳务输出大省					
	参保人数/万人	实际领取人数/万人	基金收入/亿元	基金支出/亿元	人均支出/元	累计结余/亿元	参保人数/万人	实际领取人数/万人	基金收入/亿元	基金支出/亿元	人均支出/元	累计结余/亿元
2014	50 107.5	14 312.7	2 310.2	1 571.2	1 097.77	3 844.6	24 645.6	6 871.8	884.9	592.5	862.22	1 381.2
2015	50 472.2	14 800.3	2 854.6	2 116.7	1 430.17	4 592.3	24 813.3	7 069.3	1 140.9	842.6	1 191.91	1 684.3
2016	50 847.1	15 270.3	2 933.3	2 150.5	1 408.29	5 385.2	25 071.7	7 245.0	1 140.7	820.5	1 132.51	2 005.7
2017	51 255.0	15 597.9	3 304.2	2 372.2	1 520.85	6 317.6	25 318.4	7 376.1	1 307.9	892.6	1 210.12	2 421.0
2018	52 391.7	15 898.1	3 837.7	2 905.5	1 827.58	7 250.3	25 918.2	7 480.9	1 565.3	1 149.3	1 536.31	2 836.9
2019	53 266.0	16 031.9	4 107.0	3 114.3	1 942.56	8 249.2	26 482.7	7 460.7	1 649.6	1 190.1	1 595.16	3 296.3
202	54 243.8	16 068.2	4 852.9	3 355.1	2 088.04	9 758.6	27 182.1	7 426.6	1 830.9	1 243.3	1 674.12	3 883.7
2021	54 797.4	16 213.3	5 338.6	3 715.0	2 291.33	11 396.4	27 607.1	7 533.2	2 088.1	1 353.4	1 796.58	4 618.3
年平均增长率/%	1.29	1.80	12.71	13.08	11.08	16.79	1.63	1.32	13.05	12.52	11.06	18.82

数据来源：国家统计局网站。

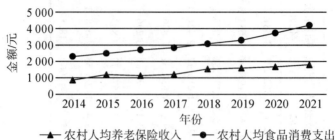

图 3-4　劳务输出大省人均养老保险收入与人均食品消费支出①

数据来源:《中国农村统计年鉴》。

3.2.2　人力资源现状

1. 乡村医生和卫生员数逐年减少

由于职业认同度偏低、工资待遇偏低、新生力量补充不足等问题,我国乡村医生呈现总数减少、老龄化等趋势,以及存在整体素质偏低、医疗纠纷不断等问题②。根据表 3-10,劳务输出大省农村居民每千人拥有的乡村医生和卫生员人数呈现逐年下降的总体趋势。2010—2015 年略有增长,2010 年每千人拥有 1.66 名乡村医生和卫生人员,2015 年增加到 1.78,2016 年保持不变,随后逐年降低,2021 年农村居民每千人拥有的乡村医生和卫生人员仅为 1.41 名。

表 3-10　劳务输出大省乡村医生和卫生员人数

年份	乡村医生和卫生人员数 /万人	每千人拥有的乡村医生和 卫生人员数/人
2010	52.31	1.66
2011	53.99	1.76
2012	52.54	1.75
2013	51.72	1.76
2014	50.70	1.77

---

① 劳务输出大省的数据为各个劳务输出大省的平均数据,因统计口径不同,2014—2018 年安徽及 2014—2021 年江西、重庆、贵州三省(市)的农村人均食品和烟酒支出无法分离,因此本书计算时用这四个省(市)的农村人均食品和烟酒支出减去全国农村人均烟酒支出估算得到相应的人均食品消费支出。

② 唐瑕苓,郑菊,杨颖,等.第一代农民工返乡养老问题研究综述 [J].南方农业,2020,14 (3):104-107.

表3-10(续)

年份	乡村医生和卫生人员数 /万人	每千人拥有的乡村医生和卫生人员数/人
2015	49.53	1.78
2016	47.91	1.78
2017	46.38	1.77
2018	43.48	1.71
2019	40.61	1.65
2020	38.24	1.61
2021	32.67	1.41

注：①数据来源：国家统计局网站。②每千人拥有的乡村医生和卫生员人数 =（乡村医生和卫生员人数/人口数）×1 000。人口数系常住人口。

2. 农村养老机构呈减少趋势

农村养老机构是指在编办、民政或者市场监管部门办理了登记注册的手续，为老年人提供24小时集中居住的照料服务机构，包括农村特困人员救助供养机构、光荣院、养老公寓等①。

根据表3-11，与全国拥有的农村养老机构相比，劳务输出大省平均每个养老机构的职工数较少，2021年劳务输出大省平均每个农村养老机构有职工6.28人，比全国水平少1.18人。一定程度上反映了劳务输出大省农村养老机构服务能力略低于全国平均水平。而从总量来看，全国农村养老机构2015—2018年逐年递减，2019—2021年逐年递增。劳务输出大省农村养老机构2015—2017年逐年减少，2018—2021年逐年增加。

---

① 受限于统计口径，2015—2017年的数据为农村养老机构相关数据，2018年开始《中国民政统计年鉴》不再单独统计农村养老机构的数量，将养老机构分为社会福利院（主要收养城市中无亲属子女赡养、无生活来源、无劳动能力的孤老、孤儿和残疾人）、特困人员救助供养机构［为农村特困老年人等提供24小时集中居住和收留抚养照料服务的办理了注册登记、拥有统一社会信用代码的机构，包括农村敬老院、五保之家、托老所、镇养老（福利）服务中心等］、其他各类养老机构（除以上两种机构外，在编办、市场监管部门办理了登记注册手续，为老年人提供24小时集中居住和照料服务的机构）。其他各类养老机构无法区分城乡数量，且对照相应年份的《中国农村统计年鉴》，农村养老机构统计数量正是特困人员救助供养机构数量，因此2018年开始，农村养老机构的数据以特困人员救助供养机构的数据表示。后文的社区服务中心、社区服务站、社区养老照料机构和设施、社区互助型养老设施的数据只能获取2015—2018年的数据。此处还要说明的一点是，除社区互助型养老设施本书界定为物质资源外，以上机构或组织都属于农村养老性服务机构，但是这里所说的农村养老机构区别其他类型的养老服务机构，指的是传统的24小时集中居住的照料服务机构，而其他类型的养老服务机构可以认为是社区养老、居家养老等新型养老模式出现后的配套机构。

表 3-11 劳务输出大省农村养老机构情况

	全国			劳务输出大省		
	机构数量 /个	职工数 /人	平均职工数 /人	数量 /个	职工数 /人	平均职工数 /人
2015	15 587	109 350	7.02	8 012	40 631	5.07
2016	15 398	112 246	7.29	8 101	42 867	5.29
2017	15 006	117 516	7.83	7 747	45 200	5.83
2018	13 885	100 415	7.23	7 849	46 720	5.95
2019	15 932	109 175	6.85	9 646	58 645	6.08
2020	17 153	123 028	7.17	10 685	67 378	6.31
2021	17 292	129 049	7.46	10 615	66 621	6.28

数据来源:《中国民政统计年鉴》。

3. 农村社区服务中心发展速度较快且养老功能逐渐突出

社区服务中心是指建设在乡、镇、街道层面,以"一站式"服务为特点的社区服务中心,街道办事处及社区组织依托社区服务中心。组织开展就业服务和职业培训、社区救助、社区治安、社区卫生和计划生育、社区环境和文化、教育、体育等公共服务。

根据表 3-12,与全国相比,劳务输出大省社区服务中心的各项指标2015—2021 年的年平均增长率均明显较高,增长速度较快。且农村社区服务中心数量增加速度较快,2015—2021 年劳务输出大省农村社区服务中心年平均增长率为 11.91%,比全国农村高 5.53 个百分点。

表 3-12 劳务输出大省社区服务中心数量

年份	全国			劳务输出大省		
	总体 /个	职工数 /人	农村 /个	总体 /个	职工数 /人	农村 /个
2015	24 138	147 284	8 392	7 344	41 561	2 119
2016	23 493	145 570	8 182	7 786	43 438	2 291
2017	25 015	162 447	9 582	8 387	47 381	2 678
2018	27 635	163 887	11 431	9 381	49 989	3 385
2019	27 489	217 337	11 209	9 370	57 603	3 462
2020	27 835	195 999	11 944	10 961	69 168	4 725
2021	28 892	221 281	12 941	10 800	69 877	4 659
年平均增长率/%	2.60	5.99	6.38	5.66	7.70	11.91

数据来源:《中国民政统计年鉴》。

此外，从劳务输出大省社区服务中心职工数来看（见表 3-13），虽然总量逐年增加，但是平均每个服务中心的职工数在 2015—2018 年逐年减少，2019—2021 年又逐年增加。与全国水平相比，劳务输出大省平均每个社区服务中心职工配备数量较少。

表 3-13　劳务输出大省每个社区服务中心职工配备数量　　单位：人

年份	全国	劳务输出大省
2015	6.10	5.66
2016	6.20	5.58
2017	6.49	5.65
2018	5.93	5.33
2019	7.91	6.15
2020	7.04	6.31
2021	7.66	6.47

4. 农村社区服务站数量缓慢增加

社区服务站是指在社区层面，建设功能为社区居家养老服务，重点发展面向老年人及其家庭的商品递送、医疗保健、家庭保洁、日间照料、陪伴等服务的设施和综合性、多功能的社区服务站。

根据表 3-14，与全国相比，2015—2021 年劳务输出大省社区服务站总体数量年平均增长率略高，为 26.41%，比全国高 1.52 个百分点；职工数增长率略低，为 28.65%，比全国低 1.71 个百分点；农村社区服务站数量年增长率较低，为 34.53%，比全国低 0.22 个百分点。

表 3-14　劳务输出大省社区服务站数量

年份	全国			劳务输出大省		
	总体/个	职工数/人	农村/个	总体/个	职工数/人	农村/个
2015	128 083	522 047	62 892	44 395	183 318	23 318
2016	137 533	556 093	71 756	46 468	192 725	23 390
2017	142 823	592 509	75 128	47 870	199 165	23 398
2018	148 779	615 578	80 608	52 082	210 934	26 846
2019	224 986	946 226	140 017	106 222	472 475	70 507
2020	420 552	1 812 659	318 058	175 417	788 822	132 778
2021	485 964	2 184 588	376 479	181 172	831 249	138 253
年平均增长率/%	24.89	26.94	34.75	26.41	28.65	34.53

数据来源：《中国民政统计年鉴》。

从职工数量来看（见表3-15），劳务输出大省平均每个社区服务站的职工数与全国没有显著差异，2015—2017年、2019—2021年略高于全国，但是2018年有所减少，每个社区服务站为4.05人，比上一年减少0.11人，且低于全国的4.14人。

表3-15　劳务输出大省每个社区服务站职工配备数量　　　单位：人

年份	全国	劳务输出大省
2015	4.08	4.13
2016	4.04	4.15
2017	4.15	4.16
2018	4.14	4.05
2019	4.21	4.45
2020	4.31	4.50
2021	4.50	4.59

5. 农村社区养老照料机构和设施发展速度较慢

社区养老照料机构和设施是指在社区建立的、为社区老年人提供日间或留宿照料服务的小型养老机构或者设施。虽然从数量上来看，劳务输出大省农村社区照料设施有所增长（2018年较2017年有所减少，2020年较2019年增幅较大），但年平均增长率低于全国平均水平（见表3-16）。

表3-16　劳务输出大省社区照料机构和设施

年份	全国			劳务输出大省		
	总体/个	职工数/人	农村/个	总体/个	职工数/人	农村/个
2015	26 067	122 218	16 493	11 309	49 705	7 816
2016	34 924	156 252	21 809	14 307	56 530	9 064
2017	43 212	172 015	27 005	16 518	61 077	10 054
2018	44 558	165 586	26 404	15 700	51 285	8 546
2019	63 618	214 721	33 805	19 729	55 533	9 009
2020	109 306	325 977	58 448	38 302	110 977	18 330
2021	117 843	324 373	59 129	44 147	118 460	19 590
年平均增长率/%	28.59	17.67	23.71	25.48	15.57	16.55

数据来源：《中国民政统计年鉴》。

从机构职工数量来看，2015—2021年劳务输出大省平均每个社区养老机构职工配备数量逐年减少且低于全国平均水平（2019年除外）（见

表 3-17）。未来如果社区养老需求逐渐增加的话，可能会存在人员配备不足的问题。

表 3-17　劳务输出大省平均每个社区养老照料机构职工配备数量

单位：人

年份	全国	劳务输出大省
2015	4.69	4.40
2016	4.47	3.95
2017	3.98	3.70
2018	3.72	3.27
2019	3.38	2.81
2020	2.98	2.90
2021	2.75	2.68

3.2.3　物质资源现状

1. 村卫生室绝对数量减少但相对数量增加

根据统计数据，劳务输出大省村卫生室总体绝对数量逐年减少，2010年为 308 163 个，2021 年 283 737 个，减少了 24 426 个。而从相对数量来看，每千人村卫生室数量逐年增加，2010 年每千人拥有不到 1 个村卫生室，到 2021 年，每千人可供使用的村卫生室数量达到了 1.22 个。结合我国实际国情和农情，造成这一现象的原因可能有两点：一方面行政村合并等因素，使得村卫生室总量减少；另一方面随着城镇化步伐的推进和农村劳务输出，农村常住人口逐年减少，使得相对数量增加。

表 3-18　劳务输出大省村卫生室数量　　　　单位：个

年份	村卫生室个数	每千人村卫生室数量
2010	308 163	0.98
2011	317 435	1.03
2012	311 051	1.03
2013	308 735	1.05
2014	308 234	1.08
2015	307 641	1.11
2016	305 848	1.13

表3-18(续)

年份	村卫生室个数	每千人村卫生室数量
2017	301 805	1. 15
2018	295 999	1. 17
2019	292 703	1. 19
2020	287 914	1. 21
2021	283 737	1. 22

注：①数据来源：国家统计局网站。②每千人村卫生室数量=（村卫生室数量/人口数）×1 000。人口数系常住人口。

2. 农村养老床位数低于全国农村平均水平

根据统计数据，劳务输出大省 2019 年农村各类养老床位数达到1 489 396 张（见表3-19）。2018年相对2017年减少数量较大，主要是因为农村养老机构和社区养老照料机构减少较多。根据上文分析，2017年劳务输出大省农村养老机构和社区养老照料机构均减少，追溯当时的政策背景，2017 年民政部开展养老院服务专项建设行动，淘汰了部分不合标准的机构和设施，可能是造成相关机构或者床位减少的原因①。

表 3-19　劳务输出大省农村养老床位数②　　　　　　　　单位：张

年份	农村养老机构	社区服务中心	社区服务站	社区养老照料机构	社区互助型养老设施	合计
2015	817 699	12 892	30 962	547 542	189 306	1 598 401
2016	841 341	14 577	33 340	552 982	206 160	1 648 400
2017	823 173	16 185	34 949	527 103	227 833	1 629 243
2018	816 134	16 037	39 040	324 943	256 908	1 453 062
2019	947 020	15 179	45 831	168 167	313 199	1 489 396

注：①数据来源：《中国民政统计年鉴》。②社区服务中心、社区服务站、社区养老照料机构、社区互助型养老设施床位是指提供日间照料床位数和留宿照料床位数。

根据表3-20，劳务输出大省农村常住老年人口每千人养老床位数略低于全国平均水平，2019 年为 39. 01 张，比全国少 2. 39 张。

----

① 民政部.关于开展养老院服务质量建设专项行动的通知［EB/OL］.(2017-03-22)［2021-06-30］. http://www.mca.gov.cn/article/gk/wj/201704/20170415004225.shtml.

② 《中国民政统计年鉴》从 2020 年起未统计社区服务中心和社区服务站的床位数。

表 3-20　劳务输出大省农村常住老年人口每千人养老床位数　单位：张

年份	全国	劳务输出大省
2015	47.31	45.23
2016	49.41	46.02
2017	49.09	44.75
2018	42.46	40.06
2019	41.40	39.01

注：每千人养老床位数＝（养老床位数/农村常住老年人口）×1 000。老年人口指 65 岁及以上老年人口。

3. 农村医疗机构床位数稳步增加

根据统计数据（见表 3-21）劳务输出大省农村每千常住人口医疗机构床位数从 2014 年开始，略高于全国农村水平，然而劳务输出大省未来要面临更为严峻的返乡养老压力，回流人口会对现有的资源形成较大的冲击，后文将会详细介绍。

表 3-21　劳务输出大省农村每千常住人口医疗机构床位数　单位：张

年份	全国	劳务输出大省
2011	4.13	3.83
2012	4.69	4.46
2013	5.20	5.09
2014	5.63	5.65
2015	6.09	6.22
2016	6.55	6.74
2017	7.22	7.46
2018	7.88	8.23
2019	8.47	8.92
2020	9.02	9.57
2021	8.99	9.61
年平均增长率/%	8.09	9.63

注：①数据来源：《中国民政统计年鉴》。②每千常住人口医疗机构床位＝（医疗机构床位数/人口数）×1 000。人口数系常住人口。

4. 农村社区互助型养老设施占比较大

社区互助型养老设施是指依托村（居）委会办的微型的五保村、五保家园、幸福院等互助型养老设施，没有专职服务人员，不是注册登记的独立机构，以相互帮助为主，提供少量床位，可以住宿、不以营利为目的，为老年人、残疾人、烈军属等社区居民提供互助养老服务。

根据统计数据（见表3-22），可以明显地看出目前社区互助型养老设施大部分分布在农村地区，2021年，劳务输出大省社区互助型养老设施分布在农村的有68 239个，占总体的89.23%，一定程度上反映了农村地区对社区互助养老的需求较大，农村地区养老模式也更加多元。

表3-22　劳务输出大省社区互助型养老设施　　　　单位：个

年份	全国		劳务输出大省	
	总体	农村	总体	农村
2015	62 027	55 517	26 043	23 593
2016	76 374	70 857	29 409	26 281
2017	82 648	75 395	33 079	29 402
2018	82 648	75 395	33 079	29 402
2019	101 276	90 276	42 816	38 303
2020	147 485	132 618	78 731	69 855
2021	147 735	133 677	76 476	68 239
年平均增长率/%	15.56	15.77	19.67	19.36

数据来源：《中国民政统计年鉴》。

2015—2021年劳务输出大省农村社区互助型养老设施数量逐年增加，尤其是2020年增幅较大。劳务输出大省总体及农村的社区互助型养老设施数量年平均增长率高于全国平均水平。2015—2021年劳务输出大省农村社区互助型养老设施年平均增长率为19.36%，比全国农村年平均增长率高3.59个百分点。

综上，劳务输出大省经济发展水平均较低，劳动力变化与迁移存在相似性，因此本节将10个劳务输出大省看作一个整体，对其农村养老资源现状进行了描述分析，可以较为直观地看到劳务输出大省农村养老资源在财力资源、人力资源、物质资源等方面均发展较慢，积累相对不足。同时也面临着城乡养老资源差距大、相关专业技术人员储备不足、养老保障体系有待完善等共性问题。首先，在财力资源方面，劳务输出大省农村财力资源积累明显不足，具体表现为居民人均可支配收入、人均养老基金支出均低于全国农村平均水平，低保覆盖老年群体的比例有待提高等。其次，在人力资源方面，表现出多元化发展的趋势，新型养老模式逐渐在农村兴起，但仍旧有很大的发展空间。表现为乡村医生和卫生员人数逐年减少，养老组织开始多元化发展，传统的 24 小时照料制养老机构开始减少，居家养老、社区养老等新型养老模式开始发展起来，但是职工配备水平还较低，人才储备不足。最后，在物质资源方面，以农村常住人口计算的物质资源配置与全国农村平均水平差距较小，部分指标略高于全国农村平均水平，表现为每千人村卫生室数量、农村医疗机构床位数、农村社区互助型养老设施均有所增加。其中农村养老床位数低于全国农村平均水平，农村医疗机构床位数略高于全国农村平均水平。而劳务输出大省的特殊性在于在外务工人数较多，面对第一代农民工返乡潮的到来，所有的资源短缺或其他问题都会在现有的基础上进一步放大，这也是本书关注的最重要的问题，后文将会定量分析农民工回流对养老资源的冲击效应。

3.3　劳务输出大省农村人口老龄化趋势

正如前文所述，我国已经进入老龄化社会，预测未来老龄人口变化趋势能够为国家或者地区制定相应政策提供重要的依据。本节将对全国、劳务输出大省和劳务输出大省的典型代表——四川省农村老龄人口变化趋势进行预测，并比较三者之间老龄化变化趋势的异同。

3.3.1　预测方法

目前关于人口预测的方法较为丰富，田飞（2011）将其归纳为数学方法（灰色模型、BP 神经网络技术等）、统计学方法（Logistic 回归模型、时间序列法等）和人口学方法（单因素法、队列要素法或年龄移算法等）三大类[1][2]。其中数学方法和统计方法由于只考虑历史数据进行单变量预测，预测结果并不理想。而人口学方法基于人口平衡方程，同时考虑了生育、死亡、迁移等对人口数量产生主要影响的因素，预测精度较高。年龄移算法也是当前常用人口预测软件 PADIS-INT、CPPS、People 等软件预测

---

①　田飞. 人口预测方法体系研究 [J]. 安徽大学学报（哲学社会科学版），2011, 35 (5)：151-156.

②　蒋远营. 基于年龄移算法的人口预测 [J]. 统计与决策，2012 (13)：82-84.

人口数据的基本方法[①]。

人口平衡方程是人口学中反映人口数量变化及其影响因素的方程，基本构成如下：

$$p^t = p^0 + b - d + i - e \qquad (3-1)$$

其中，p^t 为 t 年人口数；p^0 为基年人口数；b 为基年到 t 年出生人口数；d 为基年到 t 年死亡人口数；i 为基年到 t 年迁入人口数；e 为基年到 t 年迁出人口数。

年龄移算法模型的基本表达式为

$$n P_{t2}(x + n) = n P_{t1}(x) \times (1 - m_{t1}(x)) \qquad (3-2)$$

其中，$n P_{t1}(x)$ 表示 $t1$ 时刻 $x \sim x + n$ 岁人口数；$n P_{t2}(x + n)$ 表示 $t2$ 时刻 $x + n \sim x + 2n$ 岁人口数；$m_{t1}(x)$ 为 $t1$ 时期 $x \sim x + n$ 年龄组死亡率。n 为年龄组长度，基于数据的可获得性，本书以五岁为一组进行预测[②]。

本节将以 2020 年第七次全国人口普查数据为基期数据，对全国、劳务输出大省、四川省的农村老龄人口的绝对数进行预测，以便后文计算农民工回流后对农村养老资源的冲击。由于本书只预测 2040 年之前老龄人口的变化趋势，而 2040 年 60 岁及以上的人口在 2020 年已经出生（2020 年 40 岁及以上的人口到 2040 年龄为 60 岁及以上），故不考虑生育因素，只考虑人口死亡和迁移因素。

3.3.2　参数设定

1. 数据来源

本书以 2020 年第七次全国人口普查数据为基期数据，采用年龄移算法，以五年为一个预测期[③]，进行人口预测。2020 年全国、劳务输出大省及四川省农村 40~44 岁、45~49 岁……95~99 岁、100 岁及以上分年龄、分性别的常住人口数据如表 3-23 所示。

---

① 由于本书只预测农村老年人口数据，不涉及生育因素，预测较为简单，不使用软件也可实现相关预测，故在此使用了最基本的预测原理进行推算预测，后文将详细展开论述预测过程。

② 普查数据中除了全国数据，省（区、市）地区的人口数量、年龄别人口均为五岁组人口。

③ 基期数据、死亡率和迁移率等基础数据均为五岁组数据，无法获得单岁组相关数据。

表 3-23　2020 年全国、劳务输出大省、四川省农村分年龄、分性别人口

单位：人

年龄	全国		劳务输出大省		四川	
	男	女	男	女	男	女
40~44 岁	15 046 746	13 485 723	6 514 612	5 869 702	941 186	855 268
45~49 岁	20 813 054	19 568 001	9 636 524	9 018 799	1 758 411	1 648 062
50~54 岁	24 646 626	23 934 193	11 214 135	11 074 078	1 869 977	1 779 855
55~59 岁	20 950 572	20 452 804	9 370 459	9 216 949	1 412 173	1 329 404
60~64 岁	15 924 093	15 079 325	6 791 394	6 344 463	1 038 191	915 798
65~69 岁	17 198 776	17 079 286	8 150 081	8 049 360	1 482 350	1 445 852
70~74 岁	11 949 728	12 145 815	5 877 245	5 894 729	1 068 423	1 029 802
75~79 岁	7 362 435	7 945 364	3 787 760	4 075 280	720 863	747 357
80~84 岁	4 315 466	5 211 833	2 164 445	2 622 515	398 256	453 885
85~89 岁	1 992 630	3 034 986	961 621	1 462 256	171 923	234 325
90~94 岁	580 439	1 104 614	274 415	519 986	57 730	91 125
95~99 岁	112 711	263 233	51 975	125 013	11 276	20 973
100 岁及以上	14 664	40 896	6 150	19 996	1 262	3 136

2. 死亡水平

根据 2020 年七普数据，全国、劳务输出大省及四川省农村人口死亡率如表 3-24 所示。

表 3-24　2020 年全国、劳务输出大省、四川省农村分年龄、分性别死亡率①

年龄	全国		劳务输出大省		四川	
	男	女	男	女	男	女
40~44 岁	0.003 120 0	0.001 220 0	0.003 560 6	0.001 387 2	0.003 418 5	0.001 499 0
45~49 岁	0.004 160 0	0.001 740 0	0.004 672 5	0.001 975 4	0.004 387 5	0.001 854 4
50~54 岁	0.005 680 0	0.002 560 0	0.006 072 7	0.002 722 8	0.006 121 9	0.002 666 9
55~59 岁	0.008 000 0	0.003 710 0	0.007 802 6	0.003 595 9	0.007 993 8	0.003 472 2
60~64 岁	0.012 300 0	0.006 130 0	0.013 193 8	0.006 472 7	0.014 257 2	0.006 495 6
65~69 岁	0.017 680 0	0.009 820 0	0.017 256 9	0.009 490 8	0.016 684 3	0.008 818 0
70~74 岁	0.028 460 0	0.017 650 0	0.026 794 0	0.016 450 3	0.024 539 3	0.015 094 0
75~79 岁	0.047 700 0	0.032 860 0	0.044 646 6	0.030 693 9	0.039 938 7	0.027 673 3
80~84 岁	0.081 910 0	0.060 910 0	0.074 265 7	0.056 496 2	0.063 011 4	0.050 194 4

---

①　全国数据从普查数据中直接获得，各省份农村人口分年龄分性别、死亡率普查数据未直接列出，根据死亡人口推算获得。

表3-24(续)

年龄	全国		劳务输出大省		四川	
	男	女	男	女	男	女
85~89 岁	0. 128 440 0	0. 101 200 0	0. 115 304 7	0. 092 810 5	0. 102 337 5	0. 084 104 8
90~94 岁	0. 190 010 0	0. 164 010 0	0. 158 307 1	0. 139 829 6	0. 135 847 7	0. 127 610 2
95~99 岁	0. 226 800 0	0. 219 330 0	0. 189 040 2	0. 181 715 0	0. 163 817 0	0. 169 256 3
100 岁及以上	0. 224 660 0	0. 258 650 0	0. 209 737 3	0. 220 917 3	0. 196 498 7	0. 216 915 4

注：劳务输出大省数据计算方式为将劳务输出大省看作一个整体区域，横向加总相应的分年龄、分性别人口及死亡人口，再计算死亡率。

根据相关研究，我国人口年龄别死亡率已经处于比较稳定的水平（杨光辉，2005）[①]。Vinovskis 和 Coale、Keyfitz 等人的研究也表明，虽然随着技术进步和医疗水平的提高，死亡率会逐渐降低，但是这种变化对人口稳定分布的影响很小[②]。童玉芬等（2014）以六普死亡率为基础，并假设其在预测期保持不变，对我国城乡 2010—2050 年的老年人口做了预测[③]。因此，借鉴已有的研究成果及思路，本书做人口预测时也假定在 2020—2040 年，全国、劳务输出大省、四川省农村人口的年龄别死亡率保持 2020 年的死亡率水平不变。

3. 迁移水平

与发达国家相比，我国城镇化水平依旧较低，农村向城市的人口迁移现象仍旧突出。因此，在做农村相关人口预测时，必须要考虑乡—城人口迁移因素。有学者测算 2000—2010 年我国乡城迁移人口每年大约增加 1 200 万[④]。可见乡—城人口迁移对农村人口总量和年龄结构都有较大的影响。一般来说各个年龄阶段的迁移率存在差异，青壮年群体迁移率较高，幼年及老年群体迁移率较低，故而乡—城人口迁移会影响农村的人口年龄

① 杨光辉. 中国人口老龄化的发展趋势与特点 [J]. 中国人口科学, 2005 (S1): 156.

② VINOVSKIS M A, COALE A J. The growth and structure of human populations: a mathematical investigation [J]. Journal of interdisciplinary history, 1972, 5 (2): 319.

KEYFITZ N. Applied mathematical demography [J]. John Wiley & Sons New York N, 1977, 34 (1): 16.

③ 童玉芬, 李玉梅, 刘传奇. 我国城镇化进程中的城乡人口老龄化趋势及政策启示 [J]. 人口与经济, 2014 (6): 12-21.

④ 童玉芬, 李玉梅, 刘传奇. 我国城镇化进程中的城乡人口老龄化趋势及政策启示 [J]. 人口与经济, 2014 (6): 15.

结构，加深人口老龄化程度①。

本书基于 2010 年第六次人口普查数据和 2020 年第七次人口普查数据，计算 2010—2020 年 40~44 岁、45~49 岁……95~99 岁、100 岁及以上分年龄、分性别的农村人口迁移率。首先，以六普数据为基期数据，只考虑人口自然增长情况下（本书不做整体人口预测，故只考虑死亡因素即可），采用年龄移算法计算，2010 年 40~44 岁、45~49 岁……95~99 岁、100 岁及以上人口自然死亡后到 2020 年剩下的人口数量。然后，用预测值减去真实值所得的差值即为 2010—2020 年乡—城转移人口。最后，用计算所得的乡—城转移人口除以 2010 年对应的年龄组人数，即得到对应年龄组的乡—城人口迁移率。借鉴已有的人口预测研究②，本书同样也假定该迁移率在预测期保持不变。计算结果见表 3-25。

表 3-25　2010—2020 年全国、劳务输出大省、四川省农村分年龄、分性别乡—城人口迁移率

年龄	全国		劳务输出大省		四川	
	男	女	男	女	男	女
40~44 岁	0. 166 526 2	0. 192 498 2	0. 183 074 4	0. 204 265 6	0. 143 123 0	0. 189 976 0
45~49 岁	0. 150 777 3	0. 188 931 5	0. 160 814 7	0. 198 781 1	0. 125 412 0	0. 190 505 8
50~54 岁	0. 146 902 8	0. 184 811 5	0. 144 489 0	0. 197 324 4	0. 102 284 0	0. 186 302 1
55~59 岁	0. 137 710 1	0. 155 886 7	0. 136 783 2	0. 161 510 5	0. 112 389 0	0. 161 693 3
60~64 岁	0. 144 554 3	0. 146 791 0	0. 148 800 3	0. 152 722 4	0. 136 029 5	0. 152 523 1
65~69 岁	0. 160 194 1	0. 152 224 7	0. 166 116 9	0. 156 880 7	0. 159 647 9	0. 158 662 5
70~74 岁	0. 172 771 5	0. 167 658 2	0. 185 126 8	0. 174 693 9	0. 179 734 4	0. 175 535 9
75~79 岁	0. 176 051 3	0. 191 070 7	0. 197 943 4	0. 208 746 5	0. 182 861 5	0. 198 651 0
80~84 岁	0. 124 655 7	0. 169 578 9	0. 175 165 5	0. 212 414 6	0. 170 366 7	0. 205 142 1
85~89 岁	0. 074 807 8	0. 133 359 4	0. 134 366 2	0. 195 545 9	0. 123 609 4	0. 175 873 5
90~94 岁	0. 021 330 5	0. 056 942 6	0. 090 793 4	0. 140 477 0	0. 086 233 9	0. 122 596 8
95~99 岁	0. 017 485 6	0. 031 450 1	0. 083 546 9	0. 103 055 4	0. 081 046 1	0. 073 649 6
100 岁及以上	0. 000 112 3	0. 001 444 9	0. 002 369 0	0. 011 783 9	0. 002 557 7	0. 005 434 4

注：表中数据为笔者根据六普及七普数据计算所得。

① 王泽强. 乡—城人口迁移对农村人口老龄化的影响：基于"年龄—迁移率"的定量分析 [J]. 西部论坛，2011，21 (6)：27-33.

② 孟向京，姜凯迪. 城镇化和乡城转移对未来中国城乡人口年龄结构的影响 [J]. 人口研究，2018，42 (2)：39-53.

3.3.3 预测结果

按照上文设定的死亡率和迁移率，以 2020 年全国、劳务输出大省及四川省 40~44 岁、45~49 岁……95~99 岁、100 岁及以上分年龄、分性别的人口数据为基期数据，以五年为一个预测期，得到 2020 年、2025 年、2030 年、2035 年、2040 年的农村 60 岁及以上人口数据（见表 3-26）。

表 3-26　全国、劳务输出大省、四川省农村 60+/65+人口预测数据

单位：万人

年份	60+人口			65+人口		
	全国	劳务输出大省	四川省	全国	劳务输出大省	四川省
2020	12 136	5 718	989	9 035	4 404	794
2025	13 344	6 177	1 037	9 628	4 509	789
2030	14 382	6 595	1 110	10 472	4 810	811
2035	14 119	6 431	1 114	11 192	5 095	862
2040	12 665	5 687	977	10 805	4 897	857

根据预测数据，全国、劳务输出大省及四川省农村 60 岁及以上的老年人口总量在 2030—2035 年达到峰值，随后开始逐渐减少。需要再次强调的是，本部分预测的老年人口数据是常住人口数据，即居乡老年人口。后文在计算回流人口时均使用 60 岁及以上人口数据。

4 农民工流动与农村居民养老需求的社会调查

为了掌握劳务输出大省农民工的流动情况以及农村居民的养老需求状况，课题组于 2019 年 1—3 月，2019 年 12 月—2020 年 1 月，以劳务输出大省四川省为主［包括湖南、重庆、河南、贵州、广西等省（自治区、直辖市）］对 16 岁以上的农村居民随机发放调查问卷。共发放问卷 1 100 份，回收有效问卷 951 份。根据第 2 章的理论分析，农民工的迁移经历可以分为"出村—入城—回乡"三个阶段，故本章在做微观社会调查分析时，也据此分为三个部分。一是从居乡群体与外出务工群体比较的角度对农民工外出务工情况进行分析；二是从是否有回流的意愿对已经在外务工的农民工群体进行比较分析；三是从居乡群体与回流农民工群体比较的角度对农村居民的养老需求进行分析。

4.1 农民工外出情况调查：居乡与务工的比较

951 个样本中，截至调查期在外务工人员有 511 人（简称"务工群体"），从未外出务工的农村居民有 337 人，曾经外出务工但已经回乡务农超过一年的有 82 人，回乡创业的有 21 人。居乡人数为从未外出人数加回乡务农超过一年人数及回乡创业人数，共计 440 人（简称"居乡人群"）。

4.1.1 个人基本情况

1. 性别分布状况

共有 916 人做出回答。从整体上看，男性和女性的占比存在差距，男性比女性多，其中男性有 522 人，占 57.0%；女性有 394 人，占 43.0%，男性占比较女性占比高 14.0%（见图 4-1）①。

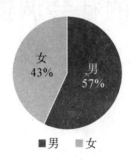

图 4-1　所有被调查者的性别分布状况

把整体样本划分成居乡和务工两类群体。对于居乡群体，男性和女性的占比并无显著差距，其中男性占比为 52.1%。对于务工群体，则以男性居多，占比为 61.2%。对比两类群体，发现务工群体中的男性占比要比居乡群体高 9.1%。这一方面说明选择进城务工的多为男性，另一方面也反映了留在农村的多为女性（见图 4-2）。

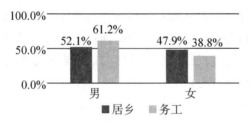

图 4-2　居乡群体和务工群体性别分布状况

2. 年龄分布状况

共有 923 人做出回答。整体样本的年龄均值为 41.96 岁，年龄最小者 16 岁，最大者 88 岁（见图 4-3）。各年龄段的占比情况如下：41～50 岁占比最大，为 52.2%；其次是 16～30 岁，占比为 19.8%，二者总占比为 72.0%，61 岁及以上占比最小，为 6.9%（见表 4-1）。

_____

① 有少量样本在性别选项上缺失。

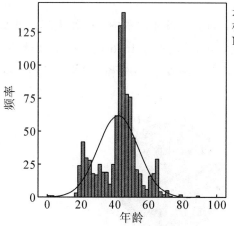

均值=41.96
标准偏差=11.913
N=925

图 4-3　所有被调查者的年龄分布直方图

表 4-1　居乡群体和务工群体的年龄分层　　　　单位:%

年龄分层	居乡	务工	总体
16~30 岁	17.3	22.0	19.8
31~40 岁	10.2	15.2	12.9
41~50 岁	47.0	56.4	52.2
51~60 岁	11.6	5.4	8.2
61 岁及以上	13.9	1.0	6.9
合计	100.0	100.0	100.0

把整体样本划分成居乡和务工两类群体,其中居乡群体有 423 人,务工群体有 500 人。对比两类群体,发现务工群体的年龄显著地比居乡群体更加年轻。具体表现为务工群体在 16~30 岁、31~40 岁、41~50 岁这三个年龄段的占比都比居乡群体高,分别高出 4.7%、5.0%、9.4%;但是在 51~60 岁和 61 岁及以上这两个年龄阶段却是居乡群体占比比务工群体高,尤其是居乡群体 61 岁及以上的比例比务工群体高 12.9%。在年龄均值方面,务工群体的均值为 39.75 岁,而居乡群体的均值为 44.77 岁,高出务工群体 5 岁。这种现象一方面体现了从农村流出的多是青壮年劳动力,即年龄可能是影响外出务工的因素;另一方面也体现了居乡群体的老龄化问题很严峻,居乡群体的年龄结构更加趋向于老龄化。

3. 婚姻状况

共有 943 人回答了这个问题。整体样本中，已婚人群占比最大，达到了 78.2%，其次是未婚人群，占比为 16.6%，二者总计占比达到了 94.8%。离异和丧偶占比不高，分别为 3.0% 和 2.2%（见图 4-4）。

图 4-4 所有被调查者的婚姻状况

把整体样本划分成居乡和务工两类群体，其中居乡群体有 437 人，务工群体有 506 人。对于务工群体，已婚人群占的比例最大，达到了 77.5%，其次是未婚人群，占比为 18.6%，二者总计占比达到了 96.1%。离异和丧偶占比不高，分别为 2.6% 和 1.3%。对于居乡群体，已婚人群占的比例最大，达到了 79.0%，其次是未婚人群，占比为 14.4%，二者总计占比达到了 93.4%。离异和丧偶占比不高，分别为 3.4% 和 3.2%。对比两类群体，发现在婚姻状况上两类群体并没有显著差异。都是已婚人群占比最大，且占比接近，务工群体为 77.5%，居乡群体为 79.0%；在未婚人群占比中，务工群体比居乡群体高出 4.2%（见图 4-5）。

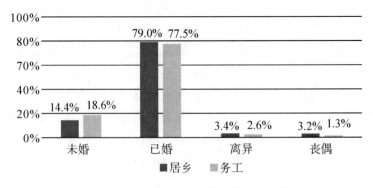

图 4-5 居乡群体和务工群体婚姻分布状况

4．文化程度

共有946人回答了这个问题。整体样本中，初中学历占比最大，达到了37.1%，其次是小学学历占比为28.4%，二者总占比达到了65.5%，说明我国农村的义务教育确实取得了成效。高中学历占比为11.3%，本科及以上学历占7.7%，大、中专占比分别为5.0%、3.0%。值得关注的是，还有7.5%的农村居民的受教育程度是不识字或识字很少（见图4-6）。

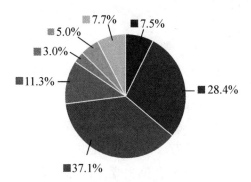

■很少识字 ■小学 ■初中 ■高中 ■中专 ■大专 ■本科及以上

图4-6 所有被调查者的文化程度分布状况

把整体样本划分成居乡和务工两类群体，其中居乡群体有428人，务工群体有508人。在所调查的务工群体中，初中学历占比最大，达到了42.9%；其次是小学学历，占比为24.6%；不识字或识字很少占比最少，占比为3.1%。在所调查的居乡群体中，小学学历占比最大，达到了32.9%；其次是初中学历，占比为30.4%；中专学历占比最小，为1.8%。对比两类群体，发现务工群体的受教育程度比居乡群体要高，首先，教育程度在初中及以上的比例，务工群体普遍比居乡群体高，务工群体在文化程度为初中、中专、大专的占比分别比居乡群体高12.5%、2.1%、3.3%；其次，外出务工群体中很少识字的占比最小，为3.1%，相较居乡群体的12.6%来说占比极低（见图4-7）。

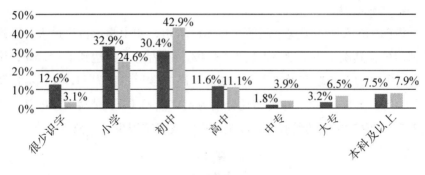

图4-7 居乡群体和务工群体的文化程度分布状况

5. 政治面貌

共有 930 人回答了这个问题。整体样本中,绝大部分农村居民的政治面貌都是群众,其占比达到了 77.2%;其次是共青团员,占比为 18.06%;再次是共产党员,占比为 4.62%;民主党派占比最小,仅占 0.12%(见图4-8)。

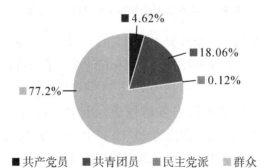

图4-8 所有被调查者的政治面貌状况

把整体样本划分成居乡和务工两类群体,其中居乡群体有 429 人,务工群体有 501 人。发现两类群体在政治面貌上并没有显著差异,占比排序由大到小都是群众、共青团员、共产党员、民主党派,且各个占比差距不大。但是有两点值得关注,一是居乡群体是共产党员的比例较务工群体高 1.4%;二是务工群体是共青团员的比例比居乡群体高 7.2%,这可能与务工群体的年龄普遍较年轻有关(见图4-9)。

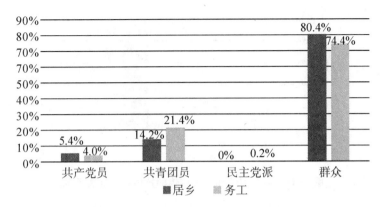

图 4-9　居乡群体和务工群体的政治面貌状况

6. 职业资格证书拥有情况

共有 937 人回答了这个问题。整体样本中，绝大部分农村居民都没有技能证书，占比高达 83.6%（见图 4-10），产生这种现象的主要原因是在农村就业并不需要提供相关证书。随着将来乡村振兴战略的推进，新型职业农民大量增加，估计今后农村从事各类产业的人员的持证比例将会不断增长。

图 4-10　所有被调查者的技能证书拥有情况

把整体样本划分成居乡和务工两类群体，剔除无效样本后，居乡群体有 434 人，务工群体有 500 人。尽管两类群体各自都是"没有技能证书"的占比较"有技能证书"的占比大，但当把两类群体进行对比时可以发现，务工群体拥有技能证书的占比较居乡群体高了 10.8%，这在一定程度上说明拥有技能证书的农村居民更愿意外出务工，同时技能证书也为他们外出务工奠定了一定的基础（见图 4-11）。

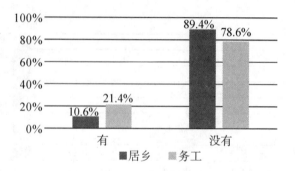

图4-11 居乡群体和务工群体的技能证书拥有情况

7. 职业技能等级情况

共有916人回答了这个问题。整体样本中,技能等级由低级到高级呈现出了金字塔的结构。没有技能等级的有693人,占75.7%;技能等级为初级的有140人,占了15.3%;技能等级为中级的有70人,占7.6%;技能等级为高级的有13人,占1.4%(见图4-12)。

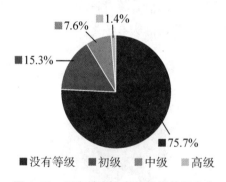

图4-12 所有被调查者的技能等级分布

把整体样本划分成居乡和务工两类群体,其中居乡群体有429人,务工群体有487人。发现两类群体的技能等级由低级到高级都呈现出了金字塔的结构,但对比两类群体,明显看出务工群体在相同技能等级所占比例要高于居乡群体。务工群体的技能等级为初级、中级、高级的占比较居乡群体分别高8.2%、3.4%、0.9%;其次,务工群体中没有技能等级的比例较居乡群体低12.5%(见图4-13)。说明务工群体不仅持有技能等级证书的比例更高,而且在总体技能水平上也高于居乡群体。

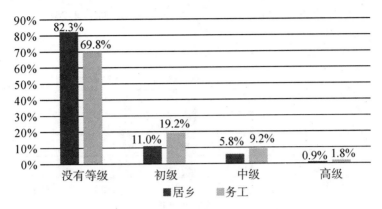

图 4-13　居乡群体和务工群体的技能等级分布

8. 健康状况

共有 937 人回答了这个问题。从整体上看，大部分被调查者认为自己健康状况良好。认为自己健康和很健康的总占比为 46.6%，认为自己不太健康和很不健康的总占比只有 13.7%，认为自己健康状况一般的占比最大，占 39.7%（见图 4-14）。

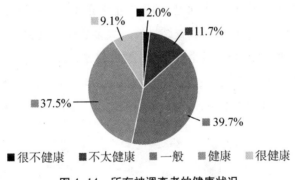

图 4-14　所有被调查者的健康状况

把整体样本划分成居乡和务工两类群体，其中居乡群体有 437 人，务工群体有 500 人。对于务工群体，认为自己健康和很健康的总占比为 50.2%，认为自己不太健康和很不健康的总占比为 10.4%。对于居乡群体，认为自己健康和很健康的总占比为 42.3%，认为自己不太健康和很不健康的总占比为 17.7%。对比两类群体发现务工群体对健康状况的自我感受较居乡群体要好。一方面，务工群体中认为自己健康和很健康的比例较居乡群体分别高 7.6%、0.3%；另一方面，务工群体中认为健康状况一般、不太健康、很不健康的比例较居乡群体分别低 0.6%、4.2%、3.1%（见图 4-15）。

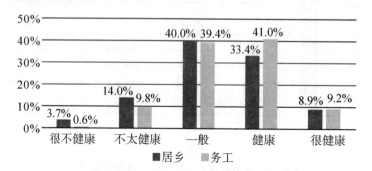

图 4-15　居乡群体和务工群体的健康状况

4.1.2　家庭情况

1. 家庭人口结构

（1）常住人口数。

共有 934 人回答了这个问题，其中居乡群体有 432 人，务工群体有 502 人。如图 4-16 所示，从调查结果看，大多数被调查者的家庭常住人口为 4~5 个，均值为 4.49，最小值是 1，最大值是 15，中值为 4，众数是 4。有 4 个常住人口的占 30.9%；有 5 个常住人口的占 28.2%；有 3 个常住人口和 6 个常住人口的数量一致，都为 136 人，都占 14.6%（见表 4-2）。

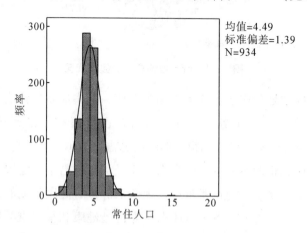

图 4-16　所有被调查者家庭常住人口分布直方图

表 4-2 居乡群体和务工群体家庭常住人口数量分布状况 单位:%

常住人口	居乡	务工	总体
1	2.6	0.8	1.6
2	6.0	3.2	4.5
3	14.6	14.5	14.6
4	27.5	33.9	30.9
5	28.9	27.5	28.2
6	13.9	15.1	14.6
7	4.4	3.2	3.7
8	1.4	1.2	1.3
9	0.5	0	0.2
10	0.2	0.4	0.3
15	0	0.2	0.1
合计	100.0	100.0	100.0

对比居乡和务工两类群体,发现务工群体的家庭常住人口规模较居乡群体大,一方面体现在务工群体的家庭常住人口均值为 4.53,较居乡群体的 4.45 高 0.08;另一方面体现在最大值上,务工群体的家庭常住人口最大值为 15,而居乡群体的家庭常住人口最大值为 10。务工群体的家庭常住人口均值大于居乡群体意味着这些家庭有更多的人口用于外出务工,以获取工资性收入。

(2) 家庭劳动力数量。

共有 926 人回答了这个问题,其中居乡群体有 428 人,务工群体有 498 人。从整体上看,大多数被调查者的家庭劳动力数量为 2~3 个,均值为 2.43,最小值是 0,最大值是 8,中值为 2,众数是 2。家庭有 2 个劳动力的调查者占比最大,达到了 53.0%;占比第二的是家庭有 3 个劳动力的调查者,占 20.6%;占比第三的是家庭有 4 个劳动力的调查者,占 12.0%;家庭有 7 个劳动力和 8 个劳动力的调查者占比最小,占比为 0.1%(见表 4-3)。

对比居乡和务工两类群体,发现务工群体的家庭劳动力规模较居乡群体大,一方面体现在务工群体的家庭劳动力均值为 2.47,较居乡群体的 2.38 高 0.09;另一方面体现在最大值上,务工群体家庭劳动力的最大值为 8,而居乡群体为 6。这也说明劳动力数量越多的家庭其成员越有外出务工的基础。

表 4-3　居乡群体和务工群体家庭劳动力数量分布状况　　单位:%

劳动力数量	居乡	务工	总体
0	0.4	0.4	0.4
1	13.1	9.2	11.0
2	52.8	53.2	53.0
3	19.2	21.9	20.6
4	11.4	12.4	12.0
5	1.9	1.5	1.7
6	1.2	1.0	1.1
7	0	0.2	0.1
8	0	0.2	0.1
合计	100.0	100.0	100.0

（3）赡养老人数量。

共有 792 人回答了这个问题，其中居乡群体有 358 人，务工群体有 434 人。整体样本中，大多数被调查者家庭的赡养老人数量为 1~2 个，均值为 1.63，中值为 2，众数是 2。家庭赡养老人数为 2 个的调查者占比最大，占比为 42.0%，家庭赡养老人数为 1 个的调查者占 35.0%，家中无赡养老人的调查者占 10.7%（见表 4-4）。

对比居乡和务工两类群体，发现务工群体的家庭赡养老人数较居乡群体大，一方面体现在务工群体的家庭赡养老人数量的均值为 1.73，较居乡群体的 1.51 高 0.22；另一方面，在占比上，务工群体家庭赡养老人数为 0 的占比较居乡群体低 4.2%。

表 4-4　居乡群体和务工群体家庭赡养老人数量分布状况　　单位:%

赡养老人数	居乡	务工	总体
0	12.8	8.6	10.7
1	37.4	32.9	35.0
2	39.5	44.6	42.0
3	6.1	7.1	6.7
4	4.2	6.2	5.3
5	0	0.2	0.1
6	0	0.2	0.1
8	0	0.2	0.1
合计	100.0	100.0	100.0

（4）子女总数。

共有 544 人回答了这个问题，其中居乡群体有 250 人，务工群体有 294 人。整体上看，大多数被调查者家庭的子女总数为 2 个，均值为 1.86，中值为 2。子女总数为 2 的被调查者家庭占比最大，达到了 59.4%；子女总数为 1 和 3 的被调查者家庭占比相近，分别为 13.4%、14.0%；占比最小的是子女总数为 5 和 6 的被调查者家庭，占比都不足 1.0%。结合表 4-4 可以看出，目前劳务输出大省农村平均每个家庭的赡抚总数约为 3.50 人。

对比居乡和务工两类群体，发现居乡群体的子女总数规模较务工群体大。第一，在子女总数的均值上，居乡群体为 1.94，而务工群体为 1.80，较居乡群体小了 0.14；第二，在子女总数为 4 个的占比上，居乡群体较务工群体高 2.9%，而在子女总数为 0 的占比上，则是务工群体较居乡群体高 3.8%（见表 4-5）。

表 4-5　居乡群体和务工群体家庭子女总数分布状况　　　单位:%

子女总数	居乡	务工	总体
0	8.4	12.2	10.4
1	14.4	12.7	13.4
2	58.0	60.5	59.4
3	14.4	13.6	14.0
4	3.2	0.3	1.7
5	1.6	0.3	0.9
6	0	0.4	0.2
合计	100.0	100.0	100.0

2. 耕地相关

（1）承包地面积情况。

共有 727 人回答了这个问题，其中居乡群体有 356 人，务工群体有 371 人。从整体上看，平均承包耕地面积为 6.64 亩[①]，最大亩数为 600 亩[②]，最小亩数为 0 亩[③]，中值为 3 亩，众数为 2 亩。为进一步考察所有调查者承包的耕地面积分布状况，按照 0～5、6～10、11～20、21～50、51～

———————

[①] 1 亩≈667 平方米，下同。

[②] 样本流转的承包地。

[③] 失地农民。

100、100亩以上的间距对耕地面积进行分组（6组）。从表4-6可以看出绝大部分农户的承包地面积都为0~5亩，占比高达78.14%，这也符合我国人多地少的国情。随着承包地规模的增加，其占比也相应减少。还应看到，占比最小的是承包地面积100亩以上的分组，仅为0.4%，说明调查农户还未形成规模经营，还需加强对适度规模经营的引导。

居乡和务工两个群体的耕地面积分布结构一致，都是随着耕地面积的增加，其占比也相应减少。务工群体的耕地面积在0~5亩这一分组中的占比较居乡群体高7.9%，而在6~10亩、11~20亩这两组则是居乡群体较务工群体高4.4%、3.3%（见表4-6）。这种情况说明家庭承包地的规模在一定程度上对农村居民是否外出务工产生了影响。承包地面积越小，农村劳动力越倾向于外出务工。

表4-6　居乡群体和务工群体承包地面积分布状况　　　单位:%

耕地面积分组	居乡	务工	总体
0~5亩	74.1	82.0	78.14
6~10亩	16.5	12.1	14.31
11~20亩	6.2	2.9	4.54
21~50亩	2.3	1.9	2.06
51~100亩	0.6	0.5	0.55
100亩以上	0.3	0.6	0.4
合计	100.0	100.0	100.0

（2）耕地的处理方式。

从问卷结果来看，有537人回答了这个问题，其中居乡群体有160人，务工群体有377人。采取"交给家里其他人种"占比最高，有199人，占37.1%；其次是送给别人种，有104人，占19.3%；有土地抛荒情况的有75人，占14.0%；租给别人种的有63人，占11.7%；被征用的有37人，占6.9%；还给集体的占比最小，仅为1.9%。

在所调查的居乡群体中，耕地处理方式占比前三的分别是交给家里人种、抛荒、租给别人种，三者总占比达到了65.0%。在所调查的务工群体中，耕地的处理方式占比前三的分别是交给家里人种、送给别人种、抛荒，三者总占比达到了74.3%。耕地处理方式中两类群体都是选择还给集体的占比最小。

从数据对比中可以看出，务工群体耕地处理方式占比较居乡群体高的方式是送给别人种和交给家里其他人种，分别高11.6%和3.8%。而居乡群体耕地处理方式占比较务工群体高的方式是租给别人种、被征用、抛荒，分别高4.7%、2.7%、2.3%（见表4-7）。

土地抛荒情况的存在表明尽管人多地少，耕地资源比较稀缺，但是我国的耕地资源并没有得到充分利用①。

表 4-7　居乡群体和务工群体耕地处理方式分布状况　　　　单位:%

耕地的处理方式	居乡	务工	总体
交给家里人	34.4	38.2	37.1
租给别人种	15.0	10.3	11.7
送给别人种	11.2	22.8	19.3
抛荒	15.6	13.3	14.0
还给集体	3.1	1.3	1.9
被征用	8.8	6.1	6.9
其他	11.9	8.0	9.1
合计	100.0	100.0	100.0

（3）抛荒原因。

从问卷结果来看，有326人回答了抛荒的原因，其中居乡群体有122人，务工群体有204人。选择"种地不划算"的有132人，占40.49%，占比最高；其次是"担心万一自己在外面找不到工作，回来以后无地可种"，有41人，占12.58%；"有外人愿意种，但是需要村集体同意，太麻烦"的有29人，占8.9%；因"租金太低，今后想收回来的时候太麻烦，得不偿失"的有20人，占6.13%。

在所调查的两类群体中，抛荒原因占比排序一致，都是"种地不划算"占比最大。对比两类群体发现，务工群体耕地抛荒原因占比较居乡群体高的是"种地不划算"和"租金太低，今后想收回来的时候太麻烦，得不偿失"，占比分别高5.76%、3.29%（见表4-8）。

---

① 因为还有约一半的样本并未回答此问题，所以实际土地抛荒的比例应该没有如此严重。

表 4-8　居乡群体和务工群体抛荒原因　　　　　　　　　单位:%

抛荒原因	居乡	务工	总体
种地不划算,没外人种	36.89	42.65	40.49
需村集体同意,太麻烦	9.05	8.82	8.9
租金太低,收回来麻烦	4.06	7.35	6.13
找不到工作,做保障	12.3	12.75	12.58
其他	37.7	28.43	31.9
合计	100.0	100.0	100.0

3. 收入情况

(1)家庭年纯收入。

有 829 位调查者对家庭年纯收入做出了回答,其中居乡群体有 395 人,务工群体有 434 人。从整体上看,所有回答者的家庭年纯收入平均值为 35 261.50 元,中位数为 20 000 元;众数为 20 000 元。为进一步考察家庭年纯收入分布状况,按照 0~10 000 元、10 001~20 000 元、20 001~40 000 元、40 001~60 000 元、60 001~80 000 元、80 001~100 000 元、100 000 元以上对家庭年纯收入进行分组(7 组)。从表 4-9 可以看出,占比前三的收入分组为 0~10 000 元、10 001~20 000 元、20 001~40 000 元,总占比达到了 73.7%,说明家庭年纯收入大部分都较低,其中 0~10 000 元收入组占比达到了 30.4%。表明对于农村居民,无论是居乡群体还是务工群体,大部分农村家庭收入较低。

居乡群体的家庭年纯收入均值为 30 205.87 元,而务工群体的家庭年纯收入均值为 39 862.74 元,较居乡群体高了近 1 万元。居乡群和务工群体的家庭年纯收入占比都是随着收入的增高在不断减少。家庭年纯收入在 4 万元以下的占比,居乡群体占比为 80.1%,而务工群体为 68.2%,低收入分组的占比居乡群体较务工群体高 11.9%。

进一步对比两类群体,可以发现 0~10 000 元组中,居乡群体较务工群体的占比要高出 10.3%。而在 4 万元以上各分组中务工群体的占比均较居乡群体高,分别高 4.2%、3.5%、3.0%。说明外出务工的确有助于增加家庭收入。

表 4-9　居乡群体和务工群体家庭年纯收入分布　　　　　单位:%

家庭年纯收入分组	居乡	务工	总体
0~10 000 元	36.1	25.8	30.4
10 001~20 000 元	23.0	24.7	24.1
20 001~40 000 元	21.0	17.7	19.2
40 001~60 000 元	11.2	15.4	13.5
60 001~80 000 元	3.2	6.7	5.1
80 001~100 000 元	2.7	5.7	4.3
100 000 元以上	2.8	4.0	3.4
合计	100.0	100.0	100.0

（2）个人收入来源。

从问卷结果来看，在所有被调查者中，有 881 人回答了这个问题，其中居乡群体有 401 人，务工群体有 480 人。这是个多选题，占比为个案百分比。从表 4-10 可以明显看出，打工收入占比最高，占了 57.21%；农业收入占比第二，占了 38.59%；养老金收入占比第三，占了 10.33%；家庭成员赡养费占比第四，占了 8.4%；经营工商业占比第五，占了 7.04%；低保占比第六，占了 5.79%；其他占比为 15.32%。

在所调查的务工群体中，选择收入来源为打工收入的，占比达到了81.2%；其次是农业收入，占比为 18.1%；其余的收入来源占比都很小，都不足 5.0%。这说明务工群体的收入来源比较单一，主要以打工收入为主，农业收入为辅。在所调查的居乡群体中，收入来源占比前三的是农业收入、打工收入、养老金，占比分别为 63.1%、28.4%、18.5%，其余收入占比都在 5.0% 以上，可以发现居乡群体的收入来源较务工群体更为丰富。

对比两类群体可以发现，务工群体的打工收入占比较居乡群体占绝对优势，占比高出 52.8%；在其他收入来源的占比方面则是居乡群体较务工群体高，说明了居乡群体的收入来源较务工群体丰富，也进一步说明了居乡群体具有兼业化的特点。具体表现为居乡群体农业收入、养老金、家庭成员赡养费、低保这四种收入来源的占比较务工群体分别高 45.0%、15.0%、13.9%、7.2%（见表 4-10）。

表 4-10　居乡群体和务工群体个人收入来源　　　　单位:%

个人收入来源	居乡	务工	总体
养老金	18.5	3.5	10.33
农业收入	63.1	18.1	38.59
家庭成员赡养费	16.0	2.1	8.4
打工收入	28.4	81.2	57.21
低保	9.7	2.5	5.79
经营工商业	9.5	5.0	7.04
其他	21.7	10.0	15.32
合计	166.9	122.4	142.68

（3）个人月收入。

共有 855 人回答了这个问题,其中居乡群体有 386 人,务工群体有 469 人。从所有被调查者整体上看,个人月收入平均值为 3 256.95 元,中位数为 2 300 元;众数为 3 000 元。为进一步考察个人月收入分布状况,按照 0~1 000 元、1 001~2 000 元、2 001~3 000 元、3 001~4 000 元、4 001~5 001 元、5 001~6 000 元、6 001~7 000 元、7 001~8 000 元、8 001~10 000 元、10 000 元以上的间距对个人月收入进行分组（10 组）。从表 4-11 中就可以看出,占比前三的收入分组为 0~1 000 元、1 001~2 000 元、2 001~3 000 元,总占比达到了 72.8%,也可以说收入在 3 000 元以下的群体占了绝大部分。说明大部分人的收入还是处于较低水平。

居乡群体的个人月收入均值为 2 164.98 元,而务工群体的个人月收入均值为 4 155.67 元,较居乡群体高了近 2 000 元。居乡群体的个人月收入主要集中在 0~3 000 元,总占比达到了 87.1%,个人月收入在 3 000 元以上的人占比极少,说明居乡群体的个人月收入普遍较低。而务工群体的个人月收入主要集中在 1 000~4 000 元,总占比达到了 73.6%。

进一步对比两类群体可以发现,居乡群体中占比最高的一组收入为 0~1 000 元,占比高达 43.2%,而务工群体中该收入组占比仅为 6.9%。务工群体中占比最高的一组收入为 2 001~3 000 元,占比为 27.0%。在 3 001~6 000 元组,务工群体的占比显著比居乡群体高,但在 6 000 元以上组别中,虽然务工群体的占比也比居乡群体高,但是比例均低于 2.0%,各组的差距都不大,说明务工群体的个人月收入虽然比居乡群体高,但是大多还是集中在 6 000 元以下。

表 4-11　居乡群体和务工群体个人月收入分布　　　　　　单位:%

个人月收入分组	居乡	务工	总体
0~1 000 元	43.2	6.9	23.2
1 001~2 000 元	24.6	26.6	25.8
2 001~3 000 元	19.3	27.0	23.8
3 001~4 000 元	6.1	20.0	11.8
4 001~5 000 元	5.1	11.6	8.9
5 001~6 000 元	0.6	3.1	2.3
6 001~7 000 元	0.1	0.9	0.9
7 001~8 000 元	0.3	1.4	1.2
8 001~10 000 元	0.3	2.0	1.5
10 000 元以上	0.4	0.5	0.6
合计	100.0	100.0	100.0

（4）在镇及镇以上地区买房情况。

从问卷结果来看，在所有调查者中，有 890 人回答了这个问题。在镇及镇以上地区买房的调查者有 221 人，占了 24.8%；未在镇及镇以上地区买房的调查者有 669 人，占了 75.2%（见图 4-17）。

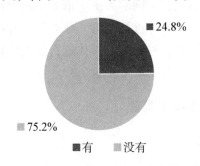

图 4-17　所有被调查者的购房情况

进一步考察居乡和务工两类群体的购房情况，回答了这个问题的所有样本中，居乡群体有 406 人，务工群体有 484 人。在所调查的务工群体中，在镇及镇以上地区买房的被调查者有 142 人，占了 29.34%；未在镇及镇以上地区买房的被调查者有 342 人，占了 70.66%。在所调查的居乡群体中，在镇及镇以上地区买房的被调查者有 79 人，占了 19.46%；未在镇及镇以上地区买房的被调查者有 327 人，占了 80.54%。从数据中可以看出，务工群体购房的比例要高于居乡群体，一定程度上说明了务工群体的购买力高于居乡群体（见图 4-18）。

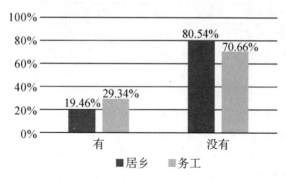

图 4-18　居乡群体和务工群体的购房情况

4.2　农民工回流意愿及趋势：来自外出务工群体

农村劳动力外出到城市务工，有的人能够逐渐在城市站稳脚跟并最终实现市民化，但是有的人可能并不能很好地融入城市。对于未来，是否会留下成为一名城市新市民，不同的人由于情况不同而各有不同的想法。本节内容主要针对外出务工群体进行调查，并对务工群体中今后愿意留在城市养老的群体和愿意回到农村养老的群体进行分类比较。其中，留城群体有 164 个样本，回流群体有 325 个样本[①]。

4.2.1　外出务工状态调查

1. 个人基本情况

（1）性别分布状况。

有 471 个务工样本回答了此问题，其中回流样本 316 个，留城样本 155 个。回流群体中，男性占比为 62.7%，女性占比为 37.3%；留城群体中，男性占比为 56.1%，女性占比为出 43.9%。

从性别角度对比两类群体，可以发现回流群体的男性比例要比留城群体的男性比例高 6.6%。而女性则恰恰相反，愿意留城的女性比例比愿意回流的女性比例要高 6.6%。一方面说明选择回流的多为男性，另一方面

也反映了女性更愿意留在城市（见图4-19）。

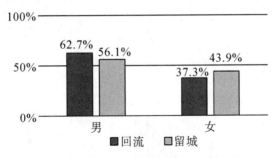

图4-19　回流群体和留城群体的性别分布状况

（2）年龄分布状况。

有479个务工样本回答了此问题，其中回流样本319个，留城样本160个。就回流和留城两类群体而言，他们的年龄结构有一定的相似性。都是41~50岁、31~40岁、16~30岁这三个年龄段的占比较高，而51~60岁和60岁以上这两个年龄阶段的占比较低，与整个务工群体的年龄结构一致（见表4-12）。

表4-12　回流群体和留城群体的年龄分层　　　　　　　　　　单位:%

年龄分层	回流	留城
16~30 岁	18.5	29.4
31~40 岁	14.4	16.2
41~50 岁	60.2	49.4
51~60 岁	5.6	5.0
61 岁及以上	1.3	0
合计	100.0	100.0

对比两类群体可以发现，不同年龄段的务工群体有着不同的选择。16~30岁选择回流的比例较选择留城的比例要低10.9%，而41~50岁选择回流的比例则较选择留城的比例要高出10.8%。均值方面，留城群体是37.62岁，而回流群体为40.77岁。造成这种现象的原因一种可能是越年轻在城市获得就业的概率越高；另一种可能是与养老、对农村的感情等传统观念有关，年龄更大的人对农村有着更加深厚的感情，所以可能更加偏向于回流（见图4-20和图4-21）。

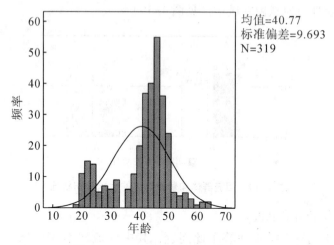

均值=40.77
标准偏差=9.693
N=319

图4-20　回流群体的年龄分布直方图

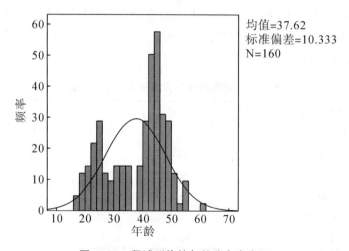

均值=37.62
标准偏差=10.333
N=160

图4-21　留城群体的年龄分布直方图

（3）婚姻状况。

有484个务工样本回答了此问题，其中回流样本321个，留城样本163个。对于回流群体而言，已婚人群占的比例最大，达到了81.3%，其次是未婚人群，占比为15.0%，二者总计占比达到了96.3%。离异和丧偶占比不高，都不足2.0%。对于留城群体，已婚人群占的比例最大，达到了71.8%，其次是未婚人群，占比为24.5%，二者总计占比达到了96.3%。离异和丧偶占比不高，分别为3.1%和0.6%。对比两类群体发现，都是已婚人群占比最大，但是回流群体较居乡群体高9.5%；在未婚人群占比中，留城群体较回流群体高 9.5%（见图 4-22）。说明家庭的"牵引力"是吸引农民工群体回流的重要原因，没有成家的人则更希望在城市"立业"。

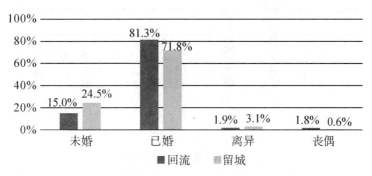

图 4-22　回流群体和留城群体的婚姻状况

（4）文化程度。

有 487 个务工样本回答了此问题，其中回流样本 324 个，留城样本 163 个。在所调查的回流群体中，初中学历占比最大，达到了 42.3%；其次是小学学历，占比为 29.6%；中专占比最小，占比为 2.5%。在所调查的留城群体中，初中学历占比最大，达到了 46.0%；其次是小学学历，占比为 16.6%；很少识字占比最小，为 1.8%（见图 4-23）。

对比两类群体，发现文化程度在初中以下的，其占比在回流群体中的比例比留城群体要高，而文化程度为初中及以上的占比则是留城群体较回流群体高，文化程度为初中、高中、中专、大专、本科及以上的组别中，留城群体分别比回流群体高 3.7%、2.1%、4.2%、4.0%、0.9%。这说明，初中及以上文化水平的外出务工人员，他们的留城意愿明显比回流群体高。

但值得关注的是，本科及以上学历的群体选择留城与选择回流的比例差距比前五个组别都要小，仅为 0.9%。这说明，务工群体在学历层次达到本科及以上之后，在是否留城的问题上并没有特别的偏好。这一方面与高学历层次的就业自由度大有关；另一方面也可能和近几年国家的乡村振兴战略有关。国家大力促进乡村人才振兴，受过高等教育的人更容易认识和把握住乡村发展的机会，所以本科及以上学历的人反而对乡村的认识更加深刻，愿意回到乡村的人也更多。

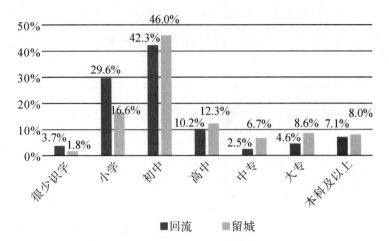

图4-23　回流群体和留城群体的文化程度

（5）政治面貌。

有487个务工样本回答了此问题，其中回流样本323个，留城样本164个。回流和留城两类群体在政治面貌上并没有显著差异，占比排序由大到小都是群众、共青团员、共产党员、民主党派，且各类政治面貌间的占比差距不大（见图4-24）。

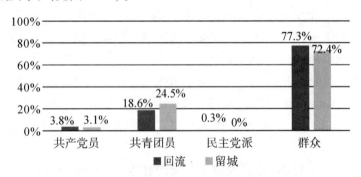

图4-24　回流群体和留城群体的政治面貌

对比两类群体，发现在政治面貌上两者并没有显著差异。但是有两点值得关注，一是在回流群体中，党员的比例较留城群体高0.7%，说明回流群体的社会关系较留城群体要更广泛，选择回流更容易获得经济收益；二是留城群体是共青团员的比例比回流群体高5.9%，这可能与留城群体的受教程度较高有关，因为一般来说受教程度高是团员的概率会更大。

（6）职业资格证书拥有情况。

有480个务工样本回答了此问题，其中回流样本319个，留城样本161个。虽然回流和留城两类群体中都是"没有技能证书"的占比较"有技能证书"的占比大，但当我们对两类群体进行比较时发现，留城群体的技能证书拥有占比较回流群体高了4.88%。这可以在一定程度上说明拥有技能证书和一项技能有助于留在城市（见图4-25）。

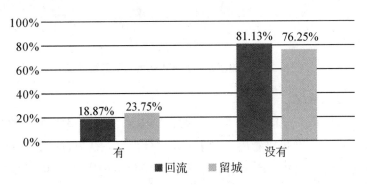

图4-25　回流群体和留城群体的技能证书拥有情况

（7）职业技能等级情况。

有466个务工样本回答了此问题，其中回流样本308个，留城样本158个。虽然回流和留城两类群体的技能等级都呈现出了金字塔的结构，但可以很明显地看出在同等级技能证书的占比上，留城群体要高于回流群体。首先，在有技能等级方面，留城群体的技能等级为初级、中级、高级的占比较回流群体分别高7.2%、2.7%、0.6%；其次，留城群体中没有技能等级的占比较回流群体低10.5%（见图4-26）。这一点表明，不仅是否具有职业技能对留城决策有影响，职业技能的等级状况也对务工群体的留城决策有影响。

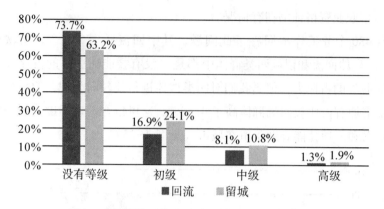

图4-26 回流群体和留城群体的技能等级状况

（8）健康状况。

有478个务工样本回答了此问题，其中回流样本318个，留城样本160个。从图4-27可以看出，对于回流群体而言，认为自己健康及很健康的人总占比为48.1%，认为自己不太健康及很不健康的总占比为11.0%；对于留城群体而言，认为自己健康及很健康的人总占比为54.4%，认为自己不太健康及很不健康的总占比为9.4%。

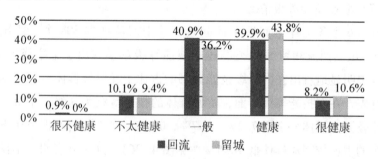

图4-27 回流群体和留城群体的健康状况

对比回流和留城两类群体，发现留城群体对健康状况的感受较回流群体要好。一方面，留城群体认为自己健康和很健康的比例较回流群体分别高3.9%、2.4%；另一方面，回流群体认为自己健康状况一般、不太健康、很不健康的比例较留城群体分别高4.7%、0.7%、0.9%，甚至留城群体没有一个人认为自己很不健康。说明留城群体对自己的健康状况更加自信，或者说健康因素也有可能是支持务工群体选择留城的重要因素。

（9）获得最近一次工作的方式。

有474个务工样本回答了此问题，其中回流样本313个，留城样本161个。调查发现在获取最近一次工作的方式上回流和留城两类群体存在较明显的差异。回流群体通过"亲戚"与"原来农村认识的同学、朋友和老乡"这两种侧重于原生社会关系的方式获得工作的占比较留城群体分别高3.6%、9.1%；而通过"自己到处找"与"网络"这种侧重于个人能力的方式获得工作的占比却是留城群体较回流群体高，分别高7.3%、3.7%。这种现象说明，一方面对于外出务工群体而言，亲戚、同学、朋友、老乡这种原生社会网络关系仍然是农民工获得工作信息的主要渠道；另一方面，如果不能跳出原生社会网络，农民工要想在城市留下来，其难度会更大。

但同时也要看到，"以前单位的同事或工友""在城市打工后新结识的农民工""在城市打工新结识的本地人"也为农民工获取就业信息提供了便利。说明农民工进城务工之后，其社会关系网络在进一步扩大，并为他们的就业提供了新的信息。这表明，对于进城务工的农民工而言，在就业信息的获取上，强关系与弱关系都在发挥作用，但是强关系仍具有主要作用。

另外，"在城市打工结识的本地人"对于两个群体的作用存在一定的差异，留城群体中该渠道的占比较回流群体的占比要高，说明留城群体比回流群体更加能够与本地人进行交流与构建关系（见表4-13）。

表4-13　回流群体和留城群体的就业信息获取渠道分布　　　　单位:%

就业信息获取渠道	回流	留城
亲戚	31.7	28.1
原来农村认识的同学、朋友和老乡	25.2	16.1
在城市打工后新结识的农民工	7.3	4.3
以前单位的同事或工友	8.3	8.1
在城市打工新结识的本地人	3.5	5.0
靠电视报纸和街头广告上的招聘信息	0	0.6
网络	1.9	5.6
劳务公司	1.0	2.5
用人单位直接到农村招工	0.3	1.2
政府和本村组织的劳务输出	0.3	0.6

表4-13(续)

就业信息获取渠道	回流	留城
自己到处找	16.3	23.6
其他	4.2	4.3
合计	100.0	100.0

2. 就业状况

（1）目前的工作在帮谁干。

有470个务工样本回答了此问题，其中回流样本310个，留城样本160个。首先，无论是回流还是留城，两类群体的工作是帮助别的老板干都是各自占比最大的，而且都达到了85.0%，回流群体甚至达到了89.0%，较留城群体高出3.4%；其次，对比两类群体可以明显发现，留城群体自己就是老板的占比较回流群体高7.1%。这一方面表明如果能够在城市中自己开创一番事业，由于有了相应的经济实力，那么留在城市的机会会更大；另一方面也表明，已经拥有了一份事业的务工群体，如果想要进一步发展事业，大多还是会选择留在城市发展（见图4-28）。

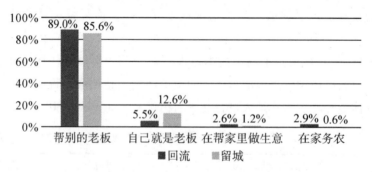

图4-28　回流群体和留城群体目前工作帮谁干状况分布

（2）工作单位性质。

有472个务工样本回答了此问题，其中回流样本310个，留城样本162个。留城群体在私营单位工作占比最大，占47.5%，其次是以个体户的形式工作，占21.0%，再次是自我雇佣，占11.7%；回流群体同样也是在私营单位工作占比最大，占45.8%，其次是自我雇佣，占18.2%，再次是个体户，占13.5%。两类群体在三资企业工作占比均最小（见图4-29）。

从调查结果看，私营企业承担着吸纳农村劳动力的重要功能，在各种性质的企业中占据了约一半的比例。个体工商户的作用也非常突出，那些今后想要留在城市的农民工中，有21.0%的人都在从事个体工商经营。究其原因，个体工商经营对于进城务工人员来说是一种相对比较稳定的就业方式，有利于"扎根"城市。而与之相对应的则是"自我雇佣"（比如打零工、短工）这种非正式的工作形式，由于就业不规范、不稳定，采取这种就业形式的农民工，今后意愿回流的比例比意愿留城的比例高6.50个百分点。

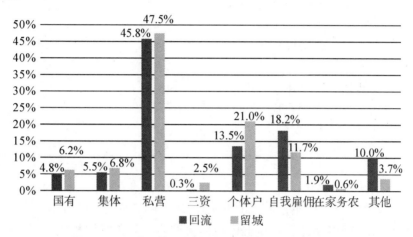

图4-29 回流群体和留城群体工作单位性质分布状况

（3）工作行业。

有477个务工样本回答了此问题，其中回流样本315个，留城样本162个。在工作行业分布方面，留城和回流群体分布结构相似，行业占比排名前四的都是建筑业、制造业、服装纺织业、餐饮业，占比最小的行业都是机关、社会团体。

对比发现，两类群体虽然行业分布结构相似，但是在具体行业占比上有着显著的区别。回流群体的行业占比集中在第二产业，建筑业、制造业、服装纺织业这三个行业的占比达到了67.3%。而留城群体这三个行业总占比仅为46.9%，还不足50.0%。

与之相对应，服务业在留城群体的行业占比中更高。具体表现为餐饮行业、其他社会和商业服务行业、科教文卫行业留城群体较回流群体分别高7.9%、5.5%、3.4%（见表4-14）。

表 4-14　回流群体和留城群体的工作行业分布　　　　单位:%

工作行业	回流	留城
农林牧渔	4.8	4.9
制造业	16.5	14.8
建筑业	37.5	21.6
服装、纺织	13.3	10.5
批发零售	3.2	2.5
餐饮	5.7	13.6
其他社会和商业服务	2.5	8.0
交通通信	2.9	3.1
机关、社会团体	0.6	1.2
教育、文化、科研、卫生	2.2	5.6
其他	10.8	14.2
合计	100.0	100.0

（4）目前的职务。

有 476 个务工样本回答了此问题，其中回流样本 315 个，留城样本 161 个。在工作职务上，留城群体与回流群体的分布结构相似。留城群体的职务中一般办事人员及相关人员占比最大，占 24.9%；其次是生产、运输工人，占 15.5%；再是专业技术人员，占 14.9%。而回流群体职务占比最大的是生产、运输工人，占 23.2%；其次是一般办事人员及相关人员，占 20.9%；再是专业技术人员，占 16.5%（见表 4-15）。

表 4-15　回流群体和留城群体目前的职务分布　　　　单位:%

目前职务	回流	留城
企业老板	1.3	3.1
单位经理或其他负责人	3.8	6.2
专业技术人员	16.5	14.9
生产、运输工人	23.2	15.5
一般办事人员及相关人员	20.9	24.9
商业服务人员	3.5	7.5
农林牧渔生产人员	1.6	3.1
其他	29.2	24.8
合计	100.0	100.0

（5）与单位签劳动合同情况。

有461个务工样本回答了此问题，其中回流样本306个，留城样本155个。调查发现，无论是回流还是留城，两类群体没有与用人单位签劳动合同的占比都接近60.0%。说明外出务工群体与用人单位的合同意识不足，在发生劳动纠纷时常常陷入僵局，无法保障用人单位和劳动者双方的合法权益。为保障双方的合法权益，应提升双方的法律意识，使用人单位的劳动雇佣规范化、市场化（见图4-30）。

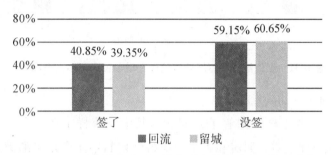

图4-30　回流群体和留城群体与单位签劳动合同情况分布

（6）预计在现单位还干多久。

有459个务工样本回答了此问题，其中回流样本302个，留城样本157个。"预计还会在现单位干多久"反映了劳动者的工作稳定性。从两类群体的整体情况上看，二者呈现不同的特点。回流群体呈现出两极分化的特点，即超过3年的占比最大，达到了37.4%，占比第二的是预计在现单位还干不超过一年，占比为25.6%，预计在现单位还干1~2年和2~3年的占比一致，都为18.5%。而留城群体则呈现出了错位结构，即超过3年的占比最大，达到了37.6%，占比第二的是预计在现单位干1~2年，占比为27.4%，预计在现单位干不超过1年和2~3年的占比相近，为17.2%左右（见图4-31）。

值得注意的是，预计在现单位干超过3年的占比在两类群体中都是最大的，都超过了37.0%，而且两类群体间不存在显著差距，差值仅为0.2%。而更加值得注意的是，预计在现单位继续工作不超过1年的组别中，回流群体的占比为25.6%，较留城群体高出8.4个百分点。这两组数据说明在城市具有稳定的工作并不一定是选择留城的充分条件，但它一定是在留在城市发展的必要条件。

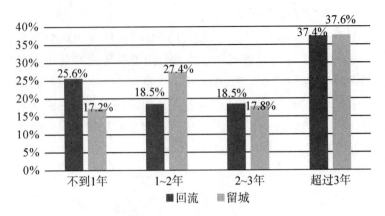

图 4-31　回流群体和留城群体预计在现单位还干多久情况分布

（7）对工资的满意程度。

有 476 个务工样本回答了此问题，其中回流样本 316 个，留城样本 160 个。从整体上看，回流和务工两类群体对目前工资水平的满意度均呈现"橄榄型"，二者的结构相似。其中，满意度一般占比最大，留城群体占比为 58.8%，回流群体占比为 53.7%；比较满意占比第二，留城群体占比为 24.4%，回流群体占比为 26.9%。留城群体中，不太满意目前工资水平的占比为 12.5%，回流群体不太满意目前工资水平的占比为 14.6%（见图 4-32）。

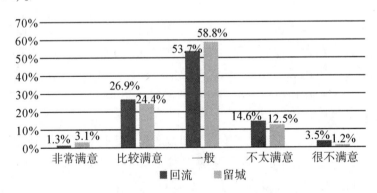

图 4-32　回流群体和留城群体工资满意度

3. 职业经历

（1）从事第一项非农工作时的年龄。

回流群体从事第一项非农工作时的年龄均值为 40.65 岁，中值为 44

岁，最大值为 64 岁，最小值为 18 岁。而留城群体从事第一项非农工作时的年龄均值为 37.62 岁，中值为 42 岁，最大值为 60 岁，最小值为 17 岁。频率分布直方图见图 4-33 和图 4-34。两类群体在从事第一项非农工作时的年龄均值上存在较明显差距，留城群体从事第一项非农工作时的年龄较回流群体年轻 3 岁多；反过来说，越年轻时进城务工，未来留在城市的可能性会越大。原因可能在于年轻的务工者在学习能力、身体状况、试错成本等方面都更具优势；另外可能与用人单位对劳动者的年龄要求有关，用人单位更加倾向于雇佣年轻的务工者。

从直方图中还可以观察到，留城群体与回流群体均有两个波峰：一个是 40~50 岁，一个是 20~30 岁。两个群体在第一个峰值上的频数差别不大，但是回流群体在第二个峰值上的频数明显大于留城群体。这意味着，如果农民工在 40~50 岁才外出务工，那么他们在做回流还是留城的决策时差别不大；但是，如果是 20~30 岁就外出务工，那么这部分人由于在城市待的时间更久，他们在城市所积累的资金、社会关系网络等资源量将会更多，将更有利于他们做出留在城市的选择。

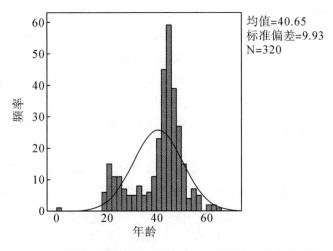

图 4-33　回流群体从事第一项非农工作时的年龄分布直方图

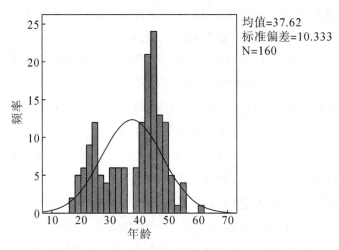

均值=37.62
标准偏差=10.333
N=160

图 4-34　留城群体从事第一项非农工作时的年龄分布直方图

（2）最初的务工原因。

这是一道多选题，占比按个案百分比计算。有 472 个务工样本回答了此问题，其中回流样本 314 个，留城样本 158 个。从整体上看，首先，无论是回流还是留城群体，最初务工的第一大原因都是"农业收入低，打工挣钱"，回流群体占 68.8%，留城群体占 58.2%；占比第二的原因是"出去闯一闯"，回流群体占 36.9%，留城群体占 38.6%；占比第三的原因是"可以多学点本事"。其次，回流群体在外出务工的原因中"认为自己有能力"的占比最小，仅为 4.1%，而留城群体在这个原因的占比较回流群体要高 4.1%；留城群体最初务工原因中占比最小的是"为创业打基础"，占比为 6.3%，这说明即使是留城群体创业的意识和意愿还比较薄弱，还需要引导和加强（见表 4-16）。

对比回流和留城两类群体，回流群体占比较留城群体高的最初的务工原因分别是"农业收入低，打工挣钱"和"看见别人去，自己也去"，分别高 10.6% 和 2.3%；而留城群体占比较回流群体高的最初的务工原因分别是"自己有能力""多学本事""出去闯一闯"，分别高 4.1%、2.1%、1.7%。这种差异反映出农民工外出务工的初衷可能最终会影响到他们做出留城与否的行为选择。留城群体更偏向于自我价值的认同与肯定，并愿意为实现自我价值去追求更加向往的生活；而回流群体外出务工更多的是基于经济原因，而非自我价值的实现，因此在农村经济社会不断发展的条件下，他们回到农村的概率更大。

表 4-16　回流群体和留城群体最初的务工原因分布　　　单位:%

最初打工原因	回流	留城
农业收入低，打工挣钱	68.8	58.2
出去闯一闯	36.9	38.6
多学本事	19.4	21.5
自己有能力	4.1	8.2
为创业打基础	7.6	6.3
看见别人去，自己也去	15.0	12.7
其他	7.3	10.8
合计	159.1	156.3

（3）当初的职业技能等级。

有 465 个务工样本回答了此问题，其中回流样本 309 个，留城样本 156 个。从外出务工群体整体看，留城群体和务工群体技能等级都呈现出了金字塔结构。首先是没有技能等级的占比最大，回流群体达到了 79.0%，而留城群体达到了 81.4%。其次是有技能等级的占比，初级、中级、高级的占比依次降低，回流群体三者占比分别是 15.5%、5.5%、0.0%，留城群体三者占比分别是 13.5%、4.5%、0.6%（见图 4-35）。

对比回流和留城两类群体，虽然两类群体当初的技能等级都呈现出了金字塔结构，但很明显看出回流群体当初的技能等级在同等级所占的比例要高于留城群体。首先，在有等级方面，回流群体的技能等级为初级、中级的占比较留城群体分别高 2.0%、1.0%；其次，留城群体中没有技能等级的占比较回流群体高 2.4%。这说明在大家没有外出务工前，回流群体在最初的整体技能等级较留城群体要高。

再对比前文的图 4-26 可以看出，与当初的职业技能状况相比较，进城务工群体的职业技能等级发生了比较明显的变化。首先，从整体上看，经过一段时间的城市务工之后，务工群体的职业技能等级有了明显的提高，无论是留城群体还是回流群体，没有技能等级的人的占比均出现了下降。其次，技能等级改善非常显著的是留城群体。留城群体在进城务工之初，没有技能等级的人高达 81.4%。但是截至调研日期，留城群体中没有技能等级的人的比例已经下降为 63.2%，下降了约 18.0 个百分点。这一现象有两个含义：一是务工经历的确有助于提升农村转移劳动力的人力资本素质；二是进城务工期间的职业技能提升越快，将越有利于务工群体做出留在城市的选择。

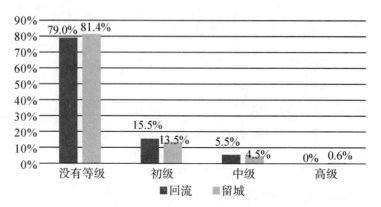

图4-35　回流群体和留城群体当初的职业技能等级分布

（4）在几个单位工作过。

有470个务工样本回答了此问题，其中回流样本313个，留城样本157个。从整体层面上看，留城群体和务工群体在工作过的单位数方面都呈现出了相同的分布结构。具体表现为，占比最大的都是在5个及以上单位工作过，回流群体为33.9%，而留城群体为29.3%；占比第二是在3个单位工作过，回流群体为26.8%，而留城群体为25.5%；占比第三是在2个单位工作过，回流群体为18.8%，而留城群体为23.6%；占比第四是在1个单位工作过，回流群体为12.5%，而留城群体为14.0%；占比最小的都是在4个单位工作过，回流群体为8.0%，而留城群体为7.6%（见图4-36）。

对比回流和留城两类群体，虽然两类群体在工作过的单位数方面都呈现出了相同的分布结构，但两类群体也存在差距。具体表现在留城群体在2个单位工作过的占比较回流群体高4.8%；而在5个及以上单位工作过的占比则是回流群体较留城群体高4.6%。两类群体在1或3个单位工作过的占比差距不大，都未超过1.5%，在4个单位工作过的占比最为接近，差距仅为0.4%。

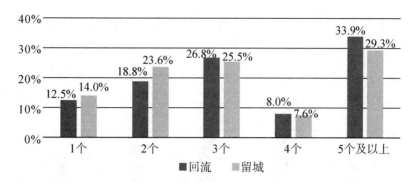

图 4-36　回流群体和留城群体在几个单位工作过的分布状况

（5）近三年换工作的次数。

有 464 个务工样本回答了此问题，其中回流样本 309 个，留城样本 155 个。从整体层面上看，留城群体和务工群体在近三年换工作的次数方面都呈现出了相同的结构。具体表现为，都是近三年没换工作占比最大，两者占比都超过了 50.0%，表明务工群体总体的工作稳定性较高，其中，回流群体为 50.4%，而留城群体为 56.2%；占比第二的是近三年换过 2 次工作，回流群体为 17.5%，而留城群体为 20.6%；占比第三的是近三年换过 1 次工作，回流群体为 17.2%，而留城群体为 11.6%；占比第四的是近三年换过 3 次工作，回流群体为 7.8%，而留城群体为 7.1%；占比最小的都是近三年换过 4 次及以上工作，回流群体为 7.1%，而留城群体为 4.5%（见图 4-37）。

对比回流和留城两类群体，虽然两类群体近三年换工作的次数都呈现出了相同的结构，但两类群体也有差距。留城群体近三年没换工作的占比较回流群体高 5.8%，相比较而言留城群体的工作稳定性比回流群体的工作稳定性要高，进而表明工作的稳定性有利于农民工群体做出留城的决策。

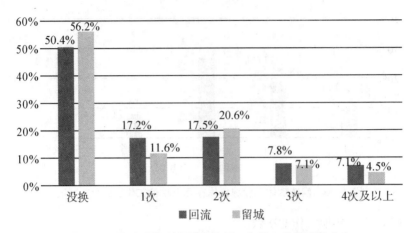

图 4-37　回流群体和留城群体近三年换工作的次数分布

（6）失业多久后会选择回家务农。

有 462 个务工样本回答了此问题，其中回流样本 309 个，留城样本 153 个。从整体层面上看，首先，对于留城群体，绝大部分都选择无论失业多久都不会回乡务农，占比高达 73.9%，说明留城的意愿非常强烈；但也要意识到，还有 26.1% 的留城群体在失业后有回乡务农的打算，其中，在失业后 3 个月以内就回乡务农的比例居然是第二大占比，达到了 8.4%，这说明留城群体虽然留城意愿强烈，但是也存在留城信心不足的问题。政府和企业需要从各方面加强工作，增强留城农民工的信心，进而缩小失业后有回乡务农打算的农民工比例。其次，对于回流群体，前三占比是失业后 1 个月以内、3 个月以内、半年以内，占比分别为 23.3%、22.9%、21.4%，三者总占比达到了 67.6%，说明回流群体失业后坚持不久就会选择回流；同样地，也要看到在回流群体中还有占比 13.6% 的人选择无论失业多久都不会回乡务农，说明尽管这部分人希望自己将来在农村养老，但是在就业上却存在强烈的离农意识（见图 4-38）。

对比回流和留城两类群体，最显著的差异就是在"无论失业多久都不会回乡务农"的占比上，留城群体较回流群体高 60.3%；在失业后会选择回乡务农的时间期限上，回流群体在失业后 1 个月以内、3 个月以内、半年以内、1 年以内的占比分别较留城群体高 18.7%、14.5%、13.6%、12.2%。

该项调查表明，尽管有一部分农村转移劳动力的离农意识非常强烈，甚至在城市失业之后都不愿回乡务农；但是从人数上看，仍然有超过60.0%的农村转移劳动力将土地作为自己的就业保障。这意味着今后需要进一步解决好农民工的失业保障问题，在城市失业保险未完全覆盖农民工群体的时候，就必须将土地所具备的社会保障功能纳入制度设计之中，而不应该仅仅考虑土地所具备的经济功能。

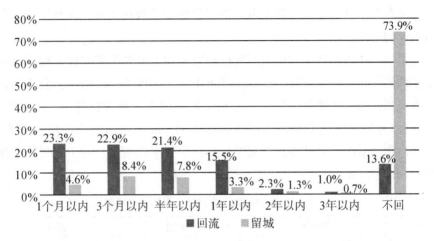

图4-38　回流群体和留城群体失业多久后会选择回家务农分布

（7）找工作遇到的主要障碍。

有475个务工样本回答了此问题，其中回流样本317个，留城样本158个。这是一道多选题，占比按个案百分比计算。从整体上看，回流群体在找工作时遇到的前三大障碍按次序是"文化水平低""没有工作经验""没有社会关系"，三个原因总占比达136.2%，占比最小的原因是性别原因，仅为4.1%；留城群体在找工作时遇到的前三大障碍按次序是"文化水平低""没有社会关系""没有工作经验"，三个原因总占比达130.4%，占比最小的原因和回流群体一样，也是性别原因，仅为6.3%（见表4-17）。对比回流和留城两类群体，可以发现①：

第一，一定的文化程度对农民工的就业非常重要。无论是留城群体还是回流群体，他们都认识到文化水平低是阻碍自己找工作的最大障碍，说明还应该进一步加大针对农村劳动力的就业培训力度。

第二，能否在"干中学"实现人力资本的增值是影响农民工能否扎根

---

① 调查结果检验了前文第2章的理论分析中关于农民工在城市中面临的系列困境。

城市的重要因素。比较回流群体与留城群体，影响回流群体找工作的第二大原因是"没有工作经验"，而这项因素却被留城群体放到了第三位次的影响因素上。工作经验其实就是经过"干中学"所获得的人力资本积累，该因素在留城群体中的影响程度降低，表明尽管留城群体仍未完全解决该问题，但是相对回流群体而言其难度已经有所降低。反过来说，也就是留城群体在务工过程中获得的人力资本增值比回流群体要高，对其留城决策有正向的推动作用。

第三，能否在务工过程中实现社会资本的增值是影响农民工能否扎根城市的另一重要因素。对于已经在"干中学"实现了一定的人力资本增值的农民工而言，"没有社会关系"是他们在城市就业面临的第二大困难，"获得就业信息难"是第四大困难。这表明，除了人力资本的增值之外，在城市构建新的社会网络，以实现自身社会资本的增值，对于农民工扎根城市同样意义重大。

表 4-17　回流群体和留城群体找工作遇到的主要障碍分布　　单位:%

找工作障碍	回流	留城
文化水平低	64.0	58.2
年龄大	21.5	13.3
性别	4.1	6.3
没有工作经验	39.7	34.2
没有社会关系	32.5	38.0
没有本地户口	11.0	10.1
获得就业信息难	20.8	20.9
当地就业机会少	18.0	10.8
其他	6.3	12.7
合计	217.9	204.5

4. 家庭情况

(1) 家庭人口结构——常住人口。

有 480 个务工样本回答了此问题，其中回流样本 320 个，留城样本 160 个。回流和留城两类群体的常住人口规模占比由大到小都是 4 个、5 个、6 个、3 个。回流群体常住人口规模为 4 个和 5 个的总占比达到了 60.1%，而留城群体则是 65.1%。说明无论回流群体还是留城群体，常住人口都是 4 个和 5 个的居多（见表 4-18）。

对比回流和留城两类群体，发现回流群体的常住人口规模较留城群体大，一方面体现在回流群体的常住人口均值为 4.60，较居乡群体的 4.39 高 0.21。还发现回流群体常住人口为 3 个和 7 个的占比较留城群体分别高 3.1% 和 2.6%，而留城群体则是常住人口为 2 个和 4 个的占比较回流群体分别高 3.1% 和 5.6%。

表 4-18   回流群体和留城群体家庭常住人口数量分布状况   单位:%

常住人口	回流	留城
1 人	0.9	0.6
2 人	1.9	5.0
3 人	15.6	12.5
4 人	32.6	38.2
5 人	27.5	26.9
6 人	15.6	15.0
7 人	3.8	1.2
8 人	1.2	0.6
10 人	0.6	0
15 人	0.3	0
合计	100.0	100.0

（2）家庭人口结构——劳动力数量。

有 476 个务工样本回答了此问题，其中回流样本 317 个，留城样本 159 个。回流和留城两类群体的劳动力数量占比由大到小都是 2 个、3 个、4 个、1 个。回流群体劳动力规模为 2 个和 3 个的总占比达到了 76.8%，而留城群体则是 72.4%。说明无论回流群体还是留城群体，劳动力数量都是 2 个和 3 个的居多（见表 4-19）。

对比回流和留城两类群体，发现两类群体的劳动力数量的均值差距不大，回流群体劳动力数量的均值为 2.47，留城群体劳动力数量的均值为 2.52。两类群体的差异主要体现在不同劳动力数量的占比上，回流群体只有劳动力数量为 2 个的占比较留城群体高 7.1%，而留城群体则是劳动力数量为 3 个、5 个、1 个的占比较回流群体分别高 2.7%、2.5%、2.5%。

表 4-19　回流群体和留城群体的家庭劳动力数量分布状况　　　单位:%

劳动力	回流	留城
0 人	0.3	0
1 人	8.2	10.7
2 人	55.6	48.5
3 人	21.2	23.9
4 人	12.6	13.2
5 人	0.6	3.1
6 人	0.9	0.6
7 人	0.3	0
8 人	0.3	0
合计	100.0	100.0

（3）赡养和抚养情况——赡养老人。

有 416 个务工样本回答了此问题,其中回流样本 280 个,留城样本 136 个。回流群体的赡养老人数占比前三的是 2 个、1 个、3 个,占比分别是 42.8%、34.6%、8.2%,赡养老人数为 2 个和 1 个的总占比达到了 77.4%;而留城群体的赡养老人数占比前三的是 2 个、1 个、0 个,占比分别是 44.8%、30.9%、11.8%,赡养老人数为 2 个和 1 个的总占比达到了 75.7%。说明两类群体赡养老人数都是 1 个和 2 个居多（见表 4-20）。对比回流和留城两类群体,发现两类群体的赡养老人数的均值差距不大,回流群体的均值为 1.73,留城群体的均值为 1.69。

表 4-20　回流群体和留城群体的家庭赡养老人数量分布状况　　　单位:%

赡养老人数	回流	留城
0 人	7.5	11.8
1 人	34.6	30.9
2 人	42.8	44.8
3 人	8.2	4.4
4 人	6.1	7.4
5 人	0.4	0
6 人	0.4	0
8 人	0	0.7
合计	100.0	100.0

（4）赡养和抚养情况——子女总数。

有286个务工样本回答了此问题，其中回流样本190个，留城样本96个。回流群体的子女总数占比前三的是2个、3个、1个，占比分别是60.5%、15.8%、12.1%，子女总数为2个和3个的总占比达到了76.3%；而留城群体的子女总数占比前三的是2个、1个、0个，占比分别是60.5%、14.6%、13.5%，子女总数为2个和1个的总占比达到了75.1%。说明两类群体子女总数是1个和2个居多（见表4-21）。对比回流和留城两类群体，发现在子女总数的均值上差距不大，回流群体为1.83，而留城群体为1.74。

表4-21　回流群体和留城群体的家庭子女总数分布状况　　　单位:%

子女总数	回流	留城
0人	11.1	13.5
1人	12.1	14.6
2人	60.5	60.5
3人	15.8	9.4
4人	0	1.0
5人	0.5	0
6人	0	1.0
合计	100.0	100.0

（5）承包地面积。

有359个务工样本回答了此问题，其中回流样本252个，留城样本107个。回流群体的家庭耕地面积占比分布较为广泛，在各个分组都有分布，而留城群体的家庭耕地面积则主要分布在0~5亩内，占比达到了86.1%，耕地面积最大的分组仅为21~50亩，占比也才0.9%，占比极少。说明留城群体的家庭耕地面积较小，主要分布于0~5亩（见表4-22）。

对比回流和留城两类群体，发现回流群体的耕地面积比留城群体的大，从平均耕地面积看，回流群体为8.15亩，较留城群体的3.64亩高4.51亩。从规模分组来看，留城群体仅在0~5亩这一分组中的占比较回流群体高6.5%，而在11~20亩、21~50亩这两组则是回流群体较留城群体高3.1%、1.5%，说明耕地面积越大，选择回流的可能性越大。在0~5亩分组上的耕地面积组别中，留城群体的比例比回流群体高，今后可以采取适当措施鼓励他们有序退出耕地，把耕地流转给回流群体，缓解农村的人地矛盾。

表 4-22　回流群体和留城群体的承包地面积分组　　　　　单位:%

耕地面积分组	回流	留城
0~5 亩	79.6	86.1
6~10 亩	12.8	12.1
11~20 亩	4.0	0.9
21~50 亩	2.4	0.9
51~100 亩	0.4	0
100 亩以上	0.8	0
合计	100.0	100.0

（6）耕地的处理方式。

有 363 个务工样本回答了此问题，其中回流样本 233 个，留城样本 130 个。在所调查的回流和留城群体中，对耕地的处理方式占比前三的都是交给家里其他人种、送给别人种、抛荒。两类群体选择把耕地还给集体的占比都最小，都不足 2.0%（见表 4-23）。从数据对比可以看出，回流群体的耕地处理方式占比较留城群体高的方式是送给别人种、租给别人种、被征用，分别高 4.0%、3.1%、3.1%。而"抛荒"这种方式留城群体的占比却较回流群体高 4.2%。今后准备扎根城市的人，宁愿土地抛荒也不愿意流转土地，说明目前的土地资源并未得到有效利用，下一步土地制度改革需要重视这种情况，通过制度的完善来提高土地资源的利用效率。

表 4-23　回流群体和留城群体耕地处理方式　　　　　单位:%

耕地的处理方式	回流	留城
交给家里人	37.8	39.2
租给别人种	11.6	8.5
送给别人种	24.0	20.0
抛荒	12.0	16.2
还给集体	1.7	0.8
被征用	6.9	3.8
其他	6.0	11.5
合计	100.0	100.0

（7）抛荒原因。

此题是针对把土地抛荒的群体进行的调查，共有 196 个务工样本回答了此问题，其中回流样本 124 个，留城样本 72 个。对于回流群体，"种地不划算，没有外人愿意种"占比最大，为 42.7%；占比第二的为"担心万一自己在外面找不到工作，回来以后无地可种"，占比为 13.7%；占比第三的原因是"租金太低，今后想收回来的时候太麻烦，得不偿失"，占比为 8.1%。对于留城群体，占比最大的原因也是"种地不划算，没有外人愿意种"，占 45.8%；"担心万一自己在外面找不到工作，回来以后无地可种"和"有外人愿意种，但是需要村集体同意，太麻烦"占比相同，占比都为 11.1%；占比最小的原因是"租金太低，今后想收回来的时候太麻烦"，占比仅为 5.6%（见表 4-24）。

对比两类群体发现，回流群体耕地抛荒原因占比较留城群体高的方式有两个，第一是"担心万一自己在外面找不到工作，回来以后无地可种"，第二是"租金太低，今后想收回来的时候太麻烦，得不偿失"，占比分别高 2.6%、2.5%；留城群体耕地抛荒原因占比较回流群体高的方式有两个，第一是"有外人愿意种，但是需要村集体同意，太麻烦"，第二是"种地不划算，没有外人愿意种"，占比分别高 3.8%、3.1%。

调查显示，土地抛荒的主要原因还是经济原因，无论是回流群体还是留城群体，之所以选择抛荒土地，最大的原因均是"种地不划算""租金太低"本质上也反映出农业经营的经济效益太低，属于经济原因。

表 4-24　回流群体和留城群体抛荒原因　　　　　　单位:%

抛荒原因	回流	留城
种地不划算，没外人种	42.7	45.8
需村集体同意，太麻烦	7.3	11.1
租金太低，收回来麻烦	8.1	5.6
找不到工作，做保障	13.7	11.1
其他	28.2	26.4
合计	100.0	100.0

（8）家庭年纯收入。

有 421 个务工样本回答了此问题，其中回流样本 285 个，留城样本 136 个。回流群体的家庭年纯收入均值为 33 704.47 元，中值为 20 000.00 元；而留城群体的家庭纯收入均值为 52 901.85 元，中值为 30 000.00 元，均值较居乡群体高了近 2 万元。回流群体的家庭纯收入占比随着收入的增高在不断减少，所以占比最大的是 0~10 000 元，占比为 30.0%，占比最小的是 100 000 元以上，占比为 2.7%，回流群体家庭收入在 4 万元以下的，占比为 70.5%；留城群体的家庭纯收入占比整体上随着收入的增高在不断减少，但是占比最大的却是 10 001~20 000 元的分组，占比为 27.8%，可以看出留城群体占比最大的分组收入要较回流群体高，占比最小的是 100 000 元以上，占比为 6.6%（见表 4-25）。

对比两类群体可以发现，在 6 万元以下分组中，占比多是回流群体较高，具体表现为 0~10 000 元、20 001~40 000 元、40 001~60 000 元这三个分组回流群体较留城群体分别高 9.4%、2.5%、5.0%；而在 6 万元以上分组的占比则是留城群体高，具体表现为 60 001~80 000 元、80 001~100 000 元、100 000 元以上这三个分组留城群体较回流群体分别高 3.0%、4.1%、3.9%。值得注意的是在 10 001~20 000 元这个分组的占比也是留城群体较回流群体高，高出 5.9%。说明留城群体的家庭纯收入普遍比回流群体高，但是也存在一部分人尽管家庭收入不高但也选择了将来留城，不希望再回到农村。

调查显示，从趋势上看，收入越高的群体，其将来留城养老的概率会越大。但是，这种趋势并不是一种线性增长的关系，而是呈现区间变化的态势：由于绝对收入低，最低收入组（低于 10 000 元）的人更倾向于回到农村养老；但是，在务工群体中属于中等收入（20 001~60 000 元）的群体也更愿意回到农村养老。究其原因，笔者认为主要是相对收入在起作用。家庭年收入 6 万元以下在城市属于中等及以下的收入水平，但回到农村却属于高收入。处于这种收入水平的人，回到农村能够获得其在城市无法获得的社会心理满足感。

表 4-25　回流群体和留城群体家庭纯收入分布　　　　单位：%

家庭纯收入分组	回流	留城
0~10 000 元	30. 0	20. 6
10 001~20 000 元	21. 9	27. 8
20 001~40 000 元	18. 6	16. 1
40 001~60 000 元	16. 8	11. 8
60 001~80 000 元	5. 9	8. 9
80 001~100 000 元	4. 1	8. 2
100 000 元以上	2. 7	6. 6
合计	100. 0	100. 0

（9）个人收入来源。

有464个务工样本回答了此问题，其中回流样本307个，留城样本157个。这是一道多选题，占比按个案百分比计算。在所调查的回流和留城群体中，最主要的收入来源都是打工收入，第二是农业收入，其余收入来源占比都很小，说明务工群体的收入来源比较单一，主要以打工收入为主，农业收入为辅（见表4-26）。

对比两类群体可以发现，回流群体的农业收入占比较留城群体有绝对优势，占比高9.1%；留城群体的收入来源占比中经营工商业较回流群体高，高出3.1%，说明留城群体会通过其他方式来增加收入，比如经营工商业。

表4-26　回流群体和留城群体个人收入来源　　　　　　单位:%

个人收入来源	回流	留城
养老金	3.6	3.2
农业收入	21.2	12.1
家庭成员赡养费	2.0	1.3
打工收入	82.1	80.9
低保	2.9	1.9
经营工商业	3.9	7.0
其他	9.8	7.6
合计	125.5	114.0

（10）个人月收入。

有453个务工样本回答了此问题，其中回流样本305个，留城样本148个。回流群体的个人月收入均值为3 153.7元[1]，而留城群体的个人月收入均值为3 552.4元[2]，较回流群体高398.7元，说明个人月收入越高的农民工越倾向于留城，两个群体个人月收入的中位数都为3 000元。回流和留城两类群体的个人月收入主要集中在0~4 000元，总占比都达到了74.0%；两类群体的个人月收入占比整体上都是随着收入的增加而减少（见表4-27）。

---

[1] 该均值是在去除极端值之后的切尾均值。
[2] 该均值是在去除极端值之后的切尾均值。

表 4-27　回流群体和留城群体个人月收入分布　　　　　单位:%

个人月收入分组	回流	留城
0~1 000 元	8.6	5.4
1 001~2 000 元	27.7	24.3
2 001~3 000 元	28.5	23.6
3 001~4 000 元	15.7	20.9
4 001~5 000 元	10.8	14.2
5 001~6 000 元	4.0	2.6
6 001~7 000 元	0.6	2.8
7 001~8 000 元	1.9	1.4
8 001~10 000 元	1.6	4.1
10 000 元以上	0.6	0.7
合计	100.0	100.0

对比两类群体可以发现，个人月收入在 3 000 元以下的占比是回流群体较留城群体高 11.5%，具体表现在 0~1 000 元、1 001~2 000 元、2 001~3 000 元这三个分组回流群体较留城群体分别高 3.2%、3.4%、4.9%；而在 3 001~10 000 元分组的占比上总体则是留城群体较回流群体高，具体表现在 3 001~4 000 元、4 001~5 000 元、6 001~7 000 元、8 001~10 000 元这四个分组留城群体较回流群体分别高 5.2%、3.4%、2.2%、2.5%。

4.2.2　回流趋势调查：基于微观调查数据

本书根据微观调研数据，假定农民工回流农村养老的年龄为 60 岁，并对 2020—2040 年农民工回流农村养老的趋势进行分析及预测，因此统计的是截至调查期的 40~60 岁的回流人群。根据统计结果，511 名外出务工的人中，有 325 人选择回流，而年龄为 40~60 岁的回流农民工人数为 229 人，占所有回流人群的 70.46%。

1. 回流趋势及速度

通过对调查数据的统计分析发现，农民工回流的态势可划分为三个阶段：第一阶段是 2020—2029 年，回流的人数和规模都很小，该阶段的回流规模占比为 9.61%；第二阶段是 2030—2035 年，该阶段回流规模在不断变大，回流规模占比提高至50.22%，说明超过半数的回流人群会在该阶段回流；第三阶段是2036—2040年，该阶段的回流规模较上一阶段开始减小，但是占比依旧超过总体回流规模的四成，回流规模占比为40.71%，回流规模依旧处于高位。

进一步地从图4-39中也可以明显看出三个阶段回流的速度也不同①。第一阶段回流速度处于低位，年均回流速度为1.06%/年。到了第二阶段回流速度开始不断加快，并逐渐达到最大，该阶段年均回流速度为8.37%/年。第三阶段虽然回流速度没有增加，但是依旧处于相对较高的位置，年均回流速度为8.04%/年。

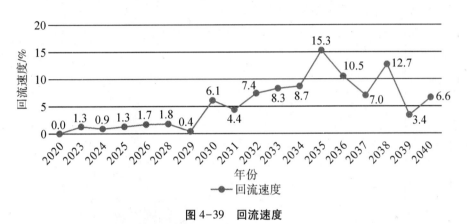

图4-39　回流速度

2. 回流人群的年龄结构及峰值

40~60岁的回流群体的年龄结构如表4-28所示。40岁以上回流人群的年龄绝大部分分布在40~49岁这个阶段，总占比为84.3%。占比最大的是45~49岁，占比为44.1%，占比最小的是55~60岁，占比为5.7%。通过对回流群体年龄结构的分析可以发现，未来20年，农民工大规模回流的时间集中在后10年，对应样本人群年龄为40~49岁，与图4-39得出的结论吻合。

---

① 采用当年意愿回流人数占总体意愿回流人数的百分比来表示。

表4-28　40岁以上回流群体的年龄结构分布　　　　　单位:%

年龄分层	回流群体占比
40~44 岁	40.2
45~49 岁	44.1
50~54 岁	10.0
55~60 岁	5.7
合计	100.0

另外,从图4-40也可以看出,未来20年中农民工回流的峰值年份是2035年,当年回流的规模将达到在此期间回流人数的15%。

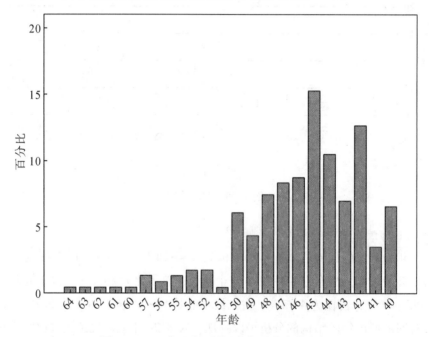

图4-40　40岁以上回流群体年龄分布直方图

3. 回流的时间节点与阶段压力

(1) 时间节点。

根据上面的分析,可以得出以下两个时间节点是非常关键的时间节点:

2029年是第一个关键节点。在2029年以前,回流农村养老的农民工占外出务工人员的比例并不大,平均每年回流的人员占意愿回流人员的比例在 1.0%左右。但是 2029 年以后，年均回流人员占外出务工人员的比例将大大增加，平均每年回流的人员占意愿回流人员的比例将急速地由 1.0%左右上升到 8.0%左右。

2035 年是第二个关键节点。在 2035 年之前，回到农村养老的农民工的回流速度基本呈现逐年加速上升的趋势，并在 2035 年达到最高峰值速度，当年回流的人员超过意愿回流人员的 15.0%。2035 年之后，回流的速度开始逐渐放缓，但是由于历史累积原因，2035 年之后回到农村养老的农民工总数将达到最高峰。

（2）阶段压力。

第一阶段：2020—2029 年。这个阶段持续时间约 10 年，由于人员回流速度慢、回流人数总量低，这个阶段的农村养老资源配置受回流人员的影响相对较小，该时期主要的服务对象是农村既有的老人。这个时期的压力相对较小，但这个时期也恰恰是进行农村养老制度改革的关键时期。必须抓住这个关键期，加快相关制度、体制、机制的构建和完善，以迎接即将到来的压力增长期。

第二阶段：2030—2035 年。这个阶段持续时间约 6 年，由于这个阶段的人员回流速度不断快速加大，这个阶段的回流人员也将快速增加。同时因回流人员增多，对农村养老资源的需求也将呈现多样化的趋势。回流势头很猛，对农村既有的养老资源将快速形成很大压力，如果前期改革不到位，这个时期的农村养老资源可能会出现比较严重的短缺。这不仅导致农村养老资源的短期价格快速上涨，同时也有可能会产生一些较为严重的与农村老人有关的社会问题。所以，在第一阶段必须尽快做好制度层面的改革准备，然后在这个基础上，于第二阶段加快形成相对完整的养老产业体系，以应对农村养老压力的提高。

第三阶段：2036—2040 年。这个阶段持续时间约 5 年，这个阶段人员回流的速度将下降，但是总体回流的人员因历史累积，将达到高峰。因此，这个阶段对农村养老资源的配置来说，将持续保持"高压"。但因为经济社会经过长足发展，以及前两个阶段的改革实践，这个时期的农村养老制度将趋于完善，农村养老产业的发展也会进入更高的水平，所以尽管压力仍然较大，但是这个阶段的一些养老产品或服务的价格将保持稳定，甚至出现局部下降的可能。

4.3　农村居民养老需求调查：回流与居乡的对比

从第 2 章的理论分析知道，有的农民工在城市能够站稳脚跟并市民化，但也有的农民工无法融入城市，到老年的时候仍会回到农村养老。这部分回到（及准备回到）农村养老的农民工由于接受了城市生活的"洗礼"，在养老需求上可能与未外出务工的农村居民存在差异①。本节将以微观社会调查为基础展开对二者的养老需求的比较分析。

4.3.1　农村居民养老期望

1. 老年生活打算

共有 943 个人回答了"您的养老生活打算是什么？"这一多选题，其中居乡群体有 436 人，回流群体有 323 人。从表 4-29 可以看出，选择帮助儿女照料家庭的人数最多，占到了 58.5%，选择休闲的人占到了 40.5%，选择回家种地的人占到了 35.9%。这说明大多数的农村居民仍持有传统的家庭观念，愿意在进入老年之后继续帮助子代减轻生活压力；也有部分人愿意在老年继续从事"种地"及"务工"等劳动。也要看到有 40.5% 的人不愿再从事农业劳动、务工等高强度工作，还有 19.8% 的农村居民选择在退休后"经常出去旅游"这样一种现代城市退休老人的养老生活方式。

调查显示：目前农村居民的养老观念已经开始分化，大部分农村居民仍然比较传统，但已经有部分农村居民的养老观念开始与城市趋同。

表 4-29　养老打算在全样本中的整体分布

	频数	占比/%
继续务工	133	14.1
回家种地	339	35.9
经常出去旅游	187	19.8
休闲	382	40.5
再次创业	45	4.8

---

① 因为大部分受访农民工仍然在外务工，所以严格来说这里的"回流人群"是有意愿回流的农民工群体。

表4-29(续)

	频数	占比/%
帮助儿女照料家庭	552	58.5
其他	169	17.9

从表4-30可以看出，居乡人群的养老打算与全样本统计结果相类似。选择帮助儿女照料家庭的人占60.3%，选择休闲的人占42.4%，选择回家种地的人占38.1%。可以看出居乡的人思想相对更加传统，更愿意在老年为儿女和家庭做一些力所能及的事。

表4-30　养老打算在居乡人群中的分布

	频数	占比/%
继续务工	47	10.8
回家种地	166	38.1
经常出去旅游	88	20.2
休闲	185	42.4
再次创业	14	3.2
帮助儿女照料家庭	263	60.3
其他	93	21.3

从表4-31可以看出，在回流的人群中，一个非常显著的现象就是未来选择回家种地养老的比例达到53.6%，显著地高于全样本中的占比以及居乡群体中的占比，同时回流群体中选择继续务工的比例只有6.5%。说明这部分回流群体很难融入城市，并对乡村生活充满了感情及眷恋。

表4-31　养老打算在回流人群中的分布

	频数	占比/%
继续务工	21	6.5
回家种地	173	53.6
经常出去旅游	60	18.6
休闲	121	37.5
再次创业	16	5.0
帮助儿女照料家庭	186	57.6
其他	43	13.3

2. 马斯洛需求层次

马斯洛需求理论将人的需求划分为五个不同层次，包括生理需求、安全需求、社交需求、尊重需求和自我实现的需求。为了考察农村居民的养老需求层次，本书设计了一个问题"您更看重自己老年生活的哪些方面？"这是一道多选题（限选5项），选项包括：①要有收入来源；②生病要有钱医治；③生活上有人照顾；④丰富的文体活动；⑤每年能旅游一次；⑥儿女要在身边；⑦有几个谈得来的朋友；⑧能参加社区组织的各种活动；⑨为村里做些力所能及的事；⑩成为一个受人尊重的老者；⑪干成了自己想干的一番事业。通过不同的选项设计，以考察不同的农村居民个体，以及群体在养老需求层次上可能存在的不同。

生理需求。衣、食、住、行、医是最基本的生理需求，而这些最基本的生理需求中，除了部分食物和住房可以由家庭提供以外，其余都需要从市场购买，因此我们用"要有收入来源"来反映生理需求。

安全需求。老年人的就医需求较大，但是家庭经济承受能力不同，故而"有钱治病"也属于安全需求。另外，因为老年人的身体灵活程度、头脑反应程度、对于新鲜事物的接受程度都大打折扣，所以"生活上需要人照顾"也是安全需求的一部分。

社交需求。老年人日常生活中社交圈较小，与外界的交流较少，一定程度上可能会给该群体的日常生活造成困扰，所以有丰富的文体生活、每年能旅游一次、儿女在身边和有几个谈得来的朋友都能在一定程度上扩大该群体的社交圈子。

尊重需求。从老年人的尊重需求来看，很多老年人可能面临自身的意见不受重视的情况，从而降低他们的自信心，针对这一点可以通过参加社区组织的活动、为村里做些力所能及的事来提高自己受人尊敬的程度。

自我实现的需求。本书主要通过"干成了自己想干的一番事业"来反映受访对象的自我实现需求。

（1）生理需要。

①要有收入来源。

要有收入来源这一选项被选中462次，占人群的49.2%。这说明目前农村居民的收入水平还不高，养老的经济保障不够，反映出农村居民在养老需求层次上的生理需求还很大。

居乡的人群中选择要有收入来源的人比例达到57.7%，回流的人群中选择该选项的比例占 42.3%。这说明居乡的人群比回流的人群收入更低也更不稳定，养老的经济保障需要提高（见图 4-41）。

②生病需要有钱医治。

生病需要有钱医治被选中 662 次，占全体受访人员的 71.0%。说明目前农村居民对于老年健康存在强烈的需求。

从居乡和回流的人群来看，居乡的人比回流的人更看重该项，选择该选项的居乡群体的比例比回流群体高 20.4%。

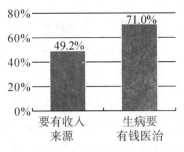

图 4-41　生理需要

（2）安全需要。

安全的需要主要体现在生活上有人照顾。"生活上有人照顾"被选中 583 次，占全体受访人员的 62.1%，说明相对于生理安全而言，农村居民对老年生活的安全需要程度更高。生活上有人照顾是满足自身安全需求的重点，随着年龄增长，老年人生活上更需要获得年轻人的帮助。但随着社会变迁，子代身上肩负的社会责任越来越大，压力也随之而来。当代年轻人大多是独生子女，大部分外出务工的农民工很难兼顾工作、自己的小家和父母的原生家庭。因此，满足农村居民老年生活的安全需要，不仅需要子代的帮助，也需要借助社会的力量。

将居乡群体和回流群体独立出来并进行对比可发现，居乡的人更看重生活上有人照顾，这主要是因为居乡群体的年龄比回流群体更大①，群体中老年人的比重更大，他们对老年生活中缺人照顾有更加深刻的认识（见图 4-42）。

---

① 上文介绍过居乡群体的平均年龄为 44.77 岁，回流群体的平均年龄为 40.77 岁。

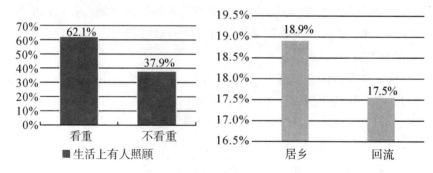

图 4-42　安全需要

（3）社交需要。

①文体活动。

该选项主要考察农村居民在需求层次上与城市居民的相同程度。调查结果显示（见图 4-43）："丰富的文体活动"被选中 235 次，占全体受访者的 25.0%，可以看出相对而言农村居民整体上对于文体活动需求不大。这说明目前农村居民更看重的还是生理和安全需求，文体活动主要作为一种排解寂寞、打发时间的方式。

就回流群体和居乡群体的比较来说，居乡的人比回流的人更看重文体生活。这是因为目前农村的生活方式还比较单调，娱乐活动比较少，而回流的人有更多的机会接触不同的文体活动，也有更宽的社交圈子，所以居乡的人比回流的人更加看重此项。

②每年旅游一次。

该选项主要考察农村居民在需求层次上与城市居民的趋同程度。从调查结果看，"每年能旅游一次"的选项被选中 145 次，占全体受访者的 15.4%，可以看出农村居民整体上对于旅游的需求不大。说明旅游依然是大家意识中的高消费活动，大多数农村居民的消费意识与城市居民还是存在一定的差异。

比较回流和居乡的人群，发现居乡的人群更看重每年能旅游一次，这说明长期居住在安静简单的农村，居乡的人对外界非常好奇，但是年轻时候没有经济条件，也没有机会，所以更希望在老年能够出去看看。

③儿女在身边。

"儿女要在身边"的选项，被选中 426 次，占全体受访者的 45.4%，可以看出大家对于儿女在身边的重视程度很高。传统的"养儿防老"的思想和中国自古以来对于亲情的看重，都让老年人非常在意晚年能有儿女在身边。老年人随着年纪增大，身体状况不如以前，行动不便，反应迟缓，生活上的很多事都无法亲力亲为，也无法对自己的人生做决定，所以更希望儿女能陪伴在侧，帮助他们。

对比回流和居乡群体可以发现，居乡的人明显更看重自己晚年时儿女能在身边。这与农村青壮年劳动力外出务工之后，农村出现大量的"留守老人"无法得到亲情的安慰，导致农村老人的情感需求难以得到满足有很大的关系。

④谈得来的朋友。

"有几个谈得来的朋友"这一选项被选中 357 次，占全体受访者的38.0%，表明大家对于人际交往的需求比较看重。这说明随着农村社会从传统型社会不断向现代型社会转型，农村居民之间的社会交流形态也在发生变化，当他们进入老年后，希望能够有几个聊得来的朋友可以缓解压力，排遣子女不能陪伴身边的寂寞。

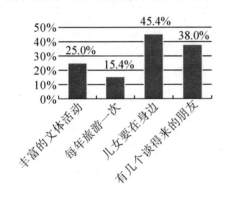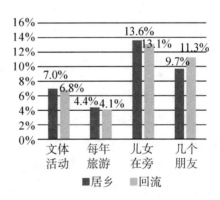

图 4-43　社交需要

（4）尊重的需要。

①参加社区组织的活动。

根据图 4-44，参加社区组织的活动被选中 64 次，占全部受访者的6.8%，可以看出就整个样本群体而言，大家并不看重社区活动。这可能与农村社区建设时间相对比较短，社区活动在内容上缺乏针对性，村民们暂时还不能从参加社区活动中获得社会价值认同等因素有关。

②为村里服务。

"为村里服务"的选项被选择了 85 次，占全部受访者的 9.1%，可以看出为村里服务的受重视程度高于参加社区组织的活动。这说明就整个样本群体而言，他们对于为村里服务的行为更加看重，为村里做力所能及的事既能发挥自己的余热，也能赢得别人的尊重。

③受人尊敬。

"受人尊敬"的选项被选择了 195 次，占全部受访人的 20.8%，可以看出大家对于受人尊敬的看重程度很高。这说明每个人都需要得到别人的认可和尊重，只是在艰苦的环境下这种意识可能会被忽略，但是当人有能力和机会的时候，也会尽可能争取得到尊重。

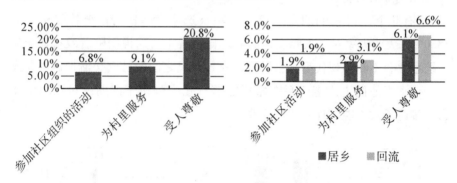

图 4-44　尊重的需要

(5) 自我实现的需要。

根据图 4-45，选择"干成一番事业"的有 43 次，占全部样本的 4.6%。自我实现是整个马斯洛需求层次中最高的一层，整个社会中生理、安全、社交、尊严的需要都实现的人只有很少一部分。数据显示，追求自我实现的人更是凤毛麟角。

对比居乡和回流的人，回流的人更看重自我实现，因为外出务工的经历给了他们机会积累启动资金和人际资本，见识到更多的成功途径，学习到更多的知识文化，所以他们更加渴望干成一番事业，实现自身价值。

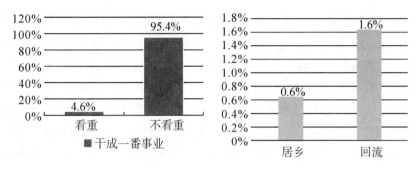

图 4-45　自我实现的需要

3. 期望的养老方式

（1）养老方式选择。

本书设计了问题"假如行动不方便了，您会选择什么养老方式?"选项包括：家庭养老、自我养老、机构养老、社区养老以及居家养老五项。家庭养老是在家里由儿女照顾；自我养老是在家自己照顾自己，不要儿女照顾；机构养老是长住在养老院、敬老院等养老机构里面养老（需要付费）；社区养老是白天在农村社区中心接受照顾，晚上回家由儿女照顾（需要付费）；居家养老是在家里养老，接受社会上的养老服务人员照顾（需要付费）。

共有937位受访者回答了该问题。从表4-32可以看出，在全体受访者中，选择家庭养老的比例最高，占55.0%；其次是自我养老，占29.8%；选择居家养老的人最少。选择机构养老、社区养老和居家养老方式的人合计仅占15.2%，说明目前市场化养老的意愿还很弱，传统的依靠子女的养老方式仍然占据主流，在儿女无法照顾自己的情况下，农村居民主要依靠自己照顾自己。

表 4-32　"养老方式"在全样本中的总体分布

养老方式	频数	有效百分比/%	累积百分比/%
家庭养老	515	55.0	55.0
自我养老	279	29.8	84.7
机构养老	61	6.5	91.2
社区养老	47	5.0	96.3
居家养老	35	3.7	100.0
合计	937	100.0	100.0

居乡群体和回流群体中有547人回答了该问题,其中居乡群体共318人,回流群体共229人。从表4-33可以看出,无论是目前居乡还是将来选择回流的人群都更倾向于家庭养老,二者的占比都超过了57.0%。其次是选择"自我养老",两类人群各自的占比差别不大。相比较而言,回流的人群对社区养老和居家养老的养老方式接受度更高。这说明,受传统"养儿防老"思想和社会现状影响,目前主流的养老方式还是家庭养老,由子女赡养父母。对于外出务工将来选择回流的人群而言,由于对城市居民养老方式有所了解,故而有少数人对于一部分付费养老服务也能够接受。

表4-33 "养老方式"与"居乡回流人群"列联表　　　　单位:%

	居乡	回流
家庭养老	57.0	57.1
自我养老	30.0	27.2
机构养老	5.8	5.6
社区养老	3.7	6.2
居家养老	3.5	4.0

(2) 市场化养老意愿。

①付费养老意愿。

为了考察农村居民对付费养老的看法,本书放松了上一题的约束条件"行动不方便",针对受访者提出了"您愿意花钱接受机构养老、社区养老,或者居家养老吗?"共有907人回答了的问题。如表4-34所示,有361人选择愿意花钱养老,占有效比的39.8%,546人选择不愿意,占有效比的60.2%。可以看出尽管在实际的养老方式选择上,农村居民在自理能力下降的时候对社会化养老方式的接受程度仍比较低,但是人们对于付费养老的接受程度却明显更高。说明市场经济观念对传统农村社会的影响已经显现,在有了一定的经济基础的情况下,人们对付费购买养老产品与服务的态度已经有所转变,有更多的人愿意付费接受社会化养老服务。

表 4-34　养老消费意愿的总体分布

		频数	百分比/%	有效百分比/%	累积百分比/%
有效	花钱	361	37.9	39.8	39.8
	不花	546	57.3	60.2	100.0
	总计	907	95.2	100.0	
缺失	系统	46	4.8		
总计		953	100.0		

居乡群体和回流群体中共有 734 人回答了"您愿意花钱接受机构养老、社区养老，或者居家养老吗？"的问题。从表 4-35 可知：相比居乡的人，回流的人更愿意接受花钱的养老方式，其占比要高 9.60 个百分点。这说明虽然整体上样本群体愿意付费养老的比例相对不高，但是对于回流的人群而言，一方面，由于在城市务工的过程中，耳闻目睹了大量的城市居民的付费养老案例，其自身的养老观念受到影响，已经发生了变化；另一方面，由于在外务工，其经济条件较居乡群体也更好，故而有一定的选择付费养老的经济基础。这也在一定程度上验证了前文理论分析过程中得出的"回流群体相对于居乡群体由于社会网络结构的变化会导致其养老需求变化"的结论。

表 4-35　"养老消费意愿"与"居乡回流人群"列联表

	居乡		回流	
	频数	占比/%	频数	占比/%
花钱	143	33.8	135	43.4
不花	280	66.2	176	56.6
总计	423	57.6	311	42.4

②养老支付水平。

在上述愿意选择花钱养老的人群中，共有 323 人回答了"如果您愿意支付费用，那您一个月最高愿意支付多少费用？"的问题。从表 4-36 可知，居乡群体共 143 人，回流群体共 135 人。整体人群中愿意支付的费用的均值是 1 508 元/人，居乡的人群均值是 1 288 元/人，回流的人群均值是 1 583 元/人。这说明回流人群的收入高于居乡人群，能支付的费用也比居乡的人群更多。

表 4-36 养老支付费用在人群中的分布

	频数	均值/元
整体	323	1 508
居乡	143	1 288
回流	135	1 583

③拒绝养老机构的原因。

共有 681 人回答了"您不愿意选择养老机构的原因是?"的问题。从表 4-37 可以看出,其中觉得自己的思想观念适应不了的占到 68.9%。这说明目前的农村居民对于机构养老还存在很大的抵触情绪。从笔者与村民们的交流中也可以观察到这种抵触现象具有强烈的社会文化含义,很多农村居民认为只有"无儿无女"的人才到敬老院、养老院等养老机构里去养老。说明目前大部分的农村居民在思想意识上对社会化养老的接受度还不够。此外,社会化养老服务的价格过高也阻碍了农村居民对这种新的养老模式的接受,约 22.2% 的人认为养老机构的收费不合理。

表 4-37 拒绝养老机构的原因在全样本中的分布

	频数	占比/%
自己的思想观念适应不了	469	68.9
养老机构收费不合理	151	22.2
养老机构缺乏专业的技术和服务人员	99	14.5
养老机构的硬件设施不齐备	63	9.3

共有 554 名居乡和未来准备回流的受访者回答了"您不愿意选择养老机构的原因是?"的问题。从表 4-38 可以看出,居乡群体认为观念上接受不了的占比高达 71.2%,回流群体的情况要好些,占比比居乡群体低 6.5%,说明居乡的人群思想观念比回流的人群更为保守。

表 4-38 拒绝养老机构的原因在居乡回流人群中的分布

	居乡		回流	
	频数	占比/%	频数	占比/%
自己的思想观念适应不了	235	71.2	145	64.7
养老机构收费不合理	75	22.7	52	23.2
养老机构缺乏专业的技术和服务人员	51	15.5	35	15.6
养老机构的硬件设施不齐备	29	8.8	21	9.4

4.3.2 农村养老保障政策需求

上文对农村居民的养老期望、马斯洛需求层次，以及期望的养老方式进行了调查分析。这些期望和需求的落实需要一定的财力、人力、物力资源以及相应的组织与实施才能得以实现。针对农村居民未来较长一段时间内的养老资源需求状况，本书从制度保障、设施保障、人员及服务保障、组织与实施保障等多个方面对受访者进行了政策重要性调查。

1. 制度保障

制度保障包括实施最低生活保障、新型农村社会养老保险制度①，以及新型农村合作医疗保险制度三方面。

（1）最低生活保障。

有933位受访者对实施最低生活保障的重要程度进行了回答（见表4-39）。认为不重要的有16人，占有效比的1.7%；认为重要性较低的有14人，占有效比的1.5%；认为一般的有65人，占有效比的7.0%；认为比较重要的有128人，占有效比的13.7%；认为很重要的710人，占有效比的76.1%。可以看出对于整体来说，大家都认为最低生活保障非常重要。

表4-39 实施最低生活保障（低保）（一）

		频数	百分比/%	有效百分比/%	累积百分比/%
有效	不重要	16	1.7	1.7	1.7
	重要性较低	14	1.5	1.5	3.2
	一般	65	6.8	7.0	10.2
	比较重要	128	13.5	13.7	23.9
	很重要	710	74.7	76.1	100.0
	总计	933	98.1	100.0	
缺失	系统	18	1.9		
总计		951	100.0		

从表4-40可以看出，对于最低生活保障，居乡的人群中选择不重要、重要性较低、一般的合计有38人，占比8.8%；选择比较重要和很重的合计有393人，占有效比的91.2%。回流群体的选择与居乡群体的选择基本

---

① 新型农村社会养老保险的实施时间比较长，相对于城乡居民社会养老保险在农村的知悉度更高，故在设计问卷时按习惯采用了此名称。

一致，二者在结构上差别不大。

表 4-40　实施最低生活保障（低保）（二）

	居乡		回流		合计
	频数	有效百分比/%	频数	有效百分比/%	频数
不重要	4	0.9	7	2.2	11
重要性较低	6	1.4	4	1.3	10
一般	28	6.5	19	5.9	47
比较重要	56	13.0	43	13.4	99
很重要	337	78.2	247	77.2	584
总计	431	100.0	320	100.0	751

（2）新型农村社会养老保险。

有 929 位受访者对建立新型农村社会养老保险的重要程度进行了回答（见表 4-41）。认为不重要的有 4 人，占有效比的 0.4%；认为重要性较低的有 8 人，占有效比的 0.9%；认为一般的有 112 人，占有效比的 12.1%；认为比较重要的有 262 人，占有效比的 28.2%；认为很重要的有 543 人，占有效比的 58.4%。可以看出农村居民认为建立新型农村社会养老保险的重要程度比较高。

表 4-41　新型农村社会养老保险（一）

		频数	百分比/%	有效百分比/%	累积百分比/%
有效	不重要	4	0.4	0.4	0.4
	重要性较低	8	0.8	0.9	1.3
	一般	112	11.8	12.1	13.3
	比较重要	262	27.5	28.2	41.6
	很重要	543	57.1	58.4	100.0
	总计	929	97.7	100.0	
缺失	系统	22	2.3		
总计		951	100.0		

从表 4-42 可以看出，对于新型农村社会养老保险，居乡的人群中选择不重要、重要性较低、一般的合计 55 人，占有效比的 12.8%；选择比较重要和很重要的合计 376 人，占有效比的 87.2%。回流的人群中选择不重要、重要性较低、一般的合计 37 人，占有效比 11.7%；选择比较重要、很重要的合计 280 人，占有效比的 88.3%。这说明无论是居乡和回流的人

群都很在意新型农村社会养老保险，但是居乡的人更相信"养儿防老"，对于生活品质的要求也更低，所以他们的看重程度比回流的人更低。而回流的人对于养老保险的认识更全面，为了减轻以后的生活负担，看重程度更高。

表 4-42　新型农村社会养老保险（二）

	居乡		回流		合计
	频数	有效百分比/%	频数	有效百分比/%	频数
不重要	1	0.2	2	0.6	3
重要性较低	2	0.5	4	1.3	6
一般	52	12.1	31	9.8	83
比较重要	120	27.8	86	27.1	206
很重要	256	59.4	194	61.2	450
总计	431	100.0	317	100.0	748

（3）新型农村合作医疗保险。

有 929 位受访者对参加新型农村合作医疗保险的重要程度进行了回答（见表 4-43）。认为不重要的有 8 人，占有效比的 0.9%；认为重要性较低的有 8 人，占有效比的 0.9%；认为一般的有 90 人，占有效比的 9.7%；认为比较重要的有 203 人，占有效比的 21.9%；认为很重要的有 620 人，占有效比的 66.7%。可以看出大家对于建立新型农村合作医疗保险都非常看重。这说明我国目前的新型农村合作医疗保险对于降低农村居民的疾病风险起到了重要的作用，群众对新型农村合作医疗保险制度的重要性认识比较充分。

表 4-43　新型农村合作医疗保险（一）

		频数	百分比/%	有效百分比/%	累积百分比/%
有效	不重要	8	0.8	0.9	0.9
	重要性较低	8	0.8	0.9	1.7
	一般	90	9.5	9.7	11.4
	比较重要	203	21.3	21.9	33.3
	很重要	620	65.2	66.7	100.0
	总计	929	97.7	100.0	
缺失	系统	22	2.3		
总计		951	100.0		

从表 4-44 可以看出，对于新型农村合作医疗保险，居乡的人认为不重要、重要程度较低、一般的有 46 人，占有效比的 10.7%；认为比较重要和很重要的有 386 人，占有效比的 89.3%。回流的人认为不重要、重要程度较低、一般的有 29 人，占有效比的 9.1%；认为比较重要和很重的有 287 人，占有效比的 90.8%。这说明居乡和回流的人都很看重新型农村合作医疗保险，并且回流的人会比居乡的人更加看重。这是由于目前的医疗体系还有待完善，大病报销的范围还很有限，回流的人有过更多城市医疗的经历，对此的需求也就更大。

表 4-44　新型农村合作医疗保险（二）

	居乡		回流		合计
	频数	有效百分比/%	频数	有效百分比/%	频数
不重要	2	0.5	1	0.3	3
重要性较低	4	0.9	2	0.6	6
一般	40	9.3	26	8.2	66
比较重要	99	22.9	61	19.3	160
很重要	287	66.4	226	71.5	513
总计	432	100.0	316	100.0	748

可以看出，对于制度保障的三个方面——最低生活保障、新型农村社会养老保险和新型农村医疗合作保险大家都很看重。低保保障了人民群众最基本的生活需求，使得很多无劳动能力或失业的人能够维持生活，起到了"兜底"作用。新型农村医疗合作保险保证了农村居民能够在相当程度上规避重大疾病带来的风险。新型农村社会养老保险则保障了农村居民在进入老年逐渐丧失劳动能力之后有一个稳定的收入来源。

整体来说，农村居民对这三种制度的看重程度从高到低依次是最低生活保障、新型农村合作医疗保险、新型农村社会养老保险。从人群来看，居乡群体和回流群体对这三种制度的看法基本保持一致，二者之间略微存在一定的差异。

2. 设施保障

设施保障包括养老服务中心（站），老年人服务热线、呼叫系统，室外健身场地和器材，社区多功能活动中心，居家养老服务大院，日间照料室，村卫生所，老年学校，文化活动室。

（1）养老服务中心（站）。

有 901 位受访者对养老服务中心（站）的重要程度进行了回答（见表 4-45）。认为不重要的 32 人，占有效比的 3.6%；认为重要性较低的 63 人，占有效比的 7.0%；认为一般的有 300 人，占有效比的 33.3%；认为比较重要的有 257 人，占有效比的 28.5%；认为很重要的有 249 人，占有效比的 27.6%。可以看出对于建立新型养老服务中心（站），整体来说大家认为是比较重要的。这说明随着经济社会的发展，人们对养老服务中心（站）的接受程度在提高。

表 4-45　养老服务中心（站）（一）

		频数	百分比/%	有效百分比/%	累积百分比/%
有效	不重要	32	3.4	3.6	3.6
	重要性较低	63	6.6	7.0	10.5
	一般	300	31.5	33.3	43.8
	比较重要	257	27.0	28.5	72.4
	很重要	249	26.2	27.6	100.0
	总计	901	94.7	100.0	
缺失	系统	50	5.3		
总计		951	100.0		

从表 4-46 可以看出，在居乡的人群中，对新建养老服务中心（站）认为不重要、重要性较低、一般的合计 193 人，占有效比的 46.1%；认为比较重要、很重要的合计 226 人，占有效比的 53.9%。在回流的人群中，认为新建养老服务中心（站）认为不重要、重要性较低、一般的合计 133 人，占有效比的 43.1%；认为比较重要、很重的合计 176 人，占有效比的 57.0%。相比较而言，回流人群认为养老服务中心（站）很重要的人的占比较居乡群体高 7.1%。这表明由于有城市务工经历，回流群体对城市养老服务中心（站）的作用有了直观的认识，其养老观念相对于未外出务工的农村居民有了较大的改变，所以对于在农村建立养老服务中心（站）的意愿更加强烈。

表 4-46　养老服务中心（站）（二）

	居乡		回流		合计
	频数	有效百分比/%	频数	有效百分比/%	频数
不重要	13	3.1	11	3.6	24
重要性较低	30	7.2	25	8.1	55
一般	150	35.8	97	31.4	247
比较重要	124	29.6	79	25.6	203
很重要	102	24.3	97	31.4	199
总计	419	100.0	309	100.0	728

（2）老年人服务热线、呼叫系统。

有 920 位受访者对建立老年人服务热线、呼叫系统的重要程度进行了回答（见表 4-47）。认为不重要的有 31 人，占有效比的 3.4%；认为重要性较低的有 68 人，占有效比的 7.4%；认为一般的有 259 人，占有效比的 28.2%；认为比较重要的有 269 人，占有效比的 29.2%；认为很重要的有 293 人，占有效比的 31.8%。认为比较重要和很重要的占比为 61.0%。这是由于农村老年人很多独居，家里劳动力外出，一旦生病不便求助，所以也很需要服务热线和呼叫系统。

表 4-47　老年人服务热线、呼叫系统

		频数	百分比/%	有效百分比/%	累积百分比/%
有效	不重要	31	3.3	3.4	3.4
	重要性较低	68	7.2	7.4	10.8
	一般	259	27.2	28.2	38.9
	比较重要	269	28.3	29.2	68.2
	很重要	293	30.8	31.8	100.0
	总计	920	96.7	100.0	
缺失	系统	31	3.3		
总计		951	100.0		

从表 4-48 可以看出，在居乡的人群中，对建立老年人服务热线、呼叫系统认为不重要、重要性较低、一般的合计 178 人，占有效比的 41.8%；认为比较重要、很重要的合计 248 人，占有效比的 58.2%。在回流的人群中，对建立老年人服务热线、呼叫系统认为不重要、重要性较低、一般的合计 111 人，占有效比的 35.0%；认为比较重要、很重要的合计 205 人，

占有效比的 64.9%。可以看出回流的人对服务热线、呼叫系统的看重程度比较高。这说明回流的人因为多年在外务工，对便捷的通信系统的意义有更加清楚的认识。

表 4-48　老年人服务热线、呼叫系统（二）

	居乡		回流		合计
	频数	有效百分比/%	频数	有效百分比/%	频数
不重要	13	3.1	9	2.8	22
重要性较低	27	6.3	27	8.5	54
一般	138	32.4	75	23.7	213
比较重要	130	30.5	84	26.6	214
很重要	118	27.7	121	38.3	239
总计	426	100.0	316	100.0	742

（3）室外健身场地和器械。

有 919 位受访者对室外健身场地和器械的重要程度进行了回答（见表 4-49）。认为不重要的有 43 人，占有效比的 4.7%；认为重要性较低的有 94 人，占有效比的 10.2%；认为一般的有 268 人，占有效比的 29.2%；认为比较重要的有 265 人，占有效比的 28.8%；认为很重要的有 249 人，占有效比的 27.1%。比较重要和很重要的占比合计达到 55.9%，说明超过一半的农村居民已经认识到了健身的作用和意义。

表 4-49　室外健身场地和器械（一）

		频数	百分比/%	有效百分比/%	累积百分比/%
有效	不重要	43	4.5	4.7	4.7
	重要性较低	94	9.9	10.2	14.9
	一般	268	28.2	29.2	44.1
	比较重要	265	27.9	28.8	72.9
	很重要	249	26.2	27.1	100.0
	总计	919	96.6	100.0	
缺失	系统	32	3.4		
总计		951	100.0		

从表 4-50 可以看出，在居乡的人群中，对室外健身场地和器械认为不重要、重要性较低、一般的合计 204 人，占有效比的 47.7%；认为比较

重要、很重要的合计 224 人，占有效比的 52.3%。在回流的人群中，认为新建室外健身场地和器械不重要、重要性较低、一般的合计 124 人，占有效比的 39.6%；认为比较重要、很重要的合计 189 人，占有效比的 60.3%。可以看出回流的人群更看重修建室外健身场地和器械。这说明城市的务工和生活经历加强了回流的人群的健身意识。城市的居住和休闲环境狭窄，在外务工对于身体的损伤很大，而农村更加开阔敞亮，居乡的人也需要干农活，平时的务农也是一种锻炼，所以回流的人对此更看重。

表 4-50　室外健身场地和器械（二）

	居乡		回流		合计
	频数	有效百分比/%	频数	有效百分比/%	频数
不重要	24	5.6	16	5.1	40
重要性较低	47	11.0	30	9.6	77
一般	133	31.1	78	24.9	211
比较重要	114	26.6	89	28.4	203
很重要	110	25.7	100	31.9	210
总计	428	100.0	313	100.0	741

（4）社区多功能活动中心。

有 919 位受访者对社区多功能活动中心的重要程度进行了回答（见表 4-51）。认为不重要的有 43 人，占有效比的 4.7%；认为重要性较低的有 104 人，占有效比的 11.3%；认为一般的有 301 人，占有效比的 32.8%；认为比较重要的有 258 人，占有效比的 28.1%；认为很重要的有 213 人，占有效比的 23.2%。比较重要和很重要的占比合计 51.3%。现在社区多功能活动中心主要是作为棋牌室、舞蹈室等，实用度比较高，但是场地不大，设备不够齐全，能容纳的人不多。大家对于日后该项的改进抱有期待，也比较看重。

表 4-51　社区多功能活动中心（一）

		频数	百分比/%	有效百分比/%	累积百分比/%
有效	不重要	43	4.5	4.7	4.7
	重要性较低	104	10.9	11.3	16.0
	一般	301	31.7	32.8	48.7
	比较重要	258	27.1	28.1	76.8
	很重要	213	22.4	23.2	100.0
	总计	919	96.6	100.0	
缺失	系统	32	3.4		
总计		951	100.0		

从表 4-52 可以看出，在居乡的人群中，认为社区多功能活动中心不重要、重要性较低、一般的合计 237 人，占有效比的 55.0%；认为比较重要、很重要的合计 194 人，占有效比的 45.0%；在回流的人群中，认为社区多功能活动中心不重要、重要性较低、一般的合计 139 人，占有效比的 44.7%；认为比较重要、很重要的合计 172 人，占有效比的 55.3%。相比较而言，回流群体认为社区多功能活动中心比较重要和很重要的占比较居乡群体高 10.3%。这可能与城市的社区多功能活动中心建设比乡村快，回流人群在务工的过程接触较多有关。

表 4-52　社区多功能活动中心（二）

	居乡		回流		合计
	频数	有效百分比/%	频数	有效百分比/%	频数
不重要	28	6.5	12	3.9	40
重要性较低	58	13.5	34	10.9	92
一般	151	35.0	93	29.9	244
比较重要	100	23.2	89	28.6	189
很重要	94	21.8	83	26.7	177
总计	431	100.0	311	100.0	742

（5）居家养老服务大院。

居家养老服务大院是吉林省率先探索的一种农村养老模式，一方面让身体健康的农村老人走进养老服务大院，享受日间照料、就餐、文化娱乐、健康保健等服务；另一方面针对高龄失能老人或半失能老人送服务上门。有918 位受访者对居家养老服务大院的重要程度进行了回答（见表 4-53）。认为不重要的有 69 人，占有效比的 7.5%；认为重要性较低的有 152 人，占有效比的 16.6%；认为一般的有 299 人，占有效比的 32.6%；认为比较重要的有 211 人，占有效比的 23.0%；认为很重要的有 187 人，占有效比的 20.4%。可以看出，样本整体对于居家养老服务大院的看重程度还不太高，可能是因为目前居家养老服务大院的普及程度不高，功能定位比较模糊，资金来源没有保障。

表 4-53　居家养老服务大院（一）

		频数	百分比/%	有效百分比/%	累积百分比/%
有效	不重要	69	7.3	7.5	7.5
	重要性较低	152	16.0	16.6	24.1
	一般	299	31.4	32.6	56.6
	比较重要	211	22.2	23.0	79.6
	很重要	187	19.7	20.4	100.0
	总计	918	96.5	100.0	
缺失	系统	33	3.5		
总计		951	100.0		

从表 4-54 可以看出，在居乡的人群中，认为修建居家养老服务大院不重要、重要性较低、一般的合计 262 人，占有效比的 61.2%；认为比较重要、很重要的合计 166 人，占有效比的 38.8%。在回流的人群中，认为修建居家养老服务大院不重要、重要性较低、一般的合计 161 人，占有效比的 51.3%；认为比较重要、很重要的合计 153 人，占有效比的 48.7%。

表 4-54　居家养老服务大院（二）

	居乡		回流		合计
	频数	有效百分比/%	频数	有效百分比/%	频数
不重要	40	9.3	20	6.4	60
重要性较低	82	19.2	41	13.1	123
一般	140	32.7	100	31.8	240
比较重要	87	20.3	87	27.7	174
很重要	79	18.5	66	21.0	145
总计	428	100.0	314	100.0	742

（6）日间照料室。

日间照料室的功能和居家养老服务大院类似，但主要提供日间照料。有907位受访者对日间照料室的重要程度进行了回答（见表4-55）。认为不重要的有81人，占有效比的8.9%；认为重要性较低的有162人，占有效比的17.9%；认为一般的有274人，占有效比的30.2%；认为比较重要的有194人，占有效比的21.4%；认为很重要的有196人，占有效比的21.6%。可以看出，对于日间照料室，有接近一半的受访者认为比较重要或重要。

表4-55 日间照料室（一）

		频数	百分比/%	有效百分比/%	累积百分比/%
有效	不重要	81	8.5	8.9	8.9
	重要性较低	162	17.0	17.9	26.8
	一般	274	28.8	30.2	57.0
	比较重要	194	20.4	21.4	78.4
	很重要	196	20.6	21.6	100.0
	总计	907	95.4	100.0	
缺失	系统	44	4.6		
总计		951	100.0		

从表4-56可以看出，在居乡的人群中，认为日间照料室不重要、重要性较低、一般的合计257人，占有效比的60.5%；认为比较重要、很重要的合计167人，占有效比的39.4%。在回流的人群中，认为日间照料室不重要、重要性较低、一般的合计160人，占有效比的52.1%；认为比较重要、很重要的合计147人，占有效比的47.8%。这说明回流的人比居乡的人对其的看重程度更高。回流的人接触了城市中很多榜样性的日间照料室，所以对未来返乡养老能够享受这样的服务抱有更高的期待。

表4-56 日间照料室（二）

	居乡		回流		合计
	频数	有效百分比/%	频数	有效百分比/%	频数
不重要	43	10.1	18	5.9	61
重要性较低	79	18.6	59	19.2	138
一般	135	31.8	83	27.0	218

表4-56(续)

	居乡		回流		合计
	频数	有效百分比/%	频数	有效百分比/%	频数
比较重要	91	21.5	68	22.1	159
很重要	76	17.9	79	25.7	155
总计	424	100.0	307	100.0	731

（7）村卫生所。

有896位受访者对村卫生所的重要程度进行了回答（见表4-57）。认为不重要的有22人，占有效比的2.5%；认为重要性较低的有34人，占有效比的3.8%；认为一般的有117人，占有效比的13.1%；认为比较重要的有256人，占有效比的28.6%；认为很重要的有467人，占有效比的52.1%。比较重要和很重要的占比达到80.7%，可以看出农村居民对于村卫生所的重视程度很高。因为实行分级医疗，平时的小病就近在村卫生所就诊，不仅方便而且便宜，所以大家对于村卫生所的看重程度很高。

表4-57　村卫生所（一）

		频数	百分比/%	有效百分比/%	累积百分比/%
有效	不重要	22	2.3	2.5	2.5
	重要性较低	34	3.6	3.8	6.3
	一般	117	12.3	13.1	19.3
	比较重要	256	26.9	28.6	47.9
	很重要	467	49.1	52.1	100.0
	总计	896	94.2	100.0	
缺失	系统	55	5.8		
总计		951	100.0		

从表4-58可以看出，在居乡的人群中，认为村卫生所不重要、重要性较低、一般的合计93人，占有效比的22.6%；认为比较重要、很重要的合计320人，占有效比的77.5%。在回流的人群中，认为村卫生所不重要、重要性较低、一般的合计51人，占有效比的16.5%；认为比较重要、很重要的合计257人，占有效比的83.5%。可以看出，样本整体对村卫生所的重视程度很高，但是回流的人对此的看重程度高于居乡的人。这说明目前我国分级医疗的做法被广泛接受，小病就近治疗，节省时间和金钱，节约了医疗资源，方便了人民群众。回流的人群在城市就医困难，这使得

他们更希望返乡养老时能有村卫生所这样的便民设施。

表4-58 村卫生所（二）

	居乡		回流		合计
	频数	有效百分比/%	频数	有效百分比/%	频数
不重要	14	3.4	5	1.6	19
重要性较低	16	3.9	9	2.9	25
一般	63	15.3	37	12.0	100
比较重要	120	29.1	71	23.1	191
很重要	200	48.4	186	60.4	386
总计	413	100.0	308	100.0	721

（8）老年学校。

有921位受访者对建立老年学校的重要程度进行了回答（见表4-59）。认为不重要的有92人，占有效比的10.0%；认为重要性较低的有188人，占有效比的20.4%；认为一般的有271人，占有效比的29.4%；认为比较重要的有194人，占有效比的21.1%；认为很重要的有176人，占有效比的19.1%。比较重要和很重要的占比为40.2%，表明农村居民对于老年学校的兴趣不高，这可能与农村居民的整体文化水平相对较低，对文化类养老资源的需求较低有关。

表4-59 老年学校（一）

		频数	百分比/%	有效百分比/%	累积百分比/%
有效	不重要	92	9.7	10.0	10.0
	重要性较低	188	19.8	20.4	30.4
	一般	271	28.5	29.4	59.8
	比较重要	194	20.4	21.1	80.9
	很重要	176	18.5	19.1	100.0
	总计	921	96.8	100.0	
缺失	系统	30	3.2		
总计		951	100.0		

从表4-60可以看出，在居乡的人群中，认为修建老年学校不重要、重要性较低、一般的合计278人，占有效比的64.7%；认为比较重要、很重要的合计152人，占有效比的35.3%。在回流的人群中，认为修建老年

学校不重要、重要性较低、一般的合计170人，占有效比的54.6%；认为比较重要、很重要的合计141人，占有效比的45.4%。可以看出对于修建老年学校，尽管回流的人比居乡的人更为看重，但整体对此的态度是不太看重。

表4-60　老年学校（二）

	居乡		回流		合计
	频数	有效百分比/%	频数	有效百分比/%	频数
不重要	46	10.7	30	9.6	76
重要性较低	101	23.5	52	16.7	153
一般	131	30.5	88	28.3	219
比较重要	81	18.8	72	23.2	153
很重要	71	16.5	69	22.2	140
总计	430	100.0	311	100.0	741

（9）文化活动室。

有928位受访者对建立文化活动室的重要程度进行了回答（见表4-61）。认为不重要的有45人，占有效比的4.8%；认为重要性较低的有111人，占有效比的12.0%；认为一般的有272人，占有效比的29.3%；认为比较重要的有268人，占有效比的28.9%；认为很重要的有232人，占有效比的25.0%。比较重要和很重要的占比为53.9%，可以看出相对于建立老年学校，农村居民对于建立文化活动室的看重程度更高。这说明农村居民对于社交的需求还是比较高的，只是更喜欢比较贴近生活的文化活动形式。

表4-61　文化活动室（一）

		频数	百分比/%	有效百分比/%	累积百分比/%
有效	不重要	45	4.7	4.8	4.8
	重要性较低	111	11.7	12.0	16.8
	一般	272	28.6	29.3	46.1
	比较重要	268	28.2	28.9	75.0
	很重要	232	24.4	25.0	100.0
	总计	928	97.6	100.0	
缺失	系统	23	2.4		
总计		951	100.0		

从表4-62可以看出，在居乡的人群中，认为修建文化活动室不重要、重要性较低、一般的合计218人，占有效比的50.4%；认为比较重要、很重要的合计215人，占有效比的49.7%。在回流的人群中，认为修建文化活动室不重要、重要性较低、一般的合计140人，占有效比的44.4%；认为比较重要、很重要的合计175人，占有效比的55.5%。可以看出，对于修建文化活动室，回流的人看重的程度比居乡的人更高。

表4-62 文化活动室（二）

	居乡		回流		合计
	频数	有效百分比/%	频数	有效百分比/%	频数
不重要	26	6.0	11	3.5	37
重要性较低	54	12.5	37	11.7	91
一般	138	31.9	92	29.2	230
比较重要	118	27.3	87	27.6	205
很重要	97	22.4	88	27.9	185
总计	433	100.0	315	100.0	748

在设施保障方面，整体来说，农村居民对这九种设施的看重程度从高到低依次是村卫生所、老年人服务热线及呼叫系统、养老服务中心（站）、室外健身场地及器械、文化活动室、社区多功能活动中心、居家养老服务大院、日间照料室、老年学校。从人群来看，回流群体对于社区多功能活动中心和老年学校的重视程度远高于居乡群体。

3. 人员及服务保障

人员及服务保障包括公益性养老服务人员，以及照料护理、帮助购物、陪同就医、上门送医送药、护理服务、陪伴聊天等内容。

（1）公益性养老服务人员。

有922位受访者对配备公益性养老服务人员的重要程度进行了回答（见表4-63）。认为不重要的有34人，占有效比的3.7%；认为重要性较低的有78人，占有效比的8.5%；认为一般的有264人，占有效比的28.6%；认为比较重要的有252人，占有效比的27.3%；认为很重要的有294人，占有效比的31.9%。比较重要和很重要的占比达到59.2%，有超过一半的农村居民对于配备公益性养老服务人员的看重程度比较高。

表 4-63　公益性养老服务人员（一）

		频数	百分比/%	有效百分比/%	累积百分比/%
有效	不重要	34	3.6	3.7	3.7
	重要性较低	78	8.2	8.5	12.1
	一般	264	27.8	28.6	40.8
	比较重要	252	26.5	27.3	68.1
	很重要	294	30.9	31.9	100.0
	总计	922	97.0	100.0	
缺失	系统	29	3.0		
总计		951	100.0		

从表 4-64 可以看出，在居乡的人群中，认为增加公益性养老服务人员不重要、重要性较低、一般的合计 183 人，占有效比的 42.9%；认为比较重要、很重要的合计 244 人，占有效比的 57.1%。在回流的人群中，认为增加公益性养老服务人员不重要、重要性较低、一般的合计 126 人，占有效比的 40.0%；认为比较重要、很重要的合计 189 人，占有效比的 60.0%。可以看出对于增加公益性养老服务人员，整体的看法还是比较重要，且回流的人比居乡的人更看重。这说明选择回流的人受到了城市的熏陶，更看重这一点。

表 4-64　公益性养老服务人员（二）

	居乡		回流		合计
	频数	有效百分比/%	频数	有效百分比/%	频数
不重要	14	3.3	12	3.8	26
重要性较低	33	7.7	30	9.5	63
一般	136	31.9	84	26.7	220
比较重要	115	26.9	87	27.6	202
很重要	129	30.2	102	32.4	231
总计	427	100.0	315	100.0	742

（2）照料护理[①]。

有 920 位受访者对提供照料护理的重要程度进行了回答（见表 4-65）。认为不重要的有 40 人，占有效比的 4.3%；认为重要性较低的有 75 人，占

---

① 主要指日常生活上的照料。

有效比的 8.2%；认为一般的有 251 人，占有效比的 27.3%；认为比较重要的有 267 人，占有效比的 29.0%；认为很重要的有 287 人，占有效比的 31.2%。比较重要和很重要的占比达到 60.2%。可以看出，农村居民对于照料护理的看重程度比较高。这是因为老年人行动不便，如果生病就需要有人陪护身边，但是现在年轻人工作繁忙，且大多在外务工，没有时间陪伴照顾老年人，所以大多数人都比较看重照料护理。

表 4-65　照料护理（一）

		频数	百分比/%	有效百分比/%	累积百分比/%
有效	不重要	40	4.2	4.3	4.3
	重要性较低	75	7.9	8.2	12.5
	一般	251	26.4	27.3	39.8
	比较重要	267	28.1	29.0	68.8
	很重要	287	30.2	31.2	100.0
	总计	920	96.7	100.0	
缺失	系统	31	3.3		
总计		951	100.0		

从表 4-66 可以看出，在居乡的人群中，认为照料护理不重要、重要性较低、一般的合计 171 人，占有效比的 40.0%；认为比较重要、很重要的合计 257 人，占有效比的 60.0%。在回流的人群中，认为照料护理不重要、重要性较低、一般的合计 126 人，占有效比的 40.1%；认为比较重要、很重要的合计 188 人，占有效比的 59.9%。可以看出居乡和回流的人对此的看重程度一致，都觉得比较重要。这说明由于人口进入老龄化阶段，子女的社会压力大，老人的照料护理工作必须有人接手。

表 4-66　照料护理（二）

	居乡		回流		合计
	频数	有效百分比/%	频数	有效百分比/%	频数
不重要	18	4.2	16	5.1	34
重要性较低	32	7.5	32	10.2	64
一般	121	28.3	78	24.8	199
比较重要	123	28.7	87	27.7	210
很重要	134	31.3	101	32.2	235
总计	428	100.0	314	100.0	742

（3）帮助购物。

有916位受访者对帮助购物的重要程度进行了回答（见表4-67）。认为不重要的有71人，占有效比的7.8%；认为重要性较低的有151人，占有效比的16.5%；认为一般的有317人，占有效比的34.6%；认为比较重要的有209人，占有效比的22.8%；认为很重要的有168人，占有效比的18.3%。比较重要和很重要的占比为41.1%。可以看出整体上对帮助购物的看重程度还比较低。与目前生活在农村的老人对购物的要求不高有关。

表4-67　帮助购物（一）

		频数	百分比/%	有效百分比/%	累积百分比/%
有效	不重要	71	7.5	7.8	7.8
	重要性较低	151	15.9	16.5	24.2
	一般	317	33.3	34.6	58.8
	比较重要	209	22.0	22.8	81.7
	很重要	168	17.7	18.3	100.0
	总计	916	96.3	100.0	
缺失	系统	35	3.7		
总计		951	100.0		

从表4-68可以看出，在居乡的人群中，认为帮助购物不重要、重要性较低、一般的合计253人，占有效比的59.2%；认为比较重要、很重要的合计175人，占有效比的40.9%。在回流的人群中，认为帮助购物不重要、重要性较低、一般的合计179人，占有效比的57.6%；认为比较重要、很重要的合计132人，占有效比的42.5%。可以看出回流的人对帮助购物的接受程度高于居乡的人。回流人群因为在外务工，有比较多的购物经历，所以对老年人购物面临的困难有更多直观感受。

表4-68　帮助购物（二）

	居乡		回流		合计
	频数	有效百分比/%	频数	有效百分比/%	频数
不重要	38	8.9	21	6.8	59
重要性较低	70	16.4	57	18.3	127
一般	145	33.9	101	32.5	246
比较重要	99	23.1	68	21.9	167

表4-68(续)

	居乡		回流		合计
	频数	有效百分比/%	频数	有效百分比/%	频数
很重要	76	17.8	64	20.6	140
总计	428	100.0	311	100.0	739

（4）陪同就医。

有916位受访者对陪同就医的重要程度进行了回答（见表4-69）。认为不重要的有41人，占有效比的4.5%；认为重要性较低的有92人，占有效比的10.0%；认为一般的有253人，占有效比的27.6%；认为比较重要的有262人，占有效比的28.6%；认为很重要的有268人，占有效比的29.3%。可以看出，对于陪同就医大家的看重程度还是比较高的，因为现在医院的智能化程度高，而老年人对于智能设备不了解，文化程度也不高，并且行动不便，很需要有人陪同就医，但是家里的年轻人工作繁忙，没有时间陪伴他们就医，所以老人对陪同就医的服务需求很高。

表4-69　陪同就医（一）

		频数	百分比/%	有效百分比/%	累积百分比/%
有效	不重要	41	4.3	4.5	4.5
	重要性较低	92	9.7	10.0	14.5
	一般	253	26.6	27.6	42.1
	比较重要	262	27.5	28.6	70.7
	很重要	268	28.2	29.3	100.0
	总计	916	96.3	100.0	
缺失	系统	35	3.7		
总计		951	100.0		

从表4-70可以看出，在居乡的人群中，认为陪同就医不重要、重要性较低、一般的合计181人，占有效比的42.2%；认为比较重要、很重要的合计248人，占有效比的57.8%。在回流的人群中，认为陪同就医不重要、重要性较低、一般的合计129人，占有效比的41.8%；认为比较重要、很重要的合计180人，占有效比的58.2%。可以看出对于陪同就医，无论是居乡群体还是回流群体，二者的重视程度相差不大。

表4-70　陪同就医（二）

	居乡		回流		合计
	频数	有效百分比/%	频数	有效百分比/%	频数
不重要	26	6.1	11	3.6	37
重要性较低	36	8.4	36	11.7	72
一般	119	27.7	82	26.5	201
比较重要	126	29.4	86	27.8	212
很重要	122	28.4	94	30.4	216
总计	429	100.0	309	100.0	738

（5）上门送医送药。

有925位受访者对上门送医送药的重要程度进行了回答（见表4-71）。认为不重要的有42人，占有效比的4.5%；认为重要性较低的有71人，占有效比的7.7%；认为一般的有225人，占有效比的24.3%；认为比较重要的有259人，占有效比的28.0%；认为很重要的有328人，占有效比的35.5%。比较重要和很重要的占比达到63.5%，可以看出农村居民整体对于上门送医送药的看重程度很高，因为老年人对于医院智能化设备不熟悉，行动不便，所以对于上门送医送药的需求很大。

表4-71　上门送医送药（一）

		频数	百分比/%	有效百分比/%	累积百分比/%
有效	不重要	42	4.4	4.5	4.5
	重要性较低	71	7.5	7.7	12.2
	一般	225	23.7	24.3	36.5
	比较重要	259	27.2	28.0	64.5
	很重要	328	34.5	35.5	100.0
	总计	925	97.3	100.0	
缺失	系统	26	2.7		
总计		951	100.0		

从表4-72可以看出，在居乡的人群中，认为上门送医送药不重要、重要性较低、一般的合计38人，占有效比的8.8%；认为比较重要、很重要的合计393人，占有效比的91.2%。在回流的人群中，认为上门送医送药不重要、重要性较低、一般的合计30人，占有效比的9.4%；认为比较重要、很重要的合计290人，占有效比的90.6%。可以看出目前居乡和回

流的人群都对上门送医送药的重视程度非常高，比较重要、很重要的占比令人惊异地超过了90.0%。这说明智能化的医疗系统和复杂的就医程序对老年人设置了很高的门槛，对于需要长期服药和生病了需要及时送医就诊的老年人，便捷的上门送医送药是保障其安全需求的非常重要的一环。

表4-72 上门送医送药（二）

	居乡		回流		合计
	频数	有效百分比/%	频数	有效百分比/%	频数
不重要	4	0.9	7	2.2	11
重要性较低	6	1.4	4	1.3	10
一般	28	6.5	19	5.9	47
比较重要	56	13.0	43	13.4	99
很重要	337	78.2	247	77.2	584
总计	431	100.0	320	100.0	751

（6）护理服务①。

有920位受访者对护理服务的重要程度进行了回答（见表4-73）。认为不重要的有48人，占有效比的5.2%；认为重要性较低的有105人，占有效比的11.4%；认为一般的有262人，占有效比的28.5%；认为比较重要的有241人，占有效比的26.2%；认为很重要的有264人，占有效比的28.7%。比较重要和很重要的占比达到54.9%，超过一半的人对于护理服务的看重程度比较高，这是出于对安全需求的渴望。老年人生病以后的护理工作不能全部寄托给子女，所以周到满意的社会化护理工作受到较高的重视。

表4-73 护理服务（一）

		频数	百分比/%	有效百分比/%	累积百分比/%
有效	不重要	48	5.0	5.2	5.2
	重要性较低	105	11.0	11.4	16.6
	一般	262	27.5	28.5	45.1
	比较重要	241	25.3	26.2	71.3
	很重要	264	27.8	28.7	100.0
	总计	920	96.7	100.0	

---

① 主要指医疗层面的护理。

表4-73(续)

		频数	百分比/%	有效百分比/%	累积百分比/%
缺失	系统	31	3.3		
	总计	951	100.0		

从表4-74可以看出，在居乡的人群中，认为护理服务不重要、重要性较低、一般的合计200人，占有效比的46.4%；认为比较重要、很重要的合计231人，占有效比的53.6%。在回流的人群中，认为护理服务不重要、重要性较低、一般的合计140人，占有效比的45.0%；认为比较重要、很重要的合计171人，占有效比的55.0%。可以看出居乡和回流的人群，都认为护理服务比较重要，二者的差异不大。

表4-74　护理服务（二）

	居乡		回流		合计
	频数	有效百分比/%	频数	有效百分比/%	频数
不重要	25	5.8	16	5.1	41
重要性较低	49	11.4	37	11.9	86
一般	126	29.2	87	28.0	213
比较重要	116	26.9	80	25.7	196
很重要	115	26.7	91	29.3	206
总计	431	100.0	311	100.0	742

（7）陪伴聊天。

有912位受访者对陪伴聊天的重要程度进行了回答（见表4-75）。认为不重要的有73人，占有效比的8.0%；认为重要性较低的有226人，占有效比的24.7%；认为一般的有133人，占有效比的14.6%；认为比较重要的有255人，占有效比的28.0%；认为很重要的有225人，占有效比的24.7%。比较重要和重要的占比为52.7%，超过一半的样本对于陪伴聊天的重视程度较高。在农村家庭结构不断缩小、大量年轻人外出务工的情况下，对于农村老人而言，能够有人陪伴聊天可以缓解压力，排遣子女不能陪伴身边的寂寞。

表 4-75 陪伴聊天 （一）

		频数	百分比/%	有效百分比/%	累积百分比/%
有效	不重要	73	7.7	8.0	8.0
	重要性较低	226	23.7	24.7	32.7
	一般	133	14.0	14.6	47.3
	比较重要	255	26.8	28.0	75.3
	很重要	225	23.7	24.7	100.0
	总计	912	95.9	100.0	
缺失	系统	39	4.1		
总计		951	100.0		

从表 4-76 可以看出，在居乡的人群中，认为陪伴聊天不重要、重要性较低、一般的合计 215 人，占有效比的 50.7%；认为比较重要、很重要的合计 209 人，占有效比的 49.3%。在回流的人群中，认为陪伴聊天不重要、重要性较低、一般的合计 74 人，占有效比的 31.1%；认为比较重要、很重要的合计 164 人，占有效比的 68.9%。可以看出，回流的人对于老年生活中的情感交流更加重视。

表 4-76 陪伴聊天 （二）

	居乡		回流		合计
	频数	有效百分比/%	频数	有效百分比/%	频数
不重要	39	9.2	21	8.8	60
重要性较低	57	13.4	1	0.4	58
一般	119	28.1	52	21.9	171
比较重要	105	24.8	90	37.8	195
很重要	104	24.5	74	31.1	178
总计	424	100.0	238	100.0	662

在人员及服务保障方面，整体来说，农村居民对这七种政策的看重程度从高到低依次是：上门送医送药、照料护理、配备公益性养老服务人员、陪同就医、护理服务、陪伴聊天、帮助购物。从人群来看，回流群体更加看重陪伴聊天。

4. 组织与实施保障

涉及养老产品与服务的资金、人员和物资等要素的配置，需要通过相关的组织机构，在一定的时间、空间范围内加以组织与实施。基于这个角度，同时结合老年人的马斯洛需求层次中的情感、尊严和自我实现需求，本节还将对农村居民的建立家政服务机构、提供志愿者服务组织、建立老年人协会、社区自发组织文艺娱乐活动、鼓励老人多参加乡村事务、发挥老人调解邻里矛盾的作用、发挥老人的民主监督作用、发挥老人的榜样作用、营造尊老敬老氛围、加大对老人的法律援助力度、提高农村老人自我维权的能力等多项政策需求进行调查分析。

（1）建立家政服务机构。

有 923 位受访者对建立家政服务机构的重要程度进行了回答（见表 4-77）。认为不重要的有 58 人，占有效比的 6.3%；认为重要性较低的有 140 人，占有效比的 15.2%；认为一般的有 344 人，占有效比的 37.3%；认为比较重要的有 232 人，占有效比的 25.1%；认为很重要的有 149 人，占有效比的 16.1%。比较重要和很重要的占比仅为 41.2%，说明家政服务在农村地区还不受重视。这与农村居民常年从事体力劳动的生产习惯，以及与城市居民相比生产活动在时间上富有弹性有很大关系。

表 4-77　建立家政服务机构（一）

		频数	百分比/%	有效百分比/%	累积百分比/%
有效	不重要	58	6.1	6.3	6.3
	重要性较低	140	14.7	15.2	21.5
	一般	344	36.2	37.3	58.7
	比较重要	232	24.4	25.1	83.9
	很重要	149	15.7	16.1	100.0
	总计	923	97.1	100.0	
缺失	系统	28	2.9		
总计		951	100.0		

从表 4-78 可以看出，在居乡的人群中，认为家政服务机构不重要、重要性较低、一般的合计 263 人，占有效比的 61.2%；认为比较重要、很重要的合计 167 人，占有效比的 38.8%。在回流的人群中，认为家政服务机构不重要、重要性较低、一般的合计 180 人，占有效比的 57.1%；认为比较重要、很重要的合计 135 人，占有效比的 42.9%。这一结果表明，居乡人群相对于调查样本整体，其对家政服务的需求更低，说明居乡的人习惯于自己料理家务，干农活，这样的传统方式一直延续。居乡的人经济收入有限，恩格尔系数高于回流的人，不愿意在家政服务上花费资金。

表4-78 建立家政服务机构（二）

表4-78 建立家政服务机构（二）

	居乡		回流		合计
	频数	有效百分比/%	频数	有效百分比/%	频数
不重要	26	6.1	20	6.3	46
重要性较低	71	16.5	46	14.6	117
一般	166	38.6	114	36.2	280
比较重要	99	23.0	85	27.0	184
很重要	68	15.8	50	15.9	118
总计	430	100.0	315	100.0	745

（2）提供志愿者服务组织。

有916位受访者对提供志愿者服务组织的重要程度进行了回答（见表4-79）。认为不重要的有39人，占有效比的4.3%；认为重要性较低的有109人，占有效比的11.9%；认为一般的有338人，占有效比的36.9%；认为比较重要的有236人，占有效比的25.8%；认为很重要的有194人，占有效比21.2%。比较重要和很重要的占比为47.0%，可以看出，大家对于志愿者服务组织的看重程度也不太高，可能与现在针对农村老年人的志愿者服务项目还比较少，缺乏针对性有关。

表4-79 提供志愿者服务组织（一）

		频数	百分比/%	有效百分比/%	累积百分比/%
有效	不重要	39	4.1	4.3	4.3
	重要性较低	109	11.5	11.9	16.200
	一般	338	35.5	36.9	53.1
	比较重要	236	24.800	25.8	78.8
	很重要	194	20.4	21.2	100.0
	总计	916	96.3	100.0	
缺失	系统	35	3.7		
总计		951	100.0		

从表4-80可以看出，在居乡的人群中，认为志愿者服务组织不重要、重要性较低、一般的合计226人，占有效比的53.2%；认为比较重要、很重要的合计199人，占有效比的46.8%。在回流的人群中，认为志愿者服务组织不重要、重要性较低、一般的合计163人，占有效比的51.9%；认

为比较重要、很重要的合计151人，占有效比的48.1%。可以看出居乡和回流人群对于志愿者服务组织的重视程度不高，并且两类群体没有明显的区别。

表4-80　提供志愿者服务组织（二）

	居乡		回流		合计
	频数	有效百分比/%	频数	有效百分比/%	频数
不重要	15	3.5	14	4.5	29
重要性较低	56	13.2	35	11.1	91
一般	155	36.5	114	36.3	269
比较重要	108	25.4	82	26.1	190
很重要	91	21.4	69	22.0	160
总计	425	100.0	314	100.0	739

（3）建立老年人协会。

有915位受访者对建立老年人协会的重要程度进行了回答（见表4-81）。认为不重要的有39人，占有效比的4.3%；认为重要性较低的有82人，占有效比的9.0%；认为一般的有273人，占有效比的29.8%；认为比较重要的有263人，占有效比的28.7%；认为很重要的有258人，占有效比的28.2%。比较重要和很重要的占比为56.9%，超过一半的农村居民都比较看重在农村建立老年人协会，从调查结果看，农村老人的社交、情感需求需要得到更进一步的重视。

表4-81　建立老年人协会（一）

		频数	百分比/%	有效百分比/%	累积百分比/%
有效	不重要	39	4.1	4.3	4.3
	重要性较低	82	8.6	9.0	13.2
	一般	273	28.7	29.8	43.1
	比较重要	263	27.7	28.7	71.8
	很重要	258	27.1	28.2	100.0
	总计	915	96.2	100.0	
缺失	系统	36	3.8		
总计		951	100.0		

从表4-82可以看出，在居乡的人群中，认为成立老年人协会不重要、重要性较低、一般的合计190人，占有效比的44.8%；认为比较重要、很重要的合计235人，占有效比的55.3%。在回流的人群中，认为成立老年人协会不重要、重要性较低、一般的合计127人，占有效比的40.7%；认为比较重要、很重要的合计185人，占有效比的59.3%。这说明随着经济的发展，人们对于社交的需求提高了，老年人不仅希望老有所养，更希望老有所乐。而老年人协会给了他们寻找同龄人沟通交流娱乐的平台。长期在外的务工群体在家乡的人际关系更加淡薄，老年人协会对于他们就更加重要。

表4-82 建立老年人协会（二）

	居乡		回流		合计
	频数	有效百分比/%	频数	有效百分比/%	频数
不重要	19	4.5	14	4.5	33
重要性较低	47	11.1	19	6.1	66
一般	124	29.2	94	30.1	218
比较重要	115	27.1	91	29.2	206
很重要	120	28.2	94	30.1	214
总计	425	100.0	312	100.0	737

（4）社区自发组织文艺娱乐活动。

有921位受访者对社区自发组织文艺娱乐活动的重要程度进行了回答（见表4-83）。认为不重要的有41人，占有效比的4.5%；认为重要性较低的有103人，占有效比的11.2%；认为一般的有269人，占有效比29.2%；认为比较重要的有274人，占有效比的29.8%；认为很重要的有234人，占有效比的25.4%。比较重要和很重要的占比为55.2%，超过一半的农村居民比较看重在农村组织文艺娱乐活动。说明农村社会对于类似于广场舞这种自娱自乐的锻炼、社交方式接受程度比较高，人们愿意用这样的方式安排老年的空余时间。

表 4-83　社区自发组织文艺娱乐活动（一）

		频数	百分比/%	有效百分比/%	累积百分比/%
有效	不重要	41	4.3	4.5	4.5
	重要性较低	103	10.8	11.2	15.6
	一般	269	28.3	29.2	44.8
	比较重要	274	28.8	29.8	74.6
	很重要	234	24.6	25.4	100.0
	总计	921	96.8	100.0	
缺失	系统	30	3.2		
总计		951	100.0		

从表 4-84 可以看出，在居乡的人群中，认为社区自发组织文艺娱乐活动不重要、重要性较低、一般的合计 198 人，占有效比的 46.2%；认为比较重要、很重要的合计 231 人，占有效比的 53.9%。在回流的人群中，认为社区自发组织文艺娱乐活动不重要、重要性较低、一般的合计 138 人，占有效比的 44.1%；认为比较重要、很重要的合计 175 人，占有效比的 55.9%。可以看出，与整体样本相比，居乡人群对组织文艺娱乐活动的重视程度偏低，而回流人群则基本与整体样本水平相近，二者之间的差异不大。

表 4-84　社区自发组织文艺娱乐活动（二）

	居乡		回流		合计
	频数	有效百分比/%	频数	有效百分比/%	频数
不重要	21	4.9	10	3.2	31
重要性较低	53	12.4	34	10.9	87
一般	124	28.9	94	30.0	218
比较重要	126	29.4	92	29.4	218
很重要	105	24.5	83	26.5	188
总计	429	100.0	313	100.0	742

（5）鼓励老人多参加乡村事务。

有 922 位受访者对鼓励老人多参加乡村事务的重要程度进行了回答（见表 4-85）。认为不重要、重要性较低、一般的有 441 人，占有效比的 47.9%；认为比较重要、很重要的有 481 人，占有效比的 52.2%。超过一半的受访者比较愿意参加乡村事务，大家对于乡村事务自治还是比较认可的。同时也反映出，在老龄化社会鼓励老人多参加乡村事务，发挥他们的智慧和余热，能够为村集体做贡献，也能满足老人们的社会参与需求。

表 4-85　鼓励老人多参加乡村事务（一）

		频数	百分比/%	有效百分比/%	累积百分比/%
有效	不重要	32	3.4	3.5	3.5
	重要性较低	127	13.4	13.8	17.2
	一般	282	29.7	30.6	47.8
	比较重要	283	29.8	30.7	78.5
	很重要	198	20.8	21.5	100.0
	总计	922	97.0	100.0	
缺失	系统	29	3.0		
总计		951	100.0		

从表 4-86 可以看出，在居乡的人群中，认为老人多参加乡村事务不重要、重要性较低、一般的合计 209 人，占有效比的 48.9%；认为比较重要、很重要的合计 219 人，占有效比的 51.2%。在回流的人群中，认为老人多参加乡村事务不重要、重要性较低、一般的合计 143 人，占有效比的 45.4%；认为比较重要、很重要的合计 172 人，占有效比的 54.6%。可以看出，对于老人多参加乡村事务，居乡和回流的人都比较看重，回流的人比居乡的人更加看重。这说明老年人在日常生活中有其生活的智慧，这是年轻人不能替代的，如果能在乡村事务中多贡献力量，可以提升他们对老年生活的自信心。回流的人比居乡的人接触了更多外界的思想，如果他们也参加乡村事务的管理则有利于社区与外界沟通交流。

表 4-86　鼓励老人多参加乡村事务（二）

	居乡		回流		合计
	频数	有效百分比/%	频数	有效百分比/%	频数
不重要	21	4.9	7	2.2	28
重要性较低	64	15.0	35	11.1	99
一般	124	29.0	101	32.1	225
比较重要	136	31.8	92	29.2	228
很重要	83	19.4	80	25.4	163
总计	428	100.0	315	100.0	743

（6）发挥老人调解邻里矛盾的作用。

有 922 位受访者对发挥老人调解邻里矛盾的作用的重要程度进行了回答（见表 4-87）。认为不重要的有 46 人，占有效比的 5.0%；认为重要性较低的有 105 人，占有效比的 11.4%；认为一般的有 252 人，占有效比的27.3%；认为比较重要的有 273 人，占有效比的 29.6%；认为很重要的有246 人，占有效比的 26.7%。比较重要和很重要的占比为 56.3%，农村居民愿意发挥老人调解邻里矛盾的作用的比例超过了参与乡村事务的比例。这说明老年人在乡村邻里之间的威信比较高，作用比较大，很多时候通过人情调解可以减少很多麻烦。这同时也是进入老龄化社会后，老年人发挥余热的一种方式。

表 4-87　发挥老人调解邻里矛盾的作用（一）

		频数	百分比/%	有效百分比/%	累积百分比/%
有效	不重要	46	4.8	5.0	5.0
	重要性较低	105	11.0	11.4	16.4
	一般	252	26.5	27.3	43.7
	比较重要	273	28.7	29.6	73.3
	很重要	246	25.9	26.7	100.0
	总计	922	97.0	100.0	
缺失	系统	29	3.0		
总计		951	100.0		

从表 4-88 可以看出，在居乡的人群中，认为发挥老人调解邻里矛盾的作用不重要、重要性较低、一般的合计 190 人，占有效比的 44.5%；认为比较重要、很重要的合计 237 人，占有效比的 55.5%。在回流的人群中，认为发挥老人调解邻里矛盾的作用不重要、重要性较低、一般的合计133 人，占有效比的 42.1%；认为比较重要、很重要的合计 183 人，占有效比的 57.9%。可以看出，对于发挥老人调解邻里矛盾的作用，居乡和回流的人都比较看重，二者之间的差别不大。

表 4-88　发挥老人调解邻里矛盾的作用（二）

	居乡		回流		合计
	频数	有效百分比/%	频数	有效百分比/%	频数
不重要	23	5.4	14	4.4	37
重要性较低	50	11.7	34	10.8	84
一般	117	27.4	85	26.9	202
比较重要	127	29.7	93	29.4	220
很重要	110	25.8	90	28.5	200
总计	427	100.0	316	100.0	743

（7）发挥老人的民主监督作用。

有 921 位受访者对发挥老人的民主监督作用的重要程度进行了回答（见表 4-89）。认为不重要的有 39 人，占有效比的 4.2%；认为重要性较低的有 103 人，占有效比的 11.2%；认为一般的有 271 人，占有效比的 29.4%；认为比较重要的有 293 人，占有效比的 31.8%；认为很重要的有 215 人，占有效比的 23.3%。比较重要和很重要的占比为 55.1%，超过一半的农村居民认为老人的民主监督作用比较大，应该发挥他们对乡村事务管理的监督作用。

表 4-89　发挥老人的民主监督作用（一）

		频数	百分比/%	有效百分比/%	累积百分比/%
有效	不重要	39	4.1	4.2	4.2
	重要性较低	103	10.8	11.2	15.4
	一般	271	28.5	29.4	44.8
	比较重要	293	30.8	31.8	76.7
	很重要	215	22.6	23.3	100.0
	总计	921	96.8	100.0	
缺失	系统	30	3.2		
总计		951	100.0		

从表 4-90 可以看出，在居乡的人群中，认为发挥老人的民主监督作用不重要、重要性较低、一般的合计 203 人，占有效比的 47.3%；认为比较重要、很重要的合计 226 人，占有效比的 52.6%。在回流的人群中，认为发挥老人调解邻里矛盾的作用不重要、重要性较低、一般的合计 139 人，占有效比的 44.6%；认为比较重要、很重要的合计 172 人，占有效比的

55.3%。可以看出二者对发挥老人的民主监督作用的态度比较类似。

表4-90　发挥老人的民主监督作用（二）

	居乡		回流		合计
	频数	有效百分比/%	频数	有效百分比/%	频数
不重要	22	5.1	11	3.5	33
重要性较低	48	11.2	34	10.9	82
一般	133	31.0	94	30.2	227
比较重要	131	30.5	96	30.9	227
很重要	95	22.1	76	24.4	171
总计	429	100.0	311	100.0	740

（8）发挥老人的榜样作用。

设计这个调查问题的目的在于考察农村老人对实现自我价值的需求程度。有921位受访者对发挥老人的榜样作用的重要程度进行了回答（见表4-91）。认为不重要的有30人，占有效比的3.3%；认为重要性较低的有301人，占有效比的32.6%；认为一般的有73人，占有效比的7.9%；认为比较重要的有240人，占有效比的26.1%；认为很重要的有277人，占有效比的30.1%。比较重要和很重要的占比达到了56.2%，这个比例超出了老人参与乡村事务的同组别占比。这一方面说明代代传承的优良传统是中华民族的瑰宝，老年人传承的品质和树立的形象应该被后代学习效仿；另一方面也反映出农村老人对实现自我价值存在较高的需求。

表4-91　发挥老人的榜样作用（一）

		频数	百分比/%	有效百分比/%	累积百分比/%
有效	不重要	30	3.2	3.3	3.3
	重要性较低	301	31.6	32.6	35.9
	一般	73	7.7	7.9	43.8
	比较重要	240	25.2	26.1	69.9
	很重要	277	29.1	30.1	100.0
	总计	921	96.8	100.0	
缺失	系统	30	3.2		
总计		951	100.0		

从表4-92可以看出，在居乡的人群中，认为发挥老人的榜样作用不重要、重要性较低、一般的合计170人，占有效比的39.5%；认为比较重要、很重要的合计260人，占有效比的60.5%。在回流的人群中，认为发挥老人的榜样作用不重要、重要性较低、一般的合计117人，占有效比的37.5%；认为比较重要、很重要的合计195人，占有效比的62.5%。可以看出对于发挥老人的榜样作用，居乡和回流的人都比较看重，均超过了整体样本的水平。回流的人更加看重发挥老人的榜样作用，因为他们有外出务工的经历，比居乡的人的人生阅历更丰富，从而对实现自我的社会价值也更加认可。

表4-92　发挥老人的榜样作用（二）

	居乡		回流		合计
	频数	有效百分比/%	频数	有效百分比/%	频数
不重要	16	3.7	9	2.9	25
重要性较低	41	9.5	20	6.4	42
一般	113	26.3	88	28.2	133
比较重要	131	30.5	85	27.2	219
很重要	129	30.0	110	35.3	214
总计	430	100.0	312	100.0	742

（9）营造尊老敬老氛围。

设计"营造尊老敬老氛围"以及后文的"加大对老人的法律援助力度""提高农村老人自我维权的能力"主要是想考察农村居民对维护老人合法权益的相关政策的看法。有928位受访者对营造尊老敬老氛围的重要程度进行了回答（见表4-93）。认为不重要的有6人，占有效比的0.6%；认为重要性较低的有26人，占有效比的2.8%；认为一般的有102人，占有效比的11.0%；认为比较重要的有237人，占有效比的25.5%；认为很重要的有557人，占有效比的60.0%。比较重要和很重要的占比高达85.5%，可见农村居民非常重视营造尊老敬老的氛围。这不仅是农村老人对尊严的需求，也是社会主义道德建设的要求。

表 4-93　营造尊老敬老氛围（一）

		频数	百分比/%	有效百分比/%	累积百分比/%
有效	不重要	6	0.6	0.6	0.6
	重要性较低	26	2.7	2.8	3.4
	一般	102	10.7	11.0	14.4
	比较重要	237	24.9	25.5	40.0
	很重要	557	58.6	60.0	100.0
	总计	928	97.6	100.0	
缺失	系统	23	2.4		
总计		951	100.0		

从表 4-94 可以看出，在居乡的人群中，认为营造尊老敬老氛围不重要、重要性较低、一般的合计 70 人，占有效比的 16.4%；认为比较重要、很重要的合计 359 人，占有效比的 83.6%。在回流的人群中，认为尊老敬老氛围不重要、重要性较低、一般的合计 37 人，占有效比的 11.7%；认为比较重要、很重要的合计 280 人，占有效比的 88.4%。可以看出居乡和回流的人都很看重营造尊老敬老氛围，而且回流的人比居乡的人更加看重。这说明在提高农村老人老年生活品质的过程中不能忽视对老人的尊重。对于在外务工的人来说，因为在外出务工的过程中会受到一定程度的歧视，所以对在返乡以后被人尊敬更加看重。

表 4-94　营造尊老敬老氛围（二）

	居乡		回流		合计
	频数	有效百分比/%	频数	有效百分比/%	频数
不重要	3	0.7	1	0.3	4
重要性较低	17	4.0	5	1.6	22
一般	50	11.7	31	9.8	81
比较重要	113	26.3	81	25.6	194
很重要	246	57.3	199	62.8	445
总计	429	100.0	317	100.0	746

（10）加大对老人的法律援助力度。

有 924 位受访者对加大对老人的法律援助力度的重要程度进行了回答（见表 4-95）。认为不重要的有 8 人，占有效比的 0.9%；认为重要性较低的有 21 人，占有效比的 2.3%；认为一般的有 81 人，占有效比的 8.8%；

认为比较重要的有 266 人，占有效比的 28.8%；认为很重要的有 548 人，占有效比的 59.3%。比较重要和很重要的占比高达 88.1%，说明农村居民对于老人能够接受法律援助十分重视。这可能与目前农村居民的文化水平整体较城市居民低有关，大家在自身权益受到侵害的时候，缺乏拿起相应的法律武器保护自己的能力，从而渴望得到法律援助，以维护自身的权益。

表 4-95 加大对老人的法律援助力度（一）

		频数	百分比/%	有效百分比/%	累积百分比/%
有效	不重要	8	0.8	0.9	0.9
	重要性较低	21	2.2	2.3	3.1
	一般	81	8.5	8.8	11.9
	比较重要	266	28.0	28.8	40.7
	很重要	548	57.6	59.3	100.0
	总计	924	97.2	100.0	
缺失	系统	27	2.8		
总计		951	100.0		

从表 4-96 可以看出，在居乡的人群中，认为加大对老人的法律援助力度不重要、重要性较低、一般的合计 56 人，占有效比的 13.1%；认为比较重要、很重要的合计 373 人，占有效比的 86.9%。在回流的人群中，认为加大对老人的法律援助力度不重要、重要性较低、一般的合计 33 人，占有效比的 10.4%；认为比较重要、很重要的合计 283 人，占有效比的 89.6%。可以看出回流和居乡的人都很看重加大对于老人的法律援助力度，且回流的人比居乡的人更加看重。这说明现在居乡和回流的人都认为老年人的很多合法权益没有得到保障。随着《中华人民共和国民法典》的出台，生活中的很多问题有了确切的法律规定，但是老人没有相关的法律常识与知识，以致有时候被侵权而不自知，或是明知不合理但不知如何维权，所以大家都认为此项很重要。尤其是回流的人由于外出务工，接触到了一些不合理的情况，所以更看重加大对老人的法律援助力度。

表4-96　加大对老人的法律援助力度（二）

	居乡		回流		合计
	频数	有效百分比/%	频数	有效百分比/%	频数
不重要	4	0.9	1	0.3	5
重要性较低	11	2.6	5	1.6	16
一般	41	9.6	27	8.5	68
比较重要	134	31.2	84	26.6	218
很重要	239	55.7	199	63.0	438
总计	429	100.0	316	100.0	745

（11）提高农村老人自我维权的能力。

有928位受访者对提高农村老人自我维权能力的重要程度进行了回答（见表4-97）。认为不重要的有13人，占有效比的1.4%；认为重要性较低的有17人，占有效比的1.8%；认为一般的有92人，占有效比的9.9%；认为比较重要的有246人，占有效比的26.5%；认为很重要的有560人，占有效比的60.3%。比较重要和很重要的占比高达86.8%，说明农村居民不仅普遍需要得到法律援助，同时也希望老人们能够提高维护自身权益的能力。调查结果反映，今后配置农村养老资源的时候，不能忽视向农村老人宣传有关法律知识。

表4-97　提高农村老人自我维权的能力（一）

		频数	百分比/%	有效百分比/%	累积百分比/%
有效	不重要	13	1.4	1.4	1.4
	重要性较低	17	1.8	1.8	3.2
	一般	92	9.7	9.9	13.1
	比较重要	246	25.9	26.5	39.7
	很重要	560	58.9	60.3	100.0
	总计	928	97.6	100.0	
缺失	系统	23	2.4		
总计		951	100.0		

从表4-98可以看出，在居乡的人群中，认为提高农村老人自我维权的能力不重要、重要性较低、一般的合计63人，占有效比的14.7%，认为比较重要、很重要的合计368人，占有效比的85.4%。在回流的人群中，认为提高农村老人自我维权能力不重要、重要性较低、一般的合计37人，

占有效比的 11.8%；认为比较重要、很重要的合计 279 人，占有效比的 88.3%。可以看出回流和居乡的人都认为提高老人的自我维权能力很重要，尤其是回流的人群，可能有过被欠薪、讨薪的经历，对于提高农村老人自我维权能力的感受会更加深刻。

表 4-98　提高农村老人自我维权的能力（二）

	居乡		回流		合计
	频数	有效百分比/%	频数	有效百分比/%	频数
不重要	8	1.9	4	1.3	12
重要性较低	8	1.9	5	1.6	13
一般	47	10.9	28	8.9	75
比较重要	121	28.1	80	25.3	201
很重要	247	57.3	199	63.0	446
总计	431	100.0	316	100.0	747

在组织及实施保障方面，整体来说，农村居民对于这 11 种保障措施的看重程度从高到低依次是：加大对老人的法律援助力度、提高农村老人自我维权的能力、营造尊老敬老氛围、建立老年人协会、发挥老人调解邻里矛盾的作用、发挥老人的榜样作用、社区自发组织文艺娱乐活动、发挥老人的民主监督作用、鼓励老人多参加乡村事务、提供志愿者服务、建立家政服务机构。

4.3.3　养老保障政策重要性评估

上文是对每一项政策单独做出的重要性调查，反映了农村居民对不同的养老保障政策的不同需求与看法。但是，这么多项政策需求，把它们组合在一起的时候，必然会面临一个问题——不同的政策的重要性可能是不同的。也就是说，如果要更加合理地制定养老保障政策，就应该考虑到各项政策在这个政策体系中所占的权重是不同的。但这些政策究竟哪些相对更重要、占的权重更高，哪些又相对不重要、占的权重更低呢？

目前学术界采用的权重计算方法有：主观赋权法，其中包括层次分析法、专家评价法；客观赋权法，其中包括主成分分析法、熵权法；主客观赋权法，其中包括线性加权组合法、基于灰色关联度求解指标权重等。客观赋权法的优点在于根据原始数据之间的关系来确定权重，因其基于比较完善的数学理论与方法,客观性强,且不增加决策者的负担①,所以本书采用客观赋权法。

采用主成分分析法的分析结果如表4-99所示。主成分分析法通过对数据的降维提取,使问题得以简化。从表4-99可以看出:主成分分析法只取到了前8项养老保障政策(实施最低生活保障到居家养老服务大院),累积比例59.461%<85.0%。因此,该方法的结果不具有代表性。

表4-99　主成分分析法结果

成分	初始特征值			提取载荷平方和			旋转载荷平方和		
	总计	方差百分比	累积/%	总计	方差百分比	累积/%	总计	方差百分比	累积/%
实施最低生活保障(低保)	7.517	24.248	24.248	7.517	24.248	24.248	3.000	9.677	9.677
新型农村社会养老保险	2.314	7.465	31.714	2.314	7.465	31.714	2.712	8.749	18.427
新型农村合作医疗保险	2.049	6.609	38.323	2.049	6.609	38.323	2.646	8.535	26.961
养老服务中心(站)	1.756	5.663	43.986	1.756	5.663	43.986	2.642	8.522	35.484
老年人服务热线、呼叫系统	1.433	4.622	48.608	1.433	4.622	48.608	2.631	8.488	43.971
室外健身场地和器械	1.171	3.776	52.385	1.171	3.776	52.385	1.998	6.446	50.417
社区多功能活动中心	1.165	3.757	56.142	1.165	3.757	56.142	1.709	5.512	55.929
居家养老服务大院	1.029	3.319	59.461	1.029	3.319	59.461	1.095	3.532	59.461
日间照料室	0.956	3.085	62.546						
村卫生所	0.885	2.856	65.403						
建立老年学校	0.818	2.639	68.041						
建立文化活动室	0.771	2.487	70.528						
公益性岗位养老服务人员	0.767	2.476	73.003						
提供照料护理	0.711	2.293	75.297						
帮助购物	0.652	2.103	77.399						
陪同就医	0.633	2.043	79.442						
上门送医送药	0.612	1.975	81.417						
护理服务	0.578	1.866	83.282						
陪伴聊天	0.559	1.803	85.085						
建立家政服务机构	0.507	1.634	86.719						
提供志愿者服务组织	0.486	1.568	88.288						
建立老年人协会	0.462	1.491	89.779						
社区自发组织文艺娱乐活动	0.440	1.420	91.199						
鼓励老人多参加乡村事务	0.409	1.320	92.519						
发挥老人调解邻里矛盾的作用	0.383	1.235	93.754						

---

① 郭昱. 权重确定方法综述 [J].农村经济与科技,2018,29 (8):252-253.

表4-99（续）

成分	初始特征值			提取载荷平方和			旋转载荷平方和		
	总计	方差百分比	累积/%	总计	方差百分比	累积/%	总计	方差百分比	累积/%
发挥老人的民主监督作用	0.364	1.175	94.929						
发挥老人的榜样作用	0.347	1.120	96.049						
营造尊老敬老氛围	0.342	1.103	97.152						
加大对老人的法律援助力度	0.310	0.999	98.151						
提高农村老人自我维权的能力	0.297	0.958	99.109						

故本书使用了熵权法。本章按照三个步骤对相关养老保障政策的重要性进行评估：第一，利用熵权法计算各项政策的权重；第二，根据各项政策所占的权重，计算出各项政策在调整了权重之后的每一个样本中的得分情况，并依此计算出每项政策的综合得分；第三，对调整了权重之后的各项政策在不同群体之间的得分情况进行评估，以判断今后农村养老保障政策在不同时间段的重点。

1. 养老保障政策的权重计算

（1）熵权法简介。

"熵"是衡量系统无序程度的一个度量。如果某个指标的信息熵越小，则该指标提供的信息量就越大，在综合评价中其所起的作用理当越大，它所占的权重就应该越高。因此，可利用信息熵这个工具，计算出各个指标的权重，为多指标综合评价提供依据[1]。

熵权法求指标权重的步骤：

第一步：确定指标。

在 n 个样本、m 个指标的情况下，则 X_{ij} 为第 i 个样本的第 j 个指标的数值（$i = 1, 2, \cdots, n$; $j = 1, 2, \cdots, m$）。

第二步：指标的归一化处理。

$$X_{ij} = \frac{X_{ij} - \min\{X_{1j}, \cdots, X_{nj}\}}{\max\{X_{1j}, \cdots, X_{nj}\} - \min\{X_{1j}, \cdots, X_{nj}\}}$$

第三步：计算第 j 项指标下第 i 个样本值占该指标的比重。

① 许启发，王侠英，蒋翠侠. 城乡居民贫困脆弱性综合评价：来自安徽省的经验证据 [J]. 经济问题，2017 (8)：1-6.

$$P_{ij} = \frac{X_{ij}}{\sum_{i=1}^{n} X_{ij}}, \quad i = 1, \cdots, n; \quad j = 1, \cdots, m$$

第四步：计算第 j 项指标的熵值。

$$e_j = -k \sum_{i=1}^{n} p_{ij} \ln(p_{ij}) \quad j = 1, \cdots, m$$

第五步：计算信息熵冗余度。

$$d_j = 1 - e_j, \quad j = 1, \cdots, m$$

第六步：计算各项指标的权重。

$$w_j = \frac{d_j}{\sum_{j}^{m} d_j}, \quad j = 1, \cdots, m$$

（2）对样本的政策选项进行赋分。

由于在调查问卷中对每项政策的重要性采取的是五分等级来进行调查，即每项政策的重要性分为"不重要""重要性较低""一般""比较重要""很重要"五个等级，在考察受访者对具体的每项政策的直观感受时，可以根据受访者的选择情况直接计算出每项政策的每个等级的占比情况。但是，如果要计算每项政策在所有的政策中的重要性则需要将这种五分等级转换成百分制，然后再计算权重。

为此，在各项政策的选项中，我们将"很重要"赋为 100 分，"比较重要"赋为 75 分，"一般"赋为 50 分，"重要性较低"赋为 25 分，"不重要"赋为 0 分。每一个样本针对每一项政策做出的选择得到赋分之后的结果如表 4-100 所示。比如样本 1（第 1 位受访者）对"低保制度"的看法是"重要性较低"，那么样本 1 的"实施最低生活保障（低保）"的选项得分就是 25 分。

表 4-100　样本赋分

	样本 1	…	样本 951
实施最低生活保障（低保）	25	…	100
建立新型农村社会养老保险	50	…	75
参加新型农村合作医疗	75	…	100
养老服务中心（站）	75	…	75
老年人服务热线、呼叫系统	50	…	100
室外健身场地和器械	50	…	75

表4-100（续）

	样本 1	…	样本 951
社区多功能活动中心	50	…	75
居家养老服务大院	50	…	75
日间照料室	50	…	100
村卫生所	50	…	100
建立老年学校	25	…	75
建立文化活动室	0	…	75
配备公益性养老服务人员	50	…	100
提供照料护理	50	…	100
帮助购物	50	…	75
陪同就医	50	…	100
上门送医送药	50	…	100
护理服务	50	…	75
陪伴聊天	50	…	100
建立家政服务机构	50	…	100
提供志愿者服务组织	50	…	100
建立老年人协会	50	…	100
社区自发组织文艺娱乐活动	25	…	100
鼓励老人多参加乡村事务	25	…	75
发挥老人调解邻里矛盾的作用	0	…	75
发挥老人的民主监督作用	0	…	50
发挥老人的榜样作用	0	…	100
营造尊老敬老氛围	50	…	75
加大对老人的法律援助力度	50	…	75
提高农村老人自我维权的能力	50	…	100

（3）计算每项政策的权重。

通过 Spss26.0 运用熵权法计算出各项政策的权重。从表4-101 中可以看出，各项权重较为均匀，均在 3.3% 附近。最大值是 6.23%，最小值是 0.92%，中值是 3.5%，方差是 0。

表4-101　熵值法计算权重结果汇总

	信息熵值 e	信息效用值 d	权重系数 w
实施最低生活保障（低保）	0.993 8	0.006 2	1.3%
建立新型农村社会养老保险	0.995 6	0.004 4	0.92%

表4-101（续）

	信息熵值 e	信息效用值 d	权重系数 w
参加新型农村合作医疗保险	0.995 6	0.004 4	0.93%
养老服务中心（站）	0.985 1	0.014 9	3.11%
老年人服务热线、呼叫系统	0.985 2	0.014 8	3.09%
室外健身场地和器械	0.983 2	0.016 8	3.51%
社区多功能活动中心	0.982 6	0.017 4	3.64%
居家养老服务大院	0.975	0.025	5.23%
日间照料室	0.971 1	0.028 9	6.04%
村卫生所	0.990 9	0.009 1	1.9%
建立老年学校	0.970 3	0.029 7	6.23%
建立文化活动室	0.981 7	0.018 3	3.83%
配备公益性养老服务人员	0.984 3	0.015 7	3.28%
提供照料护理	0.983 5	0.016 5	3.45%
帮助购物	0.974	0.026	5.45%
陪同就医	0.983 4	0.016 6	3.49%
上门送医送药	0.984 1	0.015 9	3.34%
护理服务	0.981 1	0.018 9	3.95%
陪伴聊天	0.974 6	0.025 4	5.32%
建立家政服务机构	0.978 3	0.021 7	4.55%
提供志愿者服务组织	0.982 4	0.017 6	3.69%
建立老年人协会	0.983 7	0.016 3	3.41%
社区自发组织文艺娱乐活动	0.982 8	0.017 2	3.6%
鼓励老人多参加乡村事务	0.983 5	0.016 5	3.46%
发挥老人调解邻里矛盾的作用	0.981 7	0.018 3	3.83%
发挥老人的民主监督作用	0.983 7	0.016 3	3.4%
发挥老人的榜样作用	0.986 3	0.013 7	2.87%
营造尊老敬老氛围	0.994 9	0.005 1	1.07%
加大对老人的法律援助力度	0.995 2	0.004 8	1.01%
提高农村老人自我维权的能力	0.994 8	0.005 2	1.1%

2. 根据权重计算各样本政策需求计分

将表4-101中的每项政策权重与每个样本对该项政策的实际赋分的分值相乘，得到每个样本在所有政策项上的加权分数（见表4-102）。

表 4-102　样本的权重赋分

	样本 1	…	样本 951
实施最低生活保障（低保）	0.33	…	1.1
建立新型农村社会养老保险	0.65	…	0.83
参加新型农村合作医疗保险	0.98	…	1.1
养老服务中心（站）	0.98	…	0.83
老年人服务热线、呼叫系统	0.65	…	1.1
室外健身场地和器械	0.65	…	0.83
社区多功能活动中心	0.65	…	0.83
居家养老服务大院	0.65	…	0.83
日间照料室	0.65	…	1.1
村卫生所	0.65	…	1.1
建立老年学校	0.33	…	0.83
建立文化活动室	0	…	0.83
配备公益性养老服务人员	0.65	…	1.1
提供照料护理	0.65	…	1.1
帮助购物	0.65	…	0.83
陪同就医	0.65	…	1.1
上门送医送药	0.65	…	1.1
护理服务	0.65	…	0.83
陪伴聊天	0.65	…	1.1
建立家政服务机构	0.65	…	1.1
提供志愿者服务组织	0.65	…	1.1
建立老年人协会	0.65	…	1.1
社区自发组织文艺娱乐活动	0.33	…	1.1
鼓励老人多参加乡村事务	0.33	…	0.83
发挥老人调解邻里矛盾的作用	0	…	0.83
发挥老人的民主监督作用	0	…	0.55
发挥老人的榜样作用	0	…	1.1
营造尊老敬老氛围	0.65	…	0.83
加大对老人的法律援助力度	0.65	…	0.83
提高农村老人自我维权的能力	0.65	…	1.1

3. 计算各项政策的综合得分

根据表 4-102 中每项政策的样本 1 至样本 951 的得分，计算每项政策在调整了权重之后的平均分，该平均分即为每项政策的综合得分（见表4-103）。

表4-103　养老保障政策加权后平均得分

	均值
实施最低生活保障（低保）	1.17
建立新型农村社会养老保险	0.79
参加新型农村合作医疗保险	0.82
养老服务中心（站）	2.1
老年人服务热线、呼叫系统	2.15
室外健身场地和器械	2.31
社区多功能活动中心	2.31
居家养老服务大院	3.04
日间照料室	3.46
村卫生所	1.54
建立老年学校	3.41
建立文化活动室	2.46
配备公益性养老服务人员	2.26
提供照料护理	2.37
帮助购物	3.1
陪同就医	2.34
上门送医送药	2.36
护理服务	2.58
陪伴聊天	3.23
建立家政服务机构	2.61
提供志愿者服务组织	2.29
建立老年人协会	2.28
社区自发组织文艺娱乐活动	2.34
鼓励老人多参加乡村事务	2.19
发挥老人调解邻里矛盾的作用	2.5
发挥老人的民主监督作用	2.2
发挥老人的榜样作用	2.01
营造尊老敬老氛围	0.91
加大对老人的法律援助力度	0.87
提高农村老人自我维权的能力	0.94

4. 养老保障政策的重要性评估：分群体、分阶段

（1）全样本条件下的政策重要性评估。

根据表4-103，按照重要性程度从低到高，将政策需求界定为改善、加强、重点强化，对应的政策改进力度也可分为3组，即改善、加强、重点强化。按照如下原则进行分组：以重要性评估结果的最高分3.46为基础，分别取其1/3、2/3作为阈值，将所有分值分为3组，即小于1.15分为"改善"，1.15~2.30分为"加强"，大于2.30分为"重点强化"。对于表4-103中的所有政策项，其政策改进力度分组情况如下：

①需要重点强化的政策。

根据表4-103的结果，就所有农村居民的认识来看，今后需要重点强化的政策包括室外健身场地和器械、社区多功能活动中心、居家养老服务大院、日间照料室、建立老年学校、建立文化活动室、建立家政服务机构、提供照料护理、帮助购物、陪同就医、上门送医送药、护理服务、陪伴聊天、社区自发组织文艺娱乐活动、发挥老人调解邻里矛盾的作用。

从上述政策项综合得分结果可以观察到，农村居民需求最强烈的政策主要集中在与安全、社交（情感）两个方面有关的政策上。就人、财、物要素，以及组织与实施的保障需要来看，最强烈的需求以物质资源、人力资源的需求为主，以及部分的组织与实施保障需求。

②需要加强的政策。

根据表4-103的结果，就所有农村居民的认识来看，今后需要加强的政策包括实施最低生活保障（低保），养老服务中心（站），老年人服务热线、呼叫系统，村卫生所，配备公益性养老服务人员，提供志愿者服务组织，建立老年人协会，鼓励老人多参加乡村事务，发挥老人的民主监督作用，发挥老人的榜样作用。

这些需要加强的政策反映出，针对农村居民整体来说，需求比较强烈的养老政策主要集中在与生理需求、安全以及社交（情感）有关的政策上。就人、财、物要素，以及组织与实施保障需要来看，主要集中在资金、设施，以及部分公益性服务上。

③需要改善的政策。

同样，从表4-103可以看出，今后需要改善的政策包括建立新型农村社会养老保险、参加新型农村合作医疗保险、营造尊老敬老的氛围、加大对老人的法律援助力度、提高农村老人自我维权的能力。

这些政策主要集中在与安全、尊重以及权益保护有关的政策上。从要素性质以及组织与实施保障来看，主要集中在资金与组织设施上。

（2）政策重要程度的差异性评估：基于居乡群体与回流群体的比较。

①养老保障政策在居乡与回流群体之间的差异性判断。

表4-104是养老保障政策在二者之间的分布情况。尽管从上文各项政策的频数对比分析中我们已经知道，在绝大部分的政策项上，回流群体与居乡群体之间都或多或少存在差异，这在一定程度上检验了第2章理论分析的结论——回流群体在养老资源的需求上与居乡群体存在差异。但是，这种差异仅仅是一种直观的判断，还需要从统计学上对这种差异进行科学的统计推断，以证实二者之间的确存在显著的差异。

表4-104　养老保障政策的重要程度在居乡回流人群中的分布情况

	居乡	回流
实施最低生活保障（低保）	1.19	1.18
建立新型农村社会养老保险	0.8	0.8
参加新型农村合作医疗保险	0.82	0.84
养老服务中心（站）	2.06	2.12
老年人服务热线、呼叫系统	2.11	2.23
室外健身场地和器械	2.25	2.39
社区多功能活动中心	2.19	2.4
居家养老服务大院	2.87	3.19
日间照料室	3.3	3.66
村卫生所	1.5	1.6
建立老年学校	3.22	3.61
建立文化活动室	2.37	2.54
配备公益性养老服务人员	2.24	2.26
提供照料护理	2.38	2.34
帮助购物	3.06	3.15
陪同就医	2.32	2.35
上门送医送药	2.34	2.4
护理服务	2.54	2.59
陪伴聊天	3.22	3.18
建立家政服务机构	2.57	2.63
提供志愿者服务组织	2.29	2.31

表4-104(续)

	居乡	回流
建立老年人协会	2.25	2.34
社区自发组织文艺娱乐活动中心	2.31	2.39
鼓励老人多参加乡村事务	2.13	2.29
发挥老人调解邻里矛盾的作用	2.48	2.55
发挥老人的民主监督作用	2.15	2.22
发挥老人的榜样作用	1.96	2.04
营造尊老敬老氛围	0.9	0.93
加大对老人的法律援助力度	0.85	0.88
提高农村老人自我维权的能力	0.93	0.95

对回流人群和居乡人群的养老保障政策评分进行正态性检验（单样本柯尔莫戈洛夫-斯米诺夫检验），检验结果如表4-105所示：居乡和回流人群的评分均不符合正态性。故通过秩和检验的方法检验回流人群与居乡人群对养老政策需求的差异性。秩和检验是通过将所有观察值（或每对观察值差的绝对值）按照从小到大的次序排列，每一观察值（或每对观察值差的绝对值）按照次序编号，称为秩（或秩次）。对两组观察值（配对设计下根据观察值差的正负分为两组）分别计算秩和进行检验，并进一步比较各对数据差值大小的秩次高低。

表4-105　单样本柯尔莫戈洛夫-斯米诺夫检验

		居乡	回流
个案数		30	30
正态参数[a,b]	平均值	2.120	2.212
	标准偏差	0.72 713	0.78 636
最极端差值	绝对	0.200	0.204
	正	0.116	0.131
	负	−0.200	−0.204
检验统计		0.200	0.204
渐近显著性（双尾）		0.083[c]	0.073[c]

注：a. 检验分布为非正态分布；

　　b. 根据数据计算；

　　c. 里利氏显著性修正。

从表 4-106 可以看出，居乡人群和回流人群之间的显著性概率值 $P=$ 0<0.05，表明二者存在显著性差异。从表 4-107 可以看出秩平均值相差 0.66，说明居乡人群之间的差异性大于回流人群之间的差异性。

表 4-106　检验统计

个案数	30
卡方	13.333
自由度	1
渐近显著性	0.000

注：采用傅莱德曼检验。

表 4-107　秩平均值

人群	秩平均值
居乡	1.83
回流	1.17

②养老保障政策在居乡与回流群体之间的差异性分析。

从表 4-104 可以看出，相较于居乡群体，回流群体在"室外健身场地和器械""社区多功能活动中心""提供志愿者服务组织""建立老年人协会"四个方面存在显著更高的政策需求。这种显著的需求主要体现在安全、社交层面，说明回流群体具有比居乡群体相对更高层次的养老资源需求，但在五个层次的需求中尚未上升到尊严、自我价值的实现层面。

"室外健身场地和器械"表明回流群体更加注重老年生活中的免费性质的日常身体锻炼；"社区多功能活动中心"反映出回流群体非常注重老年生活中能够有一定的场所与他人进行交流；"提供志愿者服务组织"与"建立老年人协会"是目前城市居民养老接触得比较多的事务，回流群体因其务工经历故而对于这两类组织的认识比居乡群体更深刻，也因此更加认可。

（3）政策重要程度的差异性评估：基于不同年龄阶段的比较。

①养老保障政策在不同年龄阶段之间的差异性判断。

表 4-108 就是养老保障政策在三个年龄阶段之间的分布情况。本书想通过三个年龄阶段的人群的比较，来检验养老政策是否需要随着时间的推移进行调整。

表 4-108　养老保障政策的重要程度在即将进入老龄化人群中的分布情况

	>50 岁	45~50 岁	40~44 岁
实施最低生活保障（低保）	1.19	1.17	1.17
建立新型农村社会养老保险	0.8	0.81	0.79
参加新型农村合作医疗保险	0.84	0.83	0.82
养老服务中心（站）	2.03	2.0	2.1
老年人服务热线、呼叫系统	2.09	2.12	2.16
室外健身场地和器械	2.15	2.25	2.37
社区多功能活动中心	2.15	2.2	2.35
居家养老服务大院	2.8	2.94	3.07
日间照料室	3.24	3.3	3.42
村卫生所	1.54	1.55	1.55
建立老年学校	3.16	3.31	3.22
建立文化活动室	2.3	2.39	2.39
配备公益性养老服务人员	2.2	2.25	2.28
提供照料护理	2.18	2.35	2.36
帮助购物	2.89	2.98	3.09
陪同就医	2.08	2.36	2.35
上门送医送药	2.26	2.31	2.38
护理服务	2.38	2.48	2.62
陪伴聊天	3.06	3.22	3.12
建立家政服务机构	2.42	2.54	2.58
提供志愿者服务组织	2.19	2.2	2.32
建立老年人协会	2.13	2.25	2.27
社区自发组织文艺娱乐活动	2.32	2.3	2.27
鼓励老人多参加乡村事务	2.15	2.1	2.2
发挥老人调解邻里矛盾的作用	2.6	2.34	2.51
发挥老人的民主监督作用	2.24	2.19	2.13
发挥老人的榜样作用	1.97	1.97	2.0
营造尊老敬老氛围	0.93	0.92	0.91
加大对老人的法律援助力度	0.88	0.87	0.87
提高农村老人自我维权的能力	0.93	0.96	0.94

从 4-109 可以看出，此三个年龄段的人群对政策的评估均不符合正态分布。故同样采用 Spss 秩和检验的方法对这三个年龄阶段的农村居民的政策需求差异性进行判断。

表 4-109　单样本柯尔莫戈洛夫-斯米诺夫检验

		40~44 岁	45~50 岁	大于 50 岁
个案数		30	30	30
正态参数[a,b]	平均值	2.153 7	2.115 3	2.070 0
	标准偏差	0.74 112	0.72 153	0.68 725
最极端差值	绝对	0.204	0.192	0.210
	正	0.116	0.118	0.118
	负	−0.204	−0.192	−0.210
检验统计		0.204	0.192	0.210
渐近显著性（双尾）		0.02[c]	0.07[c]	0.02[c]

注：a. 检验分布为非正态分布；

　　b. 根据数据计算；

　　c. 里利氏显著性修正。

从表 4-110 可以看出，显著性 $P = 0.008 < 0.05$，三个年龄段人群对于养老保障政策的需求存在显著性差异。从表 4-111 可知：三个年龄段人群中，45~50 岁和大于 50 岁人群之间的秩平均值差异是 0.47，40~44 岁和 45~50 岁人群之间的秩平均值差异是 0.32。由此可知，高、中年龄段之间对于养老政策选择的差异大于中、低年龄段之间的差异。

表 4-110　检验统计

个案数	30
卡方	9.722
自由度	2
渐近显著性	0.008

注：采用傅莱德曼检验。

表 4-111　秩平均值

人群	秩平均值
大于 50 岁	1.58
45~50 岁	2.05
40~44 岁	2.37

②养老保障政策在不同年龄阶段之间的差异性分析。

从表 4-108 可以看出，相较于大于 50 岁的人群，45~50 岁的人群在"提供照料护理""陪同就医""上门送医送药"方面存在显著更高的政策需求。这种显著的需求主要体现在生理、安全层面，说明 45~50 岁的人群具有比大于 50 岁的人群相对更高层次的养老资源需求，但在五个层次的需求中尚未上升到尊严、自我价值的实现层面。

"提供护理照料"反映出 45~50 岁人群对于退休后子女不能在自己身边照顾的担忧；"陪同就医"反映出该人群对于就医的担忧；"上门送医送药"反映出该人群对于退休后的身体情况的担忧和未来生活中基础的就医买药的需求。

相较于 45~50 岁的人群，40~44 岁的人群在"室外健身场地和器械""社区多功能活动中心""提供志愿者服务组织"上有显著更高的政策需求。这种显著的需求主要体现在安全、社交以及自我价值的实现层面。

"室外健身场地和器械"表明 40~44 岁的人群更加注重老年生活中的免费性质的日常身体锻炼；"社区多功能活动中心"反映出 40~44 岁的人群非常注重老年生活中能够有一定的场所与他人进行交流；"志愿者服务组织"是目前城市居民养老接触得比较多的事务，"提供志愿者服务组织"反映了 40~44 岁人群注重个人价值的实现。

相较于大于 50 岁的人群，40~44 岁的人群在"室外健身场地和器械""社区多功能活动中心""提供照料护理""陪同就医""上门送医送药""提供志愿者服务组织"六个方面有显著更高的政策需求。这种显著的需求主要体现在安全、社交层面。

"室外健身场地和器械"表明 40~44 岁人群更加注重老年生活中的免费性质的日常身体锻炼；"社区多功能活动中心"反映出该群体非常注重老年生活中能够有一定的场所与他人进行交流；"提供照料护理"反映了 40~44 岁的人群更加注重养老的品质；"陪同就医"反映出该人群对于就医的担忧；"上门送医送药"反映出该人群对于退休后的身体情况的担忧和未来生活中基础的就医买药的需求；"提供志愿者服务组织"反映了该年龄段人群对于人文关怀和生活品质的需求。40~44 岁人群比之大于 50 岁的人群，思维更加活跃，更加注重身体健康以及生活品质，所以对以上养老需求也就更加看重。

（4）政策重要程度的差异性比较：基于不同年龄阶段的居乡与回流群体。

从全样本层面看，回流和居乡的人群在养老保障政策方面有明显差异，而在不同年龄段的居乡与回流人群中，对于养老保障政策的看法又与全样本有所不同。

①年龄在 50 岁以上的居乡与回流人群的比较。

从 4-112 可以看出，对于"室外健身场地和器械"，居乡的人群认为应该加强，回流的人群认为应该重点强化。这表明回流人群更加注重老年生活中的免费性质的日常身体锻炼，回流的人群接触了更多的城市生活方式，而且城市的工作对于其身体健康影响更大，因此他们对于健身也更看重。对于"社区多功能活动中心"，居乡的人群认为应该加强，回流的人群认为应该重点强化。这表明回流的人群比居乡的人群更在意娱乐休闲活动方式的多样性，在外务工的经历丰富了他们娱乐方式，因此更加看重。对于"配备公益性养老服务人员"，居乡的人认为应该加强，回流的人认为应该重点强化。这表明城市的公益岗位设置更多，人员配备更为全面，导致回流的人群对于公益岗位的接触更多，认识更深，因此更加看重。对于"提供照料护理"，居乡人群认为应该重点强化，而回流人群认为应该加强。这可能是因为农村劳动力的流失，使得居乡人群无法得到足够的照料护理，而城市里较为完善的家政服务、护理服务使得回流的人群对此的认识不深刻，也就不够看重。对于"发挥老人的民主监督作用"，居乡的人群认为应该加强，回流人群认为应该重点强化。这是因为老年人在日常生活中有其生活的智慧，这是年轻人不能替代的，如果能发挥其民主监督的作用，可以提升他们对老年生活的自信心。回流的人比居乡的人接触了更多外界的思想，行事更加合情合理，所以回流的人更加看重老年人能发挥其民主监督的作用。

表 4-112　养老保障政策的重要程度在大于 50 岁的人群中的分布情况

	居乡	回流
实施最低生活保障（低保）	1.19	1.17
建立新型农村社会养老保险	0.78	0.84
参加新型农村合作医疗保险	0.82	0.82
养老服务中心（站）	2.1	1.98
老年人服务热线、呼叫系统	2.13	2.18
室外健身场地和器械	2.22	2.47
社区多功能活动中心	2.21	2.48
居家养老服务大院	2.81	3.21
日间照料室	3.35	3.71

表4-112（续）

	居乡	回流
村卫生所	1.46	1.66
建立老年学校	3.24	3.96
建立文化活动室	2.42	2.48
配备公益性养老服务人员	2.17	2.31
提供照料护理	2.36	1.93
帮助购物	3.11	2.98
陪同就医	2.22	2.24
上门送医送药	2.33	2.47
护理服务	2.53	2.45
陪伴聊天	3.27	2.67
建立家政服务机构	2.57	2.69
提供志愿者服务组织	2.27	2.26
建立老年人协会	2.24	2.17
社区自发组织文艺娱乐活动	2.35	2.37
鼓励老人多参加乡村事务	2.15	2.28
发挥老人调解邻里矛盾的作用	2.59	2.87
发挥老人的民主监督作用	2.17	2.63
发挥老人的榜样作用	1.99	2.12
营造尊老敬老氛围	0.91	0.88
加大对老人的法律援助力度	0.87	0.86
提高农村老人自我维权的能力	0.92	0.9

②年龄在45~50岁的居乡与回流人群的比较。

从表4-113可以看出，对于"室外健身场地和器械"，居乡群体认为应该加强，回流群体认为应该重点强化。这表明回流群体更加注重锻炼和健康，对免费的器械和活动场地的需求更高。对于"社区多功能活动中心"，居乡的群体认为应该加强，回流的群体认为应该重点强化。这表明回流的人群比居乡的人群更在意娱乐休闲活动方式的多样性，在外务工的经历丰富了他们娱乐方式，因此更加看重。对于"建立文化活动室"，居乡群体认为应该加强，回流的群体认为应该重点强化。这表示回流群体因为在外务工的经历，有了更多的文化要求和素质提升，对此也更加看重。

对于"提供志愿者服务组织",居乡的人群认为应该加强,而回流人群认为应该重点强化。这表示回流人群在外务工的经历使他们能有更多机会接触志愿者组织,并从中得到较好的帮助,对此也更加看重;对于"建立老年人协会",居乡的群体认为应该加强而回流群体认为应该重点强化。这说明回流的群体更有组织意识,对此也更加看重。对于"社区自发组织文艺活动",居乡群体认为应该加强而回流群体认为应该重点强化。这表示回流群体有更高的文艺活动的需求,更愿意展示自己的文艺特长,因此也更加看重。对于"鼓励老人多参加乡村事务",居乡群体认为应该加强,回流群体认为应该重点强化。这可能是因为老年人在农村的发言权降低,回流的人更有见识,知道老年人具有的生活智慧是年轻人不可替代的,所以也更鼓励让老年人多参与乡村事务。对于"发挥老年人调解邻里矛盾的作用",居乡的人认为应该加强,回流的人认为应该重点强化。这表示回流的人更明白老年人在人们心中的权威地位,以及他们所具有的宽容豁达的心胸,因此更加鼓励老年人发挥调解邻里矛盾的作用。

表 4-113　养老保障政策的重要程度在 45~50 岁人群中的分布情况

	居乡	回流
实施最低生活保障（低保）	1.2	1.18
建立新型农村社会养老保险	0.84	0.8
参加新型农村合作医疗保险	0.83	0.85
养老服务中心（站）	1.99	2.15
老年人服务热线、呼叫系统	2.05	2.26
室外健身场地和器械	2.24	2.4
社区多功能活动中心	2.13	2.39
居家养老服务大院	2.91	3.23
日间照料室	3.08	3.74
村卫生所	1.52	1.59
建立老年学校	3.23	3.69
建立文化活动室	2.27	2.62
配备公益性养老服务人员	2.23	2.27
提供照料护理	2.33	2.41
帮助购物	2.81	3.28
陪同就医	2.39	2.44
上门送医送药	2.3	2.42

表4-113(续)

	居乡	回流
护理服务	2.5	2.59
陪伴聊天	3.33	3.26
建立家政服务机构	2.49	2.66
提供志愿者服务组织	2.21	2.32
建立老年人协会	2.17	2.4
社区自发组织文艺娱乐活动	2.27	2.45
鼓励老人多参加乡村事务	2.01	2.3
发挥老人调解邻里矛盾的作用	2.19	2.53
发挥老人的民主监督作用	2.15	2.22
发挥老人的榜样作用	1.9	2.05
营造尊老敬老氛围	0.89	0.93
加大对老人的法律援助力度	0.84	0.88
提高农村老人自我维权的能力	0.94	0.96

③年龄在 40~44 岁的居乡与回流人群的比较。

从表4-114可以看出,在40~44岁的人群中,居乡人群认为"社区多功能活动中心"应该加强,回流人群认为应该重点强化。这表示回流人群有了更多的见识,也就更加需要与人沟通交流的场地,以及更丰富的活动方式,因此更加看重。居乡人群认为"配备公益性养老服务人员"应该重点强化,回流人群认为应该加强。这说明居乡人群对于专业的、免费的服务机构和服务人群的需求更加看重。居乡人群认为"提供照料护理"应该重点强化,回流人群认为应该加强。这说明居乡人群对于无子女陪伴,老年后身体不便,需要照料护理的需求比回流人群更大。居乡人群认为"陪同就医"应该重点强化,回流人群认为应该加强。这反映了居乡人群对于陪伴的需求和对未来就医的担忧,回流人群在城市进出医院就医的机会更多,对就医的流程和方式更熟悉,所以对此的需求更小。居乡人群认为"提供志愿者服务组织"应该重点强化,回流人群认为应该加强。这说明居乡人群比回流人群更渴望人文关怀和生活帮助。居乡人群认为"建立老年人协会"应该重点强化,回流人群认为应该加强。这说明居乡人群对于老年人的权益和组织化的方式更加看重。

表 4-114　养老保障政策的重要程度在 40~44 岁人群中的分布情况

	居乡	回流
实施最低生活保障（低保）	1.17	1.17
建立新型农村社会养老保险	0.79	0.79
参加新型农村合作医疗保险	0.83	0.82
养老服务中心（站）	2.03	2.1
老年人服务热线、呼叫系统	2.15	2.19
室外健身场地和器械	2.3	2.35
社区多功能活动中心	2.2	2.38
居家养老服务大院	2.94	3.1
日间照料室	3.4	3.48
村卫生所	1.54	1.61
建立老年学校	3.19	3.33
建立文化活动室	2.37	2.36
配备公益性养老服务人员	2.39	2.2
提供照料护理	2.45	2.28
帮助购物	3.21	2.9
陪同就医	2.46	2.18
上门送医送药	2.39	2.35
护理服务	2.61	2.61
陪伴聊天	2.99	3.14
建立家政服务机构	2.66	2.56
提供志愿者服务组织	2.4	2.28
建立老年人协会	2.33	2.24
社区自发组织文艺娱乐活动	2.25	2.23
鼓励老人多参加乡村事务	2.18	2.27
发挥老人调解邻里矛盾的作用	2.53	2.54
发挥老人的民主监督作用	2.12	2.13
发挥老人的榜样作用	1.96	2.0
营造尊老敬老氛围	0.88	0.96
加大对老人的法律援助力度	0.85	0.89
提高农村老人自我维权的能力	0.92	0.95

5 农村多支柱社会养老保险制度框架建构

本章分析了国内外社会养老保险制度框架的演变阶段和特征，以及建立农村多支柱社会养老保险制度体系的理论基础，并结合世界银行和国内外建立多支柱社会养老保险体系的实践经验，从理论和现实两个层面阐释了为什么需要在我国农村建立多支柱社会养老保险体系，以及建立农村多支柱社会养老保险体系的现实意义。基于此，本章提出了在我国农村地区建立"五支柱"社会养老保险制度体系的建议，主要包含：社会救助、普享型基础养老金、家计调查式社会保险相结合的非缴费型的"零支柱"；强制性的、缴费型的、与个人收入水平挂钩的"第一支柱"；以资本化的农村产权资源为基础形成类似企业年金计划的"第二支柱"；以自愿参加商业保险为基础形成的自愿型的补充养老金的"第三支柱"；以家庭成员、亲属、社区互助为基础形成的非正规保障形式的"第四支柱"。

本章在后面分别从理论基础和现实需要两个层面出发，论证了每一个支柱建设的必要性，还根据世界银行关于多支柱养老保险体系的建议、其他国家已有的对每个支柱的建设经验，以及我国目前已有的一些实践做法，分别提出了关于五个支柱未来的发展方向的建议，以期为我国农村多支柱社会养老保险制度体系的建设发挥一点借鉴作用。

5.1 国内外社会养老保险制度框架的演变

自 19 世纪 80 年代德国在世界范围内最先建立起社会养老保险制度以来，西方各国就开始了对社会养老保险的逐步探索。在中华人民共和国成立之后，我国的社会养老保险制度也得到了不断完善和发展。本节通过对国内外社会养老保险制度演进历程的梳理，划分出了国内外社会养老保险制度大致历经的几个发展阶段，并总结出了各自的演进特征。根据这些发展历程和演进特征，结合经济学和社会学相关的理论分析，以及参考来自世界银行关于建立多支柱养老保险制度体系的建议和各国的多支柱养老保险体系的实践，提出目前在我国建立农村多支柱社会养老保险制度框架是必要的、可行的，而且具有十分重要的现实意义。

5.1.1　国外社会养老保险制度框架的演变

从 19 世纪 80 年代开始，西方各国便对社会养老保险制度展开了逐步探索，大致历经了三个发展阶段：对社会养老保险制度的探索阶段、社会养老保险体系建立阶段以及如今正在经历的社会养老保险制度结构性改革阶段。各国养老保险制度在不断发展的过程中，呈现出了以下几个演变特征：由市场主导向政府主导转变，保障对象由覆盖部分成员向覆盖全体成员转变，法制化及规范化程度不断提高，保障体系向多支柱体系转变，制度演进与经济政治环境相适应。

1. 国外社会养老保险制度演进的历程

自 19 世纪 80 年代开始，西方各国开始探索建立社会保障制度，其中德国在世界范围内最早建立起了社会保障制度。此后，社会保障制度从欧美等国向全世界其他国家推广。随着第二次世界大战的爆发，许多国家开始重视政府在社会保障方面的宏观调控和干预，北欧和西欧的一些国家还建立了一系列的福利制度。在社会养老保障方面，各个国家的社会养老保障也逐渐趋于法制化、制度化，开始形成社会养老保障体系。20 世纪 70 年代中期，资本主义世界出现了严重的经济危机，许多发达国家在巨大的财政压力下，开始探索社会养老保障体系的多主体参与，以期通过引入市场化的因素来解决"政府失灵"现象①。基于对国外养老保险制度发展历程的回顾并借鉴已有的研究成果，本书把国外社会养老保险制度的发展历程大致划分成三个阶段：第一阶段是 19 世纪 80 年代到 20 世纪 40 年代中期，西方发达国家开始逐步探索社会养老保险制度；第二个阶段是 20 世纪 40 年代中期到 20 世纪 70 年代中期，随着福利国家的出现，政府开始加大

---

① 冼青华.多支柱养老保险体系理论研究综述 [J].西部论坛，2011，21（3）：42-48.

对社会养老保险的干预和投入，社会养老保险体系逐步形成；第三个阶段是 20 世纪 70 年代中期至今，世界经济社会环境不断变化，各国开始逐渐探索社会养老保险的市场化运作，社会养老保险体系得到不断发展和完善。

（1）西方国家及其殖民地国家对社会养老保险制度的探索阶段（19世纪 80 年代—20 世纪 40 年代中期）。

1601 年，英国颁布了《济贫法》。这部法律的出现标志着社会保障在世界范围内的初次萌芽。随着工业化和城市化脚步的加快，为了应对社会贫富差距加大的趋势以及保障弱势群体的基本生活水平，德国在 1881 年颁布了《疾病保险法》。这是世界上第一部真正意义上的有关社会保险的法律。在之后的 1889 年，德国又颁布了《老年、死亡、残疾保险法》。在这部法律之后，德国开始建立覆盖全社会的、强制型的社会养老保险制度①。1891 年，丹麦取消了《贫困救济法》，开始实行老年援助计划，规定对满足条件的老年贫困人群实施资金或物质方面的援助。此后，北欧其他几个国家也开始采用这一方法来应对本国的养老保障问题。19 世纪 90 年代末，社会养老保险制度逐渐从欧洲发展至美洲、大洋洲，一些发展中国家也开始对养老保障进行了积极的探索，特别是原属于欧洲国家殖民地的智利、乌拉圭、巴西、秘鲁等南美洲国家，在欧洲国家的影响下，相继建立起了社会养老保险制度。其中，智利在 1924 年建立了世界上第一个正规意义上的养老保险制度。这一时期各国的社会养老保险还处于制度探索阶段，还没有形成健全的社会养老保险体系。

（2）社会养老保险体系建立阶段（20 世纪 40 年代中期—20 世纪 70年代中期）。

1929—1933 年，资本主义经济危机爆发，西方资本主义国家的社会经济纷纷遭遇重创。第二次世界大战之后，社会贫富差距进一步加大，贫困现象更加严重。在此背景下，各个国家为了解决这些社会问题，开始探索福利国家保障制度。在养老保障方面，更加突出了国家的宏观调控和干预，保障范围不断扩大，保障水平不断提高，法治化和制度化程度进一步加深，并初步建立起了一套社会保障体系。1949 年，有 44 个国家已创建了社会养老保险制度，经过 30 年的发展，到 20 世纪 70 年代末，超过 140个国家建成了社会养老保险体系②。在这一阶段，各国政府开始承担大量

---

① 赵怡，段宇波.社会保障与福利：比较制度分析 [M].北京：中国社会出版社，2019.

② 张士斌.社会养老保障制度构建的国际经验与借鉴 [J].探索，2009 (6)：135-140.

养老保障责任，许多资本主义国家的养老保障支出占国家财政总支出的比重越来越大，尤其是瑞典、丹麦、挪威等北欧福利国家，在养老保障方面的财政支出占到了国民生产总值的五分之一。

（3）社会养老保险制度结构性改革阶段（20世纪70年代中后期至今）。

20世纪70年代中期，西方资本主义世界出现了严重的经济"滞胀"现象，再加上经济全球化的快速发展，各个国家老龄化程度进一步加剧，整个世界的社会经济环境发生了巨大变化。在此背景下，各个国家难以再像前一阶段一样拿出大量的国家财政去承担日渐膨胀的公共养老保障支出。由此，许多国家采取了诸如延长养老保险金的缴费年限、延后领取年龄、降低养老金给付系数等政策措施来缓解公共养老保障带来的财政压力。各个国家对养老保险制度的改革，主要体现在推进养老保障主体多元化以及完善养老保险制度两个方面。一些国家逐步形成了三支柱养老保险体系。以英国为例，在养老保险制度改革的推动下，英国建立起了"第一支柱为现收现付的基本养老金，第二支柱为强制性的职业年金，第三支柱为储蓄性的个人养老金"的三支柱模式。另外，以瑞典为代表的一些北欧的福利国家也开始形成了国家、企业和个人共同承担养老保障金的格局。与此同时，发展中国家也同步进行了改革，并取得了较好的成效。例如波兰逐步并轨了以前多轨制的养老保险制度，建立起了三支柱养老保障模式；智利建立起了完全积累制的、强制储蓄型的养老金模式；等等。

2. 国外社会养老保险制度演变的主要特征

（1）由市场主导向政府主导转变。

1929—1933年，以美国为首的西方资本主义国家爆发了巨大的经济危机，一时间各国国内的社会经济呈现出一片萧条的景象，在此背景下诞生了凯恩斯主义，主张国家通过扩张性的经济政策去增加内需，以此来促进经济增长。1945年第二次世界大战结束后，各国国内有效需求严重不足，为了解决内需不足的问题、缓和社会矛盾，西方各国开始通过政策手段提供社会保险，国家福利保障功能逐步得到强化。1928年，苏联在国内开始实施计划经济，1949年"经互会"的成立推动了计划经济体制向东欧各国延伸。受此影响，第二次世界大战后的西方资本主义国家虽然没有直接采用计划经济体制，但为了缓和社会矛盾也加大了政府的宏观调控和干预，逐渐形成了市场调节与政府干预结合的混合经济模式。体现在养老保障方面就是出台了一系列的政策措施，配置了大量的财政支出，国家承担起了社会养老保障的重要责任，逐渐实现了养老保障由市场主导向政府主导的转变。

（2）保障对象由覆盖部分成员向覆盖全体成员转变。

西方国家在经历了经济大危机和第二次世界大战带来的创伤后，各国国内的贫富差距进一步拉大，从而导致了一系列社会矛盾的产生，尤其是工人阶级和资产阶级之间的矛盾加大，阶级斗争严重。因此，各国开始在社会保障和社会福利的提供上拓宽覆盖范围，由以前向国内部分社会成员提供逐渐转变为向全体成员提供，以此手段来缓解社会矛盾、增加社会稳定性。随着市场经济的发展，全球化速度进一步加快，西方世界的中产阶级逐渐崛起，现代公民意识加强，公民开始谋求参与更多国家权力的运行。1949 年，英国社会学家马歇尔提出了公民权利理论，指出公民权利包括法律权利、政治权利和社会权利，而社会权利的实现就需要国家给公民提供社会福利，以体现基本的人权。马歇尔的公民权利理论后来成为英国建立国家福利制度的理论基础。20 世纪 80 年代，罗尔斯提出了公平理论，让西方世界摒除了对社群主义和自由主义的争论，重新去界定了公平的含义。这些理论要求社会中的每一个人都应该享有平等的权利，因此在建立养老保障制度时，各国也开始最大程度去体现普惠性和公平性，特别是一些国家创建了"零支柱"，其所提供的基本养老保险，给社会全体成员提供了"广覆盖、无差别"的养老保障。

（3）法制化、规范化程度不断提高。

自德国在 1889 年颁布世界上第一部关于社会养老保险的法律之后，各个国家在探索本国的养老保险制度时，均越来越体现出法制化、制度化的特点，规范化程度越来越高。特别是在二战以后，各个国家开始大规模地干预和调控经济，在养老保障方面出台了一系列的政策措施，并愈发注重养老保障法律体系的建设。例如，美国国会在 2006 年通过了《养老金保护法案》，英国在 2008 年推出了《养老金法案》，等等。而与此同时，大部分发展中国家也开始注重养老保障的立法工作，一些原属于欧洲殖民地的国家和地区也开始着手构建养老保障法律体系，如印度等国家。另外，日本、新加坡等国在养老保险制度建设上则始终坚持立法先行，不断地通过法律的形式去修订和完善本国的养老保险制度。法制化、规范化程度的日益提升推动了各国养老保障制度的完善，也成为各国养老保障成功实施的基础。

（4）保障体系向多支柱体系转变。

在全球化和市场经济的推动下，世界各国纷纷面临着在养老保障方面的巨大财政支出压力，再加上人口老龄化带来的风险，各国开始探索建立多层次的养老保障体系，许多国家逐渐形成了多支柱的养老保险体系。目前在欧美国家普遍建立的"三支柱"养老保险模式是当今世界上相对比较完善、成熟的社会养老保险体系。以美国为例，自20世纪30年代经济大危机到今天，经过将近一个世纪的发展和完善，逐渐形成了由国家强制性养老金、职业年金、个人储蓄养老金构成的"三支柱"养老保险模式。其他西方国家也基本采用了这一模式。进入21世纪，在世界银行的建议下，许多发展中国家也逐渐开始探索建立多支柱的养老保险体系。一部分发展中国家，根据自身的经济水平和社会发展状况，在"三支柱"的基础上又扩展出了以消除贫困为目标的"零支柱"以及以家庭养老为主的非经济性的"第四支柱"，从而形成了"五支柱"养老保险体系。

（5）制度演进与经济政治环境相适应。

回顾世界各国养老保险制度的发展与演进历程，可以发现每一阶段的社会养老保险制度的改革都与当时的经济政治环境密切相关。在第二次世界大战以前，各国的养老保险大多以市场为主导，但是资本主义经济危机的爆发使得各国社会矛盾加剧，贫困人口增多，加上第二次世界大战后国家垄断资本主义的发展，各国开始重视在养老保障方面发挥政府的宏观调控和干预作用，一时间国家在养老保障制度建设中发挥了决定性的作用。20世纪70年代中期，西方国家出现了严重的经济"滞胀"，各国开始由国家对养老保障的高财政支出转变为探索社会养老保险制度体系的多主体参与。今天，在全球化背景下，面对市场经济快速发展以及老龄化程度日益加剧的局面，各国在完善本国的养老保险制度体系时，都必须结合当下的经济政治环境做出相应的调整。

5.1.2　我国农村社会养老保险制度框架的演变

中华人民共和国成立以来，我国的农村养老保险制度便不断向前演进和发展，大致历经了人民公社集体养老、社会养老保险试点、老农保时期、新农保时期以及城乡居民养老保险并轨这五个阶段。在此过程中，农村养老保险制度不断得到完善，保障范围不断拓宽、保障质量不断提高，并且形成了"国家、集体、个人"共同承担农村养老保障责任的局面，同时城乡养老保障水平差距也在进一步缩小。

1. 我国农村社会养老保险制度演进的历程

一直以来我国都是农业大国，农村人口数量较为庞大。第七次全国人口普查数据结果显示，2020年我国农村常住人口为 50 979 万人，占全国总人口的 36.11%。目前我国的老龄化现象较为严重，截至 2020 年年底，我国 60 岁以上的老年人口数量约 2.6 亿人。由于历史及现实的原因，我国东、中、西部地区的经济发展水平差异较大，各区域、各省份的农村养老问题不尽相同，导致我国农村社会养老保险制度的建立过程较为曲折。回顾中华人民共和国成立以来我国农村养老保险制度从无到有再到逐渐完善的演进历程，本书将其划分为"以集体保障为主的人民公社集体养老阶段""农村社会养老保险制度初步探索阶段""老农保建设时期""新型农村社会养老保险制度推行阶段""城乡居民社会养老保险统一阶段"五个阶段。

（1）以集体保障为主的人民公社集体养老阶段（1949—1978 年）。

1949—1956 年是中华人民共和国成立并准备向社会主义过渡的阶段。在这期间，我国基本完成了社会主义三大改造，初步建立起社会主义制度。为了解决我国农村特殊贫困人群的基本生活问题，1956 年的《高级农业生产合作社示范章程》规定："农村生产合作社对于缺乏劳动力或者完全丧失劳动能力的老、弱、孤、寡、残社员，在生产和生活上给予适当的安排照顾。"1958 年，人民公社制度建立，在人民公社时期，由集体采取产品分配和现金分配两种方式对个人进行分配。在粮食分配上，对社员采取基本口粮和按劳动工分分配粮食相结合的办法，或采取劳动工分分配加照顾的办法进行分配。在这一时期，国家规定每个地方的生产队还"可以从可分配的总收入中，扣留一定数量的公益金，作为社会保险和集体福利事业的费用"[①]。在养老保障方面，一些集体经济发展得较好的地区还建立起了社员退休养老制度，并在当地开办了一些养老院和敬老院，在一定程度上解决了当地农村老年人的养老问题。在这一阶段，我国农村老年人的养老保障在制度上逐渐由之前的以土地为保障的家庭养老转变为以集体经济为基础的集体保障模式。根据 1958 年的统计数据，全国有 423 万户、

[①]《农村人民公社工作条例》。

519万人被纳入五保范畴，截至1958年年底，在农村地区建成的敬老院达15万所，其中收养的老人有300多万人[①]。

（2）农村社会养老保险制度初步探索阶段（1978—1992年）。

1978年党的十一届三中全会召开后，我国开始在农村实施家庭联产承包责任制，采取土地包产到户的方式，农民拥有了土地的承包权和经营权。在此背景下，集体经济组织在养老保障方面的主体地位被削弱，从而转向主要依靠家庭养老。但是，随着工业化、城市化速度的不断加快，许多农村剩余劳动力选择外出打工，再加上计划生育政策实施，传统的家庭养老功能也开始逐渐减弱。由于集体和家庭的养老保障功能弱化，国家开始逐步探索制度化、规范化的社会养老保障制度[②]。1986年，我国制定了第七个五年计划，其中提到要"有步骤地建立起具有中国特色社会主义的社会保障制度的雏形"，以及"抓紧研究建立农村社会保险制度，并根据各地经济发展状况，进行试点、逐步实行"。在此之后，我国展开了社会养老保险的试点工作，并在经济发达地区先行试点。由此，我国确立了以自我保障为主，集体、国家支持为辅，国家、集体、个人三种主体共同承担的社会养老保障模式，这也成为我国农村养老保障制度未来演进的基调[③]。统计数据显示，截至1989年，我国已经在19个省（自治区、直辖市）的190多个县（市、区）开展了农村社会养老保险方面的探索，在800多个乡镇实行了以乡镇或村为单位的养老保险制度[④]。

（3）老农保建设时期（1992—2009年）。

1992年，民政部颁布了《县级农村社会养老保险基本方案》，规定在全国有条件的地方循序推广。截至1997年，在全国累计30个省（自治区、直辖市）的2 000多个县（市、区）进行了试点推行。据统计，1997年积累的资金约140亿元，有55万人开始领取养老金，养老金发放额约1.6亿元[⑤]。

---

① 高明，苏奕杰.农村养老模式的演变线索分析［J］.石家庄经济学院学报，2013，36（5）：90-93.

② 徐瑶瑶.我国养老保险制度的变革之路与未来走向探析（1951—2017年）［J］.乡村科技，2016（33）：48-52.

③ 黄佳豪.我国农村养老保险制度的历史演进及其探索［J］.重庆社会科学，2009（10）：14-19.

④ 柯龙山.我国农村社会养老保险的历史变迁与政策评析［J］.长春理工大学学报（社会科学版），2013，26（2）：87-89.

⑤ 王一曼.对老农保到新农保的发展脉络梳理及评价［J］.商业文化（上半月），2011（10）：143-144.

1998 年是农村养老保险制度的转折点，受到多种因素的影响，之后的一段时期我国许多地区农村社会养老保险工作出现了停滞，如参保人数下降、基金保值困难等。国家也意识到了农村社会养老保障制度存在的不足，开始对社会养老保障工作进行清理整顿。虽然在这一阶段的后期，农村养老保障制度的推进出现了问题，但这一阶段仍然是我国农村社会养老保障完善和发展的重要阶段，不仅成为我国探索全国统一的农村社会养老保障制度的开端，而且意味着我国农村社会养老保险制度进入了现代化建设阶段[1]。

（4）新型农村社会养老保险制度推行阶段（2009—2014 年）。

2009 年，国务院出台了《关于开展新型农村社会养老保险试点的指导意见》。此后，我国开始在老农保基础上探索建立个人缴费、集体补助、政府补贴相结合的新的农村社会养老保险制度。新农保对比之前的老农保，其主要的制度变革在于养老金账户的变化，从老农保时期的个人账户养老金变为基础养老金同个人账户养老金共同组成，政府财政补贴被纳入保障资金来源。该意见的颁布实施，意味着我国建立起了新型农村社会养老保险制度，农村社会养老保障事业发展进入了新的阶段[2]。在这一阶段，全国将受保群体分为城镇企业职工、国家机关及事业单位人员、农村居民、城镇居民四大类群体，并分别对这四类群体的养老保险制度进行了改革探索。虽然实际工作中仍然有不足，但依然建立起了基本符合国情、经济发展阶段以及具有中国特色的社会养老保险制度模式。这对日后我国社会养老保险的制度性改革提供了理论贡献与实际经验。2011 年人力资源和社会保障部数据显示，截至 2010 年年底，我国已在 27 个省（自治区、直辖市）的 838 个县（市、区、旗）开展了新农保试点工作，新农保参保人数达到 1.03 亿人，60 岁以下的参保人数有 7 414 万人[3]。

（5）城乡居民基本养老保险统一阶段（2014 年至今）。

2014 年 2 月 7 日国务院举行了常务委员会。会议决定，在听取 2013 年全国人大代表的建议及全国政协委员的工作汇报下，将新型农村社会养

---

① 张婷，王三秀. 新中国 70 年农村养老保险制度改革历程与基本经验 [J]. 改革，2019 (8)：15-26.

② 刘冠生，章慧敏. 我国农村社会养老保险制度发展阶段论 [J]. 山东理工大学学报（社会科学版），2017，33 (3)：5-8.

③ 人力资源和社会保障部. 2010 年全国社会保险情况 [EB/OL]. (2011-08-10) [2021-06-16]. http://www.gov.cn/gzdt/2011-08/10/content_1923002.htm.

老保险和城镇居民社会养老保险两种制度并轨，建立起全国统一的城乡居民基本养老保险制度，并在会议中明确了城乡居民基本养老保险的任务目标、参保范围、基金筹集、养老保险待遇及调整、领取条件、制度衔接、基金管理和运营等内容。城乡居民基本养老保险制度的实施意味着我国从此不再分开建设城乡居民的养老保险制度，从而开启了统筹城乡社会保障制度的新阶段。在这个阶段，我国社会养老保险制度建设的主要目标是进一步扩大制度的覆盖面，提高制度的公平性、可持续性。城乡居民基本养老保险的实施为缩小城乡差距，促进社会的公平、可持续性发展做出了实质的贡献，也使我国农村居民的养老保障水平迈上了一个新的台阶。

2. 我国农村社会养老保险制度演变的主要特征

（1）保障对象由特殊人群向全员覆盖转变。

自中华人民共和国成立到改革开放这段时期内，尽管在制度上农村养老以集体保障为主，但受经济社会发展阶段的制约，集体经济的保障水平较低，范围仍然较小，许多地区也只是通过公社食堂解决了农民的吃饭问题，而农村居民的生老病死等问题，特别是老人的衣、住、行、护理照料等主要还是依靠家庭保障。在实践过程中，只有少部分被纳入五保供养的农村特殊老年人群的基本生活由集体提供，实现了真正意义上的集体养老，而其余的普通农村老年群体还是以家庭养老保障为主。1978年改革开放以后，家庭联产承包责任制的实施，使得农村集体经济的力量被削弱，家庭取代集体成为农村的经济主体。在这一时期，农村基本以家庭养老为主，并且在新农保实施之前一直持续着这种模式。2009年，我国开始推进新农保试点工作，在养老保障资金来源中加入了由政府补贴的基础养老金，自此之后，越来越多的农村居民加入了新农保，保障范围快速扩大。2014年城乡居民养老保险制度开始实施，在社会养老保障方面实现了城乡统一，保障对象逐渐实现了城乡居民全员覆盖。

（2）保障质量由低水平向更高水平转变。

从农村社会养老保险制度的发展历程来看，农村社会养老保险制度从没有到建立再到逐渐发展完善的同时，农村养老保障水平也逐渐由低水平实现了向更高水平的提升。特别是新农保制度以及之后的城乡居民基本养老保险制度建立之后，农村养老保障面越来越宽，保障内容也越来越多，除了资金保障还体现在物质提供及农村养老基础设施的建设方面。农民购买的城乡居民养老保险中基础养老金的标准呈现出逐年增长的趋势，中央和地方政府对个人缴费的补贴额度也越来越大。在物质提供及农村养老基础设施建设方面，政府和市场一同发挥作用，使农村老年人的生活水平得到了更大程度的保障和提高。国家统计局数据显示，2017年我国农村各类养老机构床位数达到161.6万张；2018年全国农村社区服务中心数量达11 431个，其中养老功能型的社区服务中心有1 928个，并呈现出逐年增加的趋势；2018年全国农村社区服务站的数量为80 608个，全国农村社区照料机构和设施数量达26 404个，社区互助型养老设施有75 395个。

（3）由"家庭与集体"主导向"国家、集体、个人"共同承担转变。

在新农保实施之前，我国农村地区的养老保障主要由集体和家庭提供，而在新农保实施之后，我国根据"个人缴费为主，集体补助为辅，政府给予政策扶持"的原则形成了"国家、集体、个人"共同承担农村养老保障责任的局面。养老保障的资金来源渠道实现了多元化的转变，这不仅使农村养老保障体系得到进一步完善，也在一定程度上提高了农村养老保障水平。由于我国各地区的经济发展水平呈现出明显的差异，各地的养老保障资金来源中各主体所占比例也有所差别。在经济发展水平较高的东部地区，农村养老保障中的基础养老金及给农民的缴费补贴资金主要来源于地方财政，中央财政所占比例相对较小。而在经济发展水平相对落后的中、西部地区，其养老保障资金由中央财政和地方财政共同承担，中央财政给予的补贴比例相对较大。在集体补助方面，也与各个地方的集体经济发展水平密切相关，在集体经济发展较好的农村地区，集体经济发挥的养老保障功能就相对较强，而在集体经济相对薄弱的地区，集体经济发挥的作用则相对较弱。

（4）城乡居民养老保障水平差距不断缩小。

在城乡居民养老保险制度并轨之前，城市和农村实施的是不同的养老保险制度。在城市实施的是城镇职工养老保险制度以及城镇居民养老保险制度，在农村地区实施的是农村社会养老保险制度。这几种制度之间存在着缴费档次及养老金待遇等方面的差别，再加上城乡居民收入水平一直以来存在的差距，造成了城乡居民在养老保障水平上的差距也越来越大。中国社科院2014年发布的《社会蓝皮书》显示，2012年我国城镇职工的人均养老金水平为2.09万元，而参加新农保的农村居民的人均养老金水平才

859.15 元，两者之间相差了 20 多倍①。在 2014 年，我国将城镇居民养老保险和农村居民养老保险两种养老保险制度并轨，开始实行新的城乡居民养老保险制度，由此实现了社会养老保障的城乡统筹，养老金缴费由国家统一征收，养老金的发放也由人社部统一发放。这在一定程度上缩小了城乡居民之间养老保障水平存在的差距，也有利于缩小城乡之间的差距。

5.1.3 我国农村社会养老保险制度选择：多支柱体系

本节通过理论层面的分析，以及对我国当下所面临的现实情况的梳理，得出农村的养老保障仅仅依靠家庭、政府或市场某个单一主体来提供均难以满足农村老人全方位、多样化的养老需要的结论，因此必须要建立起多支柱的农村养老保险制度体系，以便更大程度上提高农村养老保障水平，进一步增强我国经济社会发展的稳定性。

1. 理论基础

（1）构建社会养老保障体系的经济学理论。

20 世纪 50 年代，美国经济学家莫迪利安尼和布伦贝格提出了有关消费与储蓄的生命周期假说。该理论认为，个人的消费取决于对其一生收入的预期，而不是仅仅取决于当前收入状况，并且认为人在不同阶段获得收入的能力不同。在年轻时，所能获取的收入较低，为了满足自身的消费需求，可能需要从外部举债。到中年以后，个人收入水平变高，在维持现有的消费水平下，可以对未来进行储蓄。而步入老年后，特别是在退休之后，个人收入降低甚至为零，就需要使用之前的储蓄维持消费。生命周期假说将个人的一生分为工作阶段与退休阶段，在工作阶段获取收入的能力强，而在退休阶段则无法获取相应的收入。因此需要平滑这两个时期的收入，从而使个人终身的消费水平维持一定的平衡，平滑两时期收入的方式就是在工作时期为退休进行储蓄。这一理论的现实意义在于，从平衡个人终生消费的角度分析和解释了个人、家庭的储蓄行为。对于建立养老保障制度而言，生命周期假说从微观的角度解释了为什么要建立起储蓄型的家庭养老保险模式，因此该理论也是建立储蓄型养老保险制度的重要理论依据②。

但是，人的一生并非一帆风顺，往往会面临很多不确定性的风险，例

---

① 中国科学院. 社会蓝皮书 [M]. 北京：社会科学文献出版，2014.
② 白学良. 中国个人养老金计划的发展探析 [D]. 成都：西南财经大学，2013.

如失业、残疾导致劳动能力损失等，且这些风险是客观存在的，不可能完全消除，这些都会影响人的储蓄行为，从而影响老年时的生活保障。因此，面临这些不确定性风险问题时，需要引入外部保险把这种不确定性变为确定性。历史与经验表明，保险是最重要的风险转移方式，通过参加保险，人们可以把未来损失的不确定的经济后果转为由保险公司承担[①]。20世纪60年代，以色列经济学家梅纳赫姆·雅瑞创建了寿险需求理论。该理论把人寿保险当作消费者应对某种未来不确定性的手段，并将其引入生命周期消费理论的研究之中。雅瑞认为，人们会面临寿命的不确定，而寿命的不确定性会引发未来收入流的不确定性，假使人们追求生命周期消费效用最大化，那么这种不确定性会影响人们的消费行为。在寿命不确定性的条件下，购买人寿保险及年金可以应对寿命的不确定性带来的风险，实现最优消费。该理论的发展，为商业养老保险市场的建立提供了理论基础，也为建立多支柱养老保障体系奠定了理论基础。

尽管市场化可以为构建社会养老保障体系带来更多的资金来源，但是理论与实践的发展也表明，市场常常存在"失灵"的情况，因此仅仅由市场来提供养老保险会带来一系列的问题。比如，人们在购买商业养老保险之后可能会表现出不努力工作、不喜欢储蓄甚至产生恶性消费的倾向，这被称为保险市场中的道德风险。除此之外，市场中还可能存在信息不对称带来的逆向选择的问题，这都是市场失灵的表现。公共产品理论认为，社会产品分为公共产品和私人产品，公共产品具有效用的不可分割性、消费的非竞争性、受益的非排他性等特征，而私人产品则正好相反。市场和政府都可以提供的养老保险，介于公共产品和私人产品之间，属于准公共产品。面对养老保险领域中市场出现的失灵情况，政府可以通过提供社会养老保险的方式去解决市场中出现的逆向选择及道德风险的问题[②]，同时也能进一步拓宽养老保障的覆盖范围，实现公平正义，因此在农村养老保障体系的构建中，政府提供的社会养老保险是必不可少的。

从上述经济学理论分析可以看出，我国在设计农村养老保障体系时，需要考虑多方面的因素，应当由家庭、市场、政府共同来提供养老保障。政府要利用其强制权为农村养老保障提供一个较为完备的法律框架，并在此基础上引入市场型的商业养老保险，扩展养老保险的层次，遏止政府在

---

① 钟明. 保险学 [M]. 上海：上海财经大学出版社，2006.
② 杨辉. 社会保障制度与政府责任的重新定位 [J]. 统计与决策，2007 (15)：112-114.

养老保险中的失灵，同时，个人储蓄性质的家庭养老也需要发挥出应有的作用①。

（2）构建社会养老保障体系的社会学理论。

社会保障制度是现代国家一项重要的社会经济制度，拥有健全的社会保障制度和体系是现代国家的重要特征。政府有政治、经济、社会、文化四大职能。从政治职能来看，通过社会保障实现了社会稳定和谐；从经济职能来看，通过社会保障使经济社会得以协调发展；从社会职能来看，社会保障实现了社会的公平和正义；从文化职能来看，社会保障给社会宣扬了公平、包容的价值观。一方面，政府职能的变化不断推动着社会保障体系的变迁；另一方面，无论是从政府管理的角度，还是从社会保障制度完善的角度，社会保障都扩充了政府的职能，成为国家治理的重要手段和工具。因此，从国家治理的层面来看，政府应该承担起社会保障的职责。

除此之外，一个国家的社会保障水平不仅体现了国家治理能力的现代化水平，还是一个国家竞争力的重要体现。当今世界，各国之间已经不再只是军事和经济上的竞争，一个国家所提供的社会保障呈现出的公平与效率也是衡量国家竞争力的重要方面。某些西方发达国家长期强调人权，并将其作为打压发展中国家的手段，他们把社会保障作为自己的竞争优势，妄图给发展中国家形成制度压力。由此，从提升现代国家竞争力的层面来看，国家也要致力于给国民提供较高水平的社会保障。此外，现代法治国家也要求必须建立起较为完善的社会保障制度，国家要以法律和政策的形式去促使社会保障朝着制度化、体系化的方向发展。因此，我国在全面建设社会主义现代化国家的进程中，必须要建立起高水平的、完善的社会养老保障体系。

通过前文回顾世界各国社会保障的发展历程，我们也可以发现社会保障制度的发展始终伴随着每一个不同阶段的社会转型，任何国家的社会保障体系框架的建立与完善都与本国所面临的国内外大环境密切相关。在传统农业社会，各国在社会保障方面主要采取救济式扶贫的方式，在工业社会才开始逐渐形成制度化的社会保障体系。在后工业化社会中，社会矛盾的转变，推动着发达国家社会保险制度的结构性变革，社会保障参与主体也逐渐多元化。目前，我国正处于经济社会大变革大转型时期，经济结构

---

① 张娟. 社会保障制度中政府行为和市场行为的均衡 [J]. 理论月刊，2007（10）：28-30.

发生变化，更需要通过完善的社会保障体系来发挥"社会稳定器"的作用。因此，在农村养老保障领域，我国也需要尽快建立起一套完善的社会养老保障体系。这不仅符合当前我国社会转型的大环境大背景，也有利于推动乡村振兴，构建"以国内大循环为主体，国内国际双循环相互促进的新发展格局"的战略基础。

2. 多支柱社会养老保险体系：来自世界银行的建议

世界银行认为，养老保险制度的主要目标在于，以适应各个国家具体国情的方式去提高福利水平以达到消除贫困的目的，同时为老年人群提供充足、可负担、可持续和稳健的退休收入。实践经验表明，多支柱养老保险制度能够更好地实现这个目标，并且能够更好地应对各国出现的经济、政治和人口风险。同时，多支柱的养老保险制度更具有灵活性，可以在更大程度上满足不同老年目标群体的多样化养老保障需求。因此，世界银行建议各国构建多支柱养老保险体系。

（1）多支柱养老保险体系的构成。

1994 年，在《防止老龄危机：保护老年人及促进增长的政策》报告中①，世界银行提出了养老保险"三支柱"体系的建设方向："第一支柱"是政府集中管理、通过一般税收收入融资和企业与个人缴费融资的强制性非基金制养老保险计划，一般覆盖全体国民或居民，提供基本的退休收入保障，防止老年贫困。"第二支柱"是私营化分散管理、引入个人账户、实行基金积累制的强制性的养老保险。"第三支柱"是各种自愿型养老储蓄计划，比如商业寿险公司提供的各种养老保险产品。2005 年，世界银行根据各国实施的结果，总结出经验与教训，并提出了"五支柱"的养老保障体系构架，增加了"零支柱"和"第四支柱"，其中"零支柱"提供最低水平的保障，"第四支柱"是作为非正式制度的家庭保障、保健和家政服务等②。

（2）多支柱养老保险体系在各国的实践。

自养老保险制度诞生以来，世界各国根据其面临的社会经济发展形势，不断地进行改革，到目前为止，许多国家都在本国构建起了较为完善

---

① 世界银行. 防止老龄危机：保护老年人及促进增长的政策 [M]. 北京：中国财政经济出版社，1996.

② 霍尔茨曼，欣茨，等. 21 世纪的老年收入保障：养老金制度改革国际比较 [M]. 郑秉文，等译. 北京：中国劳动社会保障出版社，2006.

的多支柱养老保险体系。此处选取丹麦、波兰和韩国的多支柱养老保险体系进行分析。

丹麦是西方福利国家的典型代表。二战后，丹麦对本国的社会养老保险体系做出了一系列的改革，逐渐形成了保障水平较高、保障体系较为完善的"三支柱"养老保险体系。其主要的构成模式为：以公共养老保险为主的"第一支柱"；以职业年金为主的"第二支柱"；以储蓄型的个人养老金为主的"第三支柱"。较为特别的是，丹麦养老保险体系中的"第一支柱"和"第二支柱"分别都由两个层次组成，"第一支柱"的公共养老金由基本养老金和基本补充养老金组成，"第二支柱"的职业年金由补充性质的职业年金和基于集体协议的补充养老金构成[①]。

1989 年波兰剧变之后，国家的社会制度、经济制度同时发生转型，由社会主义转变成了资本主义，由计划经济制度转为了市场经济体制。在此背景下，波兰在 1999 年对本国的养老保险体系也进行了社会化的改革。在这之前，波兰实行的是现收现付制的雇主缴费型养老保险，统一计入国家养老金账户，并且养老保险制度呈现出多轨制的特点，不同职业、不同身份的人群拥有不同的社会养老保险制度。而在 1999 年改革之后，波兰根据世界银行的"三支柱"养老保险体系的建议，也建立起了具有本国特色的多支柱养老保险体系："第一支柱"为由公共机构缴费的、现收现付型的名义账户制养老保险；"第二支柱"为完全积累型的、由个人负担的公共养老基金；"第三支柱"为完全自愿型的个人储蓄养老保险[②]。

作为亚洲国家的韩国，其老龄化问题一直以来都表现得十分严峻。据韩国政府部门统计，截至 2020 年年底韩国登记人口数为 5 182.9 万人，同比 2019 年减少了 2 万多人，死亡人口数超过了新生人口数，已经出现了人口负增长的趋势[③]。面对长时间的人口老龄化问题，韩国在 1988 年就开始实施了国民年金计划，希望通过社会养老保险制度的改革来缓解国内沉重的养老压力。基于本国国情，韩国逐渐形成了"四支柱"养老模式："零支柱"为非缴费型的、基础养老保险，主要为了保障国内贫困老年人群的

---

① 杨泽云. 丹麦养老金发展及启示 [J]. 中国保险, 2016 (2)：19–25.

② 韩丽. 波兰养老保险制度改革及对中国的启示 [J]. 科技创业月刊, 2011, 24 (14)：84–86.

③ 张慧智, 金香丹. 韩国多支柱养老保障体系改革及启示 [J]. 人口学刊, 2017, 39 (2)：68–77.

基本生活水平；"第一支柱"为与个人收入水平挂钩的国民年金，并为国内特殊职业人群（如公务员、军人等）制定了不同的年金标准；"第二支柱"为强制性的退休年金；"第三支柱"为自愿型的、以个人储蓄为主的商业养老保险。

（3）多支柱养老保险体系在我国的发展过程。

1991年，我国颁布了《关于企业职工养老保险制度改革的决定》，首次提到了建设我国多支柱养老保障体系的目标和发展方向，明确了我国今后要逐步建立起基本养老保险、补充性质的企业职工养老保险以及个人储蓄性养老保险相结合的养老保险制度。同年，国务院正式决定开展建立农村社会养老保险制度的改革试点工作。1997年，我国发布了《国务院关于建立统一的企业职工基本养老保险制度的决定》，其中规定：城镇各类企业职工和个体劳动者，都应当参加城镇企业职工基本养老保险。2004年，劳动和社会保障部公布了补充性质的企业年金的试行办法，并在此之后大力推行此类养老保险。2009年，我国开始展开新农保的试点工作，并在2011年开启了城镇居民养老保险工作。2013年，党的十八届三中全会明确提出了要制定实施关于商业养老保险的免税、延期征税的政策措施①。2017年，国务院发布了《关于加快发展商业养老保险的若干意见》，2018年，我国正式开启了个人递延型商业养老保险的试点工作。至此，我国已初步建立起了基本养老保险、补充性养老保险以及个人储蓄型养老保险相结合的"三支柱"养老保障体系。2021年，中共中央制定的"十四五"规划纲要中明确提到了我国未来要发展更加完善的多层次、多支柱养老保障体系。

从我国养老保障体系的发展过程看，城镇职工养老保险体系相对于城乡居民养老保险体系而言，在资金的筹集、养老保险待遇、基金管理与运营方面都更为健全。特别是在资金的筹集上，已形成了以基本养老保险为"第一支柱"，以企业年金为"第二支柱"，以个人递延型商业养老保险为"第三支柱"的保险体系。而农村养老保险体系目前还只有以消除贫困为主的"零支柱"，以基本养老保险为主的"第一支柱"，与城镇职工养老保险相比较，还缺乏补充性养老保险（"第二支柱"）、个人储蓄型养老保险（"第三支柱"）的支撑。

---

① 杨华. 完善我国多支柱养老保障体系的思考：基于我国养老资产充足性的分析 [J]. 新疆财经，2016（3）：5-10.

从前文国内外养老保险制度演变的历史，以及各个国家社会养老保障体系的发展历程来看，建立多支柱的养老保障体系应该是一个必然的发展趋势。世界银行关于养老保障体系的"五支柱"框架建议，相对于发达国家的"三支柱"体系，增加了以反贫困为目的的"社会兜底"保障（零支柱），以及重视家庭在养老保障中的重要作用的"第四支柱"。因此，对于包括中国在内的发展中国家而言，"五支柱"保障体系的建议非常值得借鉴。

3. 我国建立农村多支柱社会养老保险体系的重要意义

由于历史的原因，我国农村社会养老保险制度的发展相对比较落后。同时也因为我国经济社会发展总体还相对落后，目前我国还是最大的发展中国家。这样的现实状况下，还不能一步到位实现城镇职工养老保险与城乡居民养老保险的完全并轨。因此，在"五支柱"制度框架下，针对农村的实际情况建立起农村多支柱养老保障体系具有非常重要的现实意义。

（1）有利于进一步提高社会福利水平。

从现实情况来看，目前农村地区的养老保障水平仍然较低。首先，社会养老保障的覆盖面尚需进一步拓宽。救助性质的最低生活保障，主要针对无法维持最低生活水平的特殊困难人群，还无法照顾到那些达不到低保要求但生活水平相对较差的老年群体。此外，在农村最低生活保障的提供上，也存在对象识别困难、低保资金较少等问题。其次，由于我国城乡之间、各地区之间经济发展水平存在较大的差异，在养老保障水平方面也存在着城乡以及地区之间的差别。对于经济收入水平相对较高的城镇居民来说，往往会有比农村居民更多的养老保障选择方式，因此他们的整体养老保障水平要高于农村。而农村地区的养老保障形式相对单一，市场化的商业养老保险发展较为缓慢，农村地区目前最主要的养老保障方式还是政府提供的基本养老保险及传统的家庭养老。最后，农村社会养老保障的层次仍然较低，主要还停留在资金的提供上，物质、精神方面的保障比较匮乏。因此，需要在农村地区逐渐建立起多支柱的养老保险体系，拓宽养老保险的资金筹集渠道，扩大养老保障的覆盖面，丰富农村养老保障层次，提高农村地区的养老保障水平，逐渐缩小城乡之间养老保障水平的差距。

（2）有利于缓解政府财政压力。

目前实施的城乡居民基本养老保险，其养老保障资金有很大一部分源于中央和地方政府的财政补贴。统计年鉴数据显示，2014年在城乡居民养老保险上下达的中央财政补贴为 1 644 亿元，到了 2020 年，财政补贴已增长至 3 114. 3 亿元。国家统计局发布的《中华人民共和国 2020 年国民经济和社会发展统计公报》显示，截至 2020 年年末，我国参加城乡居民养老保险的人数已达 54 244 万人左右，要负担如此庞大人口的养老资金，不论是中央还是地方政府都面临着巨大的压力。当前我国经济发展正历经增长速度换挡期、阵痛期以及前期刺激政策消化期的"三期转型"时期，经济结构的转型调整意味着我国目前也需要拿出较大的财政资金用于经济发展。因此，需要通过构建科学合理的农村多支柱养老保险体系，不断拓宽养老金的来源渠道，以此缓解政府的财政压力。为此，需要大力吸纳除政府力量之外的资金主体，例如重点发展市场化的商业养老保险，同时将农村既有的资源条件转变为可利用的资本用于养老保障事业的发展。

（3）有利于调动参保人员的积极性。

购买社会养老保险是我国农村地区当下重要的养老保障手段。为了体现社会的公平正义，在农村养老保险制度的设计中引入救济性质的社会养老保障，可以保证贫困老年群体的最低生活水平，以实现普惠性的社会公平。根据国外社会养老保险发展的经验，除了实现普惠性的公平，还应当在社会养老保险的制度设计中体现出差异性。在维持人的基本生存底线的情况下，为满足人们更加多元化的需求，可通过在社会养老保险制度中设置不同的缴费档次来满足这一需求。这样既可以扩大养老基金的规模，同时也充分调动了不同经济状况的参保人员购买社会养老保险的积极性。另外，从追求效率的角度来看，仅仅依靠强制性的政府集中管理的基本养老保险向农村居民提供养老保障是远远不够的，还应该构建更多的保障支柱，比如商业养老保险，农村资产化的产权资源等，为农村居民提供更多的养老保障方式选择。

（4）有利于积极应对"老龄化"步伐的加快。

自 1999 年我国步入老龄化社会以来，老龄化的速度不断加快，老龄化程度日益加深。第七次全国人口普查数据显示，2020 年全国 60 岁以上老人约 2. 6 亿，占总人口比例为 18. 7%。全国老龄办发布的《中国人口老龄化发展趋势预测报告》的数据显示，从 2004 年开始我国已经出现了老龄化城乡倒置现象，农村的人口老龄化水平已经超过城镇，并且预测显示这一趋势还将持续 20 年左右。未来很长一段时间内，农村地区的养老问题将会更加严峻，为有效解决这一问题，农村社会养老保障多支柱体系的建立已经迫在眉睫。

（5）有利于国家战略转型的顺利实施。

当前，我国社会正处于重大历史转型时期，所面临的国际国内情况都十分复杂。从国际上来看，一方面，世界多极化趋势不可逆转，全球化速度仍将在曲折的过程中进一步加快；另一方面，也应看到发达国家与发展中国家存在的结构性矛盾可能导致国际局势更加复杂，对我国的经济社会发展可能会带来相当程度的影响。从国内情况来看，我国仍处于农业社会、工业社会和后工业社会的交错时期，同时处于"三期转型"的关键时期。为应对世界局势"百年未有之大变局"以及国内经济社会的重大转型，党中央提出要着力构建"以国内大循环为主体、国内国际双循环相互促进的新发展格局"。与此同时，2020年以来新型冠状病毒感染疫情席卷全球，在一定程度上加大了本已矛盾重重的国际局势的不确定性，也给我国经济社会结构调整与转型带来了一系列新的风险和挑战。在这样的背景之下，我国更需要尽快建立起农村社会养老保障的多支柱体系，充分发挥其"社会稳定器"的重要作用。这不仅可以增强我国经济社会发展的稳定性，同时也可以通过减轻农村居民的养老压力，释放农村居民的消费活力，从刺激农村消费的层面为我国经济社会发展新格局提供新的发展动能。

5.2 "零支柱"社会养老保险建构

本节从理论认识和现实需求两个方面详尽论述了在农村养老保险体系中构建"零支柱"的必要性。首先从理论认识层面来看，建立"零支柱"有利于保障农村老年弱势群体的基本生存权益，以此更好地维护整个社会的公平与正义。其次从现实需求层面来看，建立强制性、普惠制、非缴费型的"零支柱"，对于巩固我国农村地区的脱贫攻坚成果、实现城乡经济一体化、促进经济社会稳定发展等有着十分重要的意义。同时，本节基于世界银行的建议以及我国已有的实践情况提出了未来"零支柱"的发展方向。

5.2.1 理论认识

马斯洛需求层次理论中提到，每个人的一生都有生理、安全、情感、尊重与自我实现五个层面的需要。一个人只有满足了较低层次的需求，才有可能去追逐更高层次的需求。作为最低层次的基本生理需求是每个社会成员都需要的，这种基本生理需求最难实现的人群一般是底层民众或者是弱势群体。从西方发达国家社会保险制度建立初期的几部法律就可以看出，社会保障体系建立的初衷就是要保障这部分弱势群体的基本权益，使他们的衣、食、住、行、医疗等最基本的生存条件能够得到满足。比如英国的《济贫法》，德国的《疾病保险法》和《老年、死亡、残疾保险法》等法律，分别对贫困、疾病（及残疾）、老年等各类弱势群体的权益进行了立法保障。就老年人群而言，随着年龄的增加各种生产生活能力下降，收入水平也会下降。在此过程中，必然有部分老年人会陷于贫困之中，因此对老年人群，特别是老年贫困人群的保障是整个社会保障体系的关注重点。

公平与正义是人类社会永恒的主题。哲学家罗尔斯（Rawls）于1971年提出了社会公正理论。他在《正义论》一书中提到，大多数人的社会目标是实现社会的公平和正义，而实现这个目标的基础是首先要实现社会基本结构以及制度安排的公平和平等[①]。他认为在制定社会制度和法律条款时，正义是首先需要被考虑的特性，在一个好的社会制度中，每个社会成员应当都是"得其所应得"。社会公正同样是养老保险制度的基本价值理念。在现实社会中，因为不同的老年人存在着智力以及体力的差别，所面临的环境与家庭也不同，所以老年群体的生活水平自然存在差距。在农村，这种差距会更加明显一些。我国已在2020年年底实现了全面脱贫，绝对贫困问题已经得到了解决，但相对贫困问题仍然存在，农村还存在部分老年人难以通过个人或家庭的支持来满足基本养老的需要。因此在农村养老保障领域，就需要政府提供一个兜底性质的社会养老保险制度来给生活困难的老年群体提供养老保障金，以此来更好地实现社会的公平正义。另外，我国长期实施的城乡二元分割政策，造成了城乡发展的巨大差距，在社会保险制度上也形成了城乡分割、职业有别的局面。因此建立一个提供最低保障水平的养老保险制度不仅有利于实现整个社会的公平公正，也在某种程度上缩小了城乡之间的差距，有利于促进农村经济社会的发展。

中国学者景天魁在他的学术著作《底线公平：和谐社会的基础》中提

---

① 罗尔斯. 正义论 [M]. 何怀宏，等译. 北京：中国社会科学出版社，1988.

出了底线公平理论。他认为，国家需要根据社会成员的基本生活及发展需要去划定一条社会共同认可的底线。底线代表每一个社会成员在生活和发展中共同需要的部分，其中包括每个人不能缺少的生存权和发展权。不论城乡差异，以及个人能力高低，国家和政府都必须要提供这种保障。"底线公平"的重点不是强调保障水平的高低，而是重点强调国家和政府必须要保障和承担维持最低生活保障的责任，这个底线也是政府责任的"底线"①。在农村养老保障领域，政府要把握好这个"底线"，就要保障好农村那部分老年生活困难人群的最低生活水平。

上述理论层面的分析说明，农村养老保障问题既是经济问题，也是社会问题。出于维护社会公平公正和社会经济安全两方面的需要，必须要建立起强制性的、非缴费型的"零支柱"，以此满足农村老年贫困人群的养老需求，更好地实现整个社会的公平公正，并在一定程度上促进农村社会经济发展。

5.2.2 现实需求

从我国农村地区的现实情况来看，建立强制性、普惠制、非缴费型的"零支柱"社会养老保险，由国家和政府给部分处于相对贫困状态的农村老人提供养老保障，能够有效拓宽农村地区的社会保障覆盖面，以此解决广大农民群众的养老问题，不仅有利于巩固农村地区的脱贫攻坚成果，而且有利于缩小城乡差距，满足整个社会的经济发展需要。

1. 后脱贫时期需要满足相对贫困老人的基本养老需求

如表 5-1 所示，2013—2019 年，经过长期的努力，全国及西部各省份农村地区的贫困人口逐年下降。2013 年的 8 000 多万贫困人口，到 2020 年全面实现了脱贫，这是一项伟大的成就。我国在以消除绝对贫困为目标的脱贫攻坚战胜利之后，便进入了后脱贫时期。在后脱贫时期，并不是说就已经不需要再进行贫困的治理工作了，在消除了绝对贫困之后，如何进一步治理相对贫困便成了需要面对的新问题。

由于经济基础相对较差，能力相对较弱，原来的建档立卡贫困人口脱贫之后，比其他人更容易陷入相对贫困状态。对脱贫之后的农村老人来说，则更是如此。基于社会的公平公正，在后脱贫时期，对于部分生活处

---

① 景天魁，杨建海. 底线公平和非缴费性养老金：多层次养老保障体系的思考 [J]. 学习与探索，2016 (3)：32-36.

于相对困难状态的农村老人，他们已经进入退休年龄，因此仍旧需要在基本的养老需求上得到社会救助。

表 5-1　全国及西部各省份农村贫困人口统计（2013—2019 年）

（2010 年标准）　　　　　　　　　单位：万人

地区	2013	2014	2015	2016	2017	2018	2019
全国总计	8 249	7 017	5 575	4 335	3 046	1 660	551
四川省	602	509	400	306	212	98	52
重庆市	139	119	88	45	21	13	—
陕西省	410	350	288	226	169	83	17
云南省	661	574	471	373	279	179	66
贵州省	745	623	507	402	295	173	53
甘肃省	496	417	325	262	200	121	46
青海省	63	52	42	31	23	10	5
广西壮族自治区	634	540	452	341	246	140	51
宁夏回族自治区	51	45	37	30	19	9	4
西藏自治区	72	61	48	34	20	13	4
新疆维吾尔自治区	222	212	180	147	113	64	20
内蒙古自治区	114	98	76	53	37	14	—

数据来源：《中国农村贫困监测历史资料汇编》。

因此，出于进一步解决农村贫困问题的目的，以及缓解农村老年低收入人群的困境，在农村养老保险制度体系建设中，建立起以消除贫困为目的的非缴费型的"零支柱"是十分有必要的。

2. 农村居民人均收入水平远低于城市

中华人民共和国成立以来，由于历史原因，长期实行的是城乡二元制度，城乡之间的差距较大。城市以工业为主，生产规模较大，技术比较先进，商品经济发达，劳动生产率以及居民的工资收入水平都较高。而乡村则以农业为主，技术比较落后，生产力发展水平较低，商品经济落后，农民劳动收入以及消费水平均偏低。如图 5-1 所示，2015—2020 年，农村居民人均可支配收入始终低于城镇居民，2020 年数据显示，城镇居民人均可支配收入达 43 834 元，农村居民人均可支配收入达 17 131 元，2020 年城乡居民人均可支配收入绝对差距为 26 703 元，城乡居民人均可支配收入比为 2.56∶1。数据显示，城乡居民可支配收入差距较大，并且有进一步扩大的趋势。

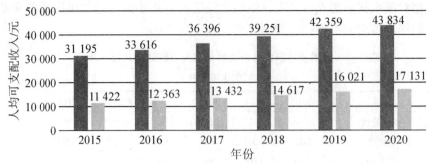

图 5-1　2015—2020 年全国城镇、农村居民人均可支配收入

数据来源：根据 2015—2020 年国家统计局数据整理。

就目前情况来看，对于城镇居民而言，较高的收入使得他们有一定的经济基础去实现自身在养老需求上的消费支出。但对于我国广大农村地区的居民来说，特别是对于贫困地区的农村居民来说，其人均可支配收入要远远低于平均水平，养老保障能力远远不够。

因此，需要在农村社会养老保险中构建"零支柱"。这不仅能够更好地满足农村全体居民的养老保障需求，而且政府主动承担养老保障责任，实际上也是对在城市化和工业化建设中做出贡献却被忽视的农业、农村、农民的一种补偿①。在此层面上来讲，"零支柱"的建立也有利于加快缩小城乡二元经济差距，早日实现城乡经济一体化，让农村能够更好地同城市一起共享经济发展的成果，进一步构建更加公平公正的社会主义和谐社会。

3. 农村居民消费能力不足不利于经济持续发展

一个国家的经济要实现持续快速增长，必须要不断拓展国内国外两个市场。自从我国 2001 年加入 WTO 以来，出口贸易对促进经济的长期增长发挥了重要的作用，但在新的国际形势下，继续依靠出口的增长作为拉动经济的主要驱动力面临着重大的挑战与不确定性，为保障国民经济持续健康发展，必须立足于扩大国内市场。因为人口数量庞大，开发力度不大，所以农村市场是目前我国国内最具潜力的市场。然而，虽然潜力巨大，但是大部分农村地区比较落后，农民群体收入水平较低，导致消费能力有限。如图 5-2 所示，2015—2020 年，农村居民人均消费水平远远低于城镇

---

① 张孙. 普惠制：农村养老保险的破题之道 [J]. 税务与经济, 2006（6）: 54-56.

居民。2020 年城镇居民人均消费支出达 27 007 元，农村居民人均消费支出达 13 713 元，2020 年城乡居民人均消费支出绝对差距为 13 294 元，城乡居民人均消费支出比为 1.97 : 1。数据显示，目前农村居民人均消费能力明显不足。

图 5-2 2015—2020 年全国城镇、农村居民人均消费支出

数据来源：根据 2015—2020 年国家统计局数据整理。

国家统计局网站发布的《2020 年国民经济和社会发展统计公报》显示，2020 年我国社会消费品零售总额 39.2 万亿元，其中城镇消费品零售额 33.9 万亿元，乡村消费品零售额 5.29 万亿元，乡村消费品零售额占城镇消费品零售额的比例为 15.6%。从这个数据可以看出，乡村消费品零售总额远远低于城镇。这会在一定程度上影响整个社会生产力的发展，从而阻碍社会经济健康、持续向前发展。

"零支柱"的建立，为农村居民的养老提供了兜底保障，在一定程度上让他们在消费时没有了后顾之忧。这不仅会促使年轻一代的农村居民由于赡养老人的压力减轻而产生更多的消费行为，而且也使得农村老人因为有了固定的养老金来源而更加大胆地去消费手中的养老金，从而使农村市场变得更加活跃，进一步刺激内需的扩大，并促进我国经济的发展①。

5.2.3 "零支柱"改革实践与方向

本小节首先给出了世界银行关于"零支柱"建设的内容以及建设"零支柱"的三种建议方式，再结合中国已有的具体实践，提出了未来建设

---

① 侯志国."零支柱"：我国农村养老保障应选模式［J］.青岛农业大学学报（社会科学版），2010，22（3）：40-43.

"零支柱"的三个发展方向：逐步扩大社会救助的养老保障功能、根据经济社会发展情况提高基础养老金、将针对困难群体的家计调查式社会养老保险制度化。

1. 世界银行的建议

建立"零支柱"的终极价值目标是实现社会的公平公正，其政策目标是要消除贫困。世界银行认为"如果财政状况许可，国家应该建立基本支柱，以保证终生收入较低或在一生中从事非正规就业的人们在老年时能够得到基本的保障"。为此，世界银行建议在养老保险制度改革过程中可以采纳三种方式："一是提供社会救助，二是建立小规模的家计调查式社会养老金制度，三是让高龄者普遍享受养老金。"①

从发展中国家的实践来看，现实中采用这几种方式的国家都有。比如，阿根廷采用的是家计调查式，巴西则采取了社会救助与家计调查式两种方式，尼泊尔则采取了普享型的方式。

2. 中国的实践

从中国的情况来看，可以说在实践中这三种方式基本都采用了，并且已经有了一定的制度保障。

（1）社会救助形式的保障。

社会救助是我国社会保障的重要组成部分，由于经济发展水平不同，我国东、中、西部地区在社会救助的资金来源上，以及中央和地方财政的占比上出现了不同的情况。东部经济较为发达的省份，地方财政支出要高于中央财政支出。以广东省为例，广东省财政厅数据显示，2018年，广东省中央财政困难群众救助补助资金为14.13亿元，省级财政困难群众救助补助资金为50.95亿元。而在经济水平相对落后的西部各省份，则出现中央财政支出占比较大的情况。以四川省为例，2012—2020年，中央财政投入的救助资金为829亿元，省级财政投入的救助资金为56.1亿元。

（2）普享型社会养老保险。

2014年发布的《国务院关于建立统一的城乡居民基本养老保险制度的意见》提出："新农保或城居保制度实施时已年满60周岁，在本意见印发之日前未领取国家规定的基本养老保障待遇的，不用缴费，自本意见实施之月起，可以按月领取城乡居民养老保险基础养老金。"而在基础养老金

---

① 霍尔茨曼，欣茨，等. 21世纪的老年收入保障：养老金制度改革国际比较 [M]. 郑秉文，等译. 北京：中国劳动社会保障出版社，2006：5.

的支付上，该意见同时提出："政府对符合领取城乡居民养老保险待遇条件的参保人全额支付基础养老金，其中，中央财政对中西部地区按中央确定的基础养老金标准给予全额补助，对东部地区给予50%的补助。"从文件的内容并结合目前基本实现全覆盖的参保实情可以看出，"基础养老金"实质上就是一种普享型的养老金。无论个人在之前是否参与了积累制的个人缴费，在达到退休年龄之后，都有资格领取这部分养老金。

（3）家计调查式社会养老保险。

《国务院关于建立统一的城乡居民基本养老保险制度的意见》也在家计调查式社会养老金制度上有所体现。该文件规定"对重度残疾人等缴费困难群体，地方人民政府为其代缴部分或全部最低标准的养老保险费。"这种针对"重度残疾人等缴费困难群体"实行的代缴制度实质上就是一种家计调查式的社会养老保险制度，因为缴费困难群体的确认核实需要建立在家计调查的基础上。在实践中，除了文件中说的重度残疾人之外，近年的脱贫攻坚工作针对贫困人口也采取了养老保险代缴的方式。以劳务输出大省四川省为例，2019年年底，全省符合养老保险参保条件的建档立卡贫困人口、低保对象、特困人员共计757万人，已参保757万人，其中，符合政府代缴条件的贫困人员共计328万人由政府全部代缴养老保险费。

3. 发展方向

从我国农村养老保险"零支柱"的建设、发展实际情况看，世界银行建议的三种方式在我国都有实践，而且也有相应的制度基础。因此，未来农村养老保险的"零支柱"应该朝着以下几个方向发展：

一是逐步扩大社会救助的养老保障功能。社会救助的对象并不仅仅是老年人，该制度还需要面对其他弱势群体，比如儿童、妇女、残疾人等，因此社会救助并不能与养老保险的"零支柱"相等同。但是，随着老龄化程度的加深，社会救助工作重心应该适度地向养老保障功能倾斜，保护那些因年龄过大而丧失劳动能力的老人的基本生活需求。

二是根据经济社会发展情况提高基础养老金。在新型农村养老保险和城镇居民养老保险合并之后，我国通过对适龄老人发放基础养老金的方式成功建立起了适应我国存在大量非正规就业劳动人口之社会现实的普享型的养老保险制度。但是，也应该看到目前这种普享型养老保险的待遇还很低，以重庆市为例，2020年的城乡居民养老保险基础养老金为95元。为了提高老年人的保障水平，今后应该根据中央及各地的财政能力进一步提高待遇水平。

三是将针对困难群体的家计调查式社会养老保险制度化。家计调查式养老保险的优点是具有很强的针对性，可以有效识别真正需要得到帮助的困难人群，并精准施策。但是，家计调查式养老保险的劣势也比较明显，其制度执行成本非常高，由于政策对象群体并不固定，需要投入大量的行政成本进行识别、监督。经过多年的精准扶贫工作，我国已经建立起了比较完善的扶贫工作机制，拥有一批工作经验丰富的人员。在新的历史时期，可以继续发挥这套工作机制的作用，在后脱贫时期对针对困难群体的家计调查式养老保险进行制度化改革。

5.3 "第一支柱"社会养老保险建构

在农村养老保险体系的构建中，不仅要体现社会的公平公正，也要在此基础上体现效率，加之部分农村居民在面对消费和储蓄问题时，常常有着依赖短视的心理，因此必须由政府统一建立起强制性的、缴费型的、与个人收入水平挂钩的"第一支柱"养老保险。同时，社会养老保险设置了不同的缴费档次，能够更好地满足不同农村居民群体的养老需求，也在一定程度上解决了农民工群体的养老保障问题。本节基于我国目前实施的两种社会养老保险制度的发展情况，提出了未来农村养老保险"第一支柱"的建设方向。

5.3.1 理论认识

"零支柱"的建立是为了保障农村老年贫困人群的生活水平，从而在农村养老保障领域实现公平公正。这是在普惠层面上去追求公正，为的是保障社会中的"最少受惠者"的基本尊严与基本生活，使他们平等参与分享整个社会经济的发展成果，因此"零支柱"的建立主要是为了实现社会资源分配方面的公平公正。

但是，社会的发展不仅要追求公平公正，也要在公平的基础上体现效率。罗尔斯在社会公正理论中提到，一个社会除了要体现普惠性公正，还要体现差异性公正，除了要维护人的基本生存底线，也要满足人的多样化发展的需要。罗尔斯的差异性公正理论主要强调的是社会中的不同的人群对自身的生活和发展表现出多样化的需求。由于收入水平以及思想观念等方面的差异，我国农村居民在选择养老保险时，也会根据自身收入水平以及不同的养老认知选择不同层次的养老保险。由此，要想实现农村居民在养老保险方面的不同需求，就需要农村居民根据自身能力去缴纳不同金额的养老保险金。但由于农村居民整体缴费能力不足、缴费积极性不高等，还需要从政府层面来进行统一组织和统筹，建立起一项设置不同缴费档次的农村社会养老保险制度，给农村居民设置个人账户，再由国家根据经济社会发展情况适时给予补贴，然后依据每个人有所差别的缴费贡献去进行相应的待遇分配。

农村居民在受教育水平和思想观念上同城市居民有着较大的差别，因此农村居民在拥有较高劳动能力的青壮年时期，不一定能准确预测到未来的老年风险，并对此进行充足的养老储蓄。农村居民对未来老年风险的理性行为是建立在一系列的条件之上的。首先，他们必须要清醒地认识到未来老年可能产生的风险，这是促使农村居民采取理性储蓄以防范未来老年风险的前提，但实际上以农村居民的认识水平可能不够理智。其次，农村居民个人就业期间的工资要能够满足当前的需要且有结余才能进行储蓄以防范未来老年风险，但实际上并不是所有农村人群的收入水平都能满足这样的条件。再次，通货膨胀会引发农村居民当前收入与未来养老金的购买力下降，农村居民难以预测也难以防范通货膨胀的风险。最后，农村居民在各个生命周期阶段，对于消费与储蓄问题可能有着依赖短视，认为即便是年老丧失劳动能力或者没有足够的储蓄，政府也不会置之不理，政府有责任满足老年人的养老需求。简而言之，依靠农村居民自身的预期和能力并不能完全抵御他们在年老丧失劳动力之后的养老风险。因此，为了降低今后整个社会因老龄化问题产生的社会风险，必须由政府出面，统一建立起强制性的、缴费型的、与个人收入水平挂钩的"第一支柱"养老保险，强制农村居民在有劳动能力及收入的时期为将来的老年生活进行储蓄，以此来规避农村居民在养老保障方面可能会产生的短视行为[①]。

除此之外，出于社会整合的需要，建立起全国范围内的农村社会养老保险制度也十分必要。社会整合就是指协调整体各组成部分的功能以达到整体均衡、协调一致。要实现社会整合，就必须摸清楚社会群体的共同利

---

① 曹信邦. 新型农村社会养老保险制度构建：基于政府责任的视角 [M]. 北京：经济科学出版社，2012.

益，利用好能够控制和制约社会群体的价值观念、道德规范、制度及法律条款。对于农村养老保险领域的社会整合，则需要通过国家出台统一的制度来实现。通过实行农村社会养老保险制度，政府的各项养老保障政策、制度、规范和价值体系就会形成一个相互联系、相互制约的整体，各种机制之间形成一种和谐的安排。如果单一依靠市场机制来调节各个养老保险制度之间的关系，那么社会整合的目标将会难以实现。而通过政府来形成制度安排，有利于在制度构建中体现个人、政府和集体经济组织多种社会主体的责任，以此来实现社会整合，更好地满足农村居民的养老需求，最终达到维护农村居民基本生存权、缩小城乡居民收入差距的目的。

5.3.2　现实需求

我国于 2009 年推行了新型农村社会养老保险（新农保）的试点，在此之前我国农村居民养老保障方式主要源于家庭养老及个人储蓄。由于在很长一段时间里，农村大部分居民的收入水平较低，造成农村整体养老保障水平偏低，许多家庭也因养老问题承受着沉重的负担，甚至在一定程度上阻碍了农村社会经济的发展。但在 2009 年实施新农保政策之后，特别是在 2014 年实施城乡居民基本养老保险制度之后，我国农村居民的养老保障水平明显提高。因此，在构建农村养老保险制度框架时，建立强制性、缴费型的、与个人收入水平挂钩的"第一支柱"养老保险是必须且可行的。具体现实需求如下：

1. 农村社会养老保险的需求较大

几千年来，受传统"家文化"的影响，老年群体的生活主要由家中的儿女来供养，特别是在农村地区，"养儿防老"的传统观念更为根深蒂固，从而就形成了以子女赡养为主的家庭养老模式。但是随着我国计划生育政策的实施以及人口老龄化现象日益严重，很多家庭的成员结构已经变成了4 个老人、2 个年轻人和 1 个孩子，在激烈的社会竞争和日益上涨的生活成本背景下，扶养老人和小孩的压力很大。在 2009 年新型农村养老保险政策实施之前，我国对于农村养老问题也出台过一些政策和措施，以 1998 年实行的农村养老保险制度（老农保）为主。老农保完全由农民自己进行缴费，实际上还是一种自我储蓄的养老模式，它的实现形式还是以家庭赡养、土地保障为主，并结合一部分社会救助。在这样的政策背景下，再加上农村家庭因为负担过重造成的养老保障功能弱化，导致了农村整体层面养老保障水平较低的情形。为了改变这一局面，使农村居民拥有更好的养老保障，我国在 2009 年实施了新农保政策，在老农保已建立农民个人账户的基础上增加了国家财政支付的基础养老金，并且还在老农保的基础上拓宽了筹资渠道，将集体和政府纳入了筹资主体范畴。这一制度的实施不仅减轻了农村家庭和个人的养老负担，为农村居民满足更高层次的养老保障需求提供了制度依托，特别是为那些因个人收入水平较低而缴费能力不高的农村居民提供了缴费补贴，满足了他们的养老保障需求。而 2014 年开始实施的合并农村和城镇居民养老保险政策的城乡居民养老保险政策在新农保的基础上，又进一步缩小了城乡发展的差距，促进了农村经济社会的发展，使农村养老保障水平更上一个台阶。以四川省为例，在 2014 年城乡居民基本养老保险开始实施后，四川省不断提高城乡居民基础养老金的最低标准，2017 年 7 月提高至每人每月 75 元，2018 年又提高到每人每月 100元。同时，也在 2014 年后不断提高对参保人员的养老保险费补贴，2014年将每人每年 30~70 元的补贴标准提高到了 40~160 元，到 2020 时已提高到了每人每年 200 元。另外，如果某个农村居民缴费满 15 年之后仍然持续缴费，那么每增加一年，等到领取年龄时，他的基础养老金就会每个月增加 2 元。可以说农村居民的养老保障水平提到了很大程度的提高，如此看来，目前以城乡居民基本养老保险为主的社会养老保险制度应该在我国农村地区长期实行下去，同时应当将其作为农村养老保障多支柱建构中的第二层次，也就是"第一支柱"。

2. 不同农村居民群体养老需求层次不同

改革开放以来，农村居民内部也出现了分化。家庭联产承包责任制的实施，使农民获得了经营自主权，从而使他们的生产积极性得到很大程度的提高，不同的人根据自身情况可以选择不同的职业。20 世纪 80 年代我国的城乡经济体制改革后，小城镇得到快速发展，农村个体经营户增多。再加上城乡户籍制度的改革，许多农村剩余劳动力开始选择进城务工，城市化和工业化的发展使得农民工群体不断扩大。这一系列社会经济的制度变迁以及市场化和城市化进程的加快，使得农村居民在收入水平和消费水平上已经呈现出了明显的差异，因此在面对养老保障的选择上，也因为能力不同、思想观念不同而表现出不同的需求层次。

3. 亟须解决农民工群体的养老保障问题

在我国进行城乡经济体制改革之后，许多原本在农村生产生活的农村居民因为土地收益率低、家庭养老压力以及抚养子女压力过大等，选择离开农村进入城市打工。随着我国的城市化、工业化以及市场化的脚步逐渐加快，这一群体的数量越来越庞大。如表 5-2 所示，2010—2020 年 11 年间，农民工数量一直居高不下。而这一部分农民工群体既没有在农村生活，也不属于城市居民，因此造就了他们身份的特殊性，他们的养老保障问题也同样需要得到相应的解决。在老农保时期，进城务工的农民工既没被纳入农村养老保险的体系中，也没被纳入城镇养老保险的体系中，基本处于制度保护的空白地带。但在新农保实施后，特别是在城乡居民基本养老保险制度实施之后，农村和城市的养老制度进行了并轨，改变了农村居民只能在农村缴纳养老保险的要求，农民工群体可以选择在城镇缴纳养老保险，消除了以往农民工群体因为地域限制而不知道该如何解决养老问题的担忧。因此，基于这一层面，在进行农村养老保障体系构建时，也必须考虑现行的社会养老保险制度。

表 5-2　2010—2020 年农民工数量统计　　　　单位：万人

年份	农民工总量	外出农民工	省内农民工
2010	24 223	15 335	7 618
2011	25 278	15 863	8 390
2012	26 261	16 336	8 689
2013	26 894	16 610	8 871
2014	27 395	16 821	8 954
2015	27 749	16 884	9 139
2016	28 171	16 934	9 268
2017	28 652	17 185	9 510
2018	28 836	17 266	9 672
2019	29 077	17 425	13 500
2020	28 560	16 959	11 601

数据来源：2010—2020 年《农民工监测调查报告》。

5.3.3　"第一支柱"改革实践与方向

世界银行认为"第一支柱"是强制性的公共养老金计划，并给出了三种制度设计的建议，世界各国目前主要采用的是定额待遇型、名义账户制的待遇确定型、现收现付制的待遇确定型以及积累制的缴费确定型四种方式，我国目前采用的是现收现付制与积累制的混合模式。根据世界银行的建议以及国内外的实践经验，本小节给出了未来建设"第一支柱"的三个发展方向：逐步提高缴费额度、做好新旧缴费档次的衔接以及逐步提高养老保险基金的统筹层次。

1. 世界银行的建议

建立"第一支柱"的目的是规避个人容易出现的短视行为、低收入以及寿命不确定性和市场变化导致的计划目标不当等风险。世界银行认为"第一支柱"属于强制性的公共养老金计划，由政府进行统一公共管理，资金来源于社会保障缴费，也可能有一定的金融储备。关于"第一支柱"的设计选择，世界银行给出了三种建议："一是有关最低养老金的家计调查式定额待遇型，二是名义账户制形式的待遇确定型，三是比例或累进的收入关联式的待遇确定型。"①

从世界各国的实践情况来看，采取的方式主要有以下几种：一是类似于哈萨克斯坦采取的定额待遇型，设置了保证最低养老金；二是类似于波兰采取的名义账户制的待遇确定型养老金；三是像新加坡等少数国家采取的积累制的缴费确定型养老金；四是世界上大部分国家采用的现收现付制的待遇确定型养老金。

2. 中国的实践

我国目前实施的社会养老保险制度有两种，分别是城镇职工基本养老保险以及城乡居民基本养老保险。城镇职工基本养老保险的缴费结构为：职工所在企业缴纳 20%，职工个人缴纳 8%，个人缴纳的 8% 划入个人账户，单位缴费不划入个人账户。而城乡居民基本养老保险在缴费结构的设计上主要分为两个部分：一部分的基础养老金，再加上一部分的个人账户的养老金，其中基础养老金的资金来源于中央财政以及部分省自筹资金，个人账户的养老金由居民个人每年按时缴费。由此看出我国现行的两种公共养老保险制度的资金筹集模式均为现收现付制与积累制的混合模式，表现为社会统筹与个人账户相结合的部分基金积累。

城镇职工基本养老保险与城乡居民基本养老保险制度根据不同群体需求层次的不同都分别设置了不同金额的缴费层次，以"多缴多得，少缴少得"为原则。城乡居民基本养老保险在 100 元到 2 000 元的 10 个档次的基

---

① 霍尔茨曼，欣茨，等. 21 世纪的老年收入保障：养老金制度改革国际比较 [M]. 郑秉文，等译. 北京：中国劳动社会保障出版社，2006：102.

础之上，根据各省的实际情况，分别又相应地增加了不同档次的缴费层次。以四川省为例，到2020年已经设置了13个缴费档次，最高缴费档次已经调整至4 000元。但是，城乡居民基本养老保险的缴费最高档次还低于城镇职工养老保险的缴费最低档次。

3. 发展方向

从我国目前实施的城乡居民基本养老保险制度的发展实际情况来看，其不仅有效地提高了农村居民的养老保障水平，而且还在一定程度上满足了农村不同群体的养老保障需求，切实地提高了整体农村老年人的生活水平，但是目前仍然存在着缴费档次偏低以及新旧档次衔接不畅等问题，为此在这里提出了未来农村养老保险"第一支柱"的三个发展方向：

一是逐步提高缴费额度。近年来，虽然各省份逐步提高了城乡居民养老保险的缴费档次，但是很多地区的最低缴费档次仍然只有100元，最高缴费档次也低于城镇职工养老保险的最低缴费档次。缴费额度偏低使得农村居民个人账户的积累金额不足，从而导致养老金替代率偏低，实际领取的养老金数额较少，难以满足农村居民的养老保障需求。因此，未来"第一支柱"要调整缴费档次，提高缴费额度。

二是做好新旧缴费档次的衔接。随着缴费档次的逐年调整，我国的通胀水平也在不断发生变化，出于这个因素考虑，需要随时调整个人账户的账面金额，账面如有差额产生，需要由政府来进行补贴，以保证居民的利益不受影响。或者是不以金额为准而只以缴费档次为准，确定原来的缴费档次金额如今在个人账户中的对应金额，又或者是直接调整为连续型而非档次型的缴费方式。

三是逐步提高统筹层次。目前城乡居民养老保险基金的统筹层次较低，虽然国家出台了省级调剂金制度，但是在许多经济相对落后的地区，尤其是劳务输出地区，承担着非常巨大的养老金支出压力，仍然必须依靠中央财政的转移支付为其兜底。养老金统筹层次较低会使得欠发达地区收不抵支，承担巨大的财政压力，同时还会在一定程度上造成劳动力跨区域流动困难。在此情况下，应加快推进基础养老金的全国统筹。

5.4 "第二支柱" 社会养老保险建构

除了政府提供的"零支柱"及"第一支柱"的社会养老保险，在农村养老保险体系构建时，还应当引入一些补充性质的养老保险。目前，世界上许多国家都将"企业年金"作为基本养老保险之外的"补充养老保险"，我国目前的城镇职工养老保险也是采取的这种方式。从我国农村的实际情况来看，许多农村地区产权资源十分丰富，且尚未得到良好的利用，未来可以考虑将这些资源作为农村居民补充性质的养老金来源。因此，在设计农村养老保险体系时，建议把资本化的农村产权资源作为"第二支柱"的主要内容。

5.4.1 理论认识

从我国的现实情况来看，农村老年人口数量庞大，在养老保障问题上，如果单单依靠"零支柱"及"第一支柱"的社会养老保险则会显得力不从心，而且还会给国家和政府财政带来巨大压力。罗斯在《相同的目标、不同的角色——国家对福利多元组合的贡献》中提到了福利多元主义。他认为一个国家的社会福利是整个社会的产物，不完全是政府的行为，还应有市场、雇员和家庭的参与。国家虽然是最主要的福利提供者，但并不是唯一的提供者，市场也能提供福利，除此之外，家庭也一直是福利的提供者。因此，一个国家社会福利的来源应该多元化，既包括政府，还应当有个人、家庭、市场等作为补充[①]。从我国现阶段的发展情况来看，农村经济发展还处于较低的水平，同时我国也还属于发展中国家。所以，在我国农村养老保险制度框架的构建中，也应该体现福利多元主义，不仅要有基本养老保险的支撑，还应当引入一些补充性质的养老保险，这样才能使农村养老保障水平更上一个台阶。

20世纪七八十年代，西方学者在研究贫困问题时，提出了可持续生计理论。可持续生计理论主张从贫困地区人们的日常生产生活角度去缓解他们的贫困现象，寻找适应于贫困地区情况、充分利用贫困地区资源、并且

---

① 陆春丽，韩旭峰. 福利多元主义视角下农村社会化养老的可行性分析 [J]. 湖北民族学院学报（哲学社会科学版），2015，33（1）：52-56.

符合贫困地区人群意愿的解决方法，而不是一味地依靠外来者引进大量资源去解决贫困问题。可持续生计理论为研究农村养老问题提供了一种全新的视角与思路。基于这个角度分析，生活在农村的居民群体在面对自己的养老保障问题时，除了可以购买政府给予支持的社会养老保险，还可以利用自身在农村所拥有的生计资本，例如一些资本化的农村产权资源来满足一部分的养老保障需求①。

20 世纪 80 年代，在社会工作领域中诞生了一种"优势视角"理论。该理论认为在发生问题时，人们不应关注于问题本身及背后发生的原因，而是应该利用个人以及周边环境的力量以及利用自身优势资源去解决问题。优势视角给人们提供了一个信念，即相信自己所拥有的资源和力量可以解决所面临的难题，只要最大限度地利用好身边的优势资源，问题就能够得到解决②。在研究农村养老保障问题时，同样可以运用这一理论。农村居民在想办法满足自身养老保障需求时，可以将目光聚焦于农村的一些产权资源，例如土地、林地、房屋等，这些都是农民自己可以掌握的具有经济潜力的可资本化的资源，都可以将它们作为除基本养老保险之外的养老金来源。

以上理论表明，在农村社会养老保险制度框架的构建中，除"零支柱"及"第一支柱"社会养老保险外，还应建立起以资本化的农村产权资源为基础的类似于个人养老金计划的养老保障制度，作为制度框架的"第二支柱"，也就是通过发挥农村本身的优势去更好地满足农村居民的养老保障需求。

5.4.2 现实需求

从现实情况来看，我国农村人口老龄化加剧，加上农村居民经济发展水平日益提高，使得他们对养老保障有了更高层次的追求，因此，也有必要在农村建立补充性质的养老保险。另外，我国农村的产权资源较为丰富，部分地区的集体经济发展很有成效，是建立补充养老保险的基础。只是目前缺少相关的制度。

---

① 曾逸群. 可持续生计视角下的农村老人自我养老问题探析：基于湖南省张家界市桑植县 S 村的实地调研 [J]. 中国商论，2020（11）：69-73.

② 吴敏捷. 湖北省农村土地收益对老人养老的贡献研究 [D]. 上海：华东政法大学，2018.

1. 与城镇职工相比农村养老保险体系尚不健全

目前城镇职工养老保险体系主要有四个层次：一是社会统筹基金，这是强制性的、缴费型的养老保险金，具有在社会保险参与人之间横向统筹互济的功能。二是个人账户基金，由职工个人按照一定的缴费比例缴纳，全部计入个人账户，其所产生利息也归个人所有，这也是强制性的积累，具有在个人不同生命周期间进行跨期转移的功能。三是企业年金，是企业及职工自愿建立的补充养老保险。四是个人储蓄性质的商业养老保险。从我国目前的情况来看，这个养老保险体系主要适用于解决城镇职工的养老保障问题。特别是其中第三层次的补充养老保险，主要针对的是企业职工，是在参加社会养老保险的基础上，在国家政策的指导下，不同企业依据自身经济发展状况，自愿为本企业职工建立起提供退休收入保障的养老金制度。但是长期在农村生产生活的农村居民，这一补充性质的养老保险尚处于空白地带。从前面的分析可知，在农村生产生活的群体因为没有被雇佣的关系，只能依靠农村的产权资源来对养老保障金的筹集渠道进行补充。由此，可以考虑将资本化的农村产权资源作为农村养老保险体系的第三层，也就是本书中的农村养老保险制度框架中的"第二支柱"。

2. 养老金积累难以满足农村居民养老保障需求

随着我国农村医疗服务水平的日益提高，农村老年人的寿命普遍延长，再加上受计划生育政策的影响，农村人口老龄化现象日趋严重，导致农村养老保障问题比较严峻。从农村养老保险储备基金的发展来看，1992年后推行的老农保期间和2009年推行的新农保期间，农村居民养老保险覆盖面很低。2014年城乡居民养老保险并轨以来，尽管已经基本实现了完全覆盖，但是由于缴费额低、积累的时间短，农村居民个人账户部分的积累太少，无法满足养老需求。因此，面对数量庞大的农村老年人群，中央及地方政府需要在基础养老金部分支付较大金额的养老保障费用，由此产生了巨大的财政压力。农村居民平均收入水平长期处于较低的状态，造成养老保障的资金缺口较大，仅靠国家财政补贴会造成资源供给不足的局面。在制度层面，《国务院关于建立统一的城乡居民基本养老保险制度的意见》对集体在农村养老保险制度建设中的作用提出了相应的要求。但是，目前我国农村集体经济组织的发展很不均衡。从全国层面看，大部分的集体经济组织已经虚化了，家庭联产责任制改革赋予集体的统筹功能并未得到很好的实现，但是也有的地方的集体经济组织发展得生机勃勃。也就是说，在履行对农村居民的养老保险责任的时候，有的集体经济组织由于发展得很好，有较强的经济实力为村民增强养老保障。为了增加农村居民养老金的积累，增强农村居民的养老保障能力，有必要在制度框架的设计上，建立起适应农村现实情况的"第二支柱"，为逐步提高农村养老保险基金账户的积累提供制度层面的保障。

3. 丰富的农村产权资源是提高农村养老保障的基础

我国法律规定，农村土地的所有权属于集体，集体成员只有使用权和承包经营权。但是农村集体成员可以依法在农村集体规划的对应的土地上进行住宅房屋建设或者从事农业生产活动。农村集体资产很丰富，主要包括农民集体所有的土地、森林、山岭、草原、荒地、滩涂等资源性资产，用于经营的房屋、建筑物、机器设备、工具器具、农业基础设施、集体投资兴办的企业及其所持有的其他经济组织的资产份额、无形资产等经营性资产，以及用于公共服务的教育、科技、文化、卫生、体育等方面的非经营性资产。

农业农村部数据显示，截至 2019 年年底，我国拥有农村集体资产的乡镇共有 5 695 个，包括 60.2 万个村和 238.5 万个组。全国范围内的集体土地总面积加起来达 65.5 亿亩，集体账面总资产达 6.5 万亿元，其中经营性资产 3.1 万亿元，非经营性资产 3.4 万亿元。从资产经营收益看，有10.4% 的村收益高达 50 万元。单就四川省来看，通过清产核资，2019 年全省的农村集体资产总计 2 193.9 亿元，其中经营性资产 386.9 亿元、非经营性资产 1 807 亿元①。随着乡村振兴战略的进一步实施，大量沉睡的农村产权资源将被唤醒，并通过资源的资本化发挥其应有的经济功能。假以时日，如此庞大的农村产权资源决定了将其作为农村养老保险资金筹集渠道之一具有十分可靠的现实基础，我国大部分地区的农村产权资源都可用于满足一部分的农村养老保障需求，因此建立起以资本化的农村产权资源为基础的"第二支柱"是可行的。

5.4.3 "第二支柱"改革实践与方向

"第二支柱"是补充性质的养老保险，世界银行认为"第二支柱"应对的是参保对象的短视风险，本小节考察了瑞典的实践经验，对比了基本

---

① 人民网. 全国农村集体家底，摸清了［EB/OL］.（2020-07-13）［2021-06-01］. https://baijiahao.baidu.com/s? id=1672048276865755620&wfr=spider&for=pc.

养老保险和补充养老保险的区别。从我国的实践情况来看，目前只有城镇职工养老保险将"企业年金"作为基本养老保险之外的"补充养老保险"，而农村养老保险尚未形成明确的"补充养老保险"。结合世界银行的建议、国内外实践经验，本小节提出了农村社会养老保险"第二支柱"的三点建设方向。

1. 世界银行的建议

世界银行认为构建第二支柱的目的是应对参保人的短视风险，避免其将过多的收入用于年轻时期的消费而导致老年生活水平急剧下降。因此，第二支柱在待遇水平增长的方式上应该是缴费确定型的，并且积累资产的管理和投资应该是以市场为基础的。从发达国家的实践来看，有很多国家都将企业年金作为基本养老金之外的补充养老保险，比如美国、瑞典等国家。

瑞典是国家福利型社会保障基金模式的典型代表，其社会保障主要有六类：儿童保障、教育保障、医疗与病休保障、失业保障、住房保障，以及养老保障。其社会保障和福利制度为国民提供了"从摇篮到坟墓"的全面保障，导致瑞典社会保障的负担沉重。瑞典的养老保险体系包括五个部分，但与世界银行的"五支柱"体系存在一定的区别："保证养老金"主要保障对象是收入很低或没有工资收入的人，资金来源于一般税收，与"零支柱"的作用类似；"收入型养老金"，缴费率为个人工资收入的16.0%，实行现收现付制；"基金制养老金"，缴费率为个人工资收入的2.5%，全部进入个人账户，实行完全积累制。这三个部分均属于"基本养老保险"。为了缓解支付压力，增强保障能力，瑞典养老保险体系还通过"补充养老金"和"私人养老金"来增加养老金的积累。"补充养老金"实际上就是企业年金，由雇主和雇员通过协商分别按照雇员工资的一定比例建立补充养老金账户，并可通过市场化的基金管理公司进行投资运营[①]。

2. 中国的实践

目前我国的社会保障体系中，只有城镇职工养老保险将"企业年金"作为基本养老保险之外的"补充养老保险"。2004年，劳动和社会保障部公布了《企业年金试行办法》，对企业年金制度做出了规定。该办法规定，企业年金由企业和职工个人共同缴纳，企业缴费每年不超过本企业上年度

---

① 张广科. 社会保障基金：运行与监管 [M]. 上海：上海财经大学出版社，2008.

职工工资总额的十二分之一。企业和职工个人缴费合计一般不超过本企业上年度职工工资总额的六分之一。企业年金基金实行完全积累，采用个人账户方式进行管理，可以按照国家规定进行投资运营。企业缴费应当按照企业年金方案规定比例计算的数额计入职工企业年金个人账户；职工个人缴费额计入本人企业年金个人账户。职工在达到国家规定的退休年龄时，可以从本人企业年金个人账户中一次或定期领取企业年金。

与国外不同的是，我国的企业年金并不属于强制性的个人储蓄积累，企业和职工根据自愿的原则在协商的基础上建立企业年金基金。这也与我国的实际情况相吻合。从经济性质来讲，社会保险其实是一种"税收"。我国本就属于发展中国家，国民的人均收入还偏低，如果将企业年金作为一种强制性的制度，那么必然会加重企业和职工个人的税收负担，也会影响当期的投资和消费，并进而影响经济的健康发展。但从具体的企业来看，也可以鼓励有经济实力的企业建立企业年金，以提高企业职工的养老保障水平，这也符合社会保险制度应该分散化、多元化的原则。

3. 发展方向

从农村经济社会发展的趋势看，在乡村振兴战略的实施和推动下，在国家发展战略调整为"以国内大循环为主体，国内国际双循环相互促进"的背景下，未来农村经济社会将会获得巨大的发展。同时，也会有大批的农民工群体带着资本和技术返乡创业，一方面会刺激农村各种产业不断扩张发展；另一方面也会给农村带来更多的养老需求群体，这些群体的养老需求层次也会不断提高。今后农村养老保险第二支柱的建设可以按照以下方向展开：

首先，针对部分有经济实力的农村经济组织开展试点。目前集体经济组织发展态势良好的地区，有大量的企业、专业合作经济组织，以及村集体经济组织已经具备了为职工、村民缴纳补充养老保险的能力，但是目前在制度框架的设计上还没有相应的制度保障。就这部分经济组织而言，可以通过试点开始有序的探索。

其次，随着城乡经济社会一体化融合发展，需要在不同的社会保障体系之间进行衔接。随着乡村振兴战略的推进，会有越来越多的农民工返回农村，同时也会有一些有志于从事乡村振兴战略的外部人才进入农村。这部分进入农村的群体，有的已经加入了城镇职工企业年金计划，这就产生了不同的社会保险体系之间在制度上进行衔接的要求。

最后，随着农村经济社会发展，需要鼓励更多的农村经济组织建立年金基金。产业的扩张会诞生更多的农村企业，也会有越来越多的集体产权资源得以资本化以提高集体经济组织的经济实力。在实力达到一定程度之后，这些企业、集体经济组织就有能力和员工、村民一起建立起类似于企业年金的补充养老保险。

5.5 "第三支柱"社会养老保险建构

在构建农村养老保险体系时，不能仅依靠政府发挥作用，也应当引入市场的力量来分散风险、提高效率。目前我国农村居民对商业养老保险的认识不断深入，且经济收入水平也逐步提高，同时政府也在不断推动商业养老保险的发展，因此将商业养老保险设计为农村养老保险体系的"第三支柱"具有一定的观念基础、经济基础以及政策基础。本小节通过对国内外商业养老保险实践情况的分析，提出了未来在农村地区发展商业养老保险的方向建议。

5.5.1 理论认识

在我国目前的养老保障体系中，社会基本养老保险发挥着基础性的作用，这是一种主要依靠政府发挥作用的养老手段。但从发达国家和发展中国家的实践来看，构建合理的社会养老保险体系，既离不开政府的主导作用，同时也不能完全依靠政府以社会福利的方式来推动。英国、瑞典等福利主义国家对社会保障体系的市场化改革就说明了这一点。因为，政府在解决社会问题时采用过度干预的方式往往会导致低效率，社会问题也不能得到较好的解决。同理，在面对我国农村养老保障问题时，既要充分发挥政府在其中的主导作用，同时也必须依靠市场的力量来分散社会保障体系的风险。

关于社会福利，哈耶克和弗里德曼认为社会发展应体现个人主义和差异性发展。他们认为，政府通过控制和干预个人自由的方式去提供社会福利，人们虽然获得了好处，却失去了自我的个性和选择自由，由于"道德风险"以及资源配置低效从而影响到社会效率，因此在解决社会问题时，不能仅依靠政府的再分配。从实际情况来看，农村居民间的养老保障需求有很大的差异性，仅仅依靠政府提供政策保障难以提供有针对性的服务，从而无法满足个人的需求。因此，在进行养老保障制度体系构建时，在保证政府发挥基础性作用的基础上，应较大程度地发挥市场机制的作用，如在养老保障支柱体系构建中引入商业养老保险，使农村居民在市场中去寻求解决自身养老保障问题的办法，以此满足不同人群差异化的需求，更有效率地解决农村养老保障问题①。

从国外养老保险体系建设的过程看，发达国家的养老保险体系比较完善，基本上构建了以商业养老保险为主的"第三支柱"。对于那些养老保险覆盖率较低的低收入国家，在建立"零支柱"作为降低老年人养老风险的主要工具的基础上，由于很难建立第一、二支柱，世界银行建议这些国家应该推广"第三支柱"（自愿性养老金）②。所以，无论是发达国家还是发展中国家，以商业养老保险为代表的自愿性养老金都是重要的制度性支柱。

目前，我国开展的商业保险中包括了个人递延型商业养老保险。这种商业养老保险的模式是政府在政策上给予一定的税收优惠，由投保人在市场中自愿购买养老保险产品。英国经济学家阿弗里德·马歇尔提出了税收超额负担理论，其中提到了税收的经济效应，即政府在一些经济活动中对生产者和消费者收税，会让纳税人产生不同的经济行为，而税收的经济效应又包括收入效应和替代效应。政府征税的行为会使纳税人承担一部分缴税压力，可能会让消费者减少对商品和服务的购买，但如果政府采用了减免税费的政策，则可能会促使消费者增加对商品和服务的购买，因此，政府实施不同的税收政策，会在一定程度上促使消费者对商品和服务产生不同的购买选择。我国目前所开展的个人递延型商业养老保险也体现了这一点，因此政府未来应该在税收上给予投保人更多的优惠政策，进一步扩大购买商业养老保险的群体，为将商业养老保险作为我国农村养老保障体系的"第三支柱"打下基础。

5.5.2 现实需求

随着农村居民对商业养老保险的认识不断深入，一些农村地区的居民

---

① 周建再. 商业养老保险参与中国农村养老保障体系建设研究 [D]. 武汉：武汉大学，2014.

② 霍尔茨曼，欣茨，等. 21世纪的老年收入保障：养老金制度改革国际比较 [M]. 郑秉文，等译. 北京：中国劳动社会保障出版社，2006：97.

对商业养老保险表现出了较强的需求。此外，随着农村整体生活水平和收入水平日益提高，部分农民群体也已经初步具备了购买商业养老保险的经济能力，使得在农村发展商业养老保险具备了一定的经济基础。另外，国家也在政策层面给予了一系列推动商业养老保险发展的支持。这几个方面的因素都表明了目前在我国农村地区发展商业养老保险是有现实需求的。

1. 青壮年农民工对商业养老保险的认识不断深入

长期以来受传统养老观念的影响，我国大部分居民一直表现出较强的储蓄偏好，人们更愿意把钱放在银行储存起来，以防范未来的风险。在某种意义上，购买商业养老保险也是一种广义的储蓄行为，因为它同样具备抵御未来风险的功能。近几年，随着城市化和工业化脚步的加快，大量农村剩余劳动力向城市转移，在这些劳动力人群中，青壮年占绝大部分。国家统计局数据显示，2019 年，全国农民工群体的平均年龄为 40.80 岁，40 岁及以下的农民工占总群体的比例为 50.6%，50 岁以上的农民工仅占 24.6%。如图 5-3 所示，2015—2019 年五年间，50 岁以下的青壮年农民工一直占据总群体的绝大部分。而这些青壮年农民工的文化水平及思想水平相对较高，他们在进入城市打工期间，更容易接受新鲜事物，对商业养老保险也有了更多的了解，从而会对其表现出更大的购买意愿，他们也会把这种观念带回农村，使留在农村的居民也增进对商业养老保险的认识，这就为商业养老保险在农村地区的发展提供了较好的观念基础。

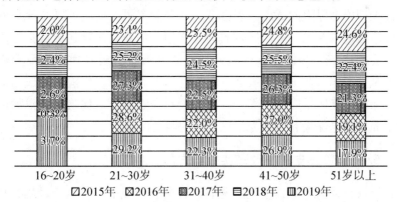

图 5-3 2015—2019 年我国农民工年龄构成情况

数据来源：2015—2019 年《农民工监测调查报告》。

2. 农村居民收入水平提高增强了购买商业养老保险的能力

商业养老保险是一种金融产品，比起带有政府补贴性质的社会基本养老保险来说，商业养老保险的保费较高，对投保人的收入水平有一定的要求。目前，随着我国市场化程度不断提升，农村地区的经济发展水平也不断提高，农民的生活水平、收入水平也日渐提高，消费水平也随之升级，一部分人群已不再满足于购买基础性质的社会养老保险，而表现出了更加多样化、高层次的养老保险购买需求。2020 年，我国农村居民人均可支配收入 17 131 元，较上年增长 6.9%，农村居民人均消费支出 13 713 元，较上年增长 2.9%①。这意味着一部分农村居民已具备了一定的经济基础去支撑他们购买商业养老保险。因此，将商业养老保险作为农村养老保险体系中的"第三支柱"具有一定的经济基础。

3. 国家长期致力于推动商业养老保险发展

20 世纪 80 年代开始，我国便开始了商业养老保险的探索。1991 年，国务院颁布的《国务院关于企业职工养老保险制度改革的决定》中提到了要加强商业养老保险的作用。2007 年，保监会发布了《保险公司养老保险业务管理办法》，这是我国首次出台专门针对商业养老保险的法律法规，管理办法中对投保人和受益人的权益做出了明确的规定，为之后的商业养老保险的发展提供了明确的制度规范。党的十八大召开以来，国家为了更好地解决人口老龄化的问题，满足居民在养老保障方面的多元化需求，颁布了多个政策文件去支持商业养老保险的发展。国务院在 2013 年发布了《关于加快发展养老服务业的若干意见》，其中提到要开展关于老年群体住房反向抵押养老保险的试点。2014 年，国务院又再次提出了要"充分发挥商业保险对基本养老、医疗保险的补充作用，把商业保险建成社会保障体系的重要支柱"②。2018 年，国家开始正式开展个人税收递延型商业养老保险的试点工作。在国家政策的不断支持下，商业养老保险逐渐成为多支柱养老保险制度体系中的一部分，这也表明在农村养老保险制度框架的构建中，商业养老保险有了成为第三支柱的制度保障。

5.5.3 "第三支柱"改革实践与方向

世界银行认为"第三支柱"是自愿性的企业或个人养老金计划，目前世界上许多国家都将商业养老保险作为养老保险体系中的"第三支柱"，

---

① 数据来源：2020 年国民经济和社会发展统计公报。

② 郑秉文. 商业保险参与多层次社会保障体系的方式、作用与评估：基于一个初步的分析框架［J］. 辽宁大学学报（哲学社会科学版），2019，47（6）：1-21.

主要有投资型商业养老保险和传统保险型商业养老保险两种模式。我国商业养老保险主要的形式为住房反向抵押养老保险以及个人税收递延型商业养老保险。本小节给出了几点发展农村商业养老保险的方向建议。

1. 世界银行的建议

世界银行认为，建立"第三支柱"可以补偿其他支柱设计的僵化缺陷。它具有灵活性的特点，个人可自行决定是否加入，以及选取不同的缴费金额，因此"第三支柱"属于自愿性的企业或个人养老金计划，主要依靠私人机构提供。在对"第三支柱"进行制度设计时，世界各国一般采用部分积累的待遇确定型或者完全积累的缴费确定型两种形式①。

当前，世界上许多国家都建立起了相对完善的多支柱养老保险体系，且都将商业养老保险作为其中的重要支柱，目前这些国家采取的商业养老保险形式大多为个税递延型商业养老保险，其中又主要分为两种模式，一种是以美国为代表的建立个人账户形式的投资型商业养老保险，另一种是以法国、德国为代表的传统保险型商业养老保险。

2. 中国的实践

目前，我国商业养老保险的形式主要是住房反向抵押养老保险以及个人税收递延型商业养老保险两类，这两种形式的商业养老保险的资金来源渠道都是保险公司或保险机构。反向抵押养老保险主要针对那些拥有房屋完全产权的老年人，他们可以将自己的房产抵押给保险公司，但是他们仍然拥有房屋的使用权和收益权，等他们年老后，就可以依照约定条件领取养老金，直至去世后，保险公司再依法行使抵押权，抵押房产所得资金用来偿付养老保险的相关费用。这是一种将反向抵押与终身养老年金保险相结合的商业养老保险模式，它将社会实质有形资产转变成了养老资源。而个人税收递延型商业养老保险指的是由国家提供税收优惠政策，投保人在缴纳商业养老保险费用时暂时不用缴纳税费，等到他们在规定年龄领取养老金时，再依法缴纳税费。

就后者来说我国商业养老保险的险种主要有四类，分别是：传统型养老险、分红型养老险、万能型寿险和投资连结保险。其中传统型养老险风险较低，但是回报率也较低，容易受到通货膨胀的影响；而分红型养老险由保险公司进行分红，但是分红的多少由保险公司的经营状况好坏决定；

---

① 霍尔茨曼，欣茨，等. 21世纪的老年收入保障：养老金制度改革国际比较 [M]. 郑秉文，等译. 北京：中国劳动社会保障出版社，2006：10.

万能型寿险风险较大，但是有保底利率，而且存取相对灵活；投资连结保险回报率较高，但是风险也较高，适合用于投资。

3. 发展方向

就我国现实情况来看，虽然已经有部分农村居民具备了一定程度的购买商业养老保险的能力，但农村和城市的收入差距还是很大。故从实际的情况看，除少数发达地区，大部分地区的很多农村居民都无力承担费用高昂的商业养老保险保费。因此，我国商业养老保险在农村的发展仍然面临着资金来源上的阻碍。未来要进一步发展农村商业养老保险，不仅要依靠购买保险的农民群体自身，还要政府提供更多的政策扶持。

一是给予税收优惠。要进一步给予农村商业养老保险领域更大的税收优惠力度，出台更多的优惠政策。以此减轻农村群体购买商业养老保险的资金压力，以及减轻保险公司的缴税负担。税收优惠政策可以激励更多的商业养老保险的提供主体和购买主体参与进来，促进商业养老保险在农村地区的发展[1]。

二是完善农村商业养老保险组织体系。目前我国农村地区商业养老保险的发展较为缓慢，缺乏健全的组织体系，因此要不断拓宽商业养老保险金的筹资渠道，加快在农村区域引入更多的商业养老保险机构，提高已有的养老保险机构的服务质量与服务水平，从而进一步完善农村地区商业养老保险的组织体系，给农村居民提供更多的商业养老保险选择。

三是设计符合农村实际情况的险种。目前我国商业养老保险的险种很多都不符合农村地区的实际情况，造成了农村居民对商业养老保险的需求得不到满足，因此需要开发出一些更符合农村实际情况的商业养老保险，比如利用农村宅基地使用权，发展出具有农村特色的反向抵押养老保险，或者适当地提高一些商业养老保险险种的回报率。

5.6 "第四支柱" 社会养老保险建构

受儒家传统文化思想的影响，家庭养老模式一直以来在我国农村养老保障领域占据着十分重要的地位。虽然社会转型使得农村家庭内部结构发

---

① 白雪莹. 我国农村商业化养老保险研究 [D]. 长沙：中南林业科技大学，2013.

生了巨大变化，家庭养老保障功能有逐渐弱化的趋势，但是，在目前乃至今后的很长时期里，农村家庭养老仍然具有很大的现实需求。因此，本书建议将家庭养老作为我国农村养老保险体系设计的第五层，本小节提出了家庭养老模式的未来发展方向。

5.6.1　理论认识

农村养老问题不仅是养老资金的问题，也关乎传统文化和道德观念。家庭养老长期以来承担着我国农村养老的主要责任，不仅是现实需求导致，更是一种传统文化的体现。反哺式养老理论中提到，西方社会的家庭养老模式为"接力式"，而我国则是"反哺式"的养老模式。费孝通认为西方社会的"接力式养老"与中国社会的"反哺式养老"存在着明显的差别。西方社会的传统是只需要一代接一代地抚育后代，而不需要承担家庭中老年人的养老责任。而中国传统文化则是代际相互抚养，父母养育子女长大，等到父母年老时，子女又会反过来承担起父母的养老责任。这种反哺式的养老模式存在于我国几千年的传统文化中，特别是在农村地区，这种观念更深入人心。

除了受传统文化的影响，家庭往往也承载着农村老年人的情感需求。美国社会学家霍曼斯和布劳曾提出代际交换理论，他们认为父母养育子女长大，当父母年老后，子女又反过来赡养自己的父母，在养育和赡养两种行为之间就产生了代际交换，这也是一个家庭中维系情感的必不可少的手段。两代人如果缺少了这种情感互动，那么一个家庭中父母与子女的关系就会变得疏离，也不利于家庭的和谐和发展。由此看来，受传统文化的影响，家庭养老在我国农村地区占据着十分重要的地位。

受儒家传统文化的影响，"孝文化"在人们的思想观念中根深蒂固，赡养自己的父母是每一个家庭中子女自觉承担的责任和义务。责任内化理论认为，社会赋予个人的责任，应该由个人自觉去承担，然后转化为对自我的一种内在约束。而此处提到的子女自觉赡养父母的行为，也是将责任内在化的一种表现。费孝通在《乡土中国》中提到了差序格局，他认为，每个人都存在着一个以亲属关系为主轴的社会关系网络圈，这个圈子的层次像水波纹一样越推越远，圈子越向内关系越亲密，而对待关系越亲密的人，责任感就会越强。在一个家庭中，父母与子女的关系是最亲密的，因此父母的养老责任自然就需要子女来承担，家庭养老也由此成为养老模式中的重要组成部分。

根据养老支持系统理论，在农村养老问题上，需要借助各方因素的作用，才能较好满足农村老年人的养老需求，家庭、政府、社会都要发挥出积极的作用，农村养老保障体系才会实现良好运转①。通过上述理论分析可知，家庭在农村养老保障中发挥着必不可少的作用，因此，在构建农村养老保障体系框架时，必须将家庭养老纳入进来。

5.6.2 现实需求

虽然在经历了社会转型后，农村家庭内部结构发生了巨大的变化，加上社会养老保险在农村快速发展，家庭养老在农村养老保障中发挥的作用呈现出减少的趋势，但家庭仍然在我国农村社会关系中扮演着极为重要的角色。

1. 社会养老保障水平偏低需要发挥家庭养老功能

20世纪80年代，我国开展了农村集体经济体制改革，开始在农村实行家庭承包责任制。农村居民以家庭为生产单位向集体承包土地或其他生产资料，其经营收入除了向国家和集体缴纳的部分，其他全部归家庭所得。在此背景下，农村家庭的经济功能逐渐增强，由此可以在养老等问题上发挥出更大的作用②。目前我国正处在社会转型时期，由此激发出许多新的社会问题与矛盾。农村老龄化进程日益加快，农村居民对养老保障的需求进一步加大，现阶段在农村实施的社会养老保险所起到的作用相对有限，依旧存在着保障水平较低、待遇确定机制不健全以及缴费激励约束机制不强等问题，农村老年人领取到的养老金较少，不足以完全满足自身的养老所需。农村居民日益增加的养老需求与不完善的养老保险制度之间的矛盾越来越严重。且就当前我国的具体国情来看，这个问题在短期内依然难以得到彻底解决。如此看来，一定时期内，家庭势必依然会是农村老年群体最为稳定的生活保障来源，家庭养老对我国农村居民来说依然是最为广泛的养老方式。

2. 农村老年群体需要家庭的关爱

养老不仅体现在给老年人提供物质帮助，也应想办法满足其精神方面

---

① 孙岩. 我国农村新型家庭养老模式研究 [D]. 石家庄：河北经贸大学, 2015.
② 龙方. 论农村家庭养老模式的完善 [J]. 农村经济, 2007 (5): 3-6.

的需求。从现实情况来看,目前大部分老年群体的物质需求相对容易满足,而精神方面的需求却越来越强烈。特别是在农村地区,许多家庭的青壮年劳动力选择了外出打工,一年才回一次家,留下了许多空巢老人在家独自生活。这些老年人的精神世界极为匮乏,甚至会产生孤独、焦虑、抑郁等方面的心理问题,并且还容易引发一系列的社会问题。因此,满足老年群体的精神需求显得十分必要。从养老需求的提供主体来看,农村老年群体的物质需求可以由社会、政府、集体等多种主体来提供,但是他们的精神需求却大多只能由家庭来满足,因为老年人的精神支柱往往都是自己的子女或配偶,因此家庭成员需要为老年人提供基本的生活照料,使他们从中获得精神的慰藉①。从这一层面来看,家庭有着社会化养老难以替代的作用,家是中国人的精神寄托,也始终是老年人的精神家园,家庭养老在农村社会中也显得必不可缺。

3. 乡村振兴要求"家文化"得到传承

党的十九大提出了乡村振兴战略,而实施乡村振兴战略要围绕"产业振兴,文化振兴,人才振兴,生态振兴,组织振兴"五大振兴展开,其中的文化振兴是根本,提高农村经济发展水平固然重要,但文化是灵魂,是发展的动力和源泉。传统文化是乡村的重要资源,它在提升农民精神面貌和促进乡风文明上发挥着最为重要的作用。乡村振兴战略明确提到"要传承和发扬优秀传统文化",那么作为传统文化的"家文化"则必然需要得到传承和发扬。"家文化"是儒家思想的核心,它认为每个人的生命都是父母赐予的,每个人都是在父母的养育下成长起来的,因此子女有义务赡养自己的父母并以此作为对父母的回报,这是每个人的基本道德和责任,即"孝悌为本"②。家文化中所体现出来的价值理念和社会道德决定了子女必须孝敬自己的父母,这是家庭养老形成的主要原因。传承"家文化",继续延续家庭养老的模式,有利于维系农村家庭的团结稳定,使家庭代际的亲情关系更为紧密,家庭内部和谐,从而促使整个农村社会和谐稳定发展,更好地实现乡村振兴。因此,从这个层面来考虑,家庭养老模式也应得到继续传承和发展。

---

① 申喜连,张云.农村精神养老的困境及对策 [J].中国行政管理,2017(1):109-113.
② 唐溧,胡晓霁,刘亚慧,等.社会养老为何在农村水土不服:"家文化"视角下城乡养老意愿差异的实证研究 [J].农业经济问题,2020(1):128-136.

5.6.3 "第四支柱"改革实践与方向

1. 世界银行的建议

世界银行认为多支柱养老保险应包含五个层次，其中就包括家庭向老年人群提供资金或非资金的支持，主要表现为提供住房和医疗服务。世界银行建议将此作为多支柱养老保险体系中的"第四支柱"。"第四支柱"的资金来源主要为一些没有正式被定义成养老金的资源，例如代际的转移支付、房屋所有权，还有个人储蓄账户等①。

家庭养老模式在世界上许多国家的养老保障体系中都占据着重要的地位，除开由政府主导的社会养老保险制度，家庭养老仍然发挥着不可代替的作用。以美国为例，只有不到百分之二十的老年人选择了养老机构，而其余的主要还是依靠家庭养老或个人养老。而像日本等受中国传统儒家思想影响较大的国家，"家文化"观念浓厚，家庭养老的比例更高。

2. 中国的实践

我国深受传统儒家思想的影响，作为传统文化核心的"孝文化"在国人心中根深蒂固，在社会养老保险制度尚未发展和完善之前，特别是在新农保未实施之前，"孝文化"把家庭成员紧紧连接在一起。在很长的历史时期里，家庭养老模式在整个社会养老中都占据着主导地位，尤其是在广大农村地区，"养儿防老"的观念更加深入人心。

现阶段，随着人们思想观念的转变以及社会养老保险的发展，家庭养老功能虽然有逐步弱化的趋势，但是对于我国农村地区，家庭养老仍然发挥着不可替代的作用。目前，一些区域通过举办一系列宣扬"孝文化"的讲座以及有关"孝文化"的评奖活动来推动社会"尊老、敬老、爱老"。与此同时，政府在促进家庭养老方面也发挥着积极的作用。民政部数据显示，在"十三五"期间，政府先后在203个区域开展了居家和社区养老服务改革试点，总投入达50亿元。政府依托社区养老服务中心，设置家庭养老床位，使老年人在自己熟悉的家庭环境中就可以享受专业化的养老服务。

3. 发展方向

目前我国正在大力实施乡村振兴战略，实现"文化振兴"就是重要的

---

① 霍尔茨曼，欣茨，等. 21世纪的老年收入保障：养老金制度改革国际比较 [M]. 郑秉文，等译. 北京：中国劳动社会保障出版社，2006：89.

战略目标之一。"孝文化"作为中华优秀传统文化的重要组成部分，需要进一步大力传承和弘扬。除此之外，作为传统的养老模式，家庭养老模式在提供农村老年人精神需求方面仍然发挥着最重要的作用。为此，本书提出了促进家庭养老发展的四个方向性建议：

（1）开展孝道教育。

"孝文化"作为家庭养老的思想核心，应该得到弘扬和发展。一是家庭作为"孝文化"的载体，应当成为宣扬孝道教育的主要场所，父母应从小培养孩子的责任感，教导他们懂得感恩父母，更重要的是要言传身教，孝敬家中的老人，成为孩子的榜样。二是学校作为教育机构，可以在教学内容中加入"孝文化"，使学生更能深切地感受"孝文化"的力量。

（2）开展"孝文化"实践活动。

除了要在家庭和学校大力宣扬"孝文化"之外，还可以通过开展一些实践活动来增强农村居民的家庭养老意识，例如开展"养老模范家庭"评比活动，并对前几名予以表彰和实质性奖励，又或者举办"孝文化"节、装扮"孝文化"墙、开办"孝文化"讲座等。通过这些实践活动，使"孝文化"更加深入人心。

（3）发展社区互助式养老。

仅仅依靠家庭养老很难解决农村老年人的养老问题，因此要依靠多方力量共同分担，将家庭养老与其他养老模式结合起来，这样才能进一步提高农村地区的养老保障水平。如进一步开展农村社区互助式养老。社区养老是通过社区互助的形式，通过养老机构来为农村老年人提供日间照料和老年护理服务，还可以在一定程度上为老人带来除家庭之外的精神慰藉①。

（4）发展以房养老或以地养老模式。

在农村地区，还可以大力发展以房养老或以地养老模式。拥有房屋的老年人群可以将自己的房屋出租给一些农村养老服务机构，或者将自己的土地无偿流转给这些服务机构，再由这些养老服务机构为他们提供免费的、专业化的养老服务。

---

① 段鑫鑫.现阶段农村家庭养老的困境与出路［D］.长春：吉林大学，2018.

6 农村养老资源动态优化
配置战略：三阶段模式选择

本章首先对动态配置农村养老资源进行理论、现实需要以及战略方向的分析。其次，按照第3、4章的数据分析将2020—2040年划分为三大阶段，分别从制度框架、组织及实施、要素配置三个方面对不同阶段的养老资源的动态优化配置状况做阐述。其中，制度框架主要从"五支柱"展开，组织及实施对组织体系配置与具体实施执行进行分析，要素配置对人力、物力等要素的配置进行分析。最后，以四川省为例，通过抽样调查获取农民工回流信息，结合上文的宏观预测数据，定量分析农民工回流对农村养老资源配置的冲击。本章不仅为未来四川省农村养老资源配置提供了依据，同时也为其他劳务输出大省预测相关数据提供了借鉴。

6.1 理论分析、现实需要与战略方向

第一节从理论分析、现实需要及战略方向三个方面展开论述。其一是用理论解释现象，使用人口学理论、社会学理论以及经济学理论解释农村养老面临的现实困境。其二是用"现象"解释现象，从宏、微观两个层面分别解释农村养老资源为何需要动态配置。其三是从战略层面定性分析未来三个阶段农村养老模式选择。

6.1.1 动态优化农村养老资源配置的理论分析

人口结构的变迁、价值规律的作用、社会转型与社会变迁三大原因共同促使未来农村养老资源需要进行动态优化配置。

1. 人口年龄结构的变化促使养老资源动态优化配置

人口转变理论对一国人口的变动规律进行了研究。相关研究成果表明，一个国家从传统人口结构向现代人口结构转变的过程中，一般会经历三个阶段，即经历由"高出生率、高死亡率、低自然增长率"，至"高出生率、低死亡率、高自然增长率"，最终向"低出生率、低死亡率、低自然增长率"转变的过程。该理论描述的是人口再生产类型从传统模式向现代模式过渡的趋势，反映了社会经济现代化进程与人口再生产的内在联系①。中华人民共和国成立后，我国历经了"鼓励生育—限制生育—有条件地鼓励生育"的过程，故而中国人口结构在70年中发生了巨大变化，而人口结构的变迁将直接影响一国财政收支、生产生活、城乡规划甚至政策制定。

根据国家统计局发布的全国人口普查系列公报，自1953年以来，至今总计七次人口普查数据显示，全国人口的年龄结构持续发生着深刻的变化。2000年全国60岁以上老人约1.3亿，占总人口比例为10.4%；2010年全国60岁以上老人约1.8亿，占总人口比例为13.3%；到了2020年全国60岁以上老人约2.6亿，占总人口比例为18.7%②。从老龄化的情况看，目前我国的老龄化进程不断加快表现在两个方面：一是老龄人口数量增长很快，从2000年的1.3亿人到2020年的2.6亿，翻了一番。二是老龄化速度不断加快，2000年到2020年60岁以上老人占比增加了8.30个百分点，其中前10年增加2.90个百分点，后10年增加了5.40个百分点，说明老龄化还在继续加速。

另外，从人口变动趋势看，老龄化程度还将继续加深。中华人民共和国成立以后，我国有三次生育高峰，分别是1950—1957年的第一次生育高峰，1962—1971年的第二次生育高峰，1981—1990年的第三次生育高峰。2010年开始，1950年出生的人口开始进入老龄阶段，体现在宏观人口数据上就是2010年到2020年老龄人口增加了0.8亿。第二个生育高峰从1962年开始，这意味着从2022年开始，老龄人口还将迎来第二次快速增长，并持续10年时间至2032年。由于第二次生育高峰的出生率和出生人口数量都高于第一次生育高峰，表明2022—2032年的老龄人口的增长速度比2010—2020年更快。

---

① 李辉，于钦凯. 中国人口转变研究综述 [J]. 人口学刊，2005 (4)：18-22.

② 根据第五、第六、第七次全国人口普查数据计算。

按照马克思"两种生产理论",生产本身可以区分为两种：其一为生活物质资料的生产；其二为生命的延续，即人类本身的生产。马克思指出，人口是全部社会生产行为的基础和主体，而物质生产则是人口生存和发展的前提和经济基础。按照马克思"两种生产理论"，养老其实是社会生产的一部分，养老资源的生产和分配则是这种社会生产的前提和经济基础。养老资源的生产和分配方式必须围绕"老人"这个主体来进行。随着人口结构的"老龄化"，未来全社会对养老资源的需求将持续增加，并且在2022—2032年迎来快速增长期。所以，在老龄化加深的过程中，全社会的资源配置需要逐渐向老年人倾斜，要将更多的社会资源向养老资源上分配，以满足社会的养老需要，并且这种配置必须是一种动态的优化配置。因为，从人口的分布来看，各年龄段的老人数量分布并不均衡，有的年龄段人数相对多，有的年龄段相对少，必然导致各年龄段的老人对养老资源的需求数量呈现波动变化的态势。在这种情况下，也相应要求全社会在养老资源的提供上应该是有针对性的、动态的。

上述是从全国层面进行的分析，从城乡之间的差异来看，随着人口结构的变化，农村养老资源则更加需要进行动态优化配置。第七次全国人口普查数据显示，乡村60岁、65岁及以上老人的比重分别为23.81%、17.72%，比城镇分别高出7.99、6.61个百分点。普查结果说明，从全国层面看，农村地区的老龄化程度比城镇更加严峻，未来随着人口老龄化的持续加深，农村老人的养老资源的配置问题比城市更应该值得关注。

前文在分析劳务输出大省人口老龄化特征及农村养老现状的时候曾对城乡老龄化态势的差异进行研究。研究显示，自2005年开始，劳务输出大省农村人口老年系数为9.77%，高于当年全国农村人口老年系数（9.06%），到2021年这种趋势仍在。说明相比全国农村，劳务输出大省农村的老龄化情况更为严重，对未来劳务输出大省养老资源的配置提出了更高的要求。

2. 价值规律的作用机制促使养老资源动态优化配置

在社会主义市场经济条件下，由于专业化和分工，老年群体养老所需资源绝大部分来自市场交易。根据马克思主义政治经济学关于商品经济的理论，这些通过市场交换的商品或服务必然遵循价值规律。

首先，用于市场交易的养老资源（商品或服务）具有商品的二因素。一方面，这些养老资源必须具备使用价值。它们必须能够满足老年人的衣、食、住、行、健康、安全甚至情感等方面的需要，否则这些资源将无法在市场上进行交易，其价值难以得到体现。这些商品和服务都是由相关的生产者提供的劳动产品，故而这种使用价值其实是劳动产品的使用价值。这种使用价值必须由商品或服务的生产者让渡给老人，才能真正实现其使用价值。另一方面，这些养老资源必须具备交换价值。在市场经济条件下，各类养老商品或服务在生产者与作为需求方的老年群体之间交易，仍然是一种使用价值同另一种使用价值的交换，这种不同使用价值之间的交换存在的基础就在于所有商品或服务中凝结着无差别的人类劳动——商品的价值。

其次，在市场经济中养老资源的交易受到价值规律的客观支配。养老资源的价值由生产这些商品或服务的社会必要劳动时间决定，对养老资源的市场交易按照由社会必要劳动时间决定的价值量进行。由于市场经济是商品经济的高级形态，所以这些养老资源的价值都是用货币来表现的，并表现为价格形式。具体而言，养老资源的价格在供求关系的影响下围绕价值上下波动，但长期来看，同一种养老资源的平均价格与其价值一致，不同养老资源的价格波动以各自的价值为基础。

故而，在价值规律的作用下，养老资源必然需要进行动态优化配置。

第一，供求关系的变化迫使养老资源的配置必须是动态的。养老资源由生产者进行生产，也就是说商品的使用价值由生产者创造，并将无差别的人类劳动凝结在了商品之中。但是，这种使用价值对于生产者是没有意义的，它必须让渡给需要这种使用价值的老年群体，这样才能在交换的过程中换取另外一种有意义的使用价值。这就意味着，某种商品的需求会影响其使用价值的交换。就未来很长一段时间内农村面临的实际情况而言，一方面农村老龄化程度的加深是一个持续的过程，在这个过程中必然有越来越多的农村居民迈入老龄阶段，从而导致对农村养老资源的需求持续增加；另一方面，将会有越来越多的农民工返乡养老，这又会进一步扩大对农村养老资源的需求。但是，在养老资源总体需求增大的同时，并不是所有商品的需求都会同步增长。因为商品的使用价值是一个历史范畴，不同时代人们对同一种商品的使用价值的界定可能存在很大的差异。随着时代的进步，某些商品的使用价值可能会逐渐减少甚至湮灭。当供小于求的时候，价格上涨超过价值。当供大于求时，价格下降低于价值。在供给关系变化的条件下，养老资源在不同人群、不同商品、不同服务上的配置是动态变化的。但不管怎么变化，起作用的都是价值规律，而价值规律的作用将保障商品的长期价格与价值一致，从而实现资源的最优配置。

第二，技术不断创新推动养老资源的配置呈现动态变化。在价值规律的作用下，养老资源的生产者会面临激烈的市场竞争，为了在竞争中生存，生产养老资源的各个生产者会不断追求技术创新，以提高劳动生产率，达到降低其生产养老资源的个别劳动时间的目的。由于按较低的个别劳动时间生产，却以生产同类产品的社会必要劳动时间决定的价值量出售，这些生产者就会获得竞争优势。而这种技术进步带来的优势并不会保持多久，因为其他处于竞争劣势的企业同样也会改进生产技术，以提高自身的市场竞争力。在这种相互竞争的过程中，生产单位养老资源的社会必要劳动时间就会不断降低，单位养老产品的价值量就会降低，在同样的劳动时间内可以生产更多的养老资源。也就是说，在技术进步的情况下，会有越来越多的养老资源用于满足老年人的养老需求。

第三，部门之间的竞争将推动养老资源配置的动态化。随着农村老龄化程度的加深，以及农民工返乡养老人数的增加，短时期内养老资源的消费者增多，而养老资源的供给增加相对较慢，从而导致养老资源短期价格上涨，使得既有的养老资源生产者会在一定时期内获得高于社会平均利润的超额利润。但与技术创新带来的优势并不会保持很久一样，这种超额利润也并不能保持多久。因为，超额利润不仅会刺激原有的生产者扩大生产规模，同时也会吸引为城市提供养老资源配置服务的生产者进入农村，甚至吸引其他行业的生产者进入农村进行养老资源的供给。随着原有生产者扩张，以及新的投资增加，整个农村社会的养老商品和服务会逐渐增多，以满足农村老年人不断增长的养老需要。

3. 社会不断转型与发展促使养老资源动态配置

改革开放至今的40多年时间里，中国社会处于不断转型与发展的进程之中。社会转型既是社会结构从传统社会向现代社会的转换过程，同时也是社会生活和组织模式从传统社会向现代社会的变迁过程。具体地，"就是从农业的、乡村的、封闭的半封闭的传统型社会，向工业的、城镇的、开放的现代型社会的转型……在这个意义上，'社会转型'和'社会现代化'是重合的"①。不仅如此，在郑杭生（2009）看来，社会结构从传统

---

① 郑杭生. 改革开放三十年：社会发展理论和社会转型理论 [J]. 中国社会科学，2009（2）：10-19，204.

型向现代型的转变不可能在一个短时期内完成，而是一项贯穿于整个现代化过程的长期任务。在这个过程中，还伴随着经济体制从一种缺乏效率的体制向另一种更有效率的体制转换。中国社会结构的优化与大量问题并存，是与两个转换并进的大背景分不开的。因此，从社会转型的角度看，农村社会从传统的社会形态向现代社会形态转换的过程就是社会结构不断调整、社会生活不断提质、社会组织模式不断优化的过程。

与社会结构从传统向现代转换的过程相伴的是另一种有方向性的社会变迁——社会发展。社会发展本身就是一个对社会处于动态变化进行描述的词语，广义的社会发展是指包括经济发展在内的整个社会的进步，狭义的社会发展是指除经济领域外的社会其他各个领域的进步①。马克思主义的"科学发展观"认为发展必须"以人为本"，发展的最终目的是要"促进经济社会和人的全面发展"。而人的全面发展则是指包括精神与身体，个体性与社会性都得到了普遍、充分而自由的发展。从这一点看，在持续的农村社会发展的过程中，一定要以包括农村老人在内的所有农村居民的发展为核心，推动农村居民在精神、身体、社会性等多方面得到更加普遍、充分而自由的发展。因此，通过动态调整优化农村养老资源的配置，不断满足农村老人在生理、安全、情感、尊严、自我价值实现等多个方面的需求，正是社会发展的目标及结果之一。

自 1978 年实施改革开放政策以来，我国社会结构不断发生变化，改革与发展推动市场经济蓬勃发展并渗透到各个经营主体、各个发展领域与各大行业中。但社会的转型与发展具有两重性，新旧交替并不意味着"新"完全替代"旧"，二者总是相伴相生的。同理于我国养老事业发展进程，新型养老制度的出现并没有立刻完全替代旧养老制度体系，二者是渐进性地在共存中逐步替代。故在本书关于优化农村养老资源配置的理论分析中，也会采用社会发展理论与社会转型理论来探讨我国养老事业在社会结构、价值观念以及社会制度上的交替过渡。

（1）农村社会正在逐渐从传统型社会向现代型社会转变。

传统型社会主要在思想观念、经济社会发展水平上与现代型社会进行区分。传统型社会更具有小农风格，自耕自种自养是主流；而现代型社会对于生产生活的观念更为开放，对第三方社会化服务的需求空前提高，人

---

① 吴增基，吴鹏森，苏振芳. 现代社会学 [M]. 6 版. 上海：上海人民出版社，2018.

们更愿意通过购买市场化标准产品的方式满足高质量养老需求。故传统型社会与现代型社会在诸多方面呈现"脱节"现象。就我国农村来看，在社会保障、生活水平、区域规划与产业发展等方面，都与城市存在较大的差距。而就在城乡差距仍然较大的情况下，农村社会却在不断地从传统型社会向现代型社会转变。由于农村劳动力大量向城市转移，留守在农村的大部分是老人和儿童，以至于传统社会所依靠的家庭养老功能被大幅削弱。但同时，由于社会转型的长期性、复杂性，农村养老保障体系并未随之同步得到构建与完善。其结果是，一方面，传统农村的家庭养老功能被削弱；另一方面，农村社会养老保险体系还未健全。在农村老龄化程度加深的同时，这必然导致各种农村养老矛盾。

2009 年以后，新型农村社会养老保险开始试点，并于 2014 年统一城乡居民养老保险，但正如前文所述，目前的农村养老保险体系还只初步建立起了"零支柱"和"第一支柱"。因此，短期内农村养老资源配置还无法直接一步到位达成供需匹配。究其更深层次的原因是农村社会仍然处于由传统型社会向现代型社会艰难转型的过程之中，社会结构的调整还在剧烈地进行，故而农村养老资源的配置需要与这种社会结构的调整相适应并呈现出动态化的特点。

（2）农村养老价值观念在持续的转变之中。

长期以来农村社会一直以儒家伦理道德价值观为核心，养育多子女作为未来养老依靠等传统养老服务供给模式占据主导地位。随着社会变迁，时代发展，价值观在农村呈现多元、多样、多变的复杂态势，优生优育成为多数子代农村居民的首选，农村地区户均生育子女数锐减。特别是，随着大量农村劳动力外出务工，接受了现代社会各种思潮、理念影响的农民工的养老观念也会呈现出与城市居民"趋同"的现象。"养儿防老"在农村社会现代化转型中出现的频率大幅降低，农村老年群体也逐渐对有更大保障力度、更多元保障方式的老年生活产生更大的需求，不再片面追求食饱衣暖。也就是说，目前农村居民关于养老的观念认识正在发生着"分化"。20 世纪四五十年代及之前出生的农村居民，他们的价值观大多可以归类为"传统型"，即养老主要依靠家庭；20 世纪六七十年代出生的农村居民，因为其中有较大一部分人外出务工，所以一部分人的养老观念已经开始向现代社会的养老观念转变，但是仍然有一部分人的养老观念较为传统，因此可以归类为"半传统半现代型"；80 年代后出生的农村居民，由于距离退休养老的时间还很长，对养老问题的认识还比较模糊，但是由于其所经历的社会时代背景有了巨大的变化，他们的现代性最为充分，这部分农村居民大多可以归类为"现代型"。

不仅不同年龄阶段的农村居民的养老观念处于持续的转变过程之中，受到当今社会流动不断加剧、流动速度不断加快的影响，即便是现在持"传统型"养老观念的农村居民也可能在他人的影响之下逐渐改变自己的养老观念。正如第2章所分析的那样，一些具有"现代型"养老观念的农民工回流到农村养老之后，其养老观念与行为模式会在农村社会里形成"示范效应"，并逐渐通过社会网络的中介作用在更为广泛的空间范围内产生"从众效应"。但无论是各个年龄阶段的农村居民自身养老观念的形成，还是受他人影响所导致的养老观念改变，都是一个比较长期的"进化"与"迭代"的过程。这就意味着，以"市场化、社会化"为主要特征的现代社会养老需求的培育、发展是动态的，因此农村养老资源的配置也必然是一个动态变化的过程。

（3）农村社会保障体系的逐步完善具有阶段性。

西方福利经济理论以功能、效用为基础探讨人类福利最大化问题，认为高水平的社会福利发展是由国家以及各种社会团体通过各种集体福利事业来增进群体福利，比如通过社会保险、社会福利、社会救济和社会优抚等各种社会保障手段来提高社会成员的生活水平和质量。福利经济理论对西方福利国家的建设有一定促进作用，但其根本的私有制属性使福利困境并未得到有效解决。这种福利制度虽然对中国特色社会保障制度的建立具有借鉴作用，但并不能满足中国的实际国情与生产力发展需要。目前仍属于发展中国家的中国，在构建农村社会保障体系的时候，也必须以中国的国情为基础。

经济体制转轨过程中我国由计划经济向有计划的商品经济过渡，并最终建立起市场经济。其间，传统农业向现代农业的迈进深刻影响着农村社会变迁。对于全国农村整体而言，人地关系紧张的同时存在大量土地流转，必将促使土地的保障功能进一步减弱。在家庭保障、土地保障功能衰退的情况下，必须建立社会化的养老保险体系，来支撑农村老年居民的养老需求。从我国的国情出发，农村社会化的养老保险体系的建立和完善将是一个比较长期的过程。然而，尽管比较漫长，从已经实现现代化的发达国家和许多正处于现代化进程中的发展中国家的实践来看，建立社会养老保险制度的"五支柱"体系应该是比较明确的方向。

由于社会保险制度的五个支柱所需要的基础条件各不相同，构建的基本目标也有所不同，因此各支柱的建设进度也自然存在时序上的差异。比如"零支柱"的目的是消除贫困，是最为紧迫的事项，也是社会公平正义的体现，同时还是政府责任所在，因此，各个国家都通过财政资金予以支持。由于责任主体是政府，故政府可以通过行政手段在短时间内快速构建"零支柱"。而商业养老保险支柱是出于投保人自愿的原则加以实施，该支柱的构建不仅取决于投保人的收入水平，同时也取决于投保人对商业养老保险持何种观念。因此，在时序上，商业养老保险支柱的构建必然落后于"零支柱""第一支柱"的构建。

我国社会保障体系建设的最终目的应该是由小范围低保障逐步演变为广范围厚保障，通过制度的不断变迁使得城乡之间关于养老制度的二元结构沟壑逐渐消弭，让全民保障成为现实。因此，必须坚持政府主导，分阶段、分重点地进行动态的资源优化配置才能实现未来广大群众相对公平的社会福利。

6.1.2 动态优化农村养老资源配置的现实需要

在前期积累下，农村经济、社会、文化各个领域已经得到长足发展，并表现在生活生产各个方面。无论是政策或是制度，农村不再与城市隔离。享受到合理水平的养老保障的同时减轻后代养老压力，是农村居民的共同期望。

下文分别从微观与宏观两个方向，分析在可预期的未来，对农村养老资源配置进行动态优化具有现实需要。

1. 微观层面的分析

（1）回流人数增加将扩大农村社会保险保障人群范围。

在城乡关系上，我国先后历经了城乡二元结构形成与固化阶段、改革开放到 20 世纪末城乡二元体制破冰阶段、21 世纪初期城乡二元经济结构调整阶段以及党的十八大以来建立城乡融合体制机制阶段。随着城乡关系演变，最明显的变化是乡村要素的单向流出转变为城乡要素的双向流动，"两栖人"① 的出现成为必然。近年来，精准扶贫政策更是强力推动着农村

---

① "两栖人"具体指"城乡两栖人"，意为在城市与农村双重生活、工作的人群。

产业发展，适度规模经营成为激活沉睡要素、提质农产品、吸纳剩余劳动力的重要途径。产权改革、新型投融资方式的出现也极大地促进了农村产业的提档升级，农村新型经营主体的发展更是推动着小农户与大市场衔接，是小农户对接现代农业的坚实桥梁。

目前看来，农村还有极大的发展潜力，土地红利、要素红利仍未被全部激发。产业升级，结构调整，一、二、三次产业进一步融合，智慧农业兴起，内培外引等不仅能让农村吸收到城市新型人才，也会促使农村以往外流的劳动力回流。从前文微观调查及宏观预测的结果看，短期内无论是主动回流还是被动回流，农村的养老需求会增加，但是压力不会太明显，并不会对养老资源的供给产生迫切压力。但从较长的时期看，城市长期保障的缺失作为导致农民工回流的重要因素，对农民工的远期回流意愿的影响会很显著（石智雷和薛文玲，2015），回流人数将呈现逐渐增多的态势并推动农村社会保险保障范围扩大。回流劳动力在农村二次扎根后，因要素的聚集会激发产业聚集，一方面，回流人群及居乡人群在需求端对养老资源的需求不仅产生"量"的膨胀更会导致"质"的提升；另一方面，供给端也会因市场范围拓宽而产生供给多元养老产品的内在驱动力，从而推动保障范围由当期的居乡老龄人群不断扩张至回流人群。

（2）未来农村养老保障呈梯度发展趋势。

社会变迁过程中产生的家庭养老困境不利于提高老年人生活质量与维持其身心健康，而社会化养老保障的多层次实现将通过逐步拓宽保障供给来源，来解决传统家庭养老的困境。影响未来农村养老保障的，不仅有人口因素、社会因素，还有文化因素、经济因素和政治因素。有学者分析了人口、政策、文化三个因素对农村养老模式转变的影响，发现农业生产方式的转变使农村家庭养老模式从内部开始弱化，而人口政策的变化使农村家庭养老模式从外部开始弱化（郭新玲，2020），传统家庭关系与家庭结构的改变直接影响老年群体对养老的需求，而这种变化是渐进的，并非一蹴而就。不同年龄的人群需要多维度多层次的养老保障，短期内须重视基本、"兜底型"的保障，中期须重视养老服务的供给质量与供给多元性，长期则须更加注重体验感。将来，当"农民"不再是一种身份而成为一种职业之后，老年人对于心理需求的满足就更加急迫，也更加需要保障充分、能够有效分散风险的养老措施。但考虑到经济大环境、人均收入与消费水平的限制，养老资源无法快速满足所有人群的异质性需求，故无论是养老服务的基础设施建设抑或是公共服务，在长期来看都应呈现梯度供给。

（3）家庭养老与社会化服务发展相生相伴。

要从变迁的视角来看待未来养老制度、组织及实施、要素配置的差异化发展。除基本养老保险外，养老保障的个体差异应该逐步凸显。对适老化设施的建设及以社区为单位的养老产品的提供不仅需要适配未来不同层次的梯级需求，更需要接力延续以往的生活模式，因为"老年"并不意味着进入全新的生活方式。家庭养老模式作为最基础、最广泛的保障模式，长期来看不会消失，但是规模会趋于缩小。劳动力回流必然促进养老产业的发展，社会化服务的兴起与扩张也是必然趋势，这是对更复杂养老需求的补缺与辅助。养老保障在未来不再仅仅是家庭或政府的责任，尽管政府依旧是社会福利的制度制定主体与兜底保障、监管主体，但需要在"放管服"政策下发挥市场化力量的作用，重视不同家庭负担能力与情感需要，强调社会责任与市场参与。因此，未来在不同发展阶段制定家庭养老与社会化服务养老模式的多样组合形式才更能发挥出"1+1>2"的作用，这必然意味着需要寻求养老资源在家庭与社会之间的优化配置。

2. 宏观层面的分析

（1）农村养老资源配置将服务于"以国内大循环为主体、国内国际双循环相互促进"的新发展格局。

面对复杂的国际形势，党中央提出加快形成"以国内大循环为主体、国内国际双循环相互促进"的新发展格局。新发展格局将国内循环上升到了更高的高度，这是对中国所处的新发展阶段做出的科学论断。要保障国内循环的顺利进行，必须打破各种体制"藩篱"，促使城乡之间、区域之间、产业之间、部门之间、人群之间不断融合发展。为使经济发展维持在合理的区间，在新发展格局中必须将经济社会发展的动力逐渐从投资拉动为主，向"投资+消费"双驱动转变。要增加消费拉动经济的能力，就必须重视提高农村居民的消费能力。

在人口老龄化的背景下，养老产业的发展一方面可以满足农村老人的多样化养老消费需求，另一方面也可以拉动经济增长。从目前的养老资源存量来看，敬老院、互助幸福院等公办或集体性质的养老设施及产品还不能完全满足农村居民的养老需求；社会化养老服务资源，诸如日间照料机构等的设置仍有很大的缺口；对养老领域的投资，比如针对农村居民的医养、康养结合的服务机构仍太少；作为重要的"后勤"保障，基础养老金的覆盖面很广但是其保障能力还比较低。虽然各种人力、物力、财力资源数量较少，质量较低，但是目前已经呈现出一定的发展态势。未来针对不同人口结构变化与地区间不同经济发展水平，配置不同标准与保障力度的养老产品是适应时代发展、发挥"迁移效应"与"回流效应"优势、保证乡村社会稳定、促进国内"大循环"的重要手段。

（2）城乡居民养老保障的统一与差异。

未来全国范围内城乡居民养老保险要逐步实现全面的制度统一和区域间互助共济，就要在城乡之间对养老资源要素进行统筹配置。在尊重东、中、西部，沿海与内陆不同区域的经济发展实情的基础上，打破不同地域（城乡之间或不同省市之间）的保险关系转接壁垒。在核算不同养老产品的大众消费能力的基础上，提高制度设计的合理性，同时避免在基础设施建设上造成养老资源错配。

养老保险的全国统筹也是必然的方向。这将有利于打破阻碍劳动力流动的壁垒，促进人力资源优化配置，化解老龄化危机，弥补养老金缺口。但是，根据《中国养老金精算报告 2019—2050》[①]，在未来人均赡养率提高、养老基金累积逐步放缓等严峻形势下，在制定具体的政策时，制度的差异化设计、组织体系的分层匹配、资源供给的侧重区别也必然会成为未来动态优化配置养老资源的重要方向。

6.1.3 三阶段模式：农村养老资源配置的战略方向

根据前文测算的数据，未来 20 余年中，前 10 年（2020—2029 年）中劳务输出大省农村劳动力年均回流比例几乎保持在 1.0% 以下，每年的回流速度较为平均，也较为平缓，故划为第一阶段。第二阶段共 6 年时间（2030—2035 年），在这个阶段农民工回流速度较快且呈现不断增长的趋势。此阶段农村劳动力回流规模最大，并于 2035 年达到速度峰值。此后，回流速度降低，虽有间断性增加，但均处于峰值之下，且总体呈下降趋势，可划分为第三阶段，共 5 年时间（2036—2040 年）。

1. 第一阶段养老模式选择：家庭养老为主，社区养老与社会化养老服务为辅

第一阶段瞄准短时期内的养老模式制定，形成"以家庭养老为主，社

---

① 郑秉文. 中国养老金精算报告 2019—2050 [M]. 北京：中国劳动社会保障出版社，2019.

区养老与社会化养老服务为辅”的模式。这段时期，新增的对养老有需求的人群出生时间分布于 1960—1970 年。从微观数据来看，这段时间回流农民工的人数较少，农民工的回流对既有农村养老资源的冲击较轻。在模式的选择上主要基于以下原因：

第一，考虑到农村人口变化的趋势性特征以及农村养老设施建设的周期性，这 10 年中，家庭养老仍将延续基本保障功能，家庭成员仍可提供一定程度的物质供给与情感照料。

第二，该时期，各个地区将会逐步加大社区适老化设施的建设，并从城市社区逐步向农村推开，社区老年人服务是养老职能社会化的主要模式①。农村综合养老服务中心的逐步建成将促进社区养老服务网络的健全，并为居家养老筑牢基础。

第三，该时期，社会化养老服务体系在农村的延伸链条尚短，农村人均收入水平还无法支撑普遍购买多元社会化养老服务，仍以城乡基本养老保险为主，综合来看社会化养老服务在第一阶段只能发挥辅助养老作用。

2. 第二阶段养老模式选择：家庭养老、社区养老、社会化养老服务三者并重

第二阶段瞄准中期养老模式的建立，形成“家庭、社区、社会三者并重”的养老模式。按照国家宏观战略规划，到 2035 年，乡村振兴将取得决定性进展，农业现代化基本实现，农村人均生活水平显著提高、生活质量明显改善。同时，依照《国家积极应对人口老龄化中长期规划》，这一阶段的养老制度设计将基本得到完善。在第二阶段，我国老龄化程度会继续加深。虽然社会经济发展与人口老龄化基本适应，但如第 2 章所述，老龄人口规模的扩张将出现最快增速，同时农民工的回流规模显著增大会对农村养老体系产生明显的冲击。

这段时期的矛盾主要体现在以下两个方面：一是不断增加的养老需求与日渐加大的社会保障基金支付压力之间的矛盾。根据中国社会科学院发布的《中国养老金精算报告 2019—2050》，养老金结余在中期将出现赤字，政府财政补助难以完全弥补缺口，需要建立多元化多层次的社会养老服务体系以提高保障力度。二是回流人群带动居乡人群对综合养老保障体系产生更高需求与养老保障发展层次仍较低之间的矛盾。

---

① 郑建文. 社区老年人服务是养老职能社会化的主要模式 [J]. 特区理论与实践, 1998 (4)：23-25.

尽管"养儿防老""多生多好"等传统养老观念进一步弱化，农村社会家庭结构与城市渐趋一致，农地保障功能继续削减，但家庭养老依然举足轻重，家庭成员依然能够提供养老服务。

　　该时期，农村社区适老化设施与配套服务基本构建完善，吃、住、行、医等服务所需场所将由社区供给，以减轻成员过少的家庭的养老负担，社区养老与居家养老成为重要选择。同时，中国特色的养老服务体系逐渐成熟定型，全体老年人享有基本养老服务，除基本养老保障与医疗保险人人覆盖外，高水平的医、康养结合的社会化服务体系规范将建立并逐步完善，给予农村社会更多选择。家庭收入的大幅提升使购买相关养老服务成为可能，社区养老与机构养老作用逐步凸显。故在第二阶段，应选择家庭养老、社区养老与社会化养老服务三者共同发挥作用的养老模式。

　　3. 第三阶段养老模式选择：社区养老与社会化养老服务为主，家庭养老为辅

　　第三阶段瞄准长期养老模式的建立，形成"以社区养老与社会化养老服务为主，家庭养老为辅"的模式。在长期，我国老龄人口数量不断上升逐步逼近峰值，老龄化对养老服务的冲击明显。户均家庭人数缩减至较低水平，低生育率致使全社会家庭供给养老服务的能力大幅降低。

　　按照国家宏观战略规划，在此阶段我国已实现教育现代化，劳动年龄人口的平均教育年限明显增加。在经济水平、教育水平相较于之前将会有较大程度提升的情况下，农村社会对于社会化养老服务的购买意愿将大大增强。

　　从老年人自身角度看，经过第二阶段社会化服务的探索与改进，农村老人对商业养老模式的接受程度将进一步提高。除最基本的生活物资需求之外，情感需求、医养需求甚至更丰富的文娱活动需求等都将广泛出现并配套在社会化养老服务中，供需形成密切联结。当全民健康水平提升，城乡人口预期寿命延长，整个社会医疗、养老基础保障充足，可供选择的养老服务在多维度均发展良好，家庭养老也自然而然退居二线。老年群体区别于第一、二阶段，在该时期会更加愿意在丰富自己的老年生活上投入精力，而非完全将子女陪伴作为唯一的情感慰藉，家庭养老功能将逐渐边缘化。

　　在本阶段，将会形成以大型养老机构为基地，以综合养老服务中心为支柱，以社区养老服务设施（社区托老站或日间照料中心）为网点，以智慧养老服务网络平台为枢纽的农村社会化养老服务体系。通过整合社会各

类养老服务资源，实现"居家、社区、机构"养老融合发展，为老年人提供专业化、多元化、个性化的服务内容，构建"多层次、智能化、广覆盖"的社会化养老服务网络，打造"十五分钟养老服务圈"。故在第三阶段养老模式趋于"以社区、社会化养老为主，家庭养老为辅"。

本章剩余内容将从制度框架、组织及实施、要素配置三个方面对各个阶段的养老模式及相关的资源配置进行分析。

6.2 第一阶段：家庭养老为主，社区养老与社会化养老服务为辅

在该时期中，主要的回流人群为 1969 年（含）以前出生的人群。本阶段农村养老模式主要为以自我养老与家庭养老为主，社区养老、居家养老、机构养老为辅的养老模式。

6.2.1 制度框架

"制度框架"部分主要对该时期农村养老保险的"五支柱"架构，以及涉及农村养老资源配置的相关制度进行研究，重点关注该时期的财力资源配置问题。

1."五支柱"制度设计

社会养老保险"五支柱"在第一阶段配置应有不同侧重点。

（1）零支柱。

第一，社会救助应凸显养老保障功能。本阶段回流人群虽流速有上升趋势，但总体对农村居乡老年群体的冲击程度较轻，故保障人群仍然主要为长久生活在农村的居民。社会救助覆盖人群主要为弱势群体，除老年困难群体外，还有儿童、妇女、残疾人、下岗职工等，因此社会救助并不能与养老保险的"零支柱"相等同。由于覆盖面较广，针对农村老年弱势群体的保障集中度自然偏低。故本阶段社会救助功能在以往基础上应更加注重向农村困难老年群体倾斜，保护那些因年龄过大而丧失劳动能力的老人的基本生活需求。

第二，适当提高基础养老金基数。自新型农村养老保险与城镇居民养老保险合并后，通过对适龄老人发放基础养老金的方式，成功建立起了适

应我国存在大量非正规就业劳动人口国情的普享型养老保险制度。但这种保险制度面临保障不均衡、保障水平低的现实问题。以重庆市为例，2020年的城乡居民养老保险基础养老金为95元，同期，上海基础养老金的月计发标准为1 100元。两个经济发展不平衡的地区在养老保障方面也显现出明显差距。为了提高老年人的普遍保障水平，今后应该以中央及各地的财力水平为主要依据，在可行空间内进一步提高基础养老金基本待遇水平。

第三，将针对困难群体的家计调查式社会养老保险制度化。家计调查式养老保险的优点是具有很强的针对性，可以有效识别出真正需要得到帮助的困难人群，精准施策。但是，其劣势也比较明显，即制度执行成本非常高。由于施策对象并不固定，需要投入大量的行政成本进行识别、执行、监管。经过多年的精准扶贫工作，中国已经建立起了比较完善的扶贫工作机制，拥有一批工作经验丰富、工作岗位相对固定的专业实操人员。应继续发挥精准扶贫与脱贫攻坚工作机制作用，巩固拓展脱贫攻坚成果，促使健全的组织、队伍、机制在第一阶段支撑针对困难群体的家计调查式养老保险制度化。

（2）"第一支柱"。

第一，探索提高缴费额度。这个时期，在全社会人均收入水平稳步提高的情况下，除了提高农村老年群体参保率外，还需要在部分经济状况佳、产业基础好的农村地区探索适当提高缴费额度。

第二，探索延伸缴费档次。养老保险是以"个人账户+社会统筹"的方式进行储蓄及分配调剂，缴费档次上限的提高意味进入个人账户的余额相对较多。而新旧缴费档次之间的衔接可采用多种方式。在第一阶段建议采用档次衔接办法，即原缴费档次在个人账户中所占比例与提高缴费档次后在个人账户中所占比例进行对比结算，按照提高后的比例对原缴费档次的个人积累部分进行调升，差额由财政资金补贴。

第三，探索提高统筹层次。养老保障统筹层次的提高意味着能在不同地区之间调剂基金余缺，同时提升基金抗风险能力。第一阶段农村养老保障统筹层次为省级统筹，考虑到各地不同的经济发展水平与人均收入差距，在本阶段后半时期可以开始探索提高农村养老保障统筹层次。

（3）"第二支柱"。

第一，开展以资产化的农村产权资源为基础的补充养老保险制度研究。目前农村存在"插花式"分布的集体经济组织发展态势良好的地区，大量乡镇企业、新型农业经营主体诸如农民专业合作社、家庭农场、专业大户、农业产业化龙头企业等快速发展，带动力强。截至 2021 年上半年，全国农民专业合作社总量为 225.9 万家①。部分产业基础好、成员规模大、运营机制良好的农村经济组织已经具备了为成员、村民缴纳补充养老保险的能力。但目前还没有设计相应的制度，在这个阶段应做好相应的制度研究与评估，创新以资产化的农村产权资源作为村民补充养老保险资金来源的制度设计。

第二，探索不同社会养老保障体系的衔接制度。该时期应打破户籍限制，农村人口在城镇有固定工作的，可以参加城镇职工社会保险，没有固定工作的可以以灵活就业的身份购买城镇居民养老保险和医疗保险。回流时，城镇职工养老保险可转接为城乡居民养老保险，个人账户全额转移，经办流程遵循《城乡养老保险制度衔接暂行办法》规定。

（4）"第三支柱"。

第一，探索农村商业养老保险多元险种。在这个阶段，回流与居乡的农村人群中有能力、有意愿购买商业保险的仍是少数。该时期结合农村实际情况，开发定制小额支付的农村商业保险，让农村居民负担得起，增大保障功能的同时让农村居民接触除财产保险以外的商业保险，为今后提高接受度、增强购买力做前期准备。

第二，完善农村商业保险法律法规设计。小额农村商业保险一旦准备实施及推广，其实施主体应为政府严格监管下的大型保险公司，主推的保险产品为经民政部、金融监管总局审批合格的产品。此外还应匹配严格的监管体系，避免保险公司的投机行为。同时提高农村商业保险的可控、可靠程度。在第一阶段应该完善法律法规设计，为第二阶段做准备。

第三，建立农村商业养老保险体系。农村商业养老保险体系是农村金融体系与社会保障体系的重要组成部分，既具有政府保障色彩又兼具市场化色彩。个性化的保险产品叠加严格监管，有助于农村形成多层次社会保障体系，有助于提升全社会社保体系的完整度。

（5）"第四支柱"。

第一，弘扬优秀传统文化。第一阶段农村养老主要依靠的还是家庭，以子女为保障单元。弘扬优秀传统文化，宣传孝道，是促使农村家庭和谐

---

① 孙莹. 全国依法登记的农民合作社达 225.9 万家 [EB/OL]. （2021-06-21）［2021-06-30］. http://www.rmzxb.com.cn/c/2021-06-21/2886671.shtml.

的重要措施。应借助宣传标语、手册，举办传统文化宣讲活动等方式助力"孝"文化传播。

第二，开展养老模范创建评比。推动村级文体活动制度化，不定期组织适老化村级文体活动，规范形式内容，开展养老模范家庭创建评比，发挥榜样作用。这对于丰富老年群体生活、满足老人精神层面需求有积极意义。虽然在农村自我养老与家庭养老仍占主导地位，但除开儿女可以提供的亲情慰藉外，老年群体还需要正面的、社会化的精神文化供给，以提高晚年生活质量。

第三，探索社区养老。发挥农村社区作用，凸显农村社区养老功能。其一是规划先行。以村民小组、村集体为承接主体，当地政府、社会组织、村委会、个人形成合力，建设社区养老服务中心，由住建部门牵头对农村社区进行适老化改造。公办养老机构应享受一定财政拨付的运营补贴，实现对重点困难人群的有力保障。此外，入驻养老中心、提供养老服务的主体可以是社会专业承接单位。其二是加强长期学习。第二阶段回流的老年农民工群体普遍受教育程度偏低，在回乡养老后，部分人有继续学习的需求，可在社区老年学校或者培训组织学习；在合理学制设计下遵循自愿加入自愿退出原则；规范老年学校、培训组织的课程设计，内容与形式要符合社会主义核心价值观，满足老年群体获取正面知识的愿望。

2. 改善养老制度与老年人权益保障制度设计

第一，满足困难人群基本生存需求。最低生活保障制度依旧遵循应保尽保、动态进出、不定期监测等原则，结合社会救助、优抚等帮扶政策，确保处于最低生活保障线以下人群的基本生活需求。

第二，完善新型农村合作医疗保险制度设计。户籍门槛、就地结算、保障水平低是部分农村居民不配合新农合的主要原因。应创新管理方式，降低户籍门槛，探索异地就医异地结算制度，推动新农合基金筹集方式的多元化，提高新农合保障水平。

第三，完善针对老年人权益的法律保障制度。《中华人民共和国老年人权益保障法》作为老人权益保障的根本法律支撑，省（自治区、直辖市）政府出台的老年人权益保障条例作为法律补充，二者共同为老年群体的权益提供法律保障，但在实际执行过程中原则性规定居多，缺乏具体施策与执行规定。此外，农村的法律宣传与普及力度较弱，法律援助机构对农村的服务偏少，回流农民工大部分法律维权意识淡薄。故短期内应完善制度施策设计，针对农村老年群体进行广泛深入的普法行动，铺设镇乡（村）级定点法律援助机构。

3. 加强农村养老服务制度设计

现阶段我国农村养老基础设施建设水平参差不齐，可覆盖的老年群体仍占比较小。医疗、保健、康养服务的供给能力与供给数量不足；可开展的养老服务不足，无法满足短期内老年群体最基本的需求。农村老年人的公共事务参与度较弱，不利于老年群体凸显其社会地位。故应加强以下制度设计：

第一，加强农村养老基础设施建设制度设计。尽管短期内自我养老与家庭养老仍占据主导地位，高品质、多元化的养老机构并非主要需求，但最基本的养老服务机构以及适老化的养老服务设施是刚需。对于部分农村尚未建立起核心养老服务设施或者区域间基础设施配套不平衡等问题，宏观设计上应进行统一布局规划，完善中西部区域、偏远农村地区的养老基础设施，调控民政、财政、卫计等部门资源的铺设范围与铺设力度；明确助餐、助残、助安、助医、助娱、志愿服务等服务内容。

第二，加强农村老年群体的社会参与制度制定。农村居民的乡缘、亲缘意识浓，遇到纠纷寻求非正式制度解决是首要选择。除《中华人民共和国民法典》规定必须遵守的公序良俗外，农村社区最规范的非正式制度即为村规民约，部分地区还制定有家族（家支）公约、风俗协定等。对于非正式制度，其主要意见提供者往往是中青年群体，少部分有威望、有公信力的年长人士被认为是智慧的代表会参与其中，但农村中更广泛的老年群体实际上没有参与其中。短期内，对于回流的农民工而言，参与村规民约及乡村风俗协定的规则制定是提高其归属感、稳定农村社区发展的重要路径，提高其参与度也是发挥其社会价值的便捷途径。

4. 重点加强农村文化建设制度保障

农村生活相比于城市生活显得更加单一，农村居民对于文体活动的需求无法得到很好满足。作为重要的精神支撑，农村文体活动的制度设计反而是最欠缺的。规范农村文体活动的形式、内容、开展方式对于传承优秀文化、培育积极的价值观有重要促进作用，故重点加强农村文体活动的制度设计是维护农村社会稳定的核心，应该把弘扬优秀传统文化作为农村文化建设的重要目标，制定相应的政策，确保这一目标顺利实现。

6.2.2 组织及实施

组织及实施部分主要针对该时期农村养老资源配置所涉及的组织机构

及实施问题进行研究。第一阶段，家庭养老与自我养老是最广泛、最适合的养老服务供给方式，这个时期，农村老人对最基本的社会保障的需求大，也更为强烈。

1. 完善基础类社会保障组织体系

（1）完善低保参与的组织保障。

要保障低保参与流程的完整性、公开性、公正性。在认定阶段，民政部门建立低收入家庭指导中心进行低保的受托核对，将认定规范性延伸至县级。在审查阶段，以村为单位进行低保户的公开评议，在村委会、乡镇人大代表、纪委监委代表的参与下让本村居民无记名投票，有效评议结果在村公开栏、县（镇）级民政部门官方网站披露，本村居民可短信查收，结合县民政部门开通低保对象信息查询通道的方式共同确保信息的公开透明。在人员管理方面，要重视民政分管工作人员的培训，各级民政部门针对低保各个流程环节的工作开展经办人员培训，主要内容为政策解读、最新政策变化解读、入户宣讲、违法违规案例分析、经办流程解说等。在资金发放阶段，除部分地区通过政府综合服务中心申领外，多数农村地区可采取社会化发放方式，由民政部门审批低保人员名单。依靠中央或省级财政转移的农村低保专项补助金发放时，财政部门将低保金拨付给定点金融机构，由金融机构负责将其支付给低保户，参保范围内的家庭自行支取。在领取人的身份审查上遵循银行系统规定必须是本人到场，但对于身体原因限制无法自行前往领取的困难户，应开放合法合规具有完备社区代领手续的绿色通道。

（2）加强医保政策宣传。

参加新农合的居民，短期面临医疗保险信息不对称引发的征缴困境。缴费档次的提高会加大相对健康困难户家庭的经济压力，对于这部分人群而言，保费仅在当年有效且不可累积的政策会加大其逆向选择的可能。另外，由于定点医疗机构才可报销的规定，对于部分医疗资源稀缺地区的农村居民，就诊的往返路费属于自费范围、可报销药品目录相对较少等因素，会降低其就医积极性，对于家庭成员中有慢性病、大病患者的群体同样会加大其经济负担。故医保部门应着力于医保政策的宣讲与解读，以村为单位，将医保政策宣传到田间地头，结合本村或邻村成功报销案例帮助居民明晰政策方向与具体操作流程，提高其参保积极性。

（3）完善城乡居民基本养老保险的组织保障。

首先是加大针对农村特困群体的组织保障。县（区）政府联合民政、扶贫等部门共同制定代缴认定标准，代缴档次由当地政府、财政部确定，资金由当地财政、残联妇联基金以及集体补助共同支付。其次，完善针对普通村民的组织保障，村民交参保申请至村劳动保障管理服务站，认定通过后确定缴费档次，由税务部门在新农保账户中统一扣款，简化经办流程。对于回流人群而言，保险的转移是首要问题，返乡后由民政部门归集参保人在各地的个人账户资金到领取地。无法自行领取的，凭借医院证明、社区证明办理代领。

2. 丰富文体服务保障体系

（1）完善农村文体服务组织体系。

结合农村实际情况因地制宜、以需匹供，明确社区或机构可提供的文体服务项目清单，发挥农村基层党组织、村委会、老年协会等的作用，积极培育为老人服务的社会组织，依托农村社区综合服务中心（站）、综合性文化服务中心、村卫生室、农家书屋、全民健身设施等，为留守、孤寡、独居、贫困、残疾等老年人提供丰富多彩的综合文体服务。

（2）供给更多精神文化产品。

老龄部门要继续深入开展区域性敬老活动，举办以老年群体为主的节庆文艺晚会、文化艺术节。文化部门要举办评优评先进的村级群众性文艺活动，支持老年文化团体开展活动，主动为老年群体举办文化活动搭建平台。体育部门要创新适合老年人的体育健身项目和健身方法，支持广泛开展经常性的老年人体育健身活动。民政部门在城市社会福利院、农村敬老院、老年公寓、日间照料中心、托老所等养老服务机构管理中，对老年文化建设的基础设施、活动内容、服务方式等要做出相应规定。各级妇联继续拓展老年文化活动内容，有条件的地方可开设老年妇女活动中心、老年妇女课堂和老年妇女咨询热线，为广大老年妇女办实事、解难事。

（3）开发老年旅游产品。

社会组织要积极参与打造老年旅游文化品牌，积极开发老年旅游产品，不断完善针对老年人的导游讲解、旅游路线安排等特色服务。

3. 探索建立外部养老服务组织体系

红十字会、医保部门应组织专业团队定期在农村社区开展应急救护、养老照护等宣讲与实操培训，提高农村老年群体家庭养老的应急医疗能力。卫健委、医保部门应扩大医保协议范围，对于符合资质的医疗机构，允许其开展农村养老服务；提高农村社区家庭医生签约率，将基层医疗机构医护人员纳入签约体系，提高基层医疗服务质量与服务水平。教育部门要研发针对农村老年群体的课程设计与师资培养，将老年教育深入农村。

6.2.3 要素配置

要素配置部分主要针对该时期农村居民养老所需的人力资源要素和物质资源要素配置进行研究。根据前文分析，劳务输出大省当前的养老资源多项指标低于全国平均水平，尤其是在基础设施、人力供给等要素配置方面。故最重要的是补齐基础要素配置与养老公共服务短板以应对回流劳动力人数的不断增长。

1. 物质资源配置

（1）加快养老基础设施建设。

短期内，由于家庭养老仍发挥着重要的养老功能。社会化养老服务在农村的发展尚不足，对于全日制养老机构的需求较小，劳务输出大省回流劳动力对日间照料室、居家养老服务大院此类需求较低，养老资源供给仍以家庭为主。对可提供部分照料服务等基础养老服务的网点式养老机构需求最大，然而在这个阶段中，此类物质资源不足以满足居乡、回流两类人群的需求。故该时期应重点加大社区养老服务中心（站）的建设力度，增加更多社区养老照料机构、社区互助型养老设施，并相应增加养老性服务机构床位。

（2）加快健康娱乐设施建设。

在基础养老服务设施供给增加的同时，应增加室外健身场地和器械、在社区修建多功能活动中心，以激发老年群体文娱活动激情，同时发挥强身健体功能。在老年人聚集活动场所，包括广场舞场地、健身场所，应安装应急呼叫系统，畅通老年人服务热线，确保老年人遇到紧急情况时能及时呼叫相关医疗机构与照护中心。

2. 人力资源配置

（1）增加家政服务供给。

该时期居乡人群和回流人群均对家政服务机构有较大需求。主要原因在于农村年轻劳动力长期外流致使家中可提供照护服务的人员缺位，而家政服务机构刚好能够弥补空缺。无论是作为长期或是过渡期服务供给者，家政服务机构既能发挥照顾老人的功能，也能照料留在老人身边的儿童，在提供日常照料的同时，也可提供帮助购物、陪伴聊天等服务。对于前往社区养老服务中心购买服务的养老人群而言，除了配套基础设施外，亟须配套专业护理人员及志愿者。身体康健的老年人可以充当公益性岗位的养老服务人员，为无法完全自我照料的群体提供简单的护理服务，发挥互助型养老功能，减轻护理人才缺乏的压力。

（2）开展第三方服务提高老年群体福利。

义工协会、老年志愿服务队应更多向农村社区的老年群体提供服务，以农村社区为单位，在日间照料机构、敬老院等机构组织老年群体活动。此外，农村社区应重视老年协会的建立。接受村委会督导，以兴趣爱好、专长或特定主旨为办会主题，以爱党爱国为总基调，开展形式丰富的协会活动以丰富老年人精神文化供给。社区或社会组织定期举办文艺娱乐活动，建立文化活动室，弘扬优秀传统文化，开展"养老模范家庭"评比并给予奖励。建立老年学校，使农村养老群体也能学到新知识。

（3）强化针对农村老年群体的护理服务。

以医院的专业医护人员为中心，以村卫生室为服务网点，以各老年人照护中心或机构为一般护理服务提供者，向老年群体提供基础护理，包括但不限于上门送医送药、提供基础照料护理、陪同就医等。但此类服务的供给前提必须是确保相关人员掌握专业护理知识，有效整合人力资源。

（4）提高老年群体社会参与度。

要发挥老人民主监督作用，提高其村事村务的参与程度。对了解村史的老年人，应组织其编写村史，发挥老年群体的榜样作用。组织村里威信度高的老人组成调解协会，发挥其调解邻里矛盾、抑制恶风恶俗的作用。

6.3 第二阶段：家庭养老、社区养老、社会化养老服务并重

该时期，回流劳动力主要为 1970—1975 年出生的人群。本阶段农村养老模式主要为家庭养老、社区养老、社会化养老服务三者并重的养老模式。自我养老与家庭养老相比于第一阶段其重要程度减弱，居家养老在中期发挥过渡性作用，社区养老以及机构养老将逐步成为模式重心。

6.3.1 制度框架

社会养老保险"五支柱"建设在第二阶段侧重点有所变化。在制度安

排上，应继续改善养老保障制度，进一步完善物质资源政策、人力资源政策、养老服务保障政策以及老年人福利政策，还应重点强化针对老年群体的文化建设、社会参与政策制度保障。

1．"五支柱"制度设计

（1）"零支柱"。

第一，完善社会救助养老保障制度。第二阶段，整个社会老龄化程度加深，农村困难群体对社会救助的依赖性有所增加。考虑到本阶段回流人群增速达到最大，财政资金支付压力大，社会救助发挥的养老保障作用应比第一阶段有所提升。

第二，适当适量提高基础养老金支付额度。到第二阶段，整体经济社会发展水平较高，全社会平均收入持续增长，受经济社会发展和有城市务工经历的农民工持续回流的影响，农村老人对养老资源的需求层次会不断提升。为满足农村老人的养老需求，应根据经济社会发展情况、财政支付能力等持续对基础养老金的发放额度进行适时、适量的调升。

第三，家计调查式社会养老保险制度重心转移。第二阶段，经济社会快速发展，城镇化进程加快，必然引发农村产业结构发生改变。农业人口减少、农村老龄化程度加深是必然结果。回流人群在本阶段达到最大增速，财政支付压力大，为避免回流非农人口借农民身份的寻租行为出现，应依靠家计调查方式进行身份识别，结合社会救助、基础养老金支付，减少各类投机行为。

（2）"第一支柱"。

第一，逐步提高缴费额度。第二阶段相比第一阶段经济社会发展水平提高，人均收入水平上升，为适应物价上涨水平，实现与第一阶段持平或更高的保障力度，在本阶段缴费额度应有一定程度提升。

第二，逐步延伸缴费档次。其一是提高最低缴费档次。对于无法负担社保费用的人员由政府财政部分或全额补助以保障这部分人群的基本养老需求。其二是放开缴费上限。对于有能力选择高缴费档次的群体，适行"多缴多得"办法。

第三，逐步提高统筹层次。中西部、沿海与内陆农村地区经济发展水平仍存在较大差距，产业发展仍不均衡，但人均收入水平均有提升；各劳务输出大省的经济发展状况、居民收入水平无法在第一阶段实现均衡，但差距已有一定程度缩小。因此，在农村养老保险省级统筹的基础上，第二阶段可作为探索统筹层次提升的过渡期，将为下一阶段实现全国统筹打基础。

（3）"第二支柱"。

第一，探索建立农村经济组织年金基金。农村产业的发展必然推动农村经济组织的兴起、扩张，各类资产化的集体经济组织的产权资源得到利用也为这些经济组织肩负起除经济功能以外的社会功能奠定了基础。仿照城镇企业补充型养老保险，这些农村企业、集体经济组织有能力、有需求建立年金基金，为当地就业人群提高社会保障水平。第二阶段应在经济基础厚、发展前景好、带动能力强的农村经济组织中探索建立年金基金。

第二，探索补充养老保险制度设计。根据第一阶段政策评估诊断结果，完善新型农业经营主体等作为农村养老保险补充缴费主体单位的制度设计，有序开展试点探索。助推有能力的农村经济组织织密其成员的社会保障安全网。

第三，探索不同社会保险体系制度衔接。随着城乡经济社会一体化融合发展，需要在不同的社会保障体系之间进行衔接。随着乡村振兴战略的推进，会有越来越多的农民工返回农村，同时也会有一些有志于投身乡村振兴事业的外部人才进入农村。这部分进入农村的群体，有的已经加入了城镇职工企业年金计划，这就产生了不同的社会保险体系之间在制度上进行衔接的需求。

（4）"第三支柱"。

第一阶段设计出适宜农村居民投保的商业保险后，在第二阶段应渐次试点实施。要进一步拓展第三支柱养老保险金的筹资渠道。例如进一步发展养老目标基金，向愿意承担一定风险、追求更高养老保障水平的农村居民推广。第二阶段回流人群相较第一阶段，对多层次的养老保险要求更高，故探索有利于农村养老保障需求群体多样化选择的制度设计是本阶段重要改革路径之一。此外，可以探索农村集体土地承包权、经营权反向抵押养老保险，在这个过程中应注重资产评估、审计，落实自上而下的严格监管。

（5）"第四支柱"。

第一，开展互助式养老。作为社区养老重要组成部分，互助式养老不仅解决了尚有劳动能力的老年群体的再就业问题，更可借助社区平台使农村老年群体开展情感交流活动，提升老年群体幸福感与获得感，避免其因缺乏精神寄托与情感交流而诱发心理疾病。

第二，开展以房（地）养老。独身居住的、无法耕种土地的农村居民，可以选择以房（地）养老模式，通过名义出租实际置换社会化养老服务，用名义租金购买生活物资。由于该方式存在一定风险，第二阶段可以小范围探索，不具备大范围推广的条件。

2. 完善养老服务制度体系

对于劳务输出大省来说，这个阶段回流的农民工相较前一阶段基数更大，保障人群范围扩大对当期养老服务制度体系健全程度要求更高，故本阶段要持续完善相关制度。

第一，完善农村最低生活保障制度，促进保障功能升级。保证最低生活保障制度兜底性功能不变，动态修订低保户的评定标准，提高低保保障水平，使低保实现兜底性向发展性转变。城乡低保制度探索双轨制合一，提高保障公平性。除基本生活需要外，重点关注低保户、临界贫困户的养老需求，将低保的兜底性提升到基础性层面。

第二，促进城乡居民社会养老保险制度渐进式变迁。各省对回流人群的续保方式、金额等应做出明确规定，便于新旧制度衔接。社保基金运作与安全监管在内控基础上纳入外审。个人账户收支管理应双线清晰，实现中央、集体、个人、财政支出、利息收入多筹资渠道共同丰富养老保险基金池，通过多元化筹集资金方式减轻财政支付压力。同时，社保经办系统信息比对拓宽到全国层面。

第三，助推新型农村合作医疗改革深化。因各省新农合缴费标准与缴费时间、参保情况、结算方式各不相同，制度缺乏统一性，地区差异性弊端不利于农民工回流后的核算。本阶段回流人群大幅增多，对基础缴费以及异地就医异地结算提出了更高要求。要通过改革约束医疗机构过度提供医疗服务，扩大补偿规模，在诸如药品目录、保健服务目录方面扩大报销覆盖范围，提高报销比例。

3. 优化基础设施和人力资源政策

第一，优化农村养老基础设施建设政策。这个阶段自我养老与家庭养老依赖度降低，具备家庭与社会双重属性的居家养老会成为重要方式，社区养老会继续发展。农村大量回流人群对养老基础设施的需求加大。农村社区对养老服务基础设施的要求更为多元，基础设施建设应从基础优化转向更为适老化。应拓宽养老机构服务半径，丰富服务内容。在公共区域统一规划建设无障碍、适合康养保健的系列设施，提高供给能力与供给水平。

第二，优化农村养老人力资源政策。对进入养老行业的人员进行全国统一等级认定与从业监管，鼓励更多养老服务专业人才向农村养老机构转移。建立起完善的养老服务供给人员选拔标准、职业等级认定、社会化养老服务资源供给机构资格资质认定与定期审核标准、服务人员与服务设施配套标准、养老服务志愿者的培训与服务内容时间标准、老年人协会成员组成与服务范围标准等，配套制定奖励与违规处理惩罚措施，在养老人力资源政策设计上做到"有规章制度可依，有奖惩办法可循"。

6.3.2 组织及实施

相对于第一阶段农民工回流的低速、小规模状态，这一阶段农民工回流的速度快、规模大。这就对养老资源配置工作的组织与实施提出了更高的要求。

1. 加强社会保障与社会参与的组织与实施

（1）确保社保缴费与待遇领取功能正常。

这个时期由于回流人数增多，回流速度提高，在提升社保缴费标准后无法缴纳保险费用的群体可能会同步增加，财政补助的压力会加大。各级财政与人社部门对财政补助基金要进行定期、不定期的监督检查、抽查，保障基金安全与运转正常，保证农村居民的社保正常缴费与待遇领取。针对农村特殊人员的社保费用缴纳问题，要拓宽筹集资金范围，由区县财政、残联基金、妇联基金、集体补助与社会团体合力解决。保险费的缴纳、养老金的发放、人员核定等末端业务，如果信息不对称容易引发投机问题，要对经办人员定期培训，提高其综合能力，并进行有效监管与绩效评估。完善管理机制，设置独立监管部门负责基金管理、投资、拨付。

（2）强化低保的监督检查。

为有效避免财产隐藏分置、"关系保"、"死亡保"、"服刑保"、冒领等骗保行为，由民政部门联合监察、审计、住建部、金融监管等部门以及社区、村委会共同对低保申请人员的工商登记、公积金缴纳、个人所得税缴纳、契税缴纳、车辆与房产、农机补贴等进行核算清查，要求低保对象定期到社区报到。

（3）完善商业养老保险组织体系。

应该进一步拓宽"第三支柱"养老保险金的筹资渠道，例如进一步发展养老目标基金。养老目标基金的养老金来源于基金公司，它更适合那些愿意承担一定风险、追求更多养老金的投资者。在农村地区推动养老目标基金，有利于给农村养老保障需求群体提供更加多样化的选择，使农村养老保障体系中"第三支柱"的内容在本时期得到进一步的延展和丰富。

（4）加强农村老年群体社会参与的组织保障。

这个阶段，农民工回流速度最快，农村经济水平不断提高，人均素质不断提升，回流人群逐渐增多对农村社会治理提出新要求。本阶段更要重视农村老年群体对村集体、村经济组织的参与性。一是进一步提高对村级事务的参与度，包括民主选举、村级自治组织负责的事务范围限定、权责划分等。二是对于能人、干部、德高望重等富有权威的老年群体要发挥其调解作用，让合法合规可信服的非正式调解成为简化矛盾处理的重要手段，让老年群体的社会参与具有自治性、群众性、常规性特点。

（5）加强农村居民权益保障。

在加强农村居民法律意识的同时，需要培养一批具备养老相关专业法律知识的人才，维护老人应享有的子女赡养、自愿参与老年协会等组织，以及部分或全额享受旅游景区、博物馆、文体服务票价优惠等正当权益，让农村老年群体有意识、有途径、有方法维护自身正当权益。此外，对于农村老人在社区、社会养老机构遭受的权益侵害，要拓宽其社会法律援助维权的渠道。

2. 提升农村老人养老保障的质量

（1）制定养老服务标准。

对于居家、社区、机构三种养老服务，要明确服务范围、服务内容、服务标准，公示公开合法合规合理的收费标准，畅通投诉渠道，定期安排工作人员回访，调整服务供给重点、提高服务供给质量。

（2）提高新农合经办服务质量。

乡级新型农村合作医疗经办机构人员由县级单位派出，由乡镇级医疗机构（卫生院）进行管理，主要业务涵盖政策宣传与动员参保、农民参合资金的筹集、协助审核参合农民医疗费用报销、汇总上报补偿报销情况、定期向社会公示基金收支和使用情况以及监督检查乡、村两级定点医疗机构的服务行为和执行制度。基金的存储使用管理由县（区）级主管单位负责，市医管中心对提交的报销申请进行复核结算。该时期农村居民医疗需求扩大，对新型医疗服务的需求增加，基层经办机构的动员、筹集资金压力增加，基金管理风险同步增加，应实现基层服务人员的网格化管理，分散压力。设置独立监管运营部门，由专业人才进行管理与基金运作，降低基金风险，筑牢防线。

（3）强化社区养老及机构养老的护理服务功能。

村卫生所除提供基础病情看诊服务外，还应提升医护人员的护理服务专业性，旨在为社区养老机构提供专业化指导。这个阶段农村老人对机构养老的倚重性增加，对于专业护理服务的提供应保证质量与效率。加大陪同就医服务的供给力度，提供包括接站、挂号、看诊、取药以及送站的全方位服务。

（4）延伸家庭医生服务范围。

提高家庭医生签约率，保证送医送药服务，将服务内容扩展至牙齿保健、听力康复训练、术后康复保健等。将一些经办服务纳入家庭医生的职责范围，家庭医生除定期上门检查血糖血压外，要不定时回访确认养老者的健康状况与意外情况并及时处理，提供"新农合"参保与报销药品帮查、报销流程辅助等服务。

（5）注重老年群体心理健康干预。

在社区服务中心与专业化养老机构中，要以心理咨询服务为主开展陪伴聊天业务，并辅以经常性心理测试，发现问题及时诊治，保证老年群体身心健康。

（6）增加多元专业养老资源配置。

社区满足日间照料需求，配置专车定点接送"日照"老人，向其提供餐饮、医疗、沐浴、护理、出行陪同等各项专业服务；老年人与护工比例逐渐缩小，常态化在社区开展健康自查、急救知识宣传、应急处理、简易伤情处置等活动；分区域配备 AED 急救设备，教授使用办法；开展定点合作医疗业务，提供专业医疗护理人员上门护理、常态健康检查、定点医院送诊服务；医院在社区建立服务保障点，与村医疗卫生所联合，配备急救、应急处理人员与设施设备，确保紧急情况发生时及时施救。在社区团购业务飞速发展的情况下，将此类服务与养老资源供给合并，提高农村社区老年群体与社会发展的融合度。

（7）加强农村居民文化资源配置。

在思想引领、文化基础设施与文化公共服务供给方面共同着力，正向引领农村居民。一是重点加强新农村文化建设，配合推进实施重点文化工程，丰富农村老年人精神文化生活，弘扬社会主义核心价值观和中华民族尊老敬老的传统美德；二是以社区为单位开展老年教育，各类教育机构通过多种形式参与老年教育，推进老年教育设施、课程、师资共享，探索养教结合新模式；三是配套建设文化设施、体育运动和保健康复训练设施。

3. 加快外部养老服务组织体系建设

（1）推动养老医疗资源分类匹配不同养老需求。

在第二阶段，社区养老与社会化养老服务在农村社区的重要性显现，应开发更多养老服务岗位。由卫健委、医保局联合出台老年人能力评估标准。由金融监管部门牵头联合商业保险公司开发养老责任险等保护老年群体基本权益的险种，推行长期护理保险，降低农村老人无人赡养的风险。人社部门与教育部门要制定完善养老服务从业人员的技能认定与教育培训制度，提高农村养老服务机构养老服务供给质量。

（2）对社会化养老服务机构开展专业评估与检测。

引入第三方组织，对各类养老机构进行建设、运营、管理评估，并对从业人员展开针对性培训。

（3）优化社会化养老机构服务内容。

社会化养老服务的供给应匹配需求，区分"刚需"与"非刚需"。故养老机构的基础设施与人员配置要着重于基础需求与紧急情况处理两方面。鼓励养老机构招募能自我照料的老年群体提供基本老年服务，发挥互助养老功能，基本护理、餐食照料可以由家庭医生兼职提供。

（4）探索多种外部力量投入支持农村养老服务业发展。

探索金融机构支持养老服务机构运营，创新其投融资、贷款担保方式。探索设计符合农村实际情况的险种，比如利用农村宅基地使用权进行抵押，盘活宅基地资源，促进集体经济发展。

6.3.3 要素配置

该时期，由于回流人群大幅增多，养老资源需求明显增大，对养老基础设施与公共服务在数量、质量上的需求均显著提高。基础养老金的支付较上一阶段压力增大，对于中西部地区的劳务输出大省来说，中央财政仍然是主要的支付来源。根据前文微观调查的结果，这段时期也要注重提高农村老人自我维权的能力、营造尊老敬老氛围，加大对老人的法律援助力度。

1. 物质资源配置

该时期农民工回流速度最快，回流群体对农村养老基础设施的冲击最大。微观调查结果显示，该时期居乡与回流群体对于日间照料室、居家养老服务大院有重点需求。这两类养老设施依旧发挥着辅助自我养老、家庭养老、居家养老及社区养老的重要作用。这段时期对于机构养老的需求虽有增加，但是成熟的养老机构在农村提供的服务仍处于高质量但高价格的状态，由于大部分养老服务需求群体的负担能力弱，故本阶段对这种相对高端的机构养老服务的需求有限，而对基础性、普适性、刚性的养老资源有更大的需求。

（1）注重室外健身场地和器械的保健功能。

在第一阶段广泛建设相关设施的基础上，对于既能增强心血管系统功能，又保护关节的运动设施的需求会更大。这段时期的养老设施建设不应局限于简单的健身设施，而是要提供专业适老健身器械，有效帮助老年人科学、安全、规律地健身，从而改善老年人的总体健康状况，延缓身体功能衰退，预防失能。

（2）拓展社区多功能活动中心的功能。

对于社区多功能活动中心，除开展系列文娱活动外，可以举办老年竞赛、艺术品展览，放映电影、戏剧节目等，提升老年群体的文化素养。

（3）完善公共场所应急配套设施。

同步安装老年人服务热线与紧急呼叫系统，直接连接定点医院，在大型公共聚集活动场所应配备急救车、急救设备。

2. 人力资源配置

重点建立家政服务机构。明确家政服务机构主管部门，以村级为单位统一采购家政服务，为解决部分农村人口的就近就地就业问题，对吸纳当地农民、返乡农民工的各类家政服务机构提供财政奖励、税收优惠等激励政策。加大家政服务从业人员的职业技能培训力度，特别要对老人生活照料等技能进行强化训练。

加大各类养老服务人员的供给。由于本阶段选择家庭养老及社区养老的人员众多，对于公益性岗位养老服务人员的需求也更大，要鼓励进入老年阶段，身体康健、思维清晰的"初老老人"从事养老服务工作，充分发挥余热体现互助型养老特点。同时以设立老年服务中心的方式，将分散流动的养老服务人员组织起来，并把他们纳入公益性岗位管理，通过专业化培训实现持证上岗。这不仅能增加服务队伍的稳定性，也能利用公益岗的补助帮扶有需要的困难群体。

6.4 第三阶段：社区养老与社会化养老服务为主，家庭养老为辅

这个时期回流的农民工为出生于1976—1980年的人群。本阶段养老模式为社区养老、社会化养老服务为主，家庭养老为辅的模式。自我养老与家庭养老成为补充力量，居家养老将接续家庭养老功能，社区养老以及机构养老的社会化服务将成为重点。

6.4.1 制度框架

社会养老保险"五支柱"在第三阶段有不同设计，"零支柱"与"第一支柱"保障功能保持稳定的同时，另外三个支柱保障功能不断增强。在制度安排上，继续深化农村社保制度改革，物质资源政策、人力资源政策、老年群体社会参与以及老年人福利政策应进一步加强。

1. "五支柱"制度设计

（1）"零支柱"。

第一，深化社会救助养老保障制度改革。第三阶段回流人群达到峰值，农村养老人口趋于稳定，对于特殊困难群体应着重关注社会救助的保障能力与保障范围，重点监测特殊困难农村老年群体，增加临时救助支付比例，缩短临时救助审批流程，实现快速救助与精准救助，保证农村老年群体底线需求。

第二，基础养老金支付继续适当适量提高。第三阶段保障人数趋于稳定，有一定幅度上升但升速降低。自愿型缴费比例与额度增加，使得养老基金的积累有较大增长，财政支付压力相较于第二阶段有所减轻。这个时期经济社会发展水平较高，能够同时兼顾公共财政支付效率与分配的公平性。故该时期的基础养老金可以适当提高增长速度。

第三，家计调查式社会养老保险制度重心转移。第三阶段，乡村振兴战略已开展近20年，前期精准扶贫工作队伍汲取脱贫攻坚与乡村振兴工作

经验，在农村地区已打下深厚工作基础，精准识别困难人群将是本阶段重心。

（2）"第一支柱"。

第一，进一步提高缴费额度。第三阶段全国经济发展水平接近中等发达国家，农业农村现代化水平较高，城乡基本公共服务均等化水平明显提升。农村居民收入有很大幅度的增长，为增加养老基金的积累，可进一步提高缴费额度。

第二，进一步延伸缴费档次。出于对通胀因素、经济社会发展水平、人均收入的考虑，在保证财政支付能力的前提下，计算制定新旧缴费档次的衔接标准。例如第一阶段最低缴费档次为100元，第三阶段可以根据物价指数、GDP或货币增发量将其调升为新的额度，差额由财政直接补贴，最终目的是提高农村养老基金的支付能力，缩小与城镇职工养老金的差距。在第三阶段末期，可将个人账户改革为连续型。

第三，进一步提高统筹层次。第三阶段中国基本建成现代化经济体系，农业现代化基本实现，劳务输出大省经济发展差异缩小，养老保障全国统筹有前期试点基础，在该时期统筹层次能够实现省级到国家级的跨越。

（3）"第二支柱"。

第一，增强农村经济组织社保功能。新型农业经营主体、农业企业、集体经济组织等均是购买社保的良好信用主体，其承担经济职能的同时也承担着基层治理职能，应参考当地城镇职工缴纳标准为成员、村民统一购买养老保险、医疗保险。区别于前两个阶段，第三阶段经济主体发挥的社保职能将更加全面，保障力度更大。有能力的经济主体不仅可以为核心成员购买社保，还能够延伸到普通成员或雇工、当地居民。

第二，完善农村养老保险体系衔接制度。第三阶段，在国家统筹的情况下，回流人群在原工作岗位购买城镇职工养老保险或参与企业年金的，在回到农村后个人账户可直接转接，到户籍所在地领取养老金，社会统筹账户适用衔接办法完成转接。

第三，完善补充养老保险制度。随着农村经济社会发展，要支持更多的农村经济组织建立年金基金。产业的扩张会诞生更多的农村企业，也会有越来越多的集体产权资源借由资本化提高集体经济组织的经济实力。在实力达到一定程度之后，这些企业、集体经济组织就有能力和员工、村民一起建立起类似于企业年金一样的补充养老保险。

（4）"第三支柱"。

第一，加大农村商业养老保险机构的税收优惠力度。对服务农村的商业养老保险机构采取一定的税收优惠政策，促使其开发农村居民普遍接受、价格适当的保险产品，以提高农村居民参保积极性，提高整个社会养老保障水平。

第二，深化商业养老保险体系建设。除基础养老保障外，适合农村的投资型的商业养老保险应发挥更大作用。通过多渠道购买、多险种绑定，分散养老基金购买风险，提高养老基金投资的资本市场占比，稳步提高投资收益率，以有效应对养老基金留存的潜在贬值压力。在控制风险方面，在提供多样化养老基金产品的同时，严格事前个人、产品风险评估，事中投机行为风控以及配套严格的基金监管制度。主管部门应联合民政部门、金融监管部门等单位对投资标的进行范围控制，内部管理与外部监管缺一不可。

（5）"第四支柱"。

适当推广以房（地）养老模式。在第三阶段，市场化水平较高，配套监管制度更为完善，建立类似产权交易的平台，让保有农村宅基地使用权、耕地水田承包权等权益的农村居民能够通过平台以公开透明交易的方式用房屋所有权、土地承包权、经营权反向抵押养老。相比于第二阶段，本阶段的置换模式更加市场化、社会化，同时也更具可操作性，风险更小。在一定区域内，由统一的机构或组织进行管理，为使用两类方式进行养老的农村老人提供标准化服务。由于这种"替代型"养老模式不仅涉及农村居民的房产还涉及集体所有的土地，故需要在养老产业市场化程度较高的第三阶段才能有效开展，并配套严格的监管制度。

2. 完善养老服务制度体系

（1）健全农村最低生活保障制度，提高低保治理效能。

简化低保申报审批流程，发挥农村民主治理作用，进行全国统一信息化管理；均衡城乡区域、地理区位的低保保障水平，政府财政资金作为主要低保支付来源需要进一步明确责任边界、投入机制、支付占比。完善《社会救助暂行办法》，制定社会救助法，解决低保的立法问题。

（2）健全新型农村合作医疗制度。

促进新型农村合作医疗法律制度形成；统筹配置城乡医疗资源，切实保证农村居民拥有享受优质医疗资源的机会；除大病、慢性病外，进一步扩大疾病医治报销范围，明确报销比例，提高辅助检查项目报销额度；形成乡镇医院从业、行医、结算等方面的综合监管机制，对标城市优质医疗资源，推动全民医疗保障制度建立。

（3）保障养老经办服务可及性。

后期农民工回流速度降低，人数增长放慢，各项资金的多元化筹集能够减轻本阶段财政压力，基金收付、投资、管理机制较为健全，纪委和监委要开展"回头看"行动。镇级监察室将监察业务网络覆盖村级以上公职人员，民政、人社等部门对前期工作进行考评，进行民意调查与绩效评估，民政、人社和财政部门要常态检查基金流向的合规性，畅通线上线下举报渠道。针对乡镇工作阶段性特征与人员编制少的问题，在乡镇级别单设独立机构，如社会事务办公室，招募非专职人员开展低保、社保与新农合业务。医院、社区、养老机构三者开设联通结算通道，让养老机构开始负担部分基础结算工作，提高医疗服务的可及性。

3. 健全基础设施建设、人力资源、社会参与以及权益保障政策

（1）健全农村养老基础设施建设政策。

该时期回流人群逐步减少，社区养老与机构养老作为重心，可承载的农村老人数量趋于稳定与饱和。通过政府主导引入更多市场资源，建成更多优质养老机构，以第三方提供专业化服务的方式将高水平科技融入养老服务机构建设；政策上促进建成能够复合化提供基本生活、预防保健、疾病医疗、康复治疗、医养结合等全方位服务的养老机构与设施。对于此类养老机构，应探索通过水电气"三费"优惠、税费减免、财政补贴等措施，让更多农村老年群体享受得起高质量养老服务。

（2）健全农村养老产业人力资源政策。

形成完整规范的养老服务人才培养体系，培训学校应采取全国统一认证，建成养老服务人才蓄水池。在注重人员基础养老服务技能培训的同时，向高水平养老服务技能培训拓展，以应对综合性养老机构的人才需求。建立养老服务业准入与退出机制，对于违规从业人员实行行业禁止。

（3）健全农村老年群体权益保障法律法规。

出台农村居民居家养老、社区养老、机构养老方面的权益保障专项法律制度，畅通农村老年群体在子女赡养、养老机构应负责任与义务、社区养老服务收费项目等方面的法律问责与诉讼渠道，让老年人维权便捷化。

6.4.2 组织及实施

第三阶段在组织及实施方面的主要内容是继续深化养老服务体系改革、建立不同养老对象分级分类管理体系、健全外部养老服务体系。

1. 深化养老服务体系改革

（1）健全农村养老服务体系。

这个阶段，要推动各类养老机构向居家养老服务延伸，特别是助餐、助浴、康复护理、日间照料等服务。加快中端、专业型护理服务，特别是失能、失智以及术后康复的照护服务的发展。同时，要大力发展多种形式的小型护理机构、保健中心等，满足老年人个性化、差异化服务需求。

（2）继续加强农村老年群体的社会参与。

该时期回流人群的整体素质较前期有所提升，无论教育水平、生活品质都有一定程度的提高。学习热情与学习能力的提高，不仅会增强其社会性，也会增强其互动性。要激发老年群体的精神力量与带头示范意识，在邻里矛盾调解、农村社区重大事务表决、公约协定参与编制等方面发挥更大作用。通过提高老年群体的社会参与，使其赢得社会尊重，打破"老即无用"的观念，帮助农村老人在年老后也依然能够实现自我价值。可以通过成立老年人志愿服务队等多种形式，发扬互助传统，鼓励健康老年人为有需求的老年人提供力所能及的服务。

（3）创新农村老年群体文体活动形式。

这个阶段，农民工回流速度递减，文化养老基础设施与服务供给几乎成型，文化康养成为第三阶段的新养老方式。在医疗保障比较健全，自身身体素质相对较好的情况下，老年人通过丰富的文娱生活来熏陶自己，通过各种文化活动满足精神层面的养老需求。要以社区为单位常态化开展小型文娱活动，以及进行相关政策宣传、开展跨代亲子教育活动等；同时以养老机构为文体活动开展载体，引入科技，融合医疗、保健、康养等功能以促进"文化+"产业链延伸。

2. 建立不同养老对象分级分类管理体系

第一类是具有完全行动能力、意识清晰、能自我照料和照料他人的人群。这类人群在老年群体中属于完全行为能力人，其所需的养老服务比较初级、常规，为发挥其剩余价值，实现老有所为，增加社会参与，应提倡其参与社区服务，充当养老服务先驱体验者，帮助调整、规范养老服务设计与供给。需要机构养老的老年群体，可以选择稍微远离城市中心的养老机构，养老服务的供给价格也相应较低。

第二类是具有半行动能力，能照看自己但无法照料他人的养老者。这类人群在老年群体中属于半行为能力人，其所需养老资源更多，所需养老资源更加专业化。在家庭养老能发挥一定作用的前提下，仍需要社区定期供给定量的专业服务，如医疗照护，此外还需要提供一定的精神照料，如陪伴聊天、组织参加社区文娱活动等。同时，社区适老化建设需要满足其出行、看诊等需求。这类老年群体在选择养老机构时，要求养老机构离定点医疗机构位置更近，对专业化服务、专业人员配置以及多元康复保健的要求更高。

第三类是几乎丧失行动能力，无法照看自己，或者具有一定行动能力但有长期认知障碍的人群。这类人群在老年群体中属于无行为能力人，几乎需要全天候的养老服务与半封闭式监管照料。对医疗资源、人力资源的需求高，家庭和社区几乎无法提供养老服务，只能由专业养老机构供给养老服务。机构的选址应距离大型医院近，并且配置急救车、跟车急救人员，以便于紧急情况时及时送医就诊。

3. 健全外部养老服务体系

推动医疗机构医护人员进入社区、机构养老体系执业，同时享受职称评定。推行智慧养老院建设，将生物识别技术接入养老机构的安防监控，由工信部门牵头，开展农村居民户籍信息、医疗保险、社会保障、社会救助等信息资源的比对输入。民政部门、人社部门负责指导与事中事后监管，金融机构、民政部门、人社部门、市场监管部门共同建成针对养老服务领域的社会信用体系，以便监管社会化养老机构运营。健全社会化养老机构内部组织架构，包含且不限于财务审计、招标采购、营养配餐、后勤保障、医疗康复、护理照料各个板块设计。社会化养老机构要探索规模化、连锁化发展，形成品牌。

6.4.3 要素配置

第三阶段，劳务输出大省回流劳动力速度减慢，回流老年群体数量接近稳定，同时也是农村老人数量最为庞大的时期，对第三阶段的要素配置有如下要求：

1. 物质资源配置

一是推动多功能流动中心综合化，建设集基础护理、康复、健身、医养结合、急救设施设备、公共法律服务站、妇女儿童之家等于一体的综合性多功能活动中心，以形成农村养老产业发展的新格局。尤其注重在社区养老及社会化养老服务机构的服务设施中配置老年人所需的监测系统。

二是围绕多功能活动中心配建养老服务中心（站）。考虑区位因素、服务对象需求，围绕多功能活动中心进行养老服务中心（站）的建设。除了以社区为单位为采取家庭养老、居家养老模式的老年人配置服务热线、呼叫系统外，在大、中型公共活动区域，也应配置相应设备。

三是继续强化日间照料室和居家养老服务大院的功能。根据微观调查数据，该时期社区日间照料室与居家养老服务大院仍是养老服务的主要供给者。日间照料机构除提供定时段托管服务外，还应照料老年人心理健康，同时提供部分康复治疗、护理服务。

2. 人力资源配置

一是制定家政服务机构行业准则并吸引高素质从业者。规范行业准则，供给标准化服务，避免以次充好。同时规范人员招聘，吸引更多从业者，提高从业者素质，严格家政机构资格审查，维护消费者权益。

二是建立健全专业人员与志愿者的互动工作机制。在形成人才吸引、人才培养、人才聚集的积极发展态势基础上，提高养老服务供给量、提质服务水平。

三是加强心理咨询类专业人才培养。在护理服务相对高质量配置的情况下，应注重老年人心理健康发展，举办多种形式活动促进同龄人群间、不同机构养老人员之间、医患之间的交流，避免老年群体由于无人谈心、缺乏情感交流自我封闭与情绪恶化。提高农村社区电商普及度，帮助老年群体采购生活用品、提供点单式购物服务。

四是扩大农村老人社会参与度。鼓励老人多参与乡村事务，扩充村规民约内容，组建老年村风督查会，发挥监督调解作用。以"大手牵小手"为学龄儿童起到榜样作用，通过老年群体整体素质的提高为乡村振兴注入活力。以老年学校开设的课程为主体，设计文娱活动，让老年群体参与活动主题定制与节目设计，拓展文化活动室功能。

6.5 劳务输出大省农村定量化养老资源配置方案：
以四川省为例

第 4 章的微观社会调查反映了各个阶段的居乡群体和回流农民工群体的养老政策需求。本章的前面几节内容根据微观调查结果对三个阶段养老资源配置的制度框架设计、组织体系搭建、要素资源配置进行了研究。本节将以劳务输出大省四川省为例，对农村养老资源的配置方案进行具体的定量研究。本书的微观调查问卷指标与官方发布的统计数据之间存在一定的差异，统计数据具有历史延续性，不可能与本书的微观调查指标一一对应，因此本节在进行定量研究时所采用的指标仅包括那些具有历史数据、能够进行定量计算的指标。

20 世纪 60 年代出生的农民工在 2020 年左右开始达到退休年龄，没有在城市定居的农民工必然会选择返乡养老。受到人口结构的影响，2020 年以后农民工回流数量也将会增加。劳务输出大省作为主要的农民工输出地区，目前经济社会发展水平与东部地区相比还较为落后。老年农民工回流将对劳务输出大省农村人口的年龄结构产生影响，加深农村人口老龄化程度，从而给现有农村各类资源，尤其是养老资源带来较大的冲击。下文将以四川省为例，通过抽样调查获取农民工回流信息，结合上文的宏观预测数据，定量分析农民工回流对农村养老资源的冲击。不仅为未来四川省农村养老资源的配置提供依据，同时也为其他劳务输出大省预测相关数据提供借鉴。

6.5.1 农民工回流对农村老龄人口数量的冲击效应

四川省是典型的劳务输出大省，根据《2021 年四川省人力资源和社会保障事业发展统计公报》[①]，四川省 2021 年年末农村劳动力输出 2 613.08 万人，其中省内转移 1 475.48 万人，省外输出 1 137.60 万人。根据本书的微观抽样调查数据，在所有外出务工人员中有回流意愿的占到 63.6%。据

[①] 由于 2020 年新型冠状病毒感染疫情导致当年的经济运行态势异于以往，故并未采用 2020 年数据。

此，本书估算 2021 年四川省 2 482.60 万农民工中未来将有 1 661.92 万人在退休后会选择返乡养老。而 2020—2040 年可能返乡的农民工在 2020 年的年龄为 40 岁及以上，再以前文微观抽样调查中得到的该年龄段意愿回流人员占总的意愿回流人员的比例（约 70.46%）为基础，推算全省农民工中该年龄段届时返乡养老的总数。在不考虑死亡率的情况下，约为 1 170.99 万人返乡养老；在考虑死亡率的情况下，到 2040 年总计有 1 079.29 万人返乡养老。根据微观样本数据计算的回流比例估算的回流老年农民工及其对四川省农村老年人口数量带来的冲击如表 6-1 所示。

表 6-1　四川省 2020—2040 年农民工回流对农村老年人口数量的冲击

年份	居乡老年人口/万人	累计回流比	累计回流人口/万人	考虑死亡率的累计回流人口/万人	老年人总量/万人	回流占比/%
2020	989.00	0.02	25.76	25.76	1 014.76	2.54
2029	1 095.00	0.10	112.42	106.53	1 201.53	8.87
2035	1 114.00	0.60	700.25	664.87	1 778.87	37.38
2040	977.00	1.00	1 170.99	1 079.29	2 056.29	52.49

注：①2020 年、2035 年、2040 年的数据为 3.3 节中预测所得，2029 年数据为 2025—2030 年计算的复合增长率推算所得，下文遇到非预测节点年份的数据均按此方式计算。

②死亡率为第六次人口普查数据计算所得，由于回流农民工在 60 岁之前生活在城镇，所以回流群体在回流之前的死亡率使用城镇死亡率计算，回流之后使用农村死亡率计算。具体计算方法为年龄移算法。

由表 6-1 的数据可知，到 2029 年累计回流老年人口将达到 106.53 万人，占农村老年人口的 8.87%。到 2035 年累计回流人口将达到 664.87 万人，占比为 37.38%。到 2040 年累计回流人口将达到 1 079.29 万人，占比为 52.49%。

图 6-1 所示能够更加直观地表现回流老年人口对农村老年人口总量的影响，居乡老年人口和居乡+回流老年人口两条线之间的距离就是回流人口。从居乡+回流老年人口曲线的斜率也可以看出 2030—2035 年回流规模最大，引起老年人口增加的速度最快。

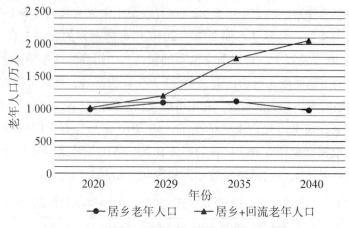

图 6.1　回流老年人口对农村老年人口绝对数量的影响

6.5.2　农民工回流对农村养老资源配置的冲击效应

本书在第 3 章中从财力资源、人力资源以及物质资源三个方面,对劳务输出大省养老资源的现状进行了梳理和分析。在第 4 章以劳务输出大省四川省为例进行微观社会调查时,针对当前农村既有的资源以及未来可能需要的资源,设计了一份农村居民对养老政策的需求评估表。由于后者的范围大大超出了前者的范围,所以本章在研究将来劳务输出大省动态优化配置养老资源时,对将来所需资源的预测也采用定量与定性分析相结合的方式进行。

对于有公开发布的历史数据的人力、财力、物质资源指标,本章采用定量分析的方式进行计算及预测,以使所提出的政策建议更加具有科学性和准确性。对于没有历史数据,但随着经济社会发展农村居民在回流农民工养老认知及行为的激励下,将来可能会产生相关需求的资源,则采取定性分析的办法进行分析,前文已进行相关分析,在此不再赘述。本节将从定量分析的角度对农民工回流农村养老所导致的冲击效应进行研究。

1. 四川省农村养老资源发展情况

四川省农村各类养老资源指标如表 6-2 所示。财力资源指标中人均可支配收入、最低生活保障、养老基金支出均随着时间的推移有所提升。人力资源指标中社区服务中心(站)、社区养老照料机构和设施每千人指标均逐年增加,乡村医生和卫生人员没有明显变化,每千人农村养老机构在逐年减少[1]。物力资源指标中村卫生室、医疗机构床位数每千人指标均有所减少,社区互助型养老设施每千人指标逐年增加,养老床位数逐年增加。

---

① 可能的原因同上文劳务输出大省的解释。

表 6-2 四川省农村各类养老资源发展情况（2010—2020 年）

变量	单位	2010	2011	2012	2013	2014	2015	2016	2017	2018	2019	2020
人均可支配收入	元/年	—	—	—	8 380.69	9 347.74	10 247.35	11 203.13	12 226.92	13 331.38	14 670.09	15 929.00
人均最低生活保障	元/年	786.38	1 028.86	947.26	1 273.60	1 249.83	1 455.20	1 979.36	1 989.83	2 203.37	2 310.89	2 904.75
人均养老基金支出	元/年	—	—	671.53	861.31	1 032.20	1 315.98	1 270.64	1 418.93	1 773.98	1 822.24	1 911.83
乡村医生和卫生人员	人/千人	1.54	1.61	1.62	1.66	1.68	1.66	1.59	1.62	1.63	1.62	1.58
农村养老机构	个/千人	—	—	—	—	—	0.29	0.27	0.26	0.21	0.21	0.20
社区服务中心（站）	个/千人	—	—	—	—	—	0.62	0.63	0.68	0.65	0.64	0.58
社区养老照料机构和设施	个/千人	—	—	—	—	—	0.16	0.25	0.31	0.35	0.35	0.38
村卫生室	个/千人	1.1	1.15	1.19	1.24	1.29	1.32	1.36	1.41	1.45	1.5	1.5
养老床位数	张/千人	—	—	—	—	—	47.85	47.57	44.09	36.84	33.22	—
医疗机构床位数	张/千人	—	4.43	5.24	5.79	6.33	6.85	7.31	8.14	8.89	9.65	10.09
社区互助型养老设施	个/千人	—	—	—	—	—	0.22	0.23	0.25	0.24	0.23	0.23

注：①人均最低生活保障为总的支出和领取人数的比值；人均养老基金支出指城乡居民基本养老保险支出除以当年领取人数，计算时未分离城乡人口。由于社区服务中心目前还是城镇居民的自治组织，在农村地区设立并不多，此处将其与上文乡务输出大省各项指标的计算方式相同。农村养老机构、社区服务中心（站）、社区养老照料机构和设施、社区互助型养老数据计算的分母均为对应年份 60+以上年龄人口。养老床位数指农村养老机构、农村社区照料机构和设施、农村社区互助型养老设施等各类养老机构的床位数总和。

②数据来源：《中国农村统计年鉴》《中国民政统计年鉴》及国家统计局网站。

2. 农村养老资源政策需求分析

现实中老年群体对各类养老资源的选择和需求存在差异，养老服务得不到满足和服务资源闲置的矛盾还普遍存在[1][2]。因此很有必要了解老人对养老资源的实际需求，进而有效配置资源。本节通过微观调查数据，参照调查人群（居乡和回流）对养老资源重要性的评价[3]，按照重要程度从低到高，将其政策需求界定为改善、加强、重点强化三种，对应的政策改进力度依次递增。分组的原则是：以重要性评估结果的最高分 3.46 为基础，分别取其 1/3、2/3 作为阈值，将所有分值分为 3 组：小于 1.15 分为"改善"，1.15~2.30 分为加强，大于 2.30 分为重点强化，得到四川省农村居民对各类养老资源的政策需求（见表 6-3）。

表 6-3　四川省农村居民对各类养老资源的政策需求

类别	变量	第一阶段 (2020—2029 年)		第二阶段 (2030—2035 年)		第三阶段 (2036—2040 年)	
		居乡群体	回流群体	居乡群体	回流群体	居乡群体	回流群体
财力资源	人均可支配收入	加强	加强	加强	加强	加强	加强
	最低生活保障	加强	加强	加强	加强	加强	加强
	养老基金支出	加强	加强	加强	加强	加强	加强
人力资源	乡村医生和卫生人员	重点强化	重点强化	加强	重点强化	重点强化	重点强化
	农村养老机构	加强	加强	加强	加强	加强	加强
	社区服务中心(站)	加强	重点强化	加强	重点强化	加强	重点强化
	社区养老照料机构和设施	重点强化	重点强化	重点强化	重点强化	重点强化	重点强化
物质资源	村卫生室	加强	加强	加强	加强	加强	加强
	养老床位数	重点强化	重点强化	重点强化	重点强化	重点强化	重点强化
	医疗机构床位数	重点强化	重点强化	加强	重点强化	重点强化	重点强化
	社区互助型养老设施	重点强化	重点强化	重点强化	重点强化	重点强化	重点强化

注：阶段划分指微观样本中划定的三个回流阶段。

---

① 张红凤，罗微. 养老服务资源对老年人社会养老服务需求的影响研究 [J]. 中国人口·资源与环境，2019，29（4）：168-176.

② 史薇，谢宇. 家庭养老资源对城市老年人居家养老服务需求的影响研究：以北京市为例 [J]. 西北人口，2014，35（4）：88-94.

③ 见 4.3 节。

以上指标与微观调查数据匹配时，按照各类设施的功能性，遵循以下匹配原则：

财力资源的三个指标按照问卷中具备经济属性的最低生活保障制度的重要性确定等级。

人力资源中乡村医生和卫生人员根据问卷中上门送医送药确定；农村养老机构的等级根据养老服务中心（站）确定；社区服务中心（站）根据社区多功能活动中心确定；社区养老照料机构和设施主要是为老年人提供日间照料和短时期留宿照料服务，故而可根据日间照料室的评价确定。

物质资源中村卫生室根据问卷中村卫生所的评价确定；养老床位数的政策需求根据农村养老机构、社区服务中心（站）、农村社区照料机构和设施、农村社区互助型养老设施对应的指标平均值确定；医疗机构床位数和乡村医生和卫生人员保持一致，因为床位数越多，相应的服务能力越强，也应有越多的医护人员；社区互助型养老设施是为老年人提供互助养老的基础设施，根据对居家养老大院的评价确定。

按照上述规则对农村居民对各类养老资源的政策需求划分等级后，我们发现上述指标对居乡和回流群体来说，乡村医生和服务人员在第二阶段中居乡群体认为需要加强，而回流群体认为需要重点强化。社区服务中心（站）每个阶段都是居乡群体认为还需要加强，而回流群体认为需要重点强化。医疗机构床位数在第二阶段居乡群体认为需要加强，而回流群体认为需要重点强化。其他指标两类群体在各个阶段的需求选择偏好均相同，不存在显著差异。

3. 农村养老资源配置方案制定

由于农村居民对各类养老资源的需求选择存在差异，那么各类养老资源的数量也会存在差异，重点强化的养老资源未来必然要求重点配置，需要进一步加强建设的养老资源次之，需要改善的项目投入可能会相对较少。本书设定高、中、低三个方案，针对不同的指标设定不同的增长率，政策需求为重点强化的养老资源在未来时间（本书的预测期终年为2040年）按照高方案配置，政策需求为加强的按照中方案配置，政策需求为改善的按照低方案配置。

根据已有的研究，人口老龄化和经济增长之间有高度正相关关系，即人均 GDP 越高的国家，老年人口的比重也越高[①]。发达国家的发展历程也

---

① 莫龙. 1980—2050 年中国人口老龄化与经济发展协调性定量研究 [J]. 人口研究，2009，33（3）：10-19.

表现出了这一现象。老年人口比重的增加必然需要加大老龄事业的投入，而养老资源的投入受限于经济发展水平，因此本书采用 GDP 的增长速度来确定以上各类养老资源的未来增长水平。

部分学者及机构预测，我国在不同时间区间 GDP 的潜在增长率如表 6-4 所示，对比不同的研究结果，我们发现 2020—2029 年 GDP 增长率为 5.17%~6.6%，2030—2035 年为 4.4%~5.05%，2036—2040 年为 4.4%~4.56%。

表 6-4　关于我国 GDP 潜在增长率的预测　　　　　　单位:%

来源	时间	预测的 GDP 增速
陆旸和蔡昉①	2021—2025 年	5.77
	2026—2030 年	5.17
张平等②	2021—2030 年	5.40~6.30
李标等③	2021—2025 年	6.02
	2026—2030 年	5.52
	2031—2035 年	5.05
	2036—2040 年	4.56
HSBC④	2020—2030 年	5.50
	2031—2040 年	4.40
OECD⑤	2011—2030 年	6.60

根据四川省统计局发布的《"十三五"四川经济社会发展成就综述》，四川省 2016—2019 年 GDP 增长 7.2%，增速较全国高一个百分点。《中共四川省委关于制定四川省国民经济和社会发展第十四个五年规划和 2035 年远景发展目标的建议》中指出，四川省在 2035 年与全国同步实现社会主义现代化，并保持年均增速高于全国平均水平。按照发达国家发展经验，

---

① 陆旸，蔡昉. 人口结构变化对潜在增长率的影响：中国和日本的比较 [J]. 世界经济，2014, 37 (1): 3-29.

② 张平，刘霞辉，袁富华，等. 中国经济长期增长路径、效率与潜在增长水平 [J]. 经济研究，2012, 47 (11): 4-17.

③ 李标，齐子豪，丁任重. 改革进程中的中国潜在 GDP 增长率：估计及预测 [J]. 当代经济科学，2018, 40 (6): 1-13.

④ HSBC. The world in 2050: Quanitfying the shift in the global economy [R]. 2011.

⑤ OECD. Looking to 2060: long-term global growth prospects [R]. OECD Economic Policy Papers, 2012.

在实现现代化后，经济增长的速度会相对较低。结合四川省历史发展和对未来发展的展望，本书设定 2035 年之前四川省的 GDP 增长率比全国高 1.00 个百分点，2035 年之后四川省的 GDP 增长率比全国高 0.50 个百分点。具体数值如表 6-5 所示。

表 6-5　四川省 GDP 潜在增长率（2020—2040 年）　　　单位:%

时间	GDP 增长率
2020—2029 年	6.17~7.60
2030—2035 年	5.40~6.05
2036—2040 年	4.90~5.06

再结合各个资源的历史增长率，本书按照如下原则制定各类养老资源的配置方案：

若历史增长率高于 GDP 的增长率上限，高方案为历史增长率，中方案为 GDP 增长率上限，低方案为 GDP 增长率下限。

若历史增长率位于 GDP 增长率之间，高方案为 GDP 增长率上限，低方案为 GDP 增长率下限，中方案取历史增长率。

若历史增长率低于 GDP 增长率下限，高方案为 GDP 增长率上限，中方案为 GDP 增长率下限，低方案为历史增长率。

第一阶段的历史增长率为已有历史数据计算所得的历史增长率，第二阶段的历史增长率为第一阶段的增长率，第三阶段的历史增长率为第二阶段的增长率。

虽然从历史数据看，农村养老机构和养老床位数的历史增长率为负①，但是这两类资源在农村的存量还处于较低水平，根据抽样调查数据，老年群体对这两类资源的需求较高，因此依旧按照以上四点规则确定一个不小于 0 的增长率。农村社区服务中心（站）的历史增长率也为负数，但其实从历史数据看 2015—2019 年都很平稳，抽样调查数据中老年群体对这一类资源的需求也有比较强的选择偏向性，因此同样按以上原则确定一个不小于 0 的增长率。

由于根据现有公开数据，可获得的各类养老资源相关数据的年份存在差异，但是相差时间较短，本书统一假定从终期历史数据到 2020 年的增长率和政策需求偏好与 2020—2029 年相同。

---

① 可能是因为可获得的历史数据太少，没有准确反映出发展变化趋势。

按照上述原则，针对居乡和回流群体制定如下养老资源配置方案（见表6-6）。

表6-6 四川省农村居乡与回流群体养老资源配置方案（2020—2040年）

类别	变量	单位	历史增长率	配置方案					
				第一阶段（2020—2029年）		第二阶段（2030—2035年）		第三阶段（2036—2040年）	
				居乡群体	回流群体	居乡群体	回流群体	居乡群体	回流群体
财力资源	人均可支配收入	元/年	9.61%	中方案(7.6%)	中方案(7.6%)	中方案(6.05%)	中方案(6.05%)	中方案(5.06%)	中方案(5.06%)
	人均最低生活保障	元/年	13.96%	中方案(7.6%)	中方案(7.6%)	中方案(6.05%)	中方案(6.05%)	中方案(5.06%)	中方案(5.06%)
	人均养老基金支出	元/年	13.97%	中方案(7.6%)	中方案(7.6%)	中方案(6.05%)	中方案(6.05%)	中方案(5.06%)	中方案(5.06%)
人力资源	乡村医生和卫生人员	人/千人	0.25%	高方案(7.6%)	高方案(7.6%)	中方案(6.05%)	高方案(7.6%)	中方案(6.05%)	高方案(7.6%)
	农村养老机构	个/千人	−6.64%	中方案(6.17%)	中方案(6.17%)	中方案(6.05%)	中方案(6.05%)	中方案(5.06%)	中方案(5.06%)
	社区服务中心（站）	个/千人	−1.24%	中方案(6.17%)	高方案(7.6%)	中方案(6.05%)	高方案(7.6%)	中方案(5.06%)	高方案(7.6%)
	社区养老照料机构和设施	个/千人	18.23%	高方案(7.60)	高方案(7.6%)	高方案(7.6%)	高方案(7.6%)	高方案(7.6%)	高方案(7.6%)
物质资源	村卫生室	个/千人	3.17%	中方案(6.17%)	中方案(6.17%)	中方案(6.05%)	中方案(6.05%)	中方案(5.06%)	中方案(5.06%)
	养老床位数	张/千人	−8.72%	高方案(7.6%)	高方案(7.6%)	高方案(7.6%)	高方案(7.6%)	高方案(7.6%)	高方案(7.6%)
	医疗机构床位数	张/千人	9.6%	高方案(9.6%)	高方案(9.6%)	中方案(6.05%)	高方案(9.6%)	中方案(6.05%)	高方案(9.6%)
	社区互助型养老设施	个/千人	1.06%	高方案(7.6%)	高方案(7.6%)	高方案(7.6%)	高方案(7.6%)	高方案(7.6%)	高方案(7.6%)

注：①农村养老机构和养老床位数虽然历史增长率为负，但是结合现实情况及样本调查，农村养老机构和床位均存在资源不足问题。因此这两个指标仍旧按上文规定的方案制定原则确定正的增长率。

②社区养老照料机构和设施的历史增长率偏高，可能是获取数据的时间段较短，从而出现了极端值，考虑到其在功能上与社区互助型养老设施相似，故其配置方案与社区互助型养老设施保持一致。

4. 农村养老资源的未来配置数量预测：分居乡与回流

根据上文确定的增长率预测2020—2040年各类养老资源的数量（见表6-7）。

表6-7 四川省农村居乡与回流群体养老资源预测（2020—2040年）

类别	变量	老年人群体	单位	基期		第一阶段预测		第二阶段预测		第三阶段预测	
				年份	数值	2020	2029	2030	2035	2036	2040
财力资源	人均可支配收入	居乡/回流	元/年	2020	15 929.0	15 929.0	30 796.33	33 136.85	44 449.27	47 138.45	57 428.15
	人均最低生活保障	居乡/回流	元/年	2020	2 904.75	2 904.75	5 615.89	6 042.7	8 105.59	8 595.97	10 472.36
	人均养老基金支出	居乡/回流	元/年	2020	1 911.83	1 911.83	3 696.24	3 977.15	5 334.89	5 657.65	6 892.64
人力资源	乡村医生和卫生人员	居乡	人/千人	2020	1.58	1.58	3.05	3.29	4.41	4.68	5.91
		回流				1.58	3.05	3.29	4.74	5.1	6.84
	农村养老机构	居乡/回流	个/千人	2020	0.2	0.2	0.34	0.36	0.49	0.52	0.63
	社区服务中心（站）	居乡	个/千人	2020	0.58	0.58	0.99	1.06	1.42	1.5	1.83
		回流				0.58	1.12	1.21	1.74	1.87	2.51
	社区养老照料机构和设施	居乡/回流	个/千人	2020	0.38	0.38	0.73	0.79	1.14	1.23	1.64
物质资源	村卫生室	居乡/回流	个/千人	2020	1.5	1.5	2.56	2.72	3.65	3.87	4.72
	养老床位数	居乡/回流	张/千人	2019	33.22	35.74	69.10	74.35	107.24	115.39	154.67
	医疗机构床位数	居乡	张/千人	2020	9.65	9.65	22.02	24.13	32.37	34.33	43.42
		回流				9.65	22.02	24.13	38.17	41.83	60.36
	社区互助型养老设施	居乡/回流	个/千人	2020	0.23	0.23	0.44	0.48	0.69	0.74	1.0

注：这里的养老床位数包括了农村养老机构、社区养老照料机构和设施、社区互助型养老设施等各类养老机构的所有床位，包括日常居住，短期留宿、日间照料、护理床位等。

再结合表 6-1 中居乡老年人口及回流老年人口数据，用对应年份居乡和回流老龄人口数据和上述每千人指标计算便可得到需要配置的各类养老资源的总量值（见表 6-8）。根据计算结果，未来农民工回流对养老资源会形成一定程度的冲击。比如到 2035 年，以常住人口计算的居乡老年人口需要的农村乡村医生和卫生人员为 49 115 人，回流退休农民工可能需要的乡村医生和卫生人员为 31 519 人，如果不考虑回流因素额外配备人员，可能会导致农村养老资源更加紧缺，且随时间推移，紧缺程度会大大提高，这必然会降低农村老年人的养老质量。

表 6-8　四川省农村养老资源未来配置的绝对数量预测

变量	单位	居乡			回流			合计		
		2029	2035	2040	2029	2035	2040	2029	2035	2040
人均可支配收入	—	—	—	—	—	—	—	—	—	—
最低生活保障	—	—	—	—	—	—	—	—	—	—
养老基金支出	亿元	405	594	673	39	355	744	444	949	1 417
乡村医生和卫生人员	人	33 449	49 115	57 780	3 254	31 519	73 797	36 703	80 635	131 578
农村养老机构	个	3 754	5 439	6 162	365	3 246	6 808	4 119	8 685	12 970
社区服务中心(站)	个	10 886	15 772	17 871	1 195	11 570	27 090	12 080	27 342	44 961
农村社区养老照料机构和设施	个	8 044	12 701	16 066	783	7 580	17 748	8 827	20 281	33 813
村卫生室	个	28 086	40 693	46 110	2 732	24 287	50 937	30 819	64 980	97 047
养老床位数	张	756 645	1 194 639	1 511 150	73 612	712 998	1 669 364	830 257	1 907 637	3 180 514
医疗机构床位数	张	241 122	360 638	424 262	23 458	253 760	651 443	264 580	614 397	1 075 705
社区互助型养老设施	个	4 869	7 688	9 725	474	4 588	10 743	5 343	12 276	20 467

注：人均可支配收入总量值没有实际意义，最低生活保障中老年人口的数据无从获得，故而此处不计算总量，人均数量已经能够反映相关群体的需求。

为了更加直观地看到农民工返乡养老对农村养老资源的冲击效应，我们计算了回流人口对养老资源的需求量占总的养老资源需求量的比例（见表 6-9）。可以发现在 2020—2029 年，回流群体对养老资源的冲击较小，到 2029 年其需求量占总的养老资源需求量的比例为 8.87%［社区服务中心（站）为 9.89%］，到 2035 年达到 37.38%~42.32%，约为前一个阶段的 4.21~4.77 倍［社区服务中心（站）为 42.32%］。到 2040 年达到 52.49%~60.56%，冲击效应逐渐放缓［社区服务中心（站）为 60.56%］。

表 6-9　四川省回流老年人口对农村养老资源未来配置的冲击　单位:%

变量	回流老年人口资源需求占比		
	2029	2035	2040
人均可支配收入	—	—	—
最低生活保障	—	—	—
养老基金支出	8.87	37.38	52.49
乡村医生和卫生人员	8.87	39.09	56.09
农村养老机构	8.87	37.38	52.49
社区服务中心（站）	9.89	42.32	60.25
社区养老照料机构和设施	8.87	37.38	52.49
村卫生室	8.87	37.38	52.49
养老床位数	8.87	37.38	52.49
医疗机构床位数	8.87	41.3	60.56
社区互助型养老设施	8.87	37.38	52.49

7 配置农村养老资源的政策建议：理念、主体与措施

由于农村人口老龄化是一个长期的过程，农民工回流也是一个长期的过程，故而在这个长期的过程中配置农村养老资源时，有一些基本理念是必须坚持的。当然，由于每个阶段的经济社会背景不同，并且每个阶段的战略目标、战略重点也不同，因此在养老资源配置过程中各相关主体的关系与作用是不断变化的。另外，尽管养老资源配置涉及的人、财、物等要素非常庞杂繁芜，但是在社会主义市场经济的大背景下，这些养老资源最终大多将会进入市场并以养老产业为载体加以整合配置。因此，本章将从基本理念、主体关系以及如何推动养老产业发展的角度提出系列政策建议。

7.1 农村养老资源配置的基本理念

受人口老龄化的影响，农村社会的养老压力将在未来很长一段时间内不断增长，不仅如此，阶段性回流到农村养老的农民工还会对农村养老压力叠加额外的冲击。因此，农村养老资源配置必须根据当下以及未来农村的经济社会情况、农民工回流的阶段性特征等实际条件来建立长效顺畅的协调机制。为此，在养老资源的配置中必须坚持以下四个理念：

1. 坚持动态调整的理念

从前文的分析知道，中华人民共和国成立后的第二个生育高峰将导致农村的老龄人口从 2022 年开始将迎来第二次快速增长期，意味着农村既有常住居民的老龄化程度将不断加深。但是，农村老龄化程度高于城市还有

一个重要原因——大量农民工进城务工。农民工群体是我国城乡二元经济发展下出现的特殊群体，已有研究及实践表明，该群体的流动呈现出既有流出也有回流的规律。在年龄结构上，流出的以年轻劳动力为主，而回流的则以年老的劳动力为主，这种迁移规律会引起农村人口结构的相应变化。农民工回流必然对农村社会的养老资源配置产生影响。首先是农民工回流与其劳动年龄显著相关，存在阶段性规律。2020—2040年，农民工回流趋势并不表现为简单的线性关系，据本书前文所测算的结果，农民工回流存在三个阶段，由此对农村养老资源配置导致不同的阶段性压力。其次是农民工回流与其社会融入能力显著相关，存在人数差异规律。例如有的农民工如若因个人社会网络结构重构能力较强，将会随着城镇化的潮流而融入城市，所以回流的农民工数量将会因其城市化能力变化呈现波动特征。综合两方面因素可知，不同时期农村社会养老资源面临的压力因农民工的回流特征而存在差异性。

因此，在配置农村养老资源的过程中，必须要坚持的基本理念之一就是"动态调整"的理念。这种动态调整的理念体现在以下几个方面：

第一，要认识到农村老龄化进程是一个动态调整的过程。由于受到人口结构调整的影响，未来农村老龄化既具有长期性，同时也具有阶段性，整体看将呈现出波动性增长的趋势。

第二，要认识到农村居民对养老资源的需求是动态调整的。因为不同年龄阶段的农村居民其生活的经历与所处的时代背景不同，以及不同年龄阶段的农民工的阶段性回流，所以不同年龄阶段的农村居民进入老龄段之后其养老观念与需求也会存在差异，进而会导致农村老人群体对养老资源需求的阶段性变化与调整。

第三，要认识到养老资源的供给也必须进行动态调整。由于经济、社会、人口的变化，农村地区的养老资源供给必须以需求为导向，不断调整养老产品与服务的供给结构，增加相关产品与服务的种类、数量，提高其质量。

第四，要及时调整配置农村养老资源的系列制度与政策。制度建设是一项系统性的复杂工程。劳务输出大省在应对农民工回流带来的压力时，对于农村养老资源配置的一系列政策及措施安排必须要坚持动态调整的理念，将"先试点，再推广"的政策原则全程贯彻到制度的建设完善中去，根据不同时期的现实条件进行相应的政策措施调整。

2. 坚持市场化的理念

尽管第4章的社会调查结果显示，目前大部分农村居民仍然抱有"养儿防老"的养老观念，对于市场化的养老方式的接受程度还很低。同时，我国农村社会养老保险体系刚刚建立，养老保险体系还很不完善，保障水平不高，还难以为市场化养老方式提供足够的支撑。但是，我们却不能因为目前推行市场化养老的基础还很薄弱，而对"市场化"的理念持怀疑甚至否定的态度；相反，我们更应该坚持市场化理念。这是因为，养老资源配置的"市场化"已经成为将来农村社会必然的选择。

首先，传统家庭养老的基础已经被严重地削弱。传统社会"养儿防老"在很大程度上建立在"多子多福"的基础上。只有子女数量多，家庭规模大，家庭才能有足够的财富积累与劳动力积累来为老人提供养老资源。现阶段，尽管"养儿防老"是大多数农村老人的期望，但是由于多年的计划生育政策已经改变了农村的人口结构。"多子多福"的基础已经不复存在，取而代之的是大量农村老人因为子女外出务工而不得不成为"留守老人"。对于很多农村家庭来说，年轻人很难兼顾"外出务工挣钱"与"回家照顾老人"。

其次，传统的家庭养老功能还将进一步削弱。尽管我们不愿意看到这种现象，但不得不承认，将来很长一段时间内农村传统的家庭养老功能还将持续地被削弱。第七次全国人口普查数据显示，2020年育龄妇女的总和生育率已经下降为1.30，这么低的生育率意味着未来20年内的劳动人口将持续减少，也意味着农村传统的家庭养老功能必然进一步被削弱。

传统家庭养老功能逐步被削弱在未来很长一段时间内将是不以人的意志为转移的客观趋势，面对如此趋势，谁来替代家庭的角色为农村老人养老？从历史经验来看，村集体曾经承担过为集体成员提供养老保障的责任，但是由于当时生产力相对落后，除了部分"五保户"之外，村集体的保障范围非常小。自家庭联产承包责任制改革以来，农村集体经济组织的社会功能已经基本丧失，很难负担起更多集体成员的养老保障重任。

因此，农村养老资源的配置将不得不更多地依靠市场的力量来进行，而养老资源配置的市场化又是有一定基础的。从前文对农村老人养老需求的调查来看，农村老人的养老需求主要集中在"衣、食、住、行、医等基本的生理需求，在失能或半失能的情况下能否得到照顾的安全需求，以及一定的社交情感需求"上。从日常需求来说，与"衣、食、住、行、医"

等基本的生理需求有关的养老资源，在市场经济的条件下，主要还是通过市场交易来获得。即便是采用家庭养老模式，除了部分食物、住房外，其他产品或服务也大多只能通过市场交易来获取。

坚持市场化的理念，就是要坚持市场在农村养老资源配置中的重要作用。一方面，随着农村老龄人口数量的持续增加，农村老人对各类养老产品及服务的需求也会持续增加；另一方面，随着时代和社会的进步，农村老人对老年生活的质量要求也会不断提高，农村地区对养老产品的多样化要求也会越来越高。要满足不断增长的养老产品及服务需求，只有充分发挥市场的力量，通过价格机制和竞争机制，促使各类生产主体不断扩大相关产品及服务的产量才能实现。

3. 坚持政府宏观干预的理念

在配置农村养老资源的过程中坚持"市场化"的理念、坚持市场起重要作用，绝不等于就是将所有农村养老资源的配置都交由市场来完成，这主要基于以下原因：

首先，农村社会养老保险具有公共产品的性质。社会养老保险是社会成员为了规避因年老失能给自身生活造成的巨大风险而实行的成员之间的一种互助互济的行为。这种行为是一种公共行为，单独的成员个体无法规避这种风险。同时，这种公共行为由于成员众多，必然会因成员之间信息不对称不完全而发生"搭便车"，甚至"逆向选择"等行为，从而损害成员的集体利益，导致这种公共产品供给的低效率。为了防止因私人违约成本低于社会成本而形成的"市场失灵"，政府必须加以干预和调节，通过"有形之手"防止市场"无形之手"失灵。

其次，农村养老资源的配置体现着政府与社会成员之间的权利与义务关系。农村居民作为社会成员，年轻的时候在国家法律法规的约束下从事生产劳动，为全社会的经济发展、社会进步做出了应有的贡献，尽到了应尽的义务；当他们因年老而丧失劳动能力的时候，社会也有相应的义务来反哺他们。而政府作为社会成员的集体代表，代全体社会成员完成这种义务是现代国家治理的基本原则。因此，农村养老资源配置的市场化绝不意味着所有的养老资源都要通过市场交易的形式来进行配置。政府有义务参与农村养老资源配置，并要承担起相应的供给责任。

最后，农村养老资源的配置还体现着效率与公平的平衡。坚持市场在农村养老资源配置中的重要作用，是有效配置农村养老资源的前提。从需求的角度看，不同的农村老人需求的养老产品与服务是不同的。每个人的偏好不同，收入水平不同，意味着每个农村老人在不同的养老产品与服务上存在不同的组合方式，也意味着每个农村老人即便是面对同一种养老产品与服务，他们的最优消费量也可能是不同的。要将各种各样的养老产品与服务高效率地配置到每个农村老人手上，在生产力还未达到相应高度的情况下，唯有依靠市场"无形之手"。而这也是我国改革开放40多年来建设中国特色社会主义伟大实践所取得的重要经验。然而，市场经济的弊端也是显而易见的，它会导致社会出现贫富分化，在市场竞争中失败的个体可能会陷入困顿之中，危害到社会的公平、公正。因此，坚持市场的决定性作用，绝不意味着放任市场的无序竞争，为了整个社会的公平正义，政府必须对市场竞争进行调控与监管。

宏观干预是政府调节弥补市场失灵以及维护社会分配相对公平的有力保证。我国建立并发展的中国特色社会主义市场经济，就是在政府行为与市场功能之间寻求最佳结合点。农村养老资源作为具有准公共品性质的民生项目，在我国"未富先老"的背景下失去政府的宏观干预势必会导致养老服务价格偏高，从而使得多数老年人无法享受到应有的养老服务。这一现象在养老资源较为匮乏、经济发展较为落后的农村更是如此。更为重要的是，政府是可以直接提供养老资源配置过程中需要的公共产品的（例如建设养老中心等基础设施），而不一定非要采取市场交易的方式来提供。为此，劳务输出大省在农村养老资源配置的具体过程中必须突出政府的核心地位、发挥政府的主体责任。然而值得注意的是，坚持发挥政府宏观干预的作用并非是让政府承担所有或绝大多数的养老责任，而是指通过建立起相应有效、健全的法律制度和行业标准，例如建立市场准入制度、老年产品和服务质量行业标准、新型养老市场抵押品认定与保护的标准等，以此加强养老产品的检查与认证，严格规范养老产业的管理与运作，从而为农村养老资源配置提供方向性的指导和引领作用。

4. 坚持弘扬优秀传统文化的理念

尽管传统家庭养老功能已经被削弱且还将进一步被削弱，但这绝不意味着家庭就不必再承担农村老人的养老责任。家庭养老是我国的传统养老模式，属于代际反哺式关系。在传统社会里，受宗族制度的约束和儒家文化的影响，赡养老人是子代不可推卸的责任和义务，这种模式对中华民族的繁衍生息起到了重要的作用，因此赡养老人的"孝"文化也是我国优秀传统文化中的重要组成部分。在当今农村社会，由于家庭规模及结构等的变化，家庭养老确实不足以保障农村老人的老年生活，但并非意味着该功能完全丧失。

首先，实现农村养老资源的市场化配置是一个长期的过程。尽管在市场经济条件下，农村养老资源的市场化配置是必然趋势，但是严格来说目前农村养老资源配置的市场化程度还非常低。一是城乡居民社会养老保险覆盖全体农村居民的时间不长，养老金的历史积累还很低，无法满足农村居民的基本养老需求。二是农村养老市场体系的建设刚刚起步。从第3章的数据可以看出，全国农村地区，特别是劳务输出大省的社区养老中心占比很低，农村社区养老照料机构和设施的发展还很缓慢，职工配备不足，登记注册的养老机构数量甚至在2015年到2017年呈现下降趋势。无论是市场主体还是养老产品与服务均难以实现对家庭养老的替代。根据目前我国农村的实践情况，市场化的发展必然要经历一定的时间，因此短期内仍然需要发挥家庭养老的重要功能和作用。

其次，市场并不能实现对家庭的完全替代。老年人在养老生活中不仅需要物质上的保障，还需要亲人陪伴，而这恰恰是市场化服务不能给予的。例如有研究表明，中青年回流农民工帮忙做家务以及陪同购物的次数等精神层面的慰藉行为能够很大程度地提升农村老年人的生活质量和幸福感[1]。目前随着城镇化的发展，家庭结构和规模发生了变化，农村年轻一代居民的传统孝道价值观念受到影响，即更加注重物质上的支持，忽略了精神上的满足。

为此，在农村老龄化不断加速、农村劳动力持续流出，以及农村养老市场体系建设任重道远的背景下，劳务输出大省进行农村养老资源配置时，必须要坚持弘扬优秀传统文化，在农村形成尊老爱老的良好风尚，尽量在农村养老市场体系成熟之前延续家庭养老功能，助力多支柱养老体系的形成。

---

[1] 李放，张瑞霞，沈苏燕. 中青年农民工回流对农村老人养老的影响 [J]. 江汉学术，2019 (4)：17-26.

7.2 厘清家庭、市场、政府三类主体的关系

农村养老资源配置中存在着家庭、市场、政府三类主体，各个主体在社会养老事业中的功能不尽相同，且与经济社会的发展阶段有着密切的关系。在传统的农业经济时期，家庭养老是唯一的社会养老模式，老年人主要依靠家庭中的年轻成员代际支持来度过老年生活，其中支撑这一模式的首要因素便是土地。然而进入工业经济时期，随着工业化与城镇化的发展，脱离土地的居民逐渐增多，并且家庭结构及规模也发生了变化，传统的家庭养老模式已不足以有效应对日渐增长的养老压力。在这种情况下，家庭养老必须向社会养老转变。从发达国家的历史经验来看，通过立法的方式建立社会养老保障制度体系，突出了国家的宏观调控和干预，社会养老保障的范围与保障水平才得以不断扩大和提高。但是，随着老龄化程度的提高，政府承担的责任也更大，政府补贴的压力也会随之增大。为此，需要进一步发挥市场的养老功能，例如鼓励企业建立养老金制度、鼓励福利机构等社会组织参与社会养老事业。

因此，家庭、市场与政府三类主体在农村养老资源配置的过程中均会在不同时期、不同层面，发挥各自不同的作用。但是，在养老资源的配置过程中，如果不能厘清三者之间的关系、摆正三者的位置、明确三者各自发挥作用的边界，那么很有可能导致农村养老资源配置过程中出现本该多配置养老资源的地方却缺乏养老资源，本该少配置的环节却发生资源浪费。为了保障农村养老事业的顺利发展，合理高效地配置相关养老资源，必须厘清三者的关系，摆正三者的位置、明确三者各自发挥作用的边界。

从劳务输出大省农村人口结构的变化，以及农民工回流的趋势，并结合国外社会养老保障发展的历史来看，将来农村养老资源配置的依托主体应该是家庭和社会，只不过二者的地位随着社会发展会发生互换——在市场的建设过程中，家庭养老居主导地位，社会力量居辅助地位；在市场发育成熟之后，家庭居辅助地位，市场居主导地位。同时，政府也是农村养老资源配置不可或缺的重要力量，政府应该是规则的制定者、公共产品的提供者、市场运行的监管者。

7.2.1 家庭：从主导地位到辅助地位

在我国传统的"家本位"文化中，无论在城市还是在农村，家庭一直都是养老的承担者，老年人养老生活的各方面都是由家庭独自承担的。然而，在我国社会经济持续发展、农村的传统社会结构日益解体等背景下，家庭作为养老责任的承担主体，已无法独自承担养老责任，其地位将经历从主导到辅助的转变。

1. 地位转变的解释

家庭作为传统农村养老的承担者，其地位必将经历从"大包大揽"的主导地位转变为"轻重有别"的辅助地位。

其一，随着经济社会的发展，家庭无法满足日渐多元丰富的养老需求。根据马斯洛需求层次理论可知，随着我国经济社会的发展，老年人的养老生活需求层次将会逐渐提高。从微观调查的结果可以看出，农村居民对养老产品与服务的需求并不仅仅局限在基本的生理需求上，他们对健康、社交、情感、尊严以及自我价值的实现同样存在需求。而传统的家庭养老只是提供了满足老人基本生存所需的养老供给，一些新的养老生活需求，如涉及健康、养生、理疗等方面的安全需求，以及社交需求等更高层次的养老需求是家庭无法满足的。

其二，随着社会结构的变化，家庭规模小型化趋势增加了家庭养老的平均成本。最新公布的人口普查数据显示，我国的户均人口规模为 2.62 人，较 2010 年减少了 0.48 人①，在老年人数量既定的情况下，子女数量的减少增加了家庭养老的平均成本。从趋势上来看，未来 20 年时间中家庭的规模还将进一步缩小，因此家庭将不得不从养老的主导地位退居至辅助地位。

其三，日渐增加的生活成本对家庭养老存在挤出效应。家庭作为消费单位来说，其可支配收入是有限的，因此家庭在消费时必须选择不同的消费组合。家庭养老主要依靠子女的代际支持，而养老保险等养老支出会挤出居民的收入，从而降低家庭的可支配收入②。此外，家庭可支配收入中

---

① 国家统计局. 我国人口发展呈现新特点和新趋势 [EB/OL]. (2021-05-13) [2021-06-16]. http://www.stats.gov.cn/tjsj/sjjd/202105/t20210513_1817394.html.

② 马双, 孟宪芮, 甘犁. 养老保险企业缴费对员工工资、就业的影响分析 [J]. 经济学（季刊）, 2014, 13 (3)：969-1000.

投入养老的资金和投入其他消费的资金也存在挤出效应①。有学者基于养老保险和国民家庭储蓄的关系研究表明养老保险对储蓄存在挤出效应②。

从前文的宏观人口预测和微观调查结论可知，全国农村老龄人口从2020年会一直持续增长至2035年，在2035年达到峰值然后开始下降。但是，劳务输出大省由于受到农民工回流的影响，2035年之后仍将在峰值附近维持较长的时间。从劳动力回流的规模看，2020—2029年是一个非常重要的"窗口期"，这个阶段的回流人数较少，农村地区的养老压力主要来自居乡群体的人口老龄化。

因此，从时间上预测，2020—2029年也是推进农村养老资源市场化建设的重要"窗口期"。在这个阶段养老市场仍将处于发育阶段，因此这个时期也是家庭养老继续发挥主导作用的时期。2029年以后，由于农民工回流势头非常猛，养老产品与服务的品种与数量均会大幅增加，家庭将很难提供如此丰富的产品，从而让出养老资源供给的主导地位，退居辅助地位。

2. 发挥作用的领域

家庭作为养老主体，其发挥作用的领域受地位转变的影响也会发生变化。对于物质生活的代际支持和精神生活的亲情陪伴两方面，家庭在农村养老资源配置中提供的服务在初期和后期将有所差异。

在养老市场建设初期，家庭仍将几乎全部承担老年人物质生活与精神生活的资源供给。首先，家庭将承担老人大部分养老生活费用。尽管目前已经建立起了覆盖全体城乡居民的社会养老保险体系，但是由于历史原因，农村居民能够享受到的养老金保障水平还很低，特别是年龄已经超过60岁的老人能够领取的主要是财政转移支付的基础养老金。由于保障水平较低，农村老人大部分的生活费用支出仍需要通过自身储蓄、儿女支持等方式解决。其次是物质产品的供应，在市场发育不足的情况下，衣、食、住等基本生活所需的大部分资源仍需要通过家庭供给。最后，在社会化的照料、护理、陪伴服务没有成熟的情况下，老人的精神生活需求更是需要通过家庭提供。

---

① 石晨曦. 新个人税收政策、家庭教育支出与商业养老保险参保意愿 [J]. 当代经济管理，2019（10）：91-97.

② 蒋云赟. 我国养老保险对国民储蓄挤出效应实证研究：代际核算体系模拟测算的视角 [J]. 财经研究，2010，36（3）：14-24.

在后期，家庭将通过"直接供养+市场交易"与"转移支付"相结合的方式来提供老人养老所需的各种物质与精神资源。首先，家庭支付的老人生活费用比例将会有所下降。随着城乡居民社会养老保险体系的逐步完善，农村老人领取的养老金将逐步增加，在一定程度上会替代家庭的部分支出。其次，在物质产品的供应上，随着养老市场的成熟，为农村家庭以市场交易的形式获取相关物质产品提供了便利，家庭直接供养老人物质产品的比例也会下降。同时，随着社会化服务体系的建立与完善，农村家庭将更多地依托各种社会组织、机构来为老人提供护理、陪伴等服务，减轻家庭因劳动力不足而产生的养老困难。当然，亲情的慰藉是必须由家庭提供的养老资源，这是任何组织、机构都无法替代的。最后，从法律规定的权利与义务关系来看，在父母因年老等丧失劳动能力，或劳动能力不足的时候，子女必须承担起对父母的赡养义务。所以，尽管家庭的养老功能会逐渐弱化，但绝不意味着退出。

7.2.2　市场：从辅助地位到主导地位

市场由交易双方共同完成。由于前文已经从需求角度出发对农村居民的养老需求进行了比较详细的研究，故此处主要从养老资源的供给角度出发对市场进行界定。市场指除了家庭、政府以外的诸如企业、各类养老机构、志愿者组织等众多社会组织的总和[1]，这些组织成为养老主体是社会经济发展到一定阶段的结果，具有一定的历史性。在农村养老资源配置中，市场的地位由初期的辅助地位转变为后期的主导地位。其基础在于三个方面：市场与家庭的地位互补关系、市场分工和专业化优势与老年人养老生活需求嵌入关系、市场缓解了政府的财政压力。

1. 地位转变的解释

当社会经济发展到达一定阶段时，市场将成为农村养老资源的供给主体之一，并且随着经济和社会的发展，其地位会从辅助转变为主导。

其一，家庭的地位转变给予了市场发挥主导地位的空间。市场与家庭是相互补充、相互促进的关系。基于这种关系，受社会结构变化和家庭规模小型化等综合因素影响，家庭退出了部分原应承担的养老服务责任，因此需要市场来发挥补充的功能。

---

① 不包括政府建立的公益性福利机构、政府建设的养老基础设施以及政府及基层社区组织的各类社团与活动。

其二，日渐多元化的、高层次的养老需求需要市场的分工和专业化来满足。首先，随着社会生产的分工，养老资源的分化也在加剧，家庭作为养老主体提供的养老服务需要市场分工来补充。其次，随着市场经济的发展，高层次的生活需求只有通过市场来满足。

其三，市场缓解了政府的财政压力。从世界发达国家的经验来看，一些国家的政府最初为了维持社会的稳定，会为失去土地保障的居民提供养老保障等社会福利。但随着老龄化水平的提高，政府财政压力过大，此时就需要通过市场来缓解财政压力。例如 20 世纪 80 年代美国的 401k 计划，鼓励人们在企业工作时将部分养老金用于投资，退休时可以选择一次性领取、分期领取和转为存款。其目的就是通过发挥市场的作用，一方面可以灵活地用好养老金，另一方面则可缓解政府在国民养老保障上的财政支出压力。

从我国农村居民的养老实际情况来看，家庭与市场的替代、互补关系与世界其他国家具有相似性。但是市场发挥作用的时机却与发达国家不同，将来应该借鉴其他发展中国家的经验，在家庭养老功能减弱时，就应该积极发挥市场的作用，而非一味依靠政府以社会福利的形式来提供各类养老保障。

2. 发挥作用的领域

市场作为供给主体在农村养老资源配置的过程中，其发挥作用的领域与其建设过程及其所能提供的养老产品与服务有着紧密的联系。

在农村养老市场发育成熟之前，由于各类主体的形成、发育、成长需要一个过程，市场能够提供的各类产品与服务相对有限，所以在市场化程度不高的情况下，市场首先能够提供的是一些需求层次较低、已经具有一定基础的养老产品与服务。例如，满足老人基本生活所需的、农村家庭无法通过自给自足的方式提供的、只能在市场上购买的与衣、食、住、行等相关的物资，以及家庭无法提供的医疗服务。其次，是部分具有供给能力的市场组织为部分具有支付能力的农村居民提供的、以满足其较高层次需求的各类养老产品与服务，比如，为提高老年人生活质量的老年保健食品，为提高老年人身体健康水平的康养服务，以及为提高老人生活便利性的各类照料、护理、陪伴服务。最后，一些符合国家法律法规规定的、具有相关从业资质的市场主体还可以为农村居民提供诸如养老金运营管理服务。

在农村养老市场发育成熟之后，市场能够提供的养老产品和服务将逐渐覆盖到农村老人养老所需的大多数领域，还可以通过创新运营机制代替和补充由政府提供的部分领域的产品和服务。当然，市场能够发挥作用的领域主要还是取决于农村居民的可支配收入水平与农村老人养老金的积累情况。只有当农村居民的可支配收入与养老金持续增长并达到一定水平时，农村老人的期望消费才能转换成实际消费，也才能保证农村养老市场发展的可持续性。

7.2.3　政府的定位与作用

政府作为养老主体之一，在农村养老资源配置过程中应当始终如一地发挥宏观干预作用，因为政府担当的角色是"执牛耳者"。然而，其作用强度、方式和领域应随农村社会经济的发展情况而调整。这不仅是因为养老产业作为具有公共产品性质的民生项目，与其他的产业存在性质上的区别，即强调福利性与公益性之后再强调营利性；更是因为这体现着我国社会主义的本质要求。所以，政府的作用在农村养老资源配置中会经历"推动—扶持—引导"的转变。

1. 政府的定位

农村居民养老需求的多层次性使得农村养老资源涵盖的范围非常广。从养老资源的属性上看，既有可以通过家庭和市场提供的产品与服务，也有家庭和市场都难以提供的、具有公共产品性质的产品与服务。因此政府的定位比较特殊，政府应该是规则的制定者、公共产品的提供者、市场运行的监管者。

（1）规则的制定者。

社会养老问题是现代国家治理的重要内容。随着一个国家经济社会的发展，国民身体素质不断提高，医疗技术与服务不断进步，现代社会人均寿命得以大大延长。在整体国民福利不断提高的同时，人口老龄化已经成为许多国家不得不面对的问题。根据经济社会的发展状况，制定相应的规则、制度为解决社会养老问题提供制度保障，已经成为现代国家解决社会养老问题的先决条件。

就我国农村居民的养老保障问题而言，同样也需要建立起相应的规则、制度，为解决不断深化的农村老龄化问题提供制度保障。这就必然要求立法、行政部门承担起相应的责任，针对老龄化社会的到来尽快研究、制定配套的法律、法规及管理制度。

（2）公共产品的提供者。

目前我国有社会救助、社会福利等政策兜底社会弱势群体，部分生活比较困难的农村老人也已被纳入了这个救助、救济的体系之中。但这种公共福利产品解决的是特殊人群的养老问题，其功能并不是为了解决全体居民的养老问题。

有一些针对全体农村老人的公共产品，比如免费的室外健身场所、健身器材，由于其在使用过程中的非竞争性、非排他性的公共产品特点，无论是家庭还是市场主体均没有意愿提供，这些产品就必须由政府提供，以解决市场失灵问题。因此，在农村养老资源配置的过程中，政府的第二个角色就是"公共产品的提供者"。政府应该根据农村老人养老需求，在家庭和市场不愿或不能提供的产品或服务"地带"配置相关的养老资源。

（3）市场运行的监管者。

农村养老资源配置是重大的国计民生问题，涉及国民的福祉、社会的稳定、国家的安宁。由于受生产力发展水平以及所处的历史阶段的限制，我国不可能像一些发达国家那样走"福利国家"的道路——主要依靠国家来提供养老保障，不得不依靠家庭、市场、政府等多元主体的力量来解决农村居民的养老保障问题。并且，今后将主要依托市场进行资源配置。

但是市场也有失灵的地方。在利益驱动下，市场主体不愿意提供无利可图的公共产品。同样在利益的驱动下，市场主体也会因为信息不对称，产生各种有悖公平交易原则的市场行为，比如故意抬高市场价格、在产品及服务上"以次充好"，追求市场垄断地位等。为了防止这些行为的发生，政府作为管理部门，必须对市场的运行进行严格的监管，以保障整个市场的有效运行。

2. 政府的作用

（1）推动。

据前文预测结果，2020—2029 年为第一阶段，该阶段具有回流人口增速较慢，养老基础设施建设薄弱等特征。2020 年我国全面建成小康社会，这是中华民族历史上伟大的时刻，也是人类同贫困斗争的一大胜利。但是也要看到，我国的社会主要矛盾仍然是人民日益增长的美好生活需要和不平衡不充分的发展之间的矛盾，这也体现在城乡之间的发展差距上。比如就相关的养老资源来说，城乡之间的差距主要表现在基础设施建设、公共卫生医疗便利性等方面。由于城乡之间的经济发展差距和农村劳动力流动，我国的农村养老压力一直高于城市。综合上述情况，广大的农村地区，尤其是劳务输出大省的农村地区在养老资源配置过程中，政府发挥的作用应当是大力加快农村社区养老中心（站）、老年健身场所、健身器材等养老基础设施，各种乡村公共医疗、卫生设施设备等相关资源的建设，推动各类老年协会、团体、组织在农村地区的建设推广，通过制定并实施一系列的倾斜政策，建立起向农村倾斜的养老资源配置长效机制。

（2）扶持。

据预测结果可知第二阶段为2030—2035年，该阶段具有回流人口增速达到峰值，农村经济发展态势良好、形成完善的养老基础设施体系等特征。市场与政府是资源配置的两种手段，前者讲究效率，后者强调公平。《中华人民共和国国民经济和社会发展第十四个五年规划和2035年远景目标纲要》提出："坚持和完善社会主义基本经济制度，充分发挥市场在资源配置中的决定性作用，更好发挥政府作用，推动有效市场和有为政府更好结合。"[1]

在农村养老资源配置的第一阶段中，政府可以通过发挥强大的推动作用，建立多级联动的养老基础设施体系，以解决养老产业发展基础不牢的问题，但是却很难解决产品与服务的多样化问题。面对未来农民工持续回流而来的社会养老压力，加快市场主体的培育，借此发展多层次的养老主体组合才是最优选择。国务院办公厅印发的《国务院办公厅关于推进养老服务发展的意见》提出深化"放管服"改革，支持养老机构规模化发展等举措，扶持养老服务业的发展[2]。因此，在第二阶段，政府应当发挥扶持作用，例如采取提高养老机构的消防审核行政效率、符合现行政策规定的养老机构可享受小微企业的财税优惠政策、鼓励商业银行向养老产业企业提供金融支持、有序扩大养老产业相关企业的债券发行规模等扶持政策措施。

---

① 国家发展和改革委员会. 中华人民共和国国民经济和社会发展第十四个五年规划和2035年远景目标纲要［EB/OL］.（2021-03-23）［2021-06-16］. https://www.ndrc.gov.cn/xxgk/zcfb/ghwb/202103/t20210323_1270124_ext.html

② 国务院办公厅. 国务院办公厅关于推进养老服务发展的意见：国办发〔2019〕5号［EB/OL］.（2019-04-16）［2021-06-16］. http://www.gov.cn/zhengce/zhengceku/2019-04/16/content_5383270.html

（3）引导。

第三阶段为 2036 至 2040 年，该阶段具有回流人口增速仍较大、累计回流人口数达到峰值、农村经济发展进入较高的市场化水平、各级各类养老服务组织建设已趋完善等特征。党的十九大报告指出："在全面建成小康社会的基础上，再奋斗十五年，基本实现社会主义现代化。"到 2035 年，我国将已基本实现社会主义现代化，社会主义市场经济体制更加完善，市场主体发育水平更高。所以，此时农村的市场化程度也会随之大幅度提高。另外，随着农村经济的发展，农村居民可支配收入大幅度提高将有助于提高商业保险市场的有效需求，鼓励商业保险机构提供更贴近农村社会的保险服务，形成多元化的服务体系，满足不同收入层次农村居民的需求。因此，在农村养老资源配置过程中，政府在第三阶段发挥的作用应该是引导。发挥有为政府的功能，做好"守夜人"，健全相关的法律法规，加强政府引导，强化市场的规范运作，营造良好的市场风气。

7.3 农村养老资源配置的政策措施：基于养老产业角度

根据《养老产业统计分类（2020）》［国家统计局令（第 30 号）］，"养老产业，是以保障和改善老年人生活、健康、安全以及参与社会发展，实现老有所养、老有所医、老有所为、老有所学、老有所乐、老有所安等为目的，为社会公众提供各种养老及相关产品（货物和服务）的生产活动集合，包括专门为养老或老年人提供产品的活动，以及适合老年人的养老用品和相关产品制造活动。"[1] 老龄化既是挑战，也是机遇。家庭和政府提供的现有的养老服务无法满足个性化、多元化的养老需求[2]，发展养老产业可以提供满足不同老年人偏好的产品和服务组合。劳务输出大省的农村养老资源涵盖范围广，需要通过养老产业这个载体来进行配置并发挥作用。因此劳务输出大省制定优化农村养老资源配置的政策，应该以养老产业为支撑。

---

① 国家统计局. 养老产业统计分类（2020）：国家统计局令（第 30 号）［EB/OL］.（2020-02-04）［2021-06-16］. http://www.gov.cn/gongbao/content/2020/content_5503559.html.

② 刘灵辉. 大城市边缘区新农村承接城市养老产业研究［J］. 资源开发与市场，2019（1）：102-106，137.

7.3.1　建立健全农村养老产业体系

养老产业是与老年人日常生活物质需求以及精神需求有关的一系列产业的组合，是农村养老资源配置的支撑点和着力点。本章基于前文理论分析的结果，认为需要从以下六个方面建立健全农村养老产业体系：

1. 优先发展农村养老照护服务业

劳务输出大省的农村由于青壮年劳动力外流，留守老人数量较大，社会养老压力大于城镇。为此，劳务输出大省亟须加快建立健全农村养老照护服务业。

劳务输出大省农村养老照护服务业应涉及三个方面：一是居家养老照护服务，通过家庭成员对居家老年人进行生活照料，或雇用社工向留守老人提供居家养老照护服务。二是社区养老照护服务，养老服务机构依托社区已有养老服务基础设施为居家老年人提供上门、托管与半托管服务。三是机构养老照护服务，通过养老机构提供专业化的集中的养老服务，其中公办机构提供的服务主要面向孤寡老年人、计划生育特殊家庭老年人以及失去劳动能力的老年人，其他社会化养老机构则面向不同消费需求的普通农村老人。

为此，农村养老照护服务业的发展可从以下方面进行布局：一是吸纳农村丰富的留守妇女劳动力，通过再培训的方式培育发展一批家政服务人员，为居家养老照护服务和社区养老照护服务提供强大的劳动力支撑保障。二是鼓励社会力量参与养老服务机构的创办和管理运营，依托市场力量完善农村养老照护服务体系。一方面为居家养老的老年人提供看护、助医和精神慰藉等服务，另一方面为社区养老和机构养老的老年人提供上门、餐饮配送等服务。

2. 加快发展农村医疗卫生服务业

老有所医是老年人养老生活中追求的基本目标之一，医疗卫生服务业的发展是保障老年人养老生活质量的重要因素。老年医疗卫生服务主要包括老年预防保健和健康管理、老年人疾病诊疗服务、老年康复护理服务、老年康复辅具配置服务、安宁疗护服务和其他服务等。为此，农村医疗卫生服务业的发展可以从以下几个方面进行布局：

一是依托乡镇卫生院和村卫生室现有医疗条件，利用家庭医生签约制度，在乡镇卫生院增设养老机构，打造医养结合服务体系，为农村老年人提供养老看护、感冒及轻微病理的治疗、康复和医疗护理、安宁疗护等医疗卫生服务，另外可为老年人提供身体检查、健康状态辨别、医疗保险报销事项讲解等服务。

二是鼓励社会力量开办中西医结合的医疗机构，大力促进农村医疗机构健康发展。以提高老年人健康水平为目的，利用中医养生保健、预防疾病的优势，充分发挥中医"治未病"的优势，鼓励成立中医医疗机构，补充农村医疗力量。

三是提供心理咨询和精神慰藉服务。随着年龄的增长，农村老年人不仅要承受生理上的疼痛，还不得不承受由于子女外出务工缺乏亲人陪伴的心理上的疼痛。因此，农村亟须加快设置心理和精神慰藉科室，一方面可为老年人提供心理疾病咨询和治疗，在老年人康复期间提供服务，提高生活质量；另一方面，可为临终的老年人提供人文关怀，缓解老年人心理上的疼痛。

3. 积极发展老年健康促进与社会参与服务业

随着社会经济的发展，老年人的养老生活需求也在提升，精神方面的需求会愈来愈大。所以，物质上的满足只是养老生活质量的一方面，全方面提高老年人的生活质量还需要满足老年人精神上的需求，特别是社会交往方面的需求。为此，亟须建立健全老年健康促进与社会参与服务业。可从以下几个方面进行布局：

一是建立起定期举办社区集体活动的机制，为老年人提供人际交流的平台和机会，鼓励老年人团结互助，丰富老年人的生活。首先，开展广场舞等体育教学活动，鼓励老年人参与体育活动，不仅能强身健体，还有助于社区老年人之间的交流。其次，开展老年文化娱乐活动，可利用农村地区的乡风民俗和人文情怀价值，多举办以农村生活为主题，农村老年人喜闻乐见的文娱活动，丰富其日常生活。

二是鼓励社会力量参与提供体育健康、旅游等咨询服务，依托市场力量，为老年人的日常锻炼和旅游出行出谋划策。例如鼓励已有的旅行社开拓面向老年游客的健康和旅游结合的咨询服务，比如安排出行计划、安排随行医务人员或联系当地正规医疗机构提供医疗服务等。

三是开展老年志愿服务活动，鼓励有条件的老年人参与社区事务管理，利用农村社会的人情关系，发挥老年人的余热，让老年人在参与事务管理中满足心理期望和获得精神上的成就感，以此提高老年人的养老生活质量。

4. 同步发展养老教育培训服务业

养老教育是为提高老年人养老生活质量而对有关的养老服务人员提供教育培训的过程，主要针对为老年人提供生活照料的家庭成员和雇用人员、社区机构工作人员进行的教育培训工作。可从以下几个方面发展养老教育培训服务业：

一是进一步发展养老相关专业，为应对老龄化储备充足的专业型人才。这部分群体主要是指职业院校、普通高校中涉及养老专业的学生群体，例如中医康复学、老年营养与保健、心理咨询和社会工作等专业的学生群体。为培养出具备过硬专业技能的人才，可通过学校与社区或养老服务机构的合作，开展实地培训活动，提高学生应用型技能本领。

二是加强对家庭成员、养老服务从业人员的护老技能培训。例如开展一些常用的应急救护、健康管理和辅助康复器具的使用等护老知识培训，以此增强该类人员的技能，从而提高老年人的养老生活质量。

5. 加快发展老年学习教育服务业

根据老年人的生理和心理特征，由政府、社区、社会组织或市场主体提供能够丰富老年人生活的服务，同时帮助老年人提高资金安全管理意识，预防诈骗等。开办老年学校，加强老年人自身的养老知识教育，有助于保护老年人的权益，对提高老年人的养老生活质量至关重要。

一是增加老年人的医疗保健知识。帮助农村老年人提高安全意识，当不法分子向其推销不正规保健品时，老年人应该具备一定的判断力。

二是加强老人对人类生理规律的认识。提高老年人的健康素养，有助于缓解老年人在面临疾病时的焦虑情绪，避免因生病时不理解病理和医治过程导致过度焦虑而出现病急乱投医的现象，从而间接地提高治愈率。

6. 稳步发展老年用品及相关产品产业

老年用品及相关产品是指包括食品、日用品及辅助产品、健身产品、休闲娱乐产品和保健用品等产品在内的、适合老人消费的产品。

一是优先发展一批老年食品制造业。食物是日常消费的必需品，一方面老年人由于身体机能退化，对食品的需求与年轻人存在差异，例如老年人不仅应多食用低脂肪、低胆固醇的食品，还必须补充一些身体必需的微量元素；另一方面，随着经济社会的发展，人们对于绿色食品、有机食品的追求越来越强烈，而农村由于天然的生产方式优势，其产品的品质更符合当下人们的需求，因此，应当利用农村的禀赋优势发展一批老年食品制造业。

二是重点发展一批老年日用品、辅助产品、健身产品和休闲娱乐产品产业。首先，老年人因为身体机能下降，对生活日用品的需求与年轻人存在差异，例如老年人需要舒适防滑的鞋子。其次，老年人休闲娱乐时需要相应的健身和休闲娱乐产品，例如健身球和手腕活动器等产品。另外，随着经济社会的发展，电子设备在日常生活中扮演着越来越重要的角色，然而目前的手机、电脑等电子设备的设计主要针对年轻人，尚未针对老年人的需求进行市场细分，导致了老年人对电子设备的认识程度不足、使用频率低，这给老年人的日常出行和生活带来了一定的阻碍，降低了老年人的养老生活质量。因此，需要从老年人的需求出发，进行市场细分，重点发展一批老年日用品及辅助产品制造产业。

三是将养老与旅游产业、康养产业相结合，为老年人提供休闲旅游类服务产品。这不仅可以减轻社会养老压力，更可以带动地方经济的发展。研究认为在不打扰农村当地居民的生产生活的条件下，发展生产居住、医疗、娱乐一体化的养老型乡村旅游社区是具备可行性的[①]，且发展这种养老与旅游融合型的产业可以助力乡村振兴战略的实施，提高农村居民的收入。由此，劳务输出大省可依据省内各地区的禀赋优势，发展乡村养老旅游、森林康养等多种养老和旅游融合型产业。

四是发展中药材种植业和加工业，为老年人提供中药保健产品。中药材是医疗药物的来源，同时中医药学也是我国优秀传统文化的重要组成部分，由此可利用该优势重点发展一批中药材种植和加工业。因为中药材的生长与自然气候有着紧密的联系，而农村拥有特殊的自然优势，所以劳务输出大省各级政府应当加强引导，利用农村地区的自然禀赋优势来大力发展中药材种植和加工制造产业。这不仅能促进当地产业结构调整，还能以此提高农村居民的收入。

7.3.2 加强农村养老产业基础设施建设

农村养老产业基础设施主要包括社区医院、村卫生室等医疗服务中心、社区活动中心（站）、日间照料室、村文化活动室以及运动锻炼广场、室外健身器材等供老年人康养、学习、交流、娱乐的设施。

---

① 郎富平，于丹. 养老型乡村旅游社区可持续发展研究 [J]. 云南民族大学学报（哲学社会科学版），2021 (1): 120-125.

1. 加快推进农村幸福院等设施建设

我国广大农村的养老基础设施建设较为薄弱，因此需要政府大力推动农村养老基础设施发展，为缓解社会养老压力做好充足的准备。大力建设农村幸福院、日间照料室、社区活动中心（站）等养老基础设施，提升农村养老服务能力，形成衔接城乡发展的多级养老基础设施体系。首先，加快且大力推进农村幸福院基础设施的建设，优先保障失能、半失能以及孤寡老人的养老生活质量，提高这类老人的养老生活幸福指数。其次，加快日间照料室、农家书屋等老年人日常生活休闲、娱乐、学习所需的中心场所建设，借助邻里、亲友互助，志愿服务等模式发展互助式养老，为留守老人提供关爱服务。另外，加快做好农村社区居住环境适应时代要求的发展规划，将全民健身器材等老年人基本生活需求以外的养老资源配置纳入发展规划中，鼓励有条件的农村社区统筹加强农村社区集住房与养老多功能服务相融合的设施建设力度。

2. 加快推进农村已有的公共基础设施改造和提升工程

医疗卫生事业是保障农村老年人养老生活质量的重要支撑因素，对广大农村地区来说，大力新建医养结合的基础设施需要耗费巨大的财政资金，加快推进将已有公共基础设施改造成为养老基础设施是最合理、有效的做法。首先，加快已有公共卫生基础设施的扩建和转型，注重加强消防等功能建设，促进医养一体化结合的新型农村卫生机构的形成与发展。一方面需要在现有的乡镇卫生院以及原敬老院等养老产业基础设施上，加快开展扩建修缮和功能提升工作；另一方面需要加快精神或心理就诊科目建设，开展心理关爱服务，同时对组织机构、管理制度进行重组建设和革新，形成新的配套管理组织体系。其次，加快推进将村委会、学校、村卫生室等基础设施改造成为养老服务中心的工程，让农村老年人就近享受养老服务。通过统筹规划、整合资源的方式，建设以村为单位的养老服务中心，可实现老年人"离家不离村"就能享受到农村版的"居家"养老服务。此外，加大公共基础交通设施维护投入，交通联动城乡多级养老服务，可为诸如急需送医住院的一些重大疾病治疗争取时间。

3. 加快推进智能化服务系统的配套设施建设

首先是加快发展医院以及各类养老机构的智能化服务系统建设，将这一指标纳入医院和各类养老机构发展的评价体系之中，提高养老机构的服务水平，让老年人享受到更加舒适的生活。其次，以村卫生室为平台，家庭签约医生为依托，采集老年人的基本信息，建立村级老年人健康档案，以此为基础建立起乡镇医院联合村卫生医疗工作人员巡查小组制度，定期走访，以便于有针对性地对不同年龄阶段的留守老年人提供医疗健康服务。最后，加快推进农村幸福院、日托中心等机构的智能化服务系统建设，同时建立该系统与县级人民医院数据库衔接的渠道，可随时提供远程基本医疗帮助，从而助力农村版的"居家"养老。

7.3.3 强化农村养老产业的资金保障

资金是养老产业发展的必备要素，并且在市场化的养老资源配置中，农村居民的收入、养老金的筹集、家庭代际支持是农村家庭消费养老产品和服务的基础条件，另外，养老产业市场主体本身的发展也需要资金的支持。所以，本部分从以下四个方面提出政策建议：

1. 坚定不移地助力农村居民增收

收入是约束消费者消费行为的首要因素，居民的可支配收入增加之后，其收入预算线约束的空间会放开，所以可支配收入的增长是居民个人参与社会化养老事业的支撑。据现有的统计口径，农村居民可支配收入的来源和构成主要为经营性收入、工资性收入、财产性收入、转移性收入四类。为此，可从这几方面进行政策安排：

首先，积极推进城镇化和工业化的发展进程，为非农生产或经营性活动提供良好的市场环境。有条件的地区应引进企业增加非农务工的渠道，可为农村居民带来非农务工就业岗位，助力工资性收入的增长。通过土地流转、闲置房屋、设施的出租，量化入股投资特色产业等多种方式，促进农村居民的财产性收入增加。

其次，大力发展特色产业，鼓励种养大户以及村集体经济发展壮大，从产前的良种提供，到产中的技术咨询指导，再到帮助打通产后的销售渠道，从全产业链的角度提高农村居民的经营性收入。此外还应积极对接外部非农务工机会，有序引导农村居民外出务工增加工资性收入。

最后，根据禀赋优势优化区域经济发展规划，增加对生态保护区的农村地区居民的补贴力度，增加其转移性收入。此外，这类地区应积极对接其他地区开展劳务合作，有序引导居民外出务工或就近就业。

2. 多方面减轻年轻劳动力的经济负担

针对不同规模和结构的家庭实施不同的政策。首先针对独生子女家庭，在原有的农村独生子女补贴政策的基础上，应加以适当的额外财政补贴，加强对该类家庭的物质支持。其次，针对刚脱贫的精准扶贫家庭，继续保持政策的连贯性，继续为这类家庭减免教育费用，在一定程度上减少家庭的经济负担。此外，针对脱贫前未享受精准扶贫政策但实际超出脱贫标准不多的，且有子女正接受高中以上教育的家庭，在缴纳城乡居民基本养老保险以及新型农村医疗合作保险时，给予一定的补贴，减轻该类家庭的经济压力。

3. 为社会力量进入养老产业提供财政政策支持

政府引导、社会力量参与、市场运作的管理运营方式在我国养老事业规划中早有提及并初具形态，通过历史的经验数据以及未来发展的预测情况，设立专项财政税收补贴，进一步推动有资质、有能力的社会力量进入养老产业，从而形成多种所有制形式的养老机构，增强农村的综合养老服务能力。为此，在加快推进养老产业"放管服"的改革中，最为重要的就是为民间资本和社会力量进入养老产业创造公平合适的环境。对符合行业规定的养老机构保障养老用地的审批和供应，并提供一定的用地财政优惠。针对使用民房等农村非商业性基础设施兴办养老产业的，只要符合消防、行业标准要求的，也可以享受城市养老机构享有的水、电、气、税收优惠。

4. 为社会力量进入养老产业提供金融政策支持

养老产业企业的融资能力差，融资成本高，主要表现在：一是养老产业服务设施建设规模大、回收期长，低收益率导致还款能力不足；二是新型养老企业缺乏抵押物，担保能力弱；三是新型养老企业的内部管理有待加强，风险较大。所以，政府应当制定相应的金融政策，鼓励社会力量进入养老产业，提高市场化运作的效率。

第一，健全农村金融服务体系，采取贷款贴息等优惠政策鼓励金融机构向养老产业企业提供贷款。一是促进农村地区银行的社会责任履行，鼓励银行等金融机构向养老企业发放贷款。二是进一步放开市场准入并引导银行以外的金融机构进入农村金融市场，为进入养老产业的主体提供金融支持。

第二，鼓励金融机构开展抵押贷款创新工作，加快推进符合农村情况的新型抵押品试点工作。如类似于城市"住房反向抵押"的养老方式，农村可开展"以房养老"，即留守老人将房屋出租给养老机构来换取养老服务。

第三，持续推动新型农村金融机构履行主体责任。我国新型农村金融机构是指国家金融监督管理总局批准成立的村镇银行、贷款公司和农村资金互助社等机构。在广大农村，鼓励农村本土金融机构发挥主体作用，结合经营实际，适时适地开展多元化的借贷业务，支持有能力的农村本土金融机构对不良资产进行整合化解，从而更好地服务养老产业。

7.3.4 充分利用多种人力资本

劳动力是所有经济社会活动中必不可少的生产要素，在社会养老事业中也是如此，劳务输出大省农村养老资源中人力资源的有效配置是至关重要的，可从以下几个方面实施：

1. 有效利用回流农民工的人力资本

回流农民工对新鲜事物的了解程度相对更高，因此需要建立有效的政策途径，加快引导有条件的回流农民工参与社会养老事业。回流农民工群体是农村原本的主要劳动力，他们是应对农村社会养老挑战的重要资源之一。应对农民工回流对农村社会养老的挑战也需要利用回流农民工的人力资本和物质资本。通过引导与培训，为有条件的农民工进入社会养老事业创造条件，例如农村老年日间照料中心以及农村幸福院的建立以及管理运营可以采取村集体主导，居民个人参与的运作模式。此外，充分尊重低年龄老年人的社会责任感，通过招募志愿者并给予一定生活补贴的形式吸纳回流农民工参与养老事业。由此，不仅可以缓解农民工回流对农村社会养老带来的压力，还可以解决一部分返乡农民工的就业问题。

2. 有效利用农村现有退休医护人员人力资本

鼓励退休医护人员参与农村养老事业。农村的医疗卫生条件相对落后，鼓励退休医护人员参与农村养老事业可以弥补短期内老年人日常生活中医疗服务专业保障技术力量不足的缺陷。因此，在农村大力推进相关养老基础设施建设的过程中，应当充分发挥这一部分人力资本弥补专业人才上的空缺。例如对愿意创办养老机构的退休医护人员，可通过提供政策补贴、简化审核流程等方式鼓励其创办普惠型敬老院。但在后期需要建立起一套完善的市场监督机制，加强对各类养老机构的运营审查，避免欺骗老年人的现象出现。

3. 有效利用专业型人才的人力资本

养老产业涉及医学、心理学、社会学以及管理学等多个学科专业知识。虽然目前可通过引导回流农民工、农村退休医护人员两类人力资本进入农村养老产业，以此应对短期内的农村养老压力。但就农民工回流阶段性的预测结果和市场的动态变化来看，未来农村养老产业将更需要专业性、综合性的人才。为此，应当建立专业性人才流向农村养老产业的渠道。首先，加大"三支一扶"专项支持计划中的医疗护理人员招聘，鼓励大中专院校如护理、保健等对口专业的毕业生定向回乡从事农村养老产业，支持家乡养老产业发展。其次，地方政府可与行政区内的院校合作，定期到专业院校举办培训交流活动，通过院校专业人才与养老产业在职人员的培训交流，形成人力资本溢出效应，整体提升地方的养老产业服务能力。

4. 有效利用农村精英老年人人力资本

虽然受到市场经济的冲击，但农村社会中的宗族、亲缘关系纽带仍然很强，部分老年人在农村氏族中的社会地位较高，对于社区、村寨的邻里关系调节等大小事务的处理有着不可忽视的作用。因此应当鼓励有条件的农村社区发展老年协会、志愿者服务队等组织，吸纳有社会威望、家族威望的老年人加入，帮助协调村内家庭矛盾。这不仅有助于老年人自我尊严的实现，更有助于发展社会化养老。

7.3.5 构建良好的产业发展环境

市场经济的发展需要良好的营商环境，那么产业的发展也需要良好的宏观环境，尤其养老产业作为新兴产业，更是需要良好的发展环境。所以，可从以下几个方面着力构建良好的产业发展环境：

1. 弘扬传承敬老爱老的优秀传统道德文化

首先，推动户籍改革，加快利用互联网信息系统助力建立健全农村老年人随子女迁居城市的制度建设，使非本地户籍的老年人也享受当地同样的优待服务。

其次，加快推进农村老年学校、文化交流中心（站）的建设以及管理制度的完善。鼓励社区开展家庭集体活动以助力家庭养老，一方面通过各类活动，达到传承优秀"家"文化传统的目的；另一方面，为应对互联网社会的到来，加强老年人对智能化设备的认识和使用培训，以提高养老服务的效率，为社会和市场发挥养老功能打下基础。

最后，完善老人优待制度。比如将敬老养老助老纳入社会公德、家庭美德和个人品德建设，纳入文明社区考评，在全社会大力弘扬传承敬老爱老的优秀传统文化。另外大力推行老年证，方便农村老人持证免费乘坐公交车、免费或低价参观一些国内的旅游景点。

2. 提高养老服务业从业人员的社会地位

养老服务业从业人员群体是社会化养老发展的支撑要素之一，在家庭、社会与市场并重的养老模式组合中，应当从以下几方面提高养老服务业从业人员的社会地位。首先，逐步提高该类人员的工资待遇水平，尤其是从事老人日常生活照料的护工，提高其待遇水平保证生活上的基本物质需要方能有效激励其工作热情。其次，可借助劳动模范评选等大型社会活动在全社会宣传劳动平等的价值观，在全社会敬老爱老的基础上也要"爱屋及乌"，消除对养老服务业从业人员的职业误解或歧视，通过建立社会性的考核评比活动，鼓励全行业向优秀的从业人员学习。

3. 加大统计调查分析力度

第七次全国人口普查公报结果显示，截至 2020 年 11 月，我国居住在农村的人口约为 5 亿人，占 36.11%①。我国广大农村地域辽阔，居住在农村的人仍然较多，并且人们的偏好、收入水平和身体健康状态都不一样，发展养老产业，需要在宏观和微观层面着手加大统计调查分析力度。宏观上利用各地方统计局的数据，时刻掌握人口年龄结构分布情况。微观上一要以乡镇卫生院和村卫生室为平台，通过家庭医生的签约制度时刻掌握农村居民的身体健康状况；二要采取定期与不定期相结合的方式，对居乡、回流、外出等各类农村居民展开问卷调查，对农村居民的养老需求变化趋势与特征进行分析，并用以指导各类政策、规划的制定与完善。

4. 做好养老产业发展规划

养老产业是劳务输出大省农村养老资源配置的载体，更是推动经济发展的产业之一。因此，必须提高养老产业发展的战略定位，将养老产业纳入地方政府的经济社会发展、农村村居改造发展等规划，进一步做好养老产业发展规划，以此营造养老产业发展的良好氛围，提升农村养老服务能力，满足农村老年人的多元化养老需求。

5. 加强行业监管力度

养老产业具有公共品性质，依靠市场化运作的大前提是必须发挥政府

---

① 国家统计局. 我国人口发展呈现新特点和新趋势 [EB/OL]. (2021-05-13) [2021-06-16]. http://www.stats.gov.cn/tjsj/sjjd/202105/t20210513_1817394.html.

的"守夜人"角色，加强行业监管力度，杜绝出现欺诈老年人、销售假冒伪劣养老产品等不良现象。

首先，对于养老企业的成立、业务开展，应当制定法律法规和出台市场工商管理措施，制定行业标准来加以规范，倡导企业诚信经营。一方面对信用良好的企业提供激励，如贷款补贴、财政扶持等优惠政策；另一方面加大对违反相关规定的企业的处罚力度，设置失信名单，对于多次违反规定的企业，勒令停止相关业务活动。

其次，对于涉及养老产业的金融机构，需要加强政府宏观监管，通过出台相应的法律法规包括互联网金融机构等在内的金融机构纳入银行业监管体系，保证与养老产业相关的金融市场的良好运行。

6. 加大对养老产业技术创新的支持力度

加大对养老产业技术创新的支持力度，鼓励企业开展技术创新。首先，对养老产业智能化系统、老年辅助器具设备和生物用品类产品有较大技术创新的、改进贡献的企业或单位，可为其提供融资方面的补贴、企业建设用地优惠等政策。其次，提供科研基金支持，设置一批国家重大科研项目，吸引各方面的科研能人参与研究，鼓励相关企业或单位开展学术研讨交流活动。在全社会形成鼓励技术创新的氛围，促进经济和社会效益的提升。

参考文献

巴隆，布兰斯科姆，伯恩，2011. 社会心理学 [M]. 邹智敏，等译. 北京：
　机械工业出版社.

白南生，何宇鹏，2002. 回乡，还是外出？：安徽四川二省农村外出劳动力
　回流研究 [J]. 社会学研究 (3)：64-78.

白学良，2013. 中国个人养老金计划的发展探析 [D]. 成都：西南财经
　大学.

白雪莹，2013. 我国农村商业化养老保险研究 [D]. 长沙：中南林业科技
　大学.

白增博，汪三贵，周园翔，2020. 相对贫困视域下农村老年贫困治理 [J].
　南京农业大学学报（社会科学版），20 (4)：69.

边燕杰，张文宏，2001. 经济体制、社会网络与职业流动 [J]. 中国社会
　科学 (2)：77-89.

曹信邦，2012. 新型农村社会养老保险制度构建：基于政府责任的视角
　[M]. 北京：经济科学出版社.

曾逸群，2020. 可持续生计视角下的农村老人自我养老问题探析：基于湖
　南省张家界市桑植县 S 村的实地调研 [J]. 中国商论 (11)：69-73.

柴效武，2005. 养老资源探析 [J]. 人口学刊 (2)：26-29.

常亮，2016. 中国农村养老保障：制度演进与文化反思 [D]. 北京：中国
　农业大学.

常亚轻，黄健元，2019. 农村"养儿防老"模式何以陷入窘境？ [J]. 理论
　月刊 (3)：138-144.

陈光，杜辉，2018. 第一代农民工返乡养老问题及对策探讨 [J]. 广西经
　济管理干部学院学报 (1)：102-108.

陈茱，2018. 中国养老政策变迁历程与完善路径 [D]. 长春：吉林大学.

陈如，1996. 当前青年农民回流现象探析 [J]. 农业经济问题（10）：26-30.

陈赛权，1999. 养老资源自我积累制初探 [J]. 人口学刊（5）：17-23.

陈书伟，王智新，2020. 农村居家养老创新发展研究：基于传统家庭养老功能弱化的背景 [J]. 石家庄学院学报（12）：87-91.

陈伟涛，2019. 农民工返乡对农村养老问题的双重影响 [J]. 经济界（11）：77-86.

陈宗胜，2020. 试论从普遍贫穷迈向共同富裕的中国道路与经验：改革开放以来分配激励体制改革与收入差别轨迹及分配格局变动 [J]. 南开经济研究（6）：3-22.

程令国，张晔，刘志彪，2013. "新农保"改变了中国农村居民的养老模式吗？[J]. 经济研究（8）：42-54.

崔传义，孙普希，1994. 重视打工者的后续创造 [J]. 中国国情国力（7）：8-9.

党国英，2008. 我国乡村治理改革回顾与展望 [J]. 社会科学战线（12）：1-17.

邓大松，薛惠元，2010. 新型农村社会养老保险制度推行中的难点分析：兼析个人、集体和政府的筹资能力 [J]. 经济体制改革（1）：86-92.

邓祖善，1996. "民工潮"向"创业潮"的转移 [J]. 管理世界（6）：202-203.

段鑫鑫，2018. 现阶段农村家庭养老的困境与出路 [D]. 长春：吉林大学.

费孝通，2013. 乡土中国 [M]. 修订本. 上海：上海世纪出版社.

封铁英，高鑫，2020. 路径依赖与路径创造：中国养老保险制度变迁逻辑 [J]. 经济社会体制比较（5）：58-67.

高更和，段小薇，计会凤，等，2021. 农民工回流创业区位研究：以河南省 14 个村为例 [J]. 地理研究（10）：2871-2884.

高明，苏奕杰，2013. 农村养老模式的演变线索分析 [J]. 石家庄经济学院学报，36（5）：90-93.

辜胜阻，孙祥栋，刘江日，2013. 推进产业和劳动力"双转移"的战略思考 [J]. 人口研究，37（3）：3-10.

郭晓鸣，任永昌，廖祖君，等，2014. 农业大省农业劳动力老龄化的态势、影响及应对［J］. 财经科学（4）：128-140.

郭新玲，2020. 中国农村养老模式演变与发展趋势研究［D］. 天津：天津商业大学.

郭昱，2018. 权重确定方法综述［J］. 农村经济与科技，29（8）：252-253.

国家发展改革委员会，2021. 中华人民共和国国民经济和社会发展第十四个五年规划和 2035 年远景目标纲要［EB/OL］.（2021-03-23）［2021-06-16］. https://www.ndrc.gov.cn/xxgk/zcfb/ghwb/202103/t20210323_1270124_ext.html.

国家统计局，2020. 国家统计局令（第 30 号）：养老产业统计分类（2020）［EB/OL］（2020-02-04）［2021-06-16］. http://www.gov.cn/gongbao/content/2020/content_5503559.html.

国家统计局. 我国人口发展呈现新特点和新趋势［EB/OL］.（2021-05-13）［2021-06-16］. http://www.stats.gov.cn/tjsj/sjjd/202105/t20210513_1817394.html.

国务院办公厅，2019. 国务院办公厅关于推进养老服务发展的意见：国办发〔2019〕5 号［EB/OL］.（2019-04-16）［2021-06-16］. http://www.gov.cn/zhengce/zhengceku/2019-04/16/content_5383270.html.

韩丽，2011. 波兰养老保险制度改革及对中国的启示［J］. 科技创业月刊，24（14）：84-86.

韩鹏云，2015. 我国农村五保供养的制度变迁与路径选择［J］. 安徽师范大学学报（人文社会科学版），43（3）：310-315.

韩长赋，2006. 中国农民工发展趋势与展望［J］. 经济研究（12）：4-12.

何威，汪静，2023. 农村集中供养的资源配置及其优化路径［J］. 南京农业大学学报（社会科学版）（3）：117-128.

何文炯，金皓，尹海鹏，2001. 农村社会养老保险：进与退［J］. 浙江大学学报（3）：102-107.

何颖，刘洪，2020. 乡村振兴战略背景下劳动力回流机制与引导对策［J］. 云南民族大学学报（哲学社会科学版），37（5）：46-51.

侯志国，2010. "零支柱"：我国农村养老保障应选模式［J］. 青岛农业大学学报（社会科学版），22（3）：40-43.

胡宏伟，蔡霞，石静，2009. 农村社会养老保险有效需求研究：基于农民参保意愿和缴费承受能力的综合考察［J］. 经济经纬（6）：59-63.

胡俊波，2007. 禀赋、不确定性与转型期农村劳动力转移［D］. 成都：西南财经大学.

胡俊波，2015. 劳务输出大省扶持农民工返乡创业研究：制度困境与政策选择［M］. 北京：科学出版社.

胡艳华，2014. 农村劳动力回流后的社会适应与社会保障现状研究［J］. 长江大学学报（社科版），37（5）：40-43.

黄佳豪，2009. 我国农村养老保险制度的历史演进及其探索［J］. 重庆社会科学（10）：14-19.

黄黎若莲，2000. "福利国"、"福利多元主义"和"福利市场化"［J］. 中国改革（10）：63-64.

黄黎若莲，2001. 边缘化与中国的社会福利［M］. 香港：商务印书馆.

黄乾，2005. 农村养老资源供给变化及其政策含义［J］. 人口与经济（6）：55-60.

黄燕芬，张志开，杨宜勇，2019. 新中国70年的民生发展研究［J］. 中国人口科学（6）：15-31，126.

黄余国，1999. 关于回流农民工问题的研究［J］. 华东交通大学学报（12）：94-97.

霍尔茨曼，欣茨，2006. 21世纪的老年收入保障：养老金制度改革国际比较［M］. 郑秉文，等译. 北京：中国劳动社会保障出版社.

霍志刚，2012. 吉林省农村人口老龄化和养老保障研究［D］. 长春：吉林大学.

吉尔伯特，特雷尔，2003. 社会福利政策导论［M］. 黄晨熹，等译. 上海：华东理工大学出版社.

贾恒欣，2019. 改革开放以来我国社会保障制度的建构与思考［J］. 张家口职业技术学院学报，32（4）：30-32.

贾鹏，庄晋财，2021. 乡村创业与农村老人养老困境［J］. 华南农业大学学报（社会科学版）（5）：27-37.

蒋远营，2012. 基于年龄移算法的人口预测［J］. 统计与决策（13）：82-84.

蒋云赟，2010. 我国养老保险对国民储蓄挤出效应实证研究：代际核算体系模拟测算的视角［J］. 财经研究，36（3）：14-24.

焦若水，马治龙，2020. 农村公办养老资源的错配与适应性改进［J］. 探索

　　（6）：144-155.

解永庆，缪杨兵，曹广忠，2014. 农民工就业空间选择及留城意愿代际差异分析 [J]. 城市发展研究（4）：92-97.

景天魁，杨建海，2016. 底线公平和非缴费性养老金：多层次养老保障体系的思考 [J]. 学习与探索（3）：32-36.

柯龙山，2013. 我国农村社会养老保险的历史变迁与政策评析 [J]. 长春理工大学学报（社会科学版），26（2）：87-89.

郎富平，于丹，2021. 养老型乡村旅游社区可持续发展研究 [J]. 云南民族大学学报（哲学社会科学版）（1）：120-125.

李标，齐子豪，丁任重，2018. 改革进程中的中国潜在 GDP 增长率：估计及预测 [J]. 当代经济科学，40（6）：1-13.

李朝晖，2010. "短暂返乡型"与"永久返乡型"农民工养老保险方案设计 [J]. 经济问题探索（3）：46-49.

李放，张瑞霞，沈苏燕，2019. 中青年农民工回流对农村老人养老的影响 [J]. 江汉学术（4）：17-26.

李放，赵晶晶，2018. 农民工回流能改善其父母的生活质量吗？[J]. 中国农村观察（3）：75-90.

李锋，魏莹，2021. 复杂网络对羊群效应现象影响的仿真研究 [J]. 系统仿真学报（3）：539-553.

李红卫，1990. 农村劳动力"回流"：中国农村发展的沉重包袱 [J]. 农村经济（3）：11.

李辉，于钦凯，2005. 中国人口转变研究综述 [J]. 人口学刊（4）：18-22.

李培林，1996. 流动民工的社会网络和社会地位 [J]. 社会学研究（4）：42-52.

李强，2003. 影响中国城乡流动人口的推力与拉力因素分析 [J]. 中国社会科学（1）：125-136.

李强，龙文进，2009. 农民工留城与返乡意愿的影响因素分析 [J]. 中国农村经济（2）：46-66

李升，方卓，2018. 农村社会结构变动下的孝文化失范与家庭养老支持困境探析 [J]. 社会建设（1）：62-73.

李实，2019. 中国农村老年贫困：挑战与机遇 [J]. 社会治理（6）：17-20.

李新平，明亮，胡家琪，2020. 土地制度强制性变迁背景下农村社会结构
　　演化趋势研究［J］. 社会科学研究（6）：118-126.

李云峰，徐书林，2019. 农村养老保障对家庭幸福感的影响研究［J］. 调研
　　世界（3）：49-54.

梁志民，朱再昱，谢春明，2011. 劳务输出大省农村劳动力流向变动国内
　　外研究文献综述及评价［J］. 新疆财经大学学报（3）：26-30.

林晨蕾，郑庆昌，2020. 新型农村合作医疗补偿机制对农村老人住院服务
　　利用的影响：基于健康差异的视角［J］. 中国农业大学学报，25（6）：
　　112-128.

刘春梅，2013. 农村养老资源供给及模式研究［D］. 咸阳：西北农林科技
　　大学.

刘冠生，章慧敏，2017. 我国农村社会养老保险制度发展阶段论［J］. 山东
　　理工大学学报（社会科学版），33（3）：5-8.

刘洪波，2005. 中国农村养老保障制度建设的阶段性［J］. 华中科技大学
　　学报（1）：72-75.

刘灵辉，2019. 大城市边缘区新农村承接城市养老产业研究［J］. 资源开
　　发与市场（1）：102-106，137.

刘奇，2007. 转型期农村社会形态与结构的变化特征［J］. 中国发展观察
　　（2）：23-25.

刘易斯，1989. 二元经济论［M］. 施炜，等译. 北京：北京经济学院出
　　版社.

刘玉侠，2009. 农地保障还是社会保障：返乡农民工保障缺失问题探析
　　［J］. 经济问题探索（5）：47-50.

刘元春，孙立，2009. 基于农民福利视角对农村消费与经济增长的考察
　　［J］. 哈尔滨工业大学学报（社会科学版）（11）：91-96.

刘铮，2006. 劳动力无限供给的现实悖论："农民工回流"的成因及效应分
　　析［J］. 清华大学学报（3）：125-130.

龙方，2007. 论农村家庭养老模式的完善［J］. 农村经济（5）：3-6.

龙玉其，张琇岩，2019. 家庭在养老服务中的作用：传承、变迁与展望
　　［J］. 河北大学学报（哲学社会科学版），44（6）：130-137.

卢海元，2004. 创新农村社会养老保险制度：以产品换保障［J］. 求是
　　（3）：62.

陆春丽, 韩旭峰, 2015. 福利多元主义视角下农村社会化养老的可行性分析 [J]. 湖北民族学院学报 (哲学社会科学版), 33 (1): 52-56.

陆解芬, 2004. 论政府在农村养老社会保险体系建构中的作用 [J]. 理论探讨 (3): 56-57.

陆旸, 蔡昉, 2014. 人口结构变化对潜在增长率的影响: 中国和日本的比较 [J]. 世界经济, 37 (1): 3-29.

罗尔斯, 1988. 正义论 [M]. 何怀宏, 等译. 北京: 中国社会科学出版社.

罗家德, 2005. 社会网分析讲义 [M]. 北京: 清华大学出版社.

马双, 孟宪芮, 甘犁, 2014. 养老保险企业缴费对员工工资、就业的影响分析 [J]. 经济学 (季刊), 13 (3): 969-1000.

孟向京, 姜凯迪, 2018. 城镇化和乡城转移对未来中国城乡人口年龄结构的影响 [J]. 人口研究, 42 (2): 39-53.

孟颖颖, 甘进, 2019 超. 改革开放后中国农民工养老保险政策的回顾与述评 [J]. 管理研究 (2): 106-117.

莫龙, 2009. 1980—2050 年中国人口老龄化与经济发展协调性定量研究 [J]. 人口研究, 33 (3): 10-19.

穆怀中, 陈曦, 2015. 人口老龄化背景下农村家庭子女养老向社会养老转变路径及过程研究 [J]. 人口与发展, 21 (1): 2-11.

聂高辉, 蔡琪, 2017. 适应中国老龄化现状的产业结构调整研究: 基于动态面板数据模型与面板数据联立方程模型 [J]. 调研世界 (6): 6-11.

牛文涛, 姜润鸽, 2020. 新中国 70 年的农村养老保障: 历史演进与现实困境 [J]. 农业经济问题 (2): 61-62.

农村劳动力流动的组织化特征课题组, 1997. 农村劳动力流动的组织化特征 [J] 社会学研究 (1): 15-24.

潘祖永, 1983. 论我国劳务输出问题及其前景 [J]. 世界经济研究 (3): 30-32.

庞亚威, 朱运亮, 李丽, 等, 2016. 人口老龄化和城镇化背景下农村养老资源的配置现状及问题研究 [J]. 江西农业学报 (10): 126-130.

彭华民, 黄叶青, 2006. 福利多元主义: 福利提供从国家到多元部门的转型 [J]. 南开学报 (6): 40-48.

全国老龄工作委员会办公室, 2006. 中国人口老龄化发展趋势预测研究报告 [N]. 中国社会报-02-27 (6).

人力资源和社会保障部, 2011. 2010 年全国社会保险情况 [EB/OL]. (2011-8-10) [2021-6-16]. http://www.gov.cn/gzdt/2011-08/10/content_1923002.htm.

人民网, 2020. 全国农村集体家底, 摸清了 [EB/OL]. (2020-07-13) [2021-06-01]. https://baijiahao.baidu.com/s? id = 16720482768657556 20&wfr = spider&for = pc.

任远, 施闻, 2017. 农村外出劳动力回流迁移的影响因素和回流效应 [J]. 人口研究, 41 (2): 71-83.

阮荣平, 郑风田, 2010. 我国农村养老模式的绩效研究 [J]. 中国人口·资源与环境 (3): 79-84.

申喜连, 张云, 2017. 农村精神养老的困境及对策 [J]. 中国行政管理 (1): 109-113.

盛来运, 侯锐, 2009. 输出大省农民工返乡情况及其影响 [J]. 中国统计 (2): 20-22.

石晨曦, 2019. 新个人税收政策、家庭教育支出与商业养老保险参保意愿 [J]. 当代经济管理 (10): 91-97.

石智雷, 薛文玲, 2015. 中国农民工的长期保障与回流决策 [J]. 中国人口·资源与环境, 25 (3): 143-152.

石智雷, 杨云彦, 2012. 家庭禀赋、家庭决策与农村迁移劳动力回流 [J]. 社会学研究, 27 (3): 157-181, 245.

史薇, 谢宇, 2014. 家庭养老资源对城市老年人居家养老服务需求的影响研究: 以北京市为例 [J]. 西北人口, 35 (4): 88-94.

世界银行, 1996. 防止老龄危机: 保护老年人及促进增长的政策 [M]. 北京: 中国财政经济出版社.

斯科特, 2016. 社会网络分析法 [M]. 刘军, 译. 重庆: 重庆大学出版社.

斯科特, 卡林顿, 2018. 社会网络分析手册 [M]. 刘军, 刘辉, 等译. 重庆: 重庆大学出版社.

斯威德伯格, 2003. 经济学与社会学: 研究范围的重新界定: 与经济学家和社会学家的对话 [M]. 安佳, 译 [M]. 北京: 商务印书馆.

宋士云, 2005. 新中国农村社会保障制度结构与变迁 (1949-2002) [D]. 武汉: 中南财经政法大学.

孙岩, 2015. 我国农村新型家庭养老模式研究 [D]. 石家庄: 河北经贸大学.

孙莹，2021. 全国依法登记的农民合作社达 225.9 万家［EB/OL］.（2021-06-21）［2021-06-30］. http://www. rmzxb. com. cn/c/2021-06-21/2886671. shtml.

孙正，2020. 中国人口结构变迁与财政可持续性研究［J］. 大连理工大学学报（社会科学版），41（3）：51-62.

唐均，1993. 社会保障、社会保险释义及相互关系［J］. 人口学刊（8）：41-44.

唐丽娜，2012. 我国农村养老资源配置研究［D］. 西安：西北大学.

唐溧，胡晓霁，刘亚慧，等，2020. 社会养老为何在农村水土不服："家文化"视角下城乡养老意愿差异的实证研究［J］. 农业经济问题（1）：128-136.

唐瑕苓，郑菊，杨颖，等，2020. 第一代农民工返乡养老问题研究综述［J］. 南方农业，14（3）：104-107.

田飞，2011. 人口预测方法体系研究［J］. 安徽大学学报（哲学社会科学版），35（5）：151-156.

田钰燕，2014. 探析中国机构养老政策变迁［J］. 社会福利（理论版）（12）：36-39.

童玉芬，李玉梅，刘传奇，2014. 我国城镇化进程中的城乡人口老龄化趋势及政策启示［J］. 人口与经济（6）：12-21.

万国威，2016. 我国社会福利制度的理论反思与战略转型［J］. 中国行政管理（1）：15-22.

王超，王志章，2009. 金融危机背景下大龄返乡农民工养老保障模式与政策支撑［J］. 重庆社会科学（3）：58-63.

王春光，2005. 农民工：一个正在崛起的新工人阶层［J］. 学习与探索（1）：38-43.

王健，2013. 居乡之苦［J］. 江海学刊（6）：156-161.

王全美，张丽伟，2010. 不同类型农民养老资源的最优配置分析［J］. 人口与经济（1）：68-72.

王西玉，崔传义，赵阳，2003. 打工与回乡：就业转变和农村发展：关于部分进程民工回乡创业的研究［J］. 管理世界（7）：99-109，155.

王修华，章豪，2021. 农村养老保险能改善老年家庭贫困脆弱性吗？［J］. 会计与经济研究（1）：92-109.

王一曼, 2011. 对老农保到新农保的发展脉络梳理及评价 [J]. 商业文化 (上半月) (10): 143-144.

王泽强, 2011. 乡—城人口迁移对农村人口老龄化的影响: 基于"年龄—迁移率"的定量分析 [J]. 西部论坛, 21 (6): 27-33.

吴敏捷, 2018. 湖北省农村土地收益对老人养老的贡献研究 [D]. 上海: 华东政法大学.

吴增基, 吴鹏森, 苏振芳, 2018. 现代社会学 [M]. 6 版. 上海: 上海人民出版社.

冼青华, 2011. 多支柱养老保险体系理论研究综述 [J]. 西部论坛, 21 (3): 42-48.

熊柯, 2020. 农村养老保险制度变迁研究 [J]. 合作经济与科技 (3): 155-157.

徐瑶瑶, 2016. 我国养老保险制度的变革之路与未来走向探析 (1951—2017 年) [J]. 乡村科技 (33): 48-52.

徐裕荣, 1982. 中东劳务市场与亚洲劳务输出 [J]. 世界知识 (12): 9-10.

许启发, 王侠英, 蒋翠侠, 2017. 城乡居民贫困脆弱性综合评价: 来自安徽省的经验证据 [J]. 经济问题 (8): 1-6.

杨斌, 2019. 新中国 70 年养老保险制度的变迁及基本经验 [J]. 经济体制改革 (6): 19-23.

杨翠迎, 庹国柱, 1997. 建立农民社会养老年金保险计划的经济社会条件的实证分析 [J]. 中国农村观察 (5): 55-59.

杨光辉, 2005. 中国人口老龄化的发展趋势与特点 [J]. 中国人口科学 (S1): 155-159.

杨华, 2016. 完善我国多支柱养老保障体系的思考: 基于我国养老资产充足性的分析 [J]. 新疆财经 (3): 5-10.

杨辉, 2007. 社会保障制度与政府责任的重新定位 [J]. 统计与决策 (15): 112-114.

杨守宝, 2010. "刘易斯转折点"上农村养老资源需求层次理论分析 [J]. 农村经济 (1): 86-89.

杨松, 凯勒, 郑路, 2019. 社会网络分析: 方法与应用 [M]. 曾立坤, 曾丰又, 译. 北京: 社会科学文献出版社.

杨泽云, 2016. 丹麦养老金发展及启示 [J]. 中国保险 (2): 19-25.

余运江，孙斌栋，孙旭，2014. 社会保障对农民工回流意愿有影响吗?：基于上海调查数据的实证分析 [J]. 人口与经济 (6)：102-108.

张东红，2014. 中国农村养老保障体系研究 [J]. 财经理论研究 (3)：40-47.

张广科，2008. 社会保障基金：运行与监管 [M]. 上海：上海财经大学出版社.

张国栋，2016. 社会保障政府责任分置研究 [D]. 北京：中国农业大学.

张红凤，罗微，2019. 养老服务资源对老年人社会养老服务需求的影响研究 [J]. 中国人口·资源与环境，29 (4)：168-176.

张欢，吴方卫，2022. 产业区域转移背景下就业机会与收支剩余对农民工回流的影响 [J]. 中国农村经济 (6)：107-128.

张慧智，金香丹，2017. 韩国多支柱养老保障体系改革及启示 [J]. 人口学刊，39 (2)：68-77.

张剑，2019. 居乡诚不易 [J]. 清华大学学报 (哲学社会科学版) (4)：166-183.

张娟，2007. 社会保障制度中政府行为和市场行为的均衡 [J]. 理论月刊 (10)：28-30.

张茂松，2013. 社会保险 [M]. 郑州：河南大学出版社.

张其仔，2001. 新经济社会学 [M]. 北京：中国社会科学出版社.

张士斌，2009. 社会养老保障制度构建的国际经验与借鉴 [J]. 探索 (6)：135-140.

张孙，2006. 普惠制：农村养老保险的破题之道 [J]. 税务与经济 (6)：54-56.

张婷，王三秀，2019. 新中国 70 年农村养老保险制度改革历程与基本经验 [J]. 改革 (8)：15-26.

张文雪，2019. 社会福利的边缘化：读《边缘化与中国的社会福利》 [J]. 社会福利 (理论版) (12)：61-63.

张翼，2019. 新中国成立 70 年来中国人口变迁及未来政策改革 [J]. 中国特色社会主义研究 (4)：18-30，2.

张宗益，周勇，卢顺霞，等，2007. 西部地区农村外出劳动力回流：动因及其对策 [J]. 统计研究 (12)：9-15

赵怡，段宇波，2019. 社会保障与福利：比较制度分析 [M]. 北京：中国社会出版社.

郑秉文，2019. 商业保险参与多层次社会保障体系的方式、作用与评估：基于一个初步的分析框架 [J]. 辽宁大学学报（哲学社会科学版），47（6）：1-21.

郑秉文，2019. 中国养老金精算报告（2019—2050）[M]. 北京：中国劳动社会保障出版社.

郑功成，2003. 中国社会保障改革与制度建设 [J]. 中国人民大学学报（1）：17-25.

郑杭生，2009. 改革开放三十年：社会发展理论和社会转型理论 [J]. 中国社会科学（2）：10-19，204.

郑建文，1998. 社区老年人服务是养老职能社会化的主要模式 [J]. 特区理论与实践（4）：23-25.

中共中央办公厅，国务院办公厅，2019. 数字乡村发展战略纲要 [R/OL].（2019-05-16）[2021-06-18]. http://www.gov.cn/zhengce/2019-05/16/content_5392269.htm.

张平，刘霞辉，袁富华，等，2012. 中国经济长期增长路径、效率与潜在增长水平 [J]. 经济研究，47（11）：4-17.

中国科学院，2014. 社会蓝皮书 [M]. 北京：社会科学文献出版.

钟明，2006. 保险学 [M]. 上海：上海财经大学出版社.

周建再，2014. 商业养老保险参与中国农村养老保障体系建设研究 [D]. 武汉：武汉大学.

周三多，陈传明，刘子馨，等，2018. 管理学：原理与方法 [M]. 7 版. 上海：复旦大学出版社.

朱红根，康兰媛，翁贞林，等，2010. 劳动力输出大省农民工返乡创业意愿影响因素的实证分析：基于江西省 1145 个返乡农民工的调查数据 [J]. 中国农村观察（5）：38-47.

朱纪广，2023. 农民工返乡创业行为对乡村振兴的影响效应分析 [J]. 经济经纬（1）：68-77.

庄启东，张晓川，李建立，1982. 关于贵州省盘江、水城矿物局使用农民工的调查报告 [J]. 计划经济研究（1）：22-27.

邹玉友，2014. 劳务输出大省农民工返乡创业影响因素研究 [D/OL]. 哈尔滨：东北农业大学 [2020-12-27]. https://nxgp.cnki.net/kcms/detail? v=3uoqIhG8.

DUESENBERRY J S, 1949. Income, saving and the theory of consumer behavior [M]. Cambridge, Mass: Harvard University Press.

GRANOVETTER M, 1974. Getting a job: a study of contacts and careers [M]. Cambridge, Mass: Harvard University Press.

GRANOVETTER M, 1985. Economic action and social structure: the problem of embeddedness [J]. American journal of sociology, 91 (3): 481-510.

KEYFITZ N, 1977. Applied mathematical demography [J]. John Wiley & Sons New York N, 34 (1): 16.

NADEAU R, CLOUTIER E, GUAY J H, 1993. New evidence about the existence of a Bandwagon effect in the opinion formation process [J]. International political science review, 14 (2): 203-213.

OECD, 2012. Looking to 2060: long-term global growth prospects [R]. OECD Economic Policy Papers.

ROSE R, 1986. Common goals but different roles: the state's contribution to the welfare mix [M]//ROSE R, SHIRATORI. The welfare state east and west. Oxford: Oxford University Press.

SCHLOTTMANN A M, HERZOG H W, 1981. Employment status and the decision to migrate [J]. The review of economics and statistics, 63 (4): 590-598.

STARK O, 1982. Research on rural-to-urban migration in less developed countries: The confusion frontier and why we should pause to rethink afresh [J]. World development (10): 73-70.

TODARO M P, 1969. A model of labor migration and urban unemployment in less developed countries [J]. The American economic review, 59 (1): 138-148.

VINOVSKIS M A, COALE A J, 1972. The growth and structure of human populations: a mathematical investigation [J]. Journal of interdisciplinary history, 5 (2): 319.

HSBC. The world in 2050: Quanitfying the shift in the global economy [R]. 2011.

后记

　　本书是在国家社科基金项目"劳务输出大省农民工回流与农村养老资源配置研究"（项目编号：16BSH132）研究成果的基础上进一步修改完善而成的。该课题立项源于我在从事上一个国家社科基金项目"劳务输出大省扶持农民工返乡创业研究：制度困境与政策选择"（项目编号：09CJY060）的研究时业已注意到的一个悄然逼近且不容忽视的现实问题：大量农村劳动力向外转移导致很多劳务输出大省的老龄化水平不仅超出了全国平均水平，也超出了全国农村的平均水平，这意味着劳务输出大省农村的老龄化问题日渐突出。如果从动态变化的角度看，20世纪生育高峰时期（1962—1976年）出生的农村老一代农民工也将逐渐进入退休年龄，在城市务工的难度逐渐加大。预计在未来长达20多年的时间内，可能会有大量的老龄农民工退出城市劳动力市场并回流农村，这部分回流速度逐年加大的农民工又将加剧本已严重的农村养老问题。因此，非常有必要以劳务输出大省为重点，在大规模老龄农民工即将回流之际，未雨绸缪，研究农民工回流对农村养老资源配置带来的挑战。基于前期研究基础与理论判断，我以该题目申报了2016年的国家社科基金项目，并有幸得以立项。这就是本书出版的缘起。

　　在研究过程中，我遇到了很多困难，有意料之中的，也有意料之外的，使我再次感受到"国家社科基金项目不仅立项难，结项更难"。意料之外的困难是来自身体上的。由于长时间的伏案工作，我的健康受到影响，2018年与2019年连续两年，每周数次穿梭于医院排队、针灸、理疗，研究工作一度陷入停滞，难以推进，课题被迫延期。

而最大的困难来自理论分析框架的搭建。这一点在课题申报的时候就已经有所预料，但只有等到正式展开研究之后，才发现其中的难度是如此之大。该项目是以经济社会学学科项目进行申报的，拟基于"社会网络理论"搭建农民工回流条件下农村养老资源配置供需匹配机制分析框架。在初期的理论框架搭建过程中，使用的理论工具主要是新经济社会学的强关系、弱关系理论，试图通过返乡农民工所"嵌入"的社会关系网络中的强弱关系的变化来解释农村社区网络为何难以实现养老资源供需之间的有效匹配。尽管强关系、弱关系理论在解释个体行为选择的时候具有优势，但是要通过强关系、弱关系理论解释养老资源的需求、供给变化，以及二者之间的匹配机制，在逻辑上始终难以捋顺。为解决该问题，又尝试通过引入结构洞理论，因为罗纳德·S.伯特（Ronald S. Burt）在他的《结构洞：竞争的社会结构》一书中采用结构洞理论对市场竞争进行了开创性的研究并取得了突破。我试图通过农民工回流农村社区之后形成的社会关系结构洞所具有的信息优势来解释回流农民工对养老资源配置所产生的冲击，然而，该理论似乎也并不适合本课题，至此理论分析框架的构建进入死胡同，我在很长时间一筹莫展。

理论问题的解决是偶然的。有一天给研究生讲授微观经济学供需理论的间隙，我突然意识到尽管该项目是社会学项目，但是解决资源配置问题的最基础的理论还是经济学理论，供需理论则是解决养老资源供需匹配机制的经典分析工具，而不必一定要拘泥于采用社会学的分析工具。理论建构的大方向确定下来以后，接下来的问题是如何将农民工回流这个变量引入分析框架，以解释农民工回流为何会导致农村养老资源供需匹配出现失衡。这就需要进一步思考——回流农民工与居乡未外出的农村居民相比较而言，有何不同？或者说务工经历给农民工带来了什么变化？产生这些变化的原因是什么？最初理论建构阶段所采用的"社会网络理论"则是回答这些问题的最恰当的分析工具。于是，以经济学供需理论为基础搭建基本分析框架，然后综合新经济社会学的"社会网络理论"，不断放松约束条件对基本框架进行拓展并最终形成一个"嵌入社会网络的供需均衡分析框架"的理论模型便在我的脑海中基本成型。

尽管理论模型的大框架已经基本成型，但是还缺最后一块"理论拼图"，用伯特的话来说，在供需理论与社会网络理论之间还存在着一个理论上的"结构洞"。由于市场供需均衡理论讨论的是商品（或服务）价格与数量之间的关系，而养老商品（或服务）市场的价格与农民工个体的社会网络之间并没有直接关系，因此，构建两种理论之间的"桥梁"的任务便落在了数量上。消费者均衡理论恰好是讨论不同种类商品数量配置的理论。当收入变化时，消费者对所消费的商品的组合会进行调整。稍微麻烦一点的是消费者偏好的改变对所消费的商品组合所产生的影响，因为消费者理论假定消费者在做出消费抉择时，其消费偏好不变。为了解决该问题，本书将偏好的变与不变分别赋予两个"人"——真实的外出务工的农民工与假设未外出务工的"他"。走到这一步，最后一块"理论拼图"完成。后续的理论分析过程则是一个不断收获意想不到的理论结论的过程。

项目得以顺利结项，是全体课题组成员共同努力的结果。我院研究员庞森、成都工业学院副教授李曲、四川省发展和改革委员会田坤明博士参与了课题申报、研究设计和调研，马少春、熊若希、唐张雨青、范维涛、陈航、李茂盛等研究生在资料收集整理、数据分析、调研上做了大量的工作。

特别感谢我的导师——西南财经大学李萍教授在百忙之中为本书作序。不仅如此，我想表达的是我一直受益于我的导师。我从小生长在农村，对农村有着特殊的情感，正是在老师的影响下，我才得以"以我手写我心"长期致力于"三农"问题的研究。在老师的指导下，我的博士论文以农村转移劳动力为研究对象，毕业之后开展的研究也多是基于博士论文进行的延伸研究，两项国家社科基金项目的立项、结项也得益于老师所提出的宝贵意见，使我的研究在持续约20年的时间里能够有机会跟随从农村转移出来的"父老乡亲"们去观察、记录、分析他们的经历。

感谢四川省社会科学院杜受祜研究员、郭晓鸣研究员、张克俊研究员，以及四川大学蒋永穆教授、四川农业大学蒋远胜教授等专家在项目申报、研究过程中所给予的中肯建议。感谢我的师姐、绵阳师范学院的杜漪教授为课题调研提供了无私的帮助。西南财经大学出版社的编辑为本书的出版亦付出了辛勤的劳动。

感谢国家社科基金和四川省社会科学院的资金支持与管理工作，让本书能够得以出版。

在此，向所有关心与支持本书出版的单位及有关人士一并表示衷心的感谢！

胡俊波
2024 年仲夏于四川省社会科学院百花潭院区